Adelaida de la Rua

1

Todo sobre

FRUTAS, HIERBAS Y VEGETALES

Para la salud, la belleza y la cocina

*Un hombre puede considerarse feliz
cuando aquello que constituye su alimentación
también es su medicina.*

H. D. Thoreau

*Este libro tiene como objetivo ofrecer información
que le permita al lector tomar decisiones sobre su salud.
No pretende sustituir la atención médica ni debe utilizarse
como manual para autotratamiento. Si usted sospecha
que tiene un problema médico, le recomendamos
buscar ayuda profesional lo antes posible.*

© 2003, Adelaida de la Rua
© 2003, Intermedio Editores,
    una división de Círculo de Lectores

GERENTE DE CONTENIDO CEET
Fernando Wills

EDITOR GENERAL
Alberto Ramírez Santos

INVESTIGACIÓN
Clara Isabel Cardona

DISEÑO INTERIOR Y DE CARÁTULA
Blanca H. de Ortiz

DIAGRAMACIÓN
Grafos Ltda.

FOTOGRAFÍAS
Jorge González
Photodisc

ESTILISTA DE ALIMENTOS
Clara Inés de Arango

PRODUCCIÓN
Ricardo Zuluaga

Licencia de
Editorial Printer Latinoamericana Ltda.
Para Círculo de Lectores S.A.
Avenida Eldorado No. 79-34
Bogotá, Colombia

PREPRENSA
Zetta Comunicadores

ISBN 0-7394-5809-4

Impreso en U.S.A.
Printed in U.S.A.

Índice general

Alimentación con ESTILO

Sea cual sea el estilo de vida, siempre es posible introducir algunos cambios que mejoren nuestra salud y bienestar. Hoy la actitud en todo el mundo es la de reunir en los alimentos el placer gastronómico y los nutrientes adecuados.

La próxima vez que se siente a la mesa, deténgase un instante y piense en cómo los alimentos que va a consumir pueden trabajar en beneficio de su organismo, el cual podría imaginar como una máquina y los alimentos como el combustible que afectarán su capacidad para trabajar efectivamente. Pensar de esta manera gráfica infunde optimismo porque significa que, sin importar el estado físico o de salud, somos capaces de mejorar mediante la dieta, vigilar la cantidad y la calidad de los productos y sus nutrientes.

Hoy existe en todo el mundo un "nuevo estilo" que, a la par con las investigaciones y avances de la ciencia, concibe el universo de la alimentación como una herramienta para el placer gastronómico y, a la vez, como fuente de nutrientes que actúan sobre nuestro organismo, suministrando energía y apoyando las funciones físicas apropiadamente.

"Soy lo que como"

Esta frase no es una figura literaria, es lo que en verdad sucede en la vida cotidiana. Se enuncia en singular porque es necesario considerar las necesidades individuales, el lugar donde vivimos, el estilo de vida (activo o sedentario), el gusto por los alimentos, la cultura gastronómica o la circunstancia que estamos atravesando (embarazo, lactancia, recuperación, etcétera).

Cuando somos conscientes de nuestras condiciones y necesidades, entonces podemos considerar los requerimientos de las otras personas que conforman nuestro grupo familiar. En ocasiones unos nutrientes tendrán que ser distintos a otros, como por ejemplo la leche entera indispensable para los niños— no lo es para los adultos y, por el contrario la leche baja en grasa es ideal para los mayores pero insuficiente para los pequeños; sin embargo, son muchos los ingredientes en los que todos los miembros de la familia pueden coincidir de manera que planear menús apetitosos y nutricionalmente correctos puede ser muy sencillo.

Seguir una dieta saludable no es una tarea difícil; la clave consiste, en primer lugar, en tener claro cuál es el valor nutritivo de los alimentos y cómo pueden combinarse entre sí. De esta manera consideraremos que, por ejemplo, es más valioso ofrecer a un niño una fruta como merienda que un paquete de papas fritas; que es preferible consumir menos productos cárnicos; que la pareja leguminosas y cereales (como lentejas con arroz) es un dúo ganador, nutricionalmente hablando. En segundo término, variar los alimentos y aumentar el consumo de verduras y frutas asegurará una dieta adecuada. Esto es verdaderamente sencillo en países como los nuestros que ofrecen una amplia oferta de productos vegetales.

SEIS IDEAS PARA UNA BUENA ALIMENTACIÓN

- Comer varias porciones de frutas y verduras al día.
- Respetar la proporción: 50 a 60 por ciento de carbohidratos, 15 a 20 por ciento de grasas o lípidos y 10 a 15 por ciento de proteínas.
- Preferir los alimentos crudos y de todas maneras evitar su excesiva cocción.
- Contribuir a la digestión masticando despacio y comiendo de manera relajada.
- Beber entre 6 y 8 vasos de agua al día.
- Combinar pocos alimentos en una misma comida.

"Construir" un cuerpo saludable

Nuestro organismo está compuesto de células que se "construyen" a partir de nutrientes como los carbohidratos, las grasas y las proteínas. Cada alimento es usado de diversas maneras: las proteínas se convierten en células, músculos y órganos; las grasas ayudan a la elaboración de hormonas del colesterol, aíslan el calor y brindan energía; los carbohidratos, por su parte, promueven la energía y se emplean de forma estructural por los músculos y el hígado. Todo ello sucede de manera casual, sin que tengamos idea de los procesos que ocurren dentro de nosotros mismos ni le demos importancia. Lo que sí se debe saber y controlar es la selección de los platos que conforman nuestras comidas porque ellos son la clave para que esos nutrientes alimenten correctamente cuerpo y mente.

En las páginas siguientes se explican las características y efectos de estos nutrientes fundamentales en todo el proceso de alimentación: carbohidratos, proteínas y grasas o lípidos, conocidos también como macro nutrientes por que ocupan la mayor proporción de los alimentos. También identifican las vitaminas y minerales, o micro nutrientes, grupo que, aunque requerimos en menor cantidad, es imprescindible para la vida. Por último se incluye el agua, sustancia que todos reconocemos como vital e irremplazable.

La fibra, un elemento valioso

Proviene de alimentos de origen vegetal que no son refinados, como la cáscara de los cereales, la piel de las frutas, las verduras y los residuos vegetales. Aunque posee muy poco valor nutritivo por sí sola, es clave para la correcta digestión.

Se clasifican en dos: la *soluble*, presente en la mayoría de las frutas y verduras, las leguminosas y la avena, y a la que se le atribuye un papel como reductora del colesterol de la sangre; y la *no soluble*, disponible en los frutos secos, el salvado, el arroz integral y la cáscara de las frutas. Se cree que protege contra la constipación y el cáncer de colon. Muchos alimentos, como los cereales, contienen los dos tipos de fibras.

Buenos hábitos, buena salud

La vida moderna suele llevarnos a tener hábitos alimentarios bastante pobres, quizá porque el poco tiempo que reservamos para cocinar nos obliga a recurrir a productos procesados ricos en grasas, conservantes y sal. De igual forma se come de manera esporádica, sin seguir un horario, "picando" todo el día y limitando el espacio de tiempo para disfrutar con tranquilidad de las diferentes comidas.

Una de las tendencias más comunes es la de saltarse el desayuno cuando, en realidad, debería ser la comida más importante. Poner el despertador diez minutos más temprano y consumir así sea un desayuno ligero, será una manera de empezar a cambiar costumbres poco saludables. Día a día y con constancia, el cuerpo se acostumbrará y rendirá frutos proveyéndonos de energía y vitalidad. Se ha comprobado que las personas que desayunan adecuadamente cuentan con una memoria más ágil a corto plazo y afrontan la jornada con más vigor.

En contraposición, las personas que ayunan tienden a cenar abundantemente. Un hábito un tanto "arriesgado" porque puede contribuir a aumentar de peso. Algunos expertos señalan que los alimentos consumidos antes de acostarse se convierten en grasa durante la noche. De igual forma, se cree que esta costumbre favorece la aparición de ciertas enfermedades como, por ejemplo, las cardiovasculares.

Son muchas las ideas que pueden ayudarnos a lograr una mejor alimentación. Si, por ejemplo, trabaja fuera de la casa y, por tanto debe recurrir a restaurantes y cafeterías en la hora del almuerzo, entonces considere seriamente la posibilidad de llevar comida preparada en su hogar. Con seguridad consumirá alimentos más balanceados, de mejor calidad porque son seleccionados con cuidado y diseñados teniendo en cuenta sus preferencias gastronómicas. Si debe recurrir a comer en algún sitio cercano a su lugar de trabajo, opte por aquellos que ofrezcan un menú casero en lugar de los establecimientos de comidas rápidas. Siempre es posible tener opciones más saludables, lo importante es tener una actitud positiva hacia los alimentos.

En cuanto a la cena es necesario considerar que, especialmente para los adultos, debe ser la comida más liviana. Sin embargo, la oportunidad de reunirse en familia, al menos durante ese espacio de tiempo, es única. Es un momento clave para fortalecer los lazos de unión entre el grupo familiar. Acostumbrar a los más pequeños a cierto tipo de alimentos, así como el destinar tiempo para la alimentación en grupo, son hábitos muy positivos que perdurarán generación tras generación.

La dieta equilibrada

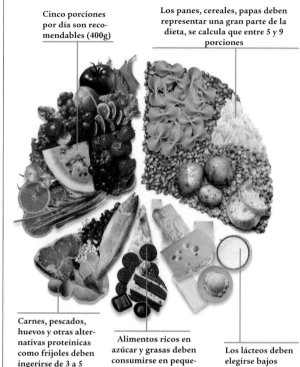

Cinco porciones por día son recomendables (400g)

Los panes, cereales, papas deben representar una gran parte de la dieta, se calcula que entre 5 y 9 porciones

Carnes, pescados, huevos y otras alternativas proteínicas como frijoles deben ingerirse de 3 a 5 porciones diarias

Alimentos ricos en azúcar y grasas deben consumirse en pequeñas cantidades

Los lácteos deben elegirse bajos en grasa

¿Cuál es la dieta ideal? Parecería que fijar pautas universales de dieta óptima es una tarea imposible. Entre otras, dos razones contribuyen a que persista esta discusión: las distintas costumbres entre grupos humanos y la variación de la oferta de alimentos entre las diferentes regiones del planeta. Sin embargo, los expertos están de acuerdo en que una dieta equilibrada es aquella que ofrece a las personas los alimentos necesarios para conseguir un estado nutricional óptimo.

El diagrama que incluimos nos puede dar una pista para lograr entender las proporciones de los alimentos que deben conformar la alimentación diaria. Está concebida para adultos y, por tanto, excluye a los niños pequeños que requieren reforzar ciertos nutrientes y consumir productos lácteos enteros. Ofrece una ilustración del correcto balance en cuanto a los porcentajes de proteínas, carbohidratos, grasas, vitaminas, minerales y ácidos grasos esenciales.

La alimentación debe ofrecer una cantidad suficiente de nutrientes energéticos (calorías) para realizar los procesos metabólicos y trabajo físico; de igual forma debe permitir la realización de funciones plásticas y reguladoras y, por último, las cantidades de nutrientes deben estar equilibradas entre sí.

Controlar el peso

Muchas personas modifican sus hábitos alimenticios con la esperanza de perder peso. Recurren a productos que promocionan el adelgazamiento rápido y sin esfuerzo, e invierten una gran cantidad de dinero en preparados adelgazantes y bebidas dietéticas. En ocasiones consiguen perder peso durante los primeros días —aunque es, por lo general, de agua y no de grasa—. Para algunas personas estos regímenes traen consecuencias nefastas para la salud.

Existen muchas alternativas que seguramente se acomodarán a su caso en particular. El asunto es investigar un poco sobre los diferentes planes alimenticios y adaptarlos al estilo de vida que llevamos. Lo que para algunos funciona para otros no es muy alentador. En todo caso si vamos a someternos a una dieta para adelgazar, conviene consultar con un nutricionista que considere los requerimientos reales de nuestro caso individual.

Una de las claves para controlar el peso, sin importar qué clase de método se utiliza, es la práctica de algún tipo de ejercicio. Esta rutina debería formar parte de nuestra vida cotidiana y no limitarse al período durante el cual queremos perder unos cuantos kilos de más. De ese modo no sólo se logra mantener un peso óptimo; también nos protege frente a diferentes tipos de enfermedades. Por esa razón es tan importante estimular la práctica de algún deporte desde la infancia: un niño activo seguramente será un adulto saludable.

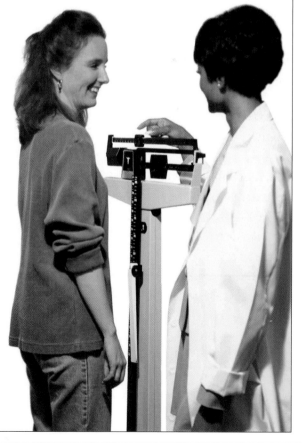

Los poderosos carbohidratos

Una dieta sana debe incluir hasta el 50% de carbohidratos, porque son fuente de energía para el organismo.

Las sustancias que conocemos como carbohidratos, o hidratos de carbono, son la principal fuente de energía del organismo. Entre ellas se encuentran los azúcares y los almidones, y abarcan una gran cantidad de alimentos que van desde la miel de abejas hasta la avena. Otras sustancias, como la celulosa y el glucógeno, también han sido incluidas dentro de este grupo.

Aunque existen otras propuestas en cuanto a su clasificación, la más sintética es aquella que los divide en dos grandes grupos: los carbohidratos simples y los complejos. Veamos en qué consisten, cuáles son los alimentos que los contienen y cómo funcionan en beneficio de nuestro cuerpo.

LA CANTIDAD DE ENERGÍA QUE LIBERAN LOS DISTINTOS ALIMENTOS CUANDO SON METABOLIZADOS POR LAS CÉLULAS SE MIDE EN CALORÍAS. LOS CARBOHIDRATOS BRINDAN ALREDEDOR DE 4 CALORÍAS DE ENERGÍA POR CADA GRAMO QUE SE QUEMA.

Los carbohidratos simples

Estos carbohidratos se conocen también como simples, dobles o azúcares de asimilación rápida, lo cual significa que hacen subir de inmediato la tasa de azúcar en la sangre. Sin embargo, esa elevación del índice de glucemia suele ir acompañada de un descenso no menos rápido.

Es importante hacer una distinción dentro de este grupo de carbohidratos, porque algunos de ellos son beneficiosos: los azúcares contenidos en las frutas y verduras (no farináceas) son un buen ejemplo. En contraposición, no se debe abusar de productos como la miel, el jarabe, los jugos; y definitivamente, evitar los refinados como el azúcar blanco de mesa.

Los carbohidratos complejos

Estos carbohidratos tienen la propiedad de descomponerse más lentamente que los azúcares simples. Al liberar su contenido en forma gradual, el tipo de energía que proporcionan dura más tiempo, y además, ayuda a equilibrar el contenido de azúcar en la sangre y el peso corporal.

Todas estas características hacen de los azúcares complejos, o almidones, no sólo excelentes sustancias para el organismo, sino indispensables. Su categoría de "complejos" se relaciona con su estructura molecular, que es más complicada que en otras formas de azúcares.

Alimentos como la pasta poseen abundantes carbohidratos y son ideales para personas que consumen gran cantidad de energía. Un ejemplo claro de individuos que deben recurrir a este tipo de alimentos son los deportistas, quienes deben ser capaces de mantener vitalidad y realizar grandes esfuerzos físicos. Otros alimentos como la fécula, el pan, el arroz, la papa, las legumbres y los cereales suelen ser, además, ricos en fibra, vitaminas y minerales.

¿Cómo funcionan?

La digestión de los carbohidratos empieza en la boca, porque es allí donde las enzimas presentes en la saliva trabajan para descomponer los almidones.

En este punto hay que hacer una distinción entre los carbohidratos simples y los complejos. Los primeros pasan directamente al torrente sanguíneo desde el estómago, mientras que los segundos (como los almidones) deben transitar primero a través del intestino delgado, donde son descompuestos en azúcares simples antes de introducirse en el torrente sanguíneo.

A medida que estas moléculas se absorben, el nivel de azúcar en la sangre empieza a subir, y el páncreas responde secretando una hormona llamada insulina, que se encarga de facilitar la absorción de azúcares por parte de las células, y hace que se produzca energía. La insulina también es esencial para regular los niveles óptimos de azúcar en la sangre.

¿Cuáles evitar y cuáles consumir?

El sentido común suele ser una buena guía para mantener una dieta saludable. Por ejemplo, si diariamente se incluyen en la dieta 200 gramos de azúcar refinado, chocolate, pastas y dulces, seguramente los resultados serán catastróficos. Es importante recordar que todos los azúcares son de asimilación rápida, y por tanto, engordadores. Lo mismo se aplica al abuso de refrigerios con mantequilla, mayonesa o platos con papas y pastas en compañía de grasas o proteínas (por ejemplo la carne), porque la asimilación va a ser lenta y el organismo va a tender a almacenar el máximo de calorías.

Por el contrario, el pan no engordará si no se le añade mantequilla, y en su lugar se acompaña con frutas como bananos o manzanas; además, se asimilarán con mayor rapidez. En cuanto a la pasta, existen muchas recetas deliciosas que excluyen salsas con grasa y carnes. Una buena combinación es con verduras. De igual forma, el dúo papas y verduras es conveniente y bajo en calorías.

No se prive de llevar a su boca los carbohidratos. Por el contrario, recurra a ellos como fuente de energía, pero acompañados de alimentos que se digieran rápida y eficazmente.

MUESLI CASERO

Esta nutritiva, sencilla y apetitosa receta es una buena idea para comenzar el día con energía.

INGREDIENTES

1	taza de hojuelas de avena
1	puñado de uvas pasas
12	almendras, picadas
1	manzana grande
	Jugo de limón
	Yogur

PREPARACIÓN

Ponga la avena en una fuente grande, con las uvas pasas y las almendras.

Cubra con agua y refrigere durante toda la noche.

En el momento de desayunar, ralle la manzana, rocíela con el jugo de limón y mézclala con la preparación de avena.

Sírvalo frío, acompañado de yogur.

¿En qué cantidad?

La cantidad de alimento que requiere diariamente una persona varía de acuerdo con la edad, el género, el tamaño y el estilo de vida. Sin embargo, los carbohidratos que se liberan lentamente, como las pastas y la avena, deben constituir una parte importante en la dieta. El siguiente listado es una aproximación a esas proporciones:

- *De 2 a 3* porciones diarias de frutas frescas. Por ejemplo: bananos, manzanas, peras y frutas cítricas.
- *De 2 a 3* porciones diarias de verduras de hojas verdes y raíces. Por ejemplo: espinaca, repollo, zanahoria, papa.
- *Consumo diario de 5* porciones, o más, de alimentos como pan, arroz, o cereales, por ejemplo avena, cebada y trigo.
- *Cantidad limitada,* a diario, de alimentos ricos en azúcar refinada, o harina blanca refinada.
- *Ningún* alimento sobrecocido o quemado.

¡OJO DEPORTISTAS!

Es muy importante saber no sólo qué debemos comer sino también en qué momento hacerlo. Como los músculos son más receptivos a proveerse en la primera hora después de cualquier actividad física, conviene alimentarse o tomar algo rico en carbohidratos después de una sesión de entrenamiento. Nuestra sugerencia: frutas solas o en jugo (recién exprimidas), que repongan los niveles de glucógeno.

Las proteínas, básicas para la vida

Las proteínas, conocidas como los ladrillos del cuerpo, se encuentran en cada una de las células y son un componente esencial de la materia viva.

*Las proteínas son esenciales para la vida porque ayudan a construir y mantener casi todo lo que sucede en nuestro organismo, desde los músculos, las membranas, pasando por los vasos sanguíneos hasta los huesos. Las distintas proteínas realizan diversas tareas. Algunos ejemplos de su gran importancia son la **queratina,** que ayuda a la formación de cabello, las uñas y las capas exteriores de la piel; el **colágeno,** que fortalece y hace flexible la piel y el cabello, y la **hemoglobina,** que transporta el oxígeno a la sangre.*

*Las proteínas se pueden definir como unas moléculas grandes compuestas por unidades individuales más pequeñas, llamadas **aminoácidos,** que a su vez están formados por átomos de carbono, hidrógeno, oxígeno y nitrógeno, los cuatro elementos básicos para la vida. Las ciencias biológicas tienden a clasificar las proteínas en:*

- ***Esenciales,** que llevan este nombre debido a una peculiaridad: deben ser incorporadas a través de la alimentación, porque nuestro organismo es incapaz de sintetizarlas. Se ha establecido que la quinua y la soya son de los pocos, o quizá los únicos alimentos de origen vegetal que contienen todos los aminoácidos esenciales.*
- ***No esenciales,** un tipo de moléculas de proteínas que son "fabricadas" directamente por un organismo saludable.*

En la actualidad se considera que la mejor fuente de proteína vegetal es la quinua. Se trata de un cereal nativo de los Andes, parecido a un pequeño grano de ajonjolí. Para algunos científicos, es el alimento del reino vegetal que más se aproxima a la composición nutricional de la leche materna.

¿Cómo se digieren?

Antes que el cuerpo pueda utilizar las proteínas contenidas en los alimentos, es necesario "descomponerlas" en aminoácidos. Con esta nueva apariencia, las proteínas pueden ser absorbidas a través de las paredes del intestino, hacia el torrente sanguíneo. Es en el estómago donde los ácidos empiezan a transformar los aminoácidos.

Cuando éstos alcanzan el intestino delgado, liberan un tipo de enzima cuya función es romper las cadenas de aminoácidos en unidades más pequeñas. Para el trabajo de digestión de las proteínas se requiere de diferentes enzimas (moléculas que ayudan a realizar ciertas reacciones químicas), según sea el origen de éstas. Una dieta balanceada debe incluir cantidades suficientes de vitamina B_6, sustancia básica para la producción de esas valiosas enzimas.

¿Qué cantidad se requiere?

Los requerimientos de proteínas varían. Si por ejemplo, una persona padece de una enfermedad infecciosa, o desempeña un trabajo que demanda gran cantidad de esfuerzo físico, requiere de más proteínas. Sin embargo, los estudios en nutrición recomiendan ingerir menos proteínas después de los 50 años.

La siguiente síntesis puede resultar interesante para ubicar las necesidades diarias de proteínas. Es importante tener en cuenta que este listado es un compendio de generalidades, y por tanto, las cantidades pueden variar según las circunstancias y características de cada persona.

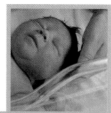

El embarazo hace variar un poco los requerimientos diarios de proteína. Se calcula que es necesario aumentarlas en unos 6 gramos.

Durante la lactancia las necesidades proteicas diarias también cambian: se necesitan 11 gramos extra por día, para los primeros 4 meses, y 8 gramos en los meses siguientes.

Las mujeres deben ingerir cerca de 45 gramos de proteínas al día.

Los hombres deben consumir cerca de 55 gramos de proteínas por día, aunque esta cantidad debe ser ajustada según su peso corporal.

Cuando los deportistas están bajo un intenso entrenamiento, se calcula el doble de proteínas.

En los niños las necesidades de proteína varían con rapidez, según su crecimiento.

COMBINACIONES GANADORAS

Las siguientes combinaciones se consideran las más productivas para mantener una dieta balanceada y un organismo saludable:

Cereales + leguminosas
(arroz con lentejas o fríjoles, por ejemplo)

Leguminosas + frutos secos o semillas
(soya con semillas de ajonjolí es una buena mezcla)

Cereales + productos lácteos
(pan con leche o queso, entre otros)

Carnes + cereales
(lomo de res con arepa, por ejemplo)

¿De origen animal o vegetal?

Nuestro cuerpo está preparado para asimilar aminoácidos y no proteínas completas. Por tanto, es incapaz de distinguir si se trata de proteínas de origen animal o vegetal. Somos nosotros, a través de la selección de los alimentos, quienes podemos optar por una fuente u otra. Por esa razón es importante conocer sus ventajas y desventajas.

· **Las proteínas que provienen de fuentes animales** son moléculas más grandes y complejas, porque contienen mayor cantidad y variedad de aminoácidos. En general, se las considera de mayor valor biológico. Sin embargo, son más difíciles de digerir porque hay que romper mayor cantidad de enlaces entre los aminoácidos. Combinando adecuadamente las proteínas de origen vegetal (legumbres con cereales, o lácteos con cereales) se puede obtener un adecuado balance de aminoácidos. Un ejemplo nos puede aclarar esta idea: las proteínas del arroz (que contienen aminoácidos esenciales pero son escasas en lisina) al combinarse con lentejas o garbanzos (abundantes en lisina) adquieren un valor biológico más interesante, y el aporte proteico es mayor que con la mayoría de los productos de origen animal.

· **Cuando consumimos proteínas de origen animal** como carnes, pescados o aves, estamos ingiriendo también los desechos del metabolismo celular presentes en los tejidos (amoníaco, ácido úrico, entre otros) que el animal no pudo eliminar antes de ser sacrificado. Las toxinas de la carne se pueden evitar consumiendo las proteínas de origen animal a partir de huevos, leche y sus derivados. En general, estos productos son preferibles a las carnes, pescados y aves, así como los pescados también resultan más adecuados que las aves, y las aves que las carnes rojas o el cerdo.

· **Las proteínas de origen animal suelen estar acompañadas de grasas**, en su mayoría saturadas (consulte la página 25). Se ha demostrado que una alimentación rica en ácidos grasos saturados aumenta el riesgo de padecer de enfermedades cardiovasculares.

· **La ciencia de la nutrición recomienda** que una tercera parte de las proteínas que incluimos en la alimentación sea de origen animal. Sin embargo, es posible estar perfectamente nutrido si sólo incluimos proteínas vegetales. La clave está en saber combinar los alimentos en función de los aminoácidos. El problema de las dietas vegetarianas en la cultura occidental es su descuido ante la presencia de algunas vitaminas (como la B_{12}) y minerales (como el hierro), al seleccionar combinaciones de alimentos que no favorecen el balance de proteínas.

El exceso y el defecto...

En Occidente es más común el exceso que el defecto de proteínas. Esto es especialmente claro en los países industrializados, que tienden a privilegiar los alimentos ricos en proteínas, especialmente los de origen animal.

Cuando se ingieren más proteínas de las necesarias, el organismo se ve afectado de muchas maneras. En primer lugar, hay que mencionar que esta situación ayuda a eliminar el calcio del organismo, estimula la formación de cálculos renales y la aparición de la osteoporosis. Al existir un exceso de residuos nitrogenados, el hígado, los riñones e intestinos se sobrecargan. Excederse en el consumo de proteínas también significa aumentar el ácido úrico (que intoxica sangre y arterias), lentificar el proceso digestivo y atentar contra la salud de las arterias.

Una dieta pobre en proteínas obliga al organismo a utilizar sus reservas proteicas, especialmente de los músculos, para mantener su funcionamiento. Músculos débiles, cabello escaso y delgado, lenta cicatrización y mala digestión, son algunos de los síntomas de una dieta pobre en proteínas. Un corazón débil es otro de los signos de deficiencia en proteínas. En casos extremos y prolongados, la falta de proteínas produce retención de líquidos e hinchazón del estómago.

PROTEÍNAS REPARADORAS

Cuando una persona ha sufrido una herida o lesión, su organismo demanda una cantidad extra de proteínas para que los nuevos tejidos se produzcan con mayor facilidad y para compensar la mayor tasa metabólica.

Las fracturas de hueso, por ejemplo, incrementan las necesidades de proteínas.

Ideas proteínicas

PARA CARNÍVOROS

- Al seleccionar carne, prefiera las que son bajas en grasa o elimínela antes de comerla.
- Coma más pescado que carne roja o aves.

PARA VEGETARIANOS

- Combine las nueces y semillas con legumbres. De esa manera aumentará la cantidad de proteínas que consume.
- Incluya los huevos en su dieta: contienen gran cantidad de nutrientes esenciales.
- El yogur sin dulce es otro aliado. Le brinda microorganismos beneficiosos para su tracto digestivo.

Las vitales grasas o lípidos

La palabra grasa tiende a asociarse con aspectos negativos de la alimentación porque su papel es confuso y se la relaciona con la obesidad y el colesterol. Para estar saludables es necesario consumir pequeñas cantidades de lípidos, fuentes de vitaminas y ácidos grasos esenciales para el funcionamiento satisfactorio del organismo.

Durante los últimos años hemos visto cómo en los medios masivos de comunicación se invita a consumir menos grasa. Aunque este mensaje puede ser acertado en muchos aspectos, también produce ideas equivocadas. Hay un grupo de grasas que resultan vitales para el organismo y el secreto consiste en saberlas seleccionar.

¿Qué son?

Las grasas son, estrictamente hablando, una combinación de ácidos grasos que desempeñan diferentes funciones mientras nuestro cuerpo trabaja. Con 9 calorías por gramo, son la fuente más concentrada de energía disponible en los alimentos.

Vale la pena detenerse y mencionar algunas de las tareas que realizan en nuestro beneficio: absorben las vitaminas liposolubles (aquellas únicamente solubles en grasa) los betacarotenos (que el organismo convierte en vitamina A); son claves, además, para el crecimiento; intervienen en la producción de algunas hormonas (sustancias que promueven y protegen la salud y la reproducción) sexuales y regulan el metabolismo en general.

Si excluyéramos las grasas de la alimentación el cuerpo se vería privado de un importante nutriente que protege el sistema inmunológico, permite a los músculos trabajar de manera eficiente, mantiene la piel flexible y los dientes y huesos saludables. Las grasas también contribuyen a brindarnos una buena visión y con el sistema de coagulación de la sangre.

De la misma manera que aportan grandes beneficios para la salud en general, son fuente de sabor y textura en combinación con otros alimentos. Brindan placer al sentido del gusto al enriquecer los sabores de los distintos platos que las utilizan.

FUENTES DE ENERGÍA, VITAMINAS LIPOSOLUBLES Y DE ÁCIDOS GRASOS ESENCIALES, LAS GRASAS DESEMPEÑAN ROLES VITALES EN NUESTRO ORGANISMO.

¡Moderación, ante todo!

Una dieta balanceada debe obtener como máximo un 35% de calorías de las grasas.

- Carne magra (sin grasa), pollo (sin piel) o productos lácteos bajos en grasa, son *recomendables*.
- Carne con grasa y productos lácteos enteros, deben ser consumidos con *moderación*.
- Productos cárnicos, como pasteles de carne o hamburguesas, tienen alto contenido de grasa. Deben incluirse en la dieta en *cantidades limitadas*.
- Pasteles, bizcochos, alimentos fritos (paquetes), deben comerse en pequeñas cantidades y de tanto en tanto.
- Los aceites deben usarse ocasionalmente en la cocina y crudos sobre las ensaladas, por ejemplo.

Grasas "buenas" y "malas"

El mensaje confuso de los medios de comunicación tiene que ver con el hecho de presentar a las grasas como las "malas" de la película. Sin embargo, hay algunas "buenas" que pueden ser nuestras grandes aliadas. Conocer las diferencias entre unas y otras es vital para enriquecer la alimentación diaria.

La clasificación de las grasas varía un poco entre los especialistas. La que exponemos aquí considera cuatro tipos e incluye tanto las "buenas" como las "malas". Empezaremos por las que nos reportan los mejores beneficios:

• Poliinsaturadas (esenciales)

Están compuestas por dos grandes familias de ácidos grasos esenciales y su presentación es usualmente líquida a temperatura ambiente. Algunos tipos de grasas poliinsaturadas no pueden ser sintetizados por el cuerpo y deben ser obtenidos a través de la alimentación.

- *Omega 6:* proviene del ácido linoléico y es clave para un sano y correcto crecimiento. La deficiencia de este tipo de grasa puede provocar efectos negativos sobre el crecimiento, el sistema inmunológico, la piel y la coagulación de la sangre. Se encuentra en aceites vegetales como el de girasol y el de maíz.
- *Omega 3:* también procede del ácido linoléico. Se trata de una grasa "buena" y conviene utilizarla en lugar de las grasas saturadas (ver más adelante). Se ha señalado su importancia en el desarrollo del cerebro y las retinas. Posee propiedades antiinflamatorias y anticoagulantes. Se suele recomendar en el tratamiento de enfermedades cardíacas y la artritis. Son fuentes de este tipo de grasas las sardinas, el pescado azul, entre otros pescados, y los aceites de nuez. En el mercado se encuentran algunas leches en polvo enriquecidas con este tipo de grasa.

• Monoinsaturadas (beneficiosas)

Aunque son consideradas como no esenciales, muchos alimentos que las contienen son, a la vez, ricos en las poliinsaturadas (esas sí indispensables). Esa asociación hace que los alimentos que contienen grasas monoinsaturadas tengan un especial atractivo nutricional. También son conocidas con el nombre de ácidos grasos *omega 9* y se recomiendan como sustituto de las saturadas, esas sí perjudiciales.

El ejemplo más común de productos que contienen este tipo de grasas es el aceite de oliva (con un 80% de aceite linoléico). Otros alimentos que vale la pena mencionar son el aguacate, los frutos secos y las semillas.

• Saturadas (perjudiciales)

Son usualmente sólidas a temperatura ambiente. Las investigaciones sugieren que los ácidos grasos contenidos en las grasas saturadas incrementan el colesterol de la sangre. Se considera que es innecesario consumir alimentos ricos en este tipo de grasas porque el organismo puede "fabricar" por sí mismo las que necesita. Una cosa hay que decir en su favor y es que brindan sabor a los alimentos.

El exceso de grasa saturada puede producir obesidad, arteriosclerosis, problemas cardíacos y se asocia con los cánceres de mama, colon y páncreas. Sus principales fuentes son la mantequilla, quesos curados, crema de leche, aceites de palma y coco, margarina muy sólida y grasas sólidas para cocinar (como la manteca). Están también presentes en productos cárnicos grasos (como la tocineta), salames, salchichas, paté, hamburguesas) y algunos tentadores artículos de repostería (galletas, tortas, bollos).

• Trans (perjudiciales)

Se halla en pequeñas cantidades en la naturaleza pero la forma más visible es cuando los aceites vegetales no saturados son artificialmente saturados (proceso conocido como hidrogenación) los convierten en margarinas sólidas con átomos de hidrógeno extra. Todos los alimentos procesados contienen altos niveles de grasas trans, también presentes en casi todos los restaurantes que ofrecen alimentos fritos, en las galletas industriales, pasteles y pasabocas. La margarina, aunque tiene este tipo de grasa, es una fuente menor en comparación con los "alimentos" antes mencionados.

Saber elegir los aceites

Los aceites, en general, pueden ser aliados de la salud; sin embargo, como la mayoría de ellos tienen un 90,9% de grasa, deben ser consumidos con moderación. Casi todos los aceites poseen diferentes combinaciones de ácidos grasos saturados, monoinsaturados y poliinsaturados, característica que debe tenerse en cuenta puesto que nuestro organismo requiere pequeñas cantidades de grasa. Debe recordarse, por último, que los aceites contienen sustancias esenciales que el organismo no está preparado para elaborar por sí solo como las vitaminas liposolubles A, D, E y K.

Conozca los aceites y seleccione entre la oferta del mercado aquellos más provechosos. La siguiente es una pequeña guía para detectar los mejores.

· De ser posible prefiera los aceites de cultivos biológicos. Esto es muy difícil en nuestros países pero, si los encuentra, no dude en adquirirlos.

· Fíjese en la etiqueta si fueron extraídos de una primera prensa en frío. Esto es especialmente claro en las etiquetas de los aceites de oliva. Los aceites que se obtienen por prensa en frío son sensibles a la luz y, por tanto, se embotellan en recipientes de color oscuro. Prefiera, entonces, estos tipos de envases.

· Observe la fecha de la prensa. Obviamente, cuanto más fresco, mejor calidad.

¡Emplee los aceites en su favor!

La mejor manera de aprovechar los aceites y su contenido nutricional es consumirlos crudos; un chorrito en las ensaladas frescas, las verduras cocidas al vapor o hervidas, en las sopas o sustituyendo la mantequilla sobre tostadas de pan, es beneficioso. Los alimentos fritos no son aconsejables. Generan sustancias tóxicas y empobrecen el contenido nutritivo de los alimentos. Si de todas formas prefiere no privarse del sabor de los fritos tenga en cuenta:

· Colar los aceites después de usarlos y no emplearlos más de 5 veces.

· Antes de freír las verduras espere a que el aceite llegue a una temperatura de 180° C; de lo contrario quedarán grasientas.

· Una última recomendación: fría los alimentos muy de vez en cuando y, cuando lo haga, utilice el aceite de mejor calidad posible.

Vitaminas, pequeñas maravillas

*La palabra vitamina proviene del latín, **vita**, que significa vida, vocablo que nos hace pensar en la importancia de esta sustancia en la nutrición de los seres vivos.*

Las vitaminas son sustancias orgánicas importantes para el crecimiento, la salud, el metabolismo y el bienestar físico. Los estudiosos en la materia las clasifican como micronutrientes, porque el organismo sólo las requiere en pequeñas cantidades, comparadas con otros nutrientes como los carbohidratos, las proteínas, las grasas y el agua.

Algunas de ellas son parte esencial de las enzimas mientras que otras están presentes en las hormonas.

El inagotable ingenio humano ha logrado producir vitaminas en el laboratorio a partir del aislamiento de sustancias químicas. Se conocen como vitaminas sintéticas, y no difieren mucho de sus parientes naturales. Sin embargo, por contener ingredientes artificiales pueden resultar poco atractivas para personas especialmente sensibles a estas sustancias. De todas formas, la naturaleza es pródiga en vitaminas, de manera que una alimentación equilibrada ofrece una amplia gama de sustancias en su envase natural.

Las vitaminas se clasifican en dos grandes familias: las **liposolubles** (solubles únicamente en grasas) y las **hidrosolubles** (solubles únicamente en agua). Como se trata de un tema muy amplio, reseñaremos sólo las más importantes, resaltando sus funciones en el organismo, cuáles son sus fuentes naturales y qué síntomas denotan su deficiencia.

CAPACIDADES...

Las plantas elaboran casi todas las vitaminas que necesitan. Los animales también son capaces de realizar esta tarea (por ejemplo, los perros y gatos "fabrican" la vitamina C).

Las personas, en cambio, deben obtenerlas de la alimentación cotidiana, producirlas en la piel o el hígado, o elaborarlas con la ayuda de la flora intestinal.

Éste es el caso de la vitamina D, que es sintetizada por la piel cuando ésta se expone a los rayos del sol, y la vitamina K, o biotina, que es elaborada por una bacteria en el colon.

Vitaminas liposolubles (A, D, E, K)

Se trata de sustancias que se diluyen en disolventes orgánicos como grasas y aceites. Se acumulan en el hígado y los tejidos adiposos, y por tanto es posible subsistir sin su aporte durante un tiempo (si se almacenan en suficiente cantidad).

Vitamina A

Los expertos hacen distinciones muy claras de fuentes de vitamina A: *retinol*, de origen animal, y *carotenos*, de procedencia vegetal.

¿Por qué la necesitamos?

Es vital para un normal y sano crecimiento. Clave en la percepción del color y la visión en penumbra. Cuando se trata de *betacaroteno* (y en compañía de otras sustancias) actúa como antioxidante y apoya la función inmunológica, además de incrementar la resistencia a las infecciones.

Fuentes naturales

Se halla especialmente en plantas de colores verde y amarillo como la zanahoria, el melón, los pimentones y la papa, entre otros. Son fuentes animales el hígado, el pescado, la yema de huevo y los lácteos.

Deficiencia

Alteraciones en la visión (como la ceguera nocturna), sequedad en las mucosas y la piel, debilidad en las uñas y el cabello.

Vitamina D

Existen dos formas de vitamina D: la D_2 (o ergocalciferol) y la D_3 (o colecalciferol). Algunos bioquímicos la consideran más una hormona que una vitamina. El argumento que apoya esta afirmación es que la vitamina D es fabricada por nosotros mismos en la piel.

¿Por qué la necesitamos?

Es vital para la absorción del calcio y el fósforo en los huesos. Fomenta la normal contracción de los músculos y apoya el sistema nervioso.

Fuentes naturales

Los rayos del sol, el atún, el salmón, las sardinas y los lácteos. Muchos alimentos, como la leche y los cereales del desayuno, suelen estar enriquecidos con vitamina D.

Deficiencia

Descalcificación de los huesos, caries dental y, en ocasiones, raquitismo.

Vitamina E

Es preferible en su forma natural, porque es superior a la versión sintética. Posee una acción antioxidante y protege a ciertos tejidos de los radicales libres. La ingesta de suficiente vitamina E se asocia con la reducción de infartos y cáncer.

¿Por qué la necesitamos?

Porque protege a la vitamina A y otros ácidos grasos esenciales de la oxidación. Disminuye la posibilidad de riesgos cardíacos y apoya el sistema inmunológico. Es clave para el sistema endocrino y las glándulas sexuales. Protege a los pulmones y otros tejidos de la contaminación.

Fuentes naturales

Aceites vegetales, germen de trigo, semillas y aceites de semillas. En menor grado, las verduras de hojas verdes (lechuga, espinaca y berro, entre otras). En algunos alimentos de origen animal, como la yema de huevo y la mantequilla.

Deficiencia

Retención de líquidos, anemia, irritabilidad. También puede ocasionar la destrucción de los glóbulos rojos, la degeneración muscular y desórdenes en la reproducción.

Vitaminas hidrosolubles (C y Grupo B)

Estas vitaminas, como su nombre lo indica, se distinguen por su capacidad de disolverse en el agua. El organismo no las almacena y por esto es necesario procurárselas diariamente. Por lo general, su exceso no es preocupante, porque el organismo se encarga de eliminarlo a través de la orina.

Vitamina C

También se conoce como ácido ascórbico. Se trata de una sustancia sencilla desarrollada a partir de átomos de carbono, hidrógeno y oxígeno. Entre sus cualidades se destaca su poder como protectora de las células y las moléculas del organismo.

¿Por qué la necesitamos?

Es vital para la producción del colágeno (indispensable para la salud de los huesos, dientes, encías y uñas). Ayuda en la cicatrización de heridas, quemaduras, contusiones y huesos rotos. Es un poderoso antioxidante y un gran apoyo al sistema inmunológico. Protege contra la arteriosclerosis y las enfermedades del corazón, y ayuda a prevenir algunos tipos de cáncer. Participa en los procesos de desintoxicación del hígado y contrarresta los efectos de los nitratos (pesticidas). Es antiescorbútica y antiinfecciosa. Especial para fumadores; las personas que toman anticonceptivos orales, anticoagulantes y aspirinas deben consumir cantidades superiores a las normales de vitamina C.

Fuentes naturales

Se encuentra en frutas como el kiwi, la guayaba, la fresa y todos los cítricos. En verduras como el pimentón, las hortalizas de hojas verdes, el repollo, el tomate, el brócoli, el berro y la papa. La mejor forma de obtener vitamina C (sustancia sensible a la luz, temperatura y oxígeno del aire) es consumir los jugos de fruta ni bien se preparan o la fruta recién cortada.

Deficiencia

Es rara, pero se manifiesta en síntomas como pérdida de peso, fatiga, encías sangrantes, reducción de la resistencia a diversos estados infecciosos, lenta recuperación de las heridas y fracturas. En casos graves, provoca escorbuto.

Vitamina K

Se trata de un grupo de compuestos, entre los que se destacan la vitamina K_1 (presente de manera particular en las verduras de hojas verdes) y la K_2 (sintetizada por diferentes bacterias, entre ellas la flora intestinal).

¿Por qué la necesitamos?

Se requiere en pequeñas pero fundamentales cantidades, para formar proteínas esenciales. A su vez, para la coagulación de la sangre, el correcto funcionamiento de los riñones y el metabolismo de los huesos.

Fuentes naturales

Las bacterias que habitan los intestinos producen cerca de la mitad de las necesidades del organismo de esta vitamina. El resto proviene de alimentos como las espinacas, el repollo, el brócoli, los espárragos y las manzanas verdes. El yogur estimula la síntesis de esta vitamina.

Deficiencia

Es rara, pero puede presentarse en los recién nacidos. Su carencia puede provocar hemorragias, tanto nasales como en el aparato digestivo y genitourinario.

¿QUIÉNES NECESITAN DE VITAMINAS EXTRA?

· Mujeres que planean un embarazo.
· Mujeres embarazadas.
· Personas mayores de 65 años.
· Los niños.
· Grandes consumidores de grasas poliinsaturadas.
· Personas poco expuestas al sol.
· Vegetarianos y vegetarianos estrictos.
· Fumadores.

Vitaminas B

Son una familia numerosa, y como la vitamina C, son hidrosolubles. Salvo la vitamina B_{12}, no se almacenan en el organismo. El alcohol, los antibióticos y el estrés son algunos factores que inhiben la absorción de este grupo de nutrientes.

Vitamina B_1 (Tiamina)

¿Por qué la necesitamos?

Ayuda al organismo a liberar la energía de los carbohidratos durante el metabolismo. Es clave para el funcionamiento del sistema nervioso y mantiene sanas las membranas mucosas.

Fuentes naturales

Cereales y granos enteros o integrales, germen de trigo, salvado, levadura de cerveza y, en general, todos los granos secos (como lentejas, garbanzos y fríjoles) y el arroz integral. Se encuentra en algunas fuentes animales como el huevo, la carne de cerdo y ciertos pescados.

Deficiencia

Una carencia grave produce beriberi. Una deficiencia menor se manifiesta en forma de trastornos cardiovasculares (brazos y piernas dormidos, sensación de opresión en el pecho), alteraciones psíquicas (cansancio, falta de concentración, irritabilidad). Una deficiencia moderada causa fatiga, pérdida del apetito, náuseas, confusión, anemia y arritmias cardíacas.

Vitamina B_2 (Riboflavina)

¿Por qué la necesitamos?

Ayuda a la producción de hormonas y estimula la función de varias enzimas. Contribuye a la salud de la piel, el cabello, las uñas y membranas mucosas. Es vital para el buen funcionamiento del sistema nervioso, los ojos y la glándula suprarrenal.

Fuentes naturales

Sus principales fuentes son el hígado de res, los riñones, la levadura de cerveza, los cereales integrales en general, los pescados, la leche, el queso y la yema de huevo.

Deficiencia

Se manifiesta por lesiones en la piel, las mucosas y los ojos. Los fumadores y bebedores crónicos, los ancianos y quienes siguen una dieta vegetariana estricta (sin huevos ni leche), suelen sufrir carencia de esta vitamina.

Vitamina B_3 (Niacina - Ácido nicotínico)

¿Por qué la necesitamos?

Contribuye a numerosos procesos corporales. Vale la pena destacar que ayuda a convertir el alimento en energía, construye las células rojas de la sangre, sintetiza hormonas, ácidos grasos y esteroides. Mantiene la salud de la piel, los nervios y los vasos sanguíneos.

Fuentes naturales

Carnes (de res, cordero, cerdo), pescados y algunos frutos secos.

Deficiencia

Problemas en la piel, como la resequedad. Algunos signos de su carencia: indigestión, diarrea, debilidad, pérdida del apetito, problemas en la boca, irritación, ansiedad y depresión.

Vitamina B_5 (Ácido pantoténico)

¿Por qué la necesitamos?

Es importante por su capacidad de convertir los alimentos en energía. Útil para la construcción de las células rojas de la sangre, la elaboración de bilis y la síntesis de las grasas. Es importante para la salud de la piel y el cabello, como agente que refuerza el sistema nervioso y la formación de las hormonas sexuales.

Fuentes naturales

Se encuentra abundantemente en el hígado y riñones de res, la yema de huevo y los cereales integrales. Otros alimentos que se destacan por su contenido de ácido pantoténico son las papas, los tomates y los repollos.

Deficiencia

Aunque es poco frecuente, produce depresión, insomnio, tendencia a las infecciones, irritabilidad, pérdida de la concentración, apatía, alergias y frecuente fatiga de la glándula suprarrenal.

Vitamina B_6 (Piridoxina)

¿Por qué la necesitamos?

Se trata de una familia de compuestos que apoyan la función inmunológica, la transmisión de impulsos nerviosos, la energía y la síntesis de las células rojas de la sangre. Facilita la acción de las enzimas, fabrica los hematíes (glóbulos rojos) y anticuerpos, refuerza los sistemas nervioso y digestivo, y mantiene la piel saludable.

Fuentes naturales

Arroz integral, carne de res magra, pollo, pescado, banano, aguacate, granos enteros, soya, maíz, cereales integrales, papas y nueces.

Deficiencia

Provoca trastornos cutáneos, insomnio, anemia, debilidad, irritabilidad, depresión y estomatitis, entre otros.

Vitamina B_{12} (Cianocobalamina)

¿Por qué la necesitamos?

Es indispensable para la formación de los glóbulos rojos, para el crecimiento corporal y la regeneración de los tejidos. Es igualmente importante para el metabolismo del hierro y la salud del sistema nervioso. Además, facilita la acción de las enzimas y cumple con un papel importante como antianémica, constructiva, protectora del hígado y neurotrófica (con relación a la nutrición de los tejidos).

Fuentes naturales

Carne (especialmente de res), hígado fresco, riñones, lácteos, yema de huevo, pescados y mariscos. Algunos cereales del desayuno enriquecidos son fuente de esta vitamina.

Deficiencia

Algunas personas mayores pueden tener deficiencia de este nutriente, porque su organismo no consigue secretar suficiente cantidad de ácido estomacal, necesario para la absorción de la vitamina. Origina trastornos nerviosos que se manifiestan en lo psíquico y lo neuromotor. De igual forma, provoca anemia y depresión.

La Organización Mundial de la Salud (OMS)
y otras entidades tienen las siguientes indicaciones como el mínimo
de las cantidades diarias recomendadas (CDR)

VITAMINA	CDR MUJERES	CDR HOMBRES
VITAMINA A	600 mcg	700 mcg 950 mcg en período de lactancia
VITAMINA B$_1$	0,8 mg	1 mg
VITAMINA B$_2$	1,1 mg	1,3 mg
VITAMINA B$_3$ (Niacina)	13 mg	17 mg
VITAMINA B$_5$ (Ácido pantoténico)	3-7 mg	3-7 mg
VITAMINA B$_6$ (Piridoxina)	1,2 mg	1,4 mg
VITAMINA B$_{12}$ (Cianocobalamina)	1,5 mcg	1,5 mcg
VITAMINA C (Ácido ascórbico)	40 mg Fumadoras, al menos 80 mg	40 mg Fumadores, al menos 80 mg
VITAMINA D	Basta con la que reciban a través de los rayos del sol. Si apenas los reciben, 10 mcg	Basta con la que reciban a través de los rayos del sol. Si apenas los reciben, 10 mcg
VITAMINA E	Al menos 3 mg	Al menos 4 mg
VITAMINA K	1 mcg por cada kilo de peso corporal.	1 mcg por cada kilo de peso corporal.
ÁCIDO FÓLICO	200 mcg 300 mcg embarazadas (más un suplemento de 400 mcg en las primeras 12 semanas)	200 mcg
BIOTINA	10 - 200 mcg	10 - 200 mcg

CÓMO COCINAR

Una de las reglas básicas de la buena alimentación consiste en no ingerir alimentos cocidos en exceso.

Se deben evitar las cocciones muy largas y a temperaturas excesivamente altas. Estos métodos culinarios destruyen un importante número de nutrientes contenidos en los alimentos. De igual forma, destruyen muchas enzimas digestivas vitales para una óptima asimilación de los alimentos.

Un mundo mineral

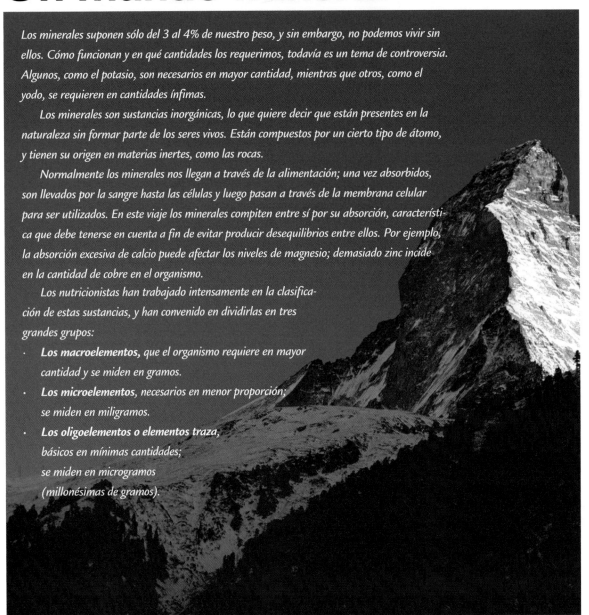

Los minerales suponen sólo del 3 al 4% de nuestro peso, y sin embargo, no podemos vivir sin ellos. Cómo funcionan y en qué cantidades los requerimos, todavía es un tema de controversia. Algunos, como el potasio, son necesarios en mayor cantidad, mientras que otros, como el yodo, se requieren en cantidades ínfimas.

Los minerales son sustancias inorgánicas, lo que quiere decir que están presentes en la naturaleza sin formar parte de los seres vivos. Están compuestos por un cierto tipo de átomo, y tienen su origen en materias inertes, como las rocas.

Normalmente los minerales nos llegan a través de la alimentación; una vez absorbidos, son llevados por la sangre hasta las células y luego pasan a través de la membrana celular para ser utilizados. En este viaje los minerales compiten entre sí por su absorción, característica que debe tenerse en cuenta a fin de evitar producir desequilibrios entre ellos. Por ejemplo, la absorción excesiva de calcio puede afectar los niveles de magnesio; demasiado zinc incide en la cantidad de cobre en el organismo.

Los nutricionistas han trabajado intensamente en la clasificación de estas sustancias, y han convenido en dividirlas en tres grandes grupos:

- **Los macroelementos**, que el organismo requiere en mayor cantidad y se miden en gramos.
- **Los microelementos**, necesarios en menor proporción; se miden en miligramos.
- **Los oligoelementos o elementos traza**, básicos en mínimas cantidades; se miden en microgramos (millonésimas de gramos).

SABIDURÍA NATURAL...

La naturaleza se ha tomado un gran trabajo para que los minerales lleguen a nosotros. La acción del viento, durante miles de años, erosionó y descompuso las formaciones rocosas integradas por sales minerales, hasta convertirlas en fragmentos diminutos de polvo y arena que se acumularon paulatinamente y formaron la capa vegetal.

Esta capa pasó a las plantas, que luego fueron consumidas por animales herbívoros. Por último, el hombre aprovechó los minerales al alimentarse de plantas y otros animales.

Los macroelementos

Los especialistas destacan los siguientes minerales como macroelementos. Incluimos una síntesis de sus funciones, en qué fuentes naturales se encuentran, cómo se manifiesta su deficiencia, y en algunos casos, advertencias sobre su uso.

Calcio (Ca)

¿Por qué lo necesitamos?

Es el mineral más abundante en el cuerpo humano, y su papel en la construcción de los dientes y huesos es decisivo. Casi el 99% del calcio que contiene el organismo forma parte del esqueleto óseo, y se renueva cada año en el 20%. Es, además, indispensable para la función celular, muscular y para el sistema nervioso; desempeña un papel clave en la coagulación de la sangre.

Fuentes naturales

Se obtiene principalmente de los productos lácteos como la leche, el yogur y el queso; el salmón y las sardinas, enlatados (con espinas) son también ricos en este mineral. En cuanto a las verduras, se destacan las hortalizas de hojas verdes (especialmente el berro).

Deficiencia

Algunos síntomas de carencia de calcio son las fracturas de hueso, el raquitismo (deformación de los huesos en los niños) y la osteoporosis (en los adultos).

Precaución

Demasiado calcio puede ser nocivo para el corazón, el hígado y los riñones.

Magnesio (Mg)

¿Por qué lo necesitamos?

Ocupa el cuarto lugar en abundancia en el cuerpo, y el segundo en lo que se refiere a los contenidos de las células (después del potasio). Participa en la constitución de los dientes y huesos, en la transmisión de impulsos nerviosos y la actividad muscular (mientras que el calcio estimula la contracción, el magnesio induce a la relajación). Es clave en la producción de muchas de las enzimas que activan las funciones básicas del organismo, y regula la temperatura corporal.

Fuentes naturales

Abunda especialmente en los lácteos, el pescado, la carne y los mariscos. También en los cereales integrales, los frutos secos y semillas, las leguminosas (como el fríjol y las lentejas). Las frutas con mayor contenido de magnesio son la manzana, el aguacate y el banano.

Deficiencia

Los síntomas más frecuentes son los calambres musculares, las palpitaciones, la inquietud y la ansiedad.

Precaución

Conviene tomar suplementos de magnesio sólo bajo supervisión de un especialista.

Fósforo (P)

¿Por qué lo necesitamos?

El fósforo es el segundo mineral más abundante en el cuerpo. Al igual que el calcio, ayuda a formar y mantener los huesos y dientes. Es importante en la liberación de la energía durante el metabolismo. Contribuye a mantener los fluidos corporales, y es una parte esencial en la formación del material genético, las membranas celulares y algunas enzimas.

Fuentes naturales

Presente en algún grado en todos los alimentos, en especial en aquellos que contienen calcio. Los lácteos, las carnes, las aves, los huevos, los pescados, los granos integrales y los frutos secos se destacan por su contenido de fósforo.

Deficiencia

Es poco común, pero se manifiesta en debilidad general, pérdida del apetito, dolor en los huesos y propensión a las fracturas.

Precaución

El exceso promueve la pérdida del calcio y puede debilitar los huesos.

Potasio (K)

¿Por qué lo necesitamos?

Ocupa el tercer lugar entre los minerales más abundantes en el cuerpo. Es importante en el mantenimiento del balance de los fluidos corporales. Favorece el ritmo cardíaco y las contracciones musculares; también afecta la presión de la sangre, porque relaja las paredes arteriales. Es clave para la síntesis de proteínas, el metabolismo de los carbohidratos y la secreción de insulina.

Fuentes naturales

Se dice, por regla general, que los alimentos pobres en sodio son ricos en potasio. Frutas frescas como el banano, jugo de naranja, aguacate, uvas y ciruelas pasas se destacan. Verduras como la ahuyama, las papas, las espinacas y los tomates (cocidos). Otras fuentes de potasio son las legumbres (lentejas, fríjol rojo), la carne magra y ciertos pescados.

Deficiencia

Su ausencia puede provocar confusión mental y problemas musculares. De igual forma, puede contribuir a la aparición de arritmias cardíacas.

Precaución

Debe consultar con un especialista antes de tomar suplementos de potasio (especialmente si padece de enfermedades de los riñones).

Los macroelementos (continuación)

Sodio (Na)

¿Por qué lo necesitamos?

Es importante para mantener el equilibrio hídrico y el balance del pH. Con ayuda del potasio contribuye al control de las contracciones musculares y de la función nerviosa.

Fuentes naturales

Todos los alimentos contienen algo de sodio. Sin embargo, se desataca la sal de mesa.

Deficiencia

Es rara, pero su bajo porcentaje en el organismo implica una pérdida de agua. Provoca, además, calambres musculares, debilidad y mareo.

Precaución

Evite los alimentos con la etiqueta "bajo en sodio" porque contienen glutamato monosódico (MSG), una forma de sodio nociva para la salud. La dieta moderna incluye demasiados productos ricos en sodio (precocidos, congelados, enlatados, etcétera) y estimula el gusto por lo salado. Por esta razón, es aconsejable no excederse en el uso de este mineral.

Cloro (Cl)

¿Por qué lo necesitamos?

La sal natural del cloro, el cloruro, trabaja con el sodio y el potasio para ayudar a mantener una distribución apropiada y el pH de todos los fluidos del cuerpo. Ayuda al hígado en su función de eliminación de tóxicos, desempeña un papel esencial en la digestión (participa de la secreción gástrica) y ayuda a transmitir los impulsos nerviosos.

Fuentes naturales

Sal de mesa y alimentos salados son sus principales fuentes. Se halla también en las algas, las aceitunas y el agua del grifo.

Deficiencia

Poco frecuente, casi siempre se debe a la presencia de alguna enfermedad. Se puede producir en casos de diarrea y vómito. Calambres musculares, apatía e inapetencia son signos de déficit de este mineral.

Precaución

En grandes cantidades es tóxico.

Azufre (S)

¿Por qué lo necesitamos?

Asiste al metabolismo, regula los niveles de azúcar en la sangre, por ser un constituyente de la insulina. También es importante para regular la coagulación de la sangre. Tiene como característica convertir ciertas sustancias tóxicas en no tóxicas, para que puedan ser eliminadas. Por esta razón, se usa en casos de envenenamiento por aluminio, cadmio, plomo y mercurio.

Fuentes naturales

Está presente en casi todos los alimentos proteicos. Las plantas que más se destacan por su contenido de azufre son las leguminosas (fríjoles y lentejas); le siguen el repollo o col, la cebolla, el ajo y el espárrago, entre otras. También son fuente importante la carne, el pescado, las aves, la yema de huevo y los lácteos.

Deficiencia

Poco conocida, al igual que su exceso.

Precaución

El azufre inorgánico consumido en grandes cantidades puede ser perjudicial.

CUESTIONES GEOGRÁFICAS

En el pasado, muchas enfermedades causadas por falta de minerales se asociaban con la región geográfica.

Así por ejemplo, las poblaciones localizadas lejos de las costas no consumían productos marinos, y era frecuente el desarrollo de enfermedades como el bocio, por deficiencia de yodo.

Todavía persisten algunas carencias de ciertos minerales que ocasionan desnutrición, especialmente en regiones donde los niveles de selenio en el suelo son muy bajos.

Algunos métodos agrícolas, y la adición de minerales al agua han contribuido a eliminar su deficiencia en estas regiones.

¿QUIÉNES NECESITAN DE MINERALES EXTRA?

LAS MUJERES QUE ESTÁN LACTANDO

LAS MUJERES EMBARAZADAS O QUE PLANEAN ESTARLO

LOS ANCIANOS

LOS VEGETARIANOS Y VEGETARIANOS ESTRICTOS

LAS PERSONAS QUE EXCLUYEN LAS CARNES ROJAS Y LA COMIDA DE MAR DE SU DIETA

LAS PERSONAS QUE HABITAN EN REGIONES CUYOS SUELOS SON POBRES EN MINERALES

Los microelementos

Aunque el organismo requiere de pequeñas cantidades de estos minerales, son esenciales para el funcionamiento del organismo en general, y porque intervienen en muchos procesos físicos y mentales.

Hierro (Fe)

¿Por qué lo necesitamos?

La función más importante del hierro es la producción de hemoglobina y la oxigenación de los glóbulos rojos. También es esencial en la producción de enzimas, el crecimiento de los niños y la resistencia a las enfermedades. Además, mantiene el sistema inmunológico saludable y trabaja en la producción de la energía.

Fuentes naturales

Carne magra, aves, huevos, hígado, mariscos y otros productos animales son ricos en hierro. Alimentos fortificados como el pan, la pasta, el arroz, los cereales del desayuno y la avena, también se destacan por su interesante contenido de este mineral. Está presente en muchos productos vegetales como las hortalizas de color verde oscuro, los frutos secos y el aguacate, entre otros. Vale la pena señalar que el hierro de los alimentos de origen animal se absorbe mejor que el de los vegetales.

Deficiencia

Anemia y debilidad son dos de sus síntomas. Otras manifestaciones: fatiga, palidez, vértigo, sensibilidad al frío, languidez, irritabilidad, baja concentración, palpitaciones, pelo quebradizo y pérdida del mismo, uñas en forma de cuchara.

Precaución

Conviene consultar con un pediatra antes de suministrar suplementos de hierro a los niños.

Flúor (F)

¿Por qué lo necesitamos?

El fluoruro, una forma natural del flúor, es necesario para la buena salud de dientes y huesos. Ayuda a la resistencia, protege de la caries al esmalte dental e incrementa la fortaleza de los huesos.

Fuentes naturales

El agua del grifo es su fuente principal y también algunas cremas dentales contienen este mineral.

Deficiencia

Es muy rara.

Precaución

El exceso puede provocar toxicidad e inhibir los tendones y ligamentos, debilitar los huesos y afectar la mayoría de los sistemas corporales. El suministro de suplementos a bebés y niños debe ser realizado por un profesional en el tema.

Yodo (I)

¿Por qué lo necesitamos?

Es un constituyente de varias hormonas de la tiroides, que regula muchas actividades celulares. También está relacionado con la síntesis de las proteínas, el crecimiento de los tejidos y la reproducción. Es un efectivo antiséptico y purificador del agua.

Fuentes naturales

Como se halla en distintos tipos de suelos, por tanto también se encuentra en las plantas que crecen en ellos. La sal marina, la sal yodada de mesa, los mariscos, las algas, el perejil y el ajo, son también ricos en yodo.

Deficiencia

Es más bien rara. Además del bocio, los efectos de su carencia incluyen el aumento de peso, la pérdida del cabello, languidez, insomnio y algunas formas de retardo mental.

Precaución

En algunos casos raros, el yodo puede inhibir la secreción de hormonas de la tiroides.

Manganeso (Mn)

¿Por qué lo necesitamos?

Se destaca como activador de las enzimas que intervienen en la síntesis de las grasas y el aprovechamiento de algunas vitaminas. Influye en el uso que el cuerpo hace del calcio y el potasio. Es esencial para la apropiada formación y mantenimiento de huesos, dientes, cartílagos, tendones y tejidos nerviosos. Ayuda a producir energía, actúa como antioxidante y asiste a la normal coagulación de la sangre.

Fuentes naturales

Los cereales integrales, los frutos secos (como las almendras), el té, las leguminosas, los crustáceos, el pescado, ciertas frutas (como el banano y la piña) y especias (clavo de olor y jengibre), son fuentes de este mineral.

Deficiencia

Extremadamente rara.

Precaución

Se desconocen sus efectos secundarios; no es un mineral tóxico.

Los microelementos (continuación)

Cobalto (Co)

¿Por qué lo necesitamos?

Es clave por su asociación con la vitamina B_{12} y porque contribuye a la formación de las células en la sangre y a la salud de los tejidos. También es útil porque apoya la absorción de otros minerales y vitaminas. Se utiliza en el tratamiento de la anemia.

Fuentes naturales

Presente en alimentos como las carnes de ternera o res, y en la leche. Abunda en productos como la molleja, las lentejas, la yema de huevo, los mejillones, los rábanos y las chuletas y riñones de cordero. La remolacha, el repollo blanco y las cebollas también contienen algo de cobalto.

Deficiencia

Es más bien rara.

Precaución

Su exceso (especialmente de fuentes inorgánicas) estimula la glándula tiroides y puede desencadenar la sobreproducción de glóbulos rojos.

Cobre (Cu)

¿Por qué lo necesitamos?

Es necesario para la formación de muchas enzimas, especialmente de aquellas relacionadas con el desarrollo de la sangre y los huesos. Ayuda al fortalecimiento del sistema inmunológico, y se relaciona con la transmisión de impulsos nerviosos. Promueve la fertilidad y cuida de la normal pigmentación de la piel y el cabello.

Fuentes naturales

La comida de mar y las vísceras son una rica fuente de este mineral. También se encuentra en las nueces, las semillas, las verduras verdes, la pimienta negra, la cocoa o el chocolate, y en el agua que fluye a través de las cañerías de cobre.

Deficiencia

Es rara y casi siempre se limita a personas con ciertas enfermedades heredadas que inhiben la absorción de este mineral (por ejemplo, el albinismo), o que desarrollaron una enfermedad en la que exista una mala absorción. También se puede presentar en niños que no han sido amamantados, y en algunos bebés prematuros.

Precaución

Su uso en suplementos debe hacerse bajo supervisión médica.

Zinc (Zn)

¿Por qué lo necesitamos?

Es básico en el metabolismo de las proteínas, previene los daños que puedan causar los radicales libres en los ojos, la glándula prostática, el fluido seminal y el esperma. También es importante para la correcta producción hormonal, para la función inmunológica, y para la fortaleza y salud de huesos y articulaciones. Este mineral realza la habilidad de percibir el sabor, promueve la salud del cabello y la piel.

Fuentes naturales

Se destacan las ostras, las carnes rojas y los granos enteros. Ofrecen cantidades importantes de zinc otros alimentos como los hongos, la levadura de cerveza, el salvado, la avena integral y el germen de trigo, entre otros.

Deficiencia

La pérdida del sentido del gusto es una de las primeras manifestaciones de la carencia de este mineral. También se manifiesta en la merma y decoloración de cabello, vetas blancas en las uñas, dermatitis, ausencia de apetito, fatiga y dificultad en la curación de las heridas.

Precaución

Siempre consulte con un experto la dosificación en suplementos.

Los oligoelementos

Son metales o metaloides cuya presencia e intervención son precisos para la normal actividad celular. Desempeñan funciones vitales para el organismo porque están relacionados con la elaboración de ciertos tejidos, la síntesis de las hormonas y un buen número de sistemas enzimáticos. Los siguientes son los más destacados.

Cromo (Cr)

¿Por qué lo necesitamos?

Trabaja con la insulina para regular el azúcar del organismo, y resulta esencial para el metabolismo de los ácidos grasos.

Fuentes naturales

Los cereales integrales, la levadura de cerveza y las carnes son ricos en cromo. Otros alimentos que contienen cantidades apreciables de este mineral son los fríjoles secos, el pollo, el maíz, los lácteos, el hígado de ternera, los hongos y las papas.

Deficiencia

Suele provocar anomalías en los niveles de azúcar en la sangre, aumentar algunos síntomas parecidos a los provocados por la diabetes (hormigueo en las extremidades y reducción de la coordinación muscular), y manifestaciones hipoglucémicas como fatiga y vértigo. Puede aumentar el riesgo de arteriosclerosis y enfermedades del corazón.

Precaución

Tóxico en altas dosis. Los suplementos deben ser supervisados por un profesional.

Litio (Li)

¿Por qué lo necesitamos?

Se destaca como un elemento indispensable para la regulación del sistema nervioso central, y por tal razón se lo utiliza para el tratamiento de ciertas afecciones psiquiátricas y desarreglos neuromentales.

Fuentes naturales

En concentraciones bajas se encuentra en el agua de mar, las plantas y los tejidos animales. Además, contienen litio las verduras, los crustáceos y algunos peces.

Deficiencia

Su acción aún no es totalmente conocida. Sin embargo, se asocia con alteraciones del sistema nervioso.

Precaución

Cualquier tratamiento con litio debe ser supervisado por un especialista.

Molibdeno (Mo)

¿Por qué lo necesitamos?

Ayuda a producir energía, a procesar los desperdicios para que sean eliminados, y moviliza el hierro almacenado en el organismo. Es esencial para un normal desarrollo del sistema nervioso.

Fuentes naturales

Las verduras de hojas verde oscuro, las leguminosas, la leche, los cereales integrales y las vísceras son alimentos ricos en este mineral.

Deficiencia

Es rara, pero puede presentarse en quienes siguen una dieta alta en alimentos procesados y refinados. Como manifestaciones de una baja ingestión de molibdeno se señalan la impotencia sexual y los trastornos de la boca y encías.

Precaución

Consulte con un profesional antes de consumir suplementos de este mineral.

Selenio (Se)

¿Por qué lo necesitamos?

Posee una acción antioxidante, y por tanto protege las células y los tejidos de los radicales libres. Existe evidencia de que este mineral ayuda a prevenir el cáncer. Apoya el funcionamiento del hígado y el corazón, y es esencial para una buena visión. Posee una acción antiinflamatoria que ayuda a aliviar los efectos de la artritis. Es importante para el sistema reproductor masculino, y puede ayudar a las mujeres en la etapa menopáusica.

Fuentes naturales

El hígado, los pescados y mariscos, los huevos, el ajo, el brócoli, el tomate, las cebollas, el germen de trigo y los cereales integrales, entre otros.

Deficiencia

No son muy claras, pero se asocian con la salud del cabello, uñas y dientes.

Precaución

Elevadas dosis de selenio deben ser recetadas por un especialista.

La Organización Mundial de la Salud (OMS)
y otras entidades tienen las siguientes indicaciones como el *mínimo* de las cantidades diarias recomendadas (CDR)

MINERAL	CDR MUJERES	CDR HOMBRES
CALCIO	700 mg	
	1.250 mg en	
	período de lactancia	
MAGNESIO	270 mg	300 mg
FÓSFORO	550 mg	550 mg
POTASIO	3.500 mg	3.500 mg
SODIO	1.600 mg	1.600 mg
SELENIO	60 mcg	75 mcg
ZINC	7 mg	9,5 mg
HIERRO	14,8 mg	8,7 mg
MANGANESO	1,4 mg	1,4 mg

Suplementos, buenos aliados

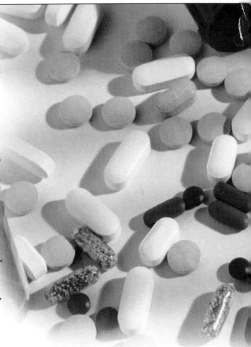

Los suplementos más famosos son los multivitamínicos, en los que se combinan vitaminas y minerales. Sin embargo, existen muchos otros productos que ofrecen apoyo a nuestro organismo. Reconozca cuáles son los más valiosos y (no siempre son los más conocidos, o los que llevan más tiempo en el mercado).

En general, si los alimentos que componen nuestra dieta cotidiana son de buena calidad, están correctamente preparados y los consumimos en cantidades adecuadas, deberían representar el porcentaje de nutrientes apropiados a nuestras necesidades individuales. Sin embargo, hay que admitir que a pesar de todo, en ocasiones esos nutrientes son insuficientes. Y puede ser así por variadas razones, que van desde dificultades del organismo para asimilar los alimentos hasta problemas difíciles de detectar en la calidad de los mismos.

¿Qué es un suplemento?

Disponibles en forma de comprimidos, líquidos, cápsulas o en polvo, los suplementos alimentarios son esencialmente vitaminas y minerales. Sin embargo, este término se extiende a otros productos como extractos de plantas, aminoácidos y aceites de pescado.

Los suplementos de vitaminas y minerales están recubiertos con sustancias que protegen los nutrientes de la humedad y facilitan su consumo y digestión. En ocasiones se les agregan colorantes, edulcorantes y saborizantes.

¿Tomar, o no tomar suplementos?

Hay que considerar que un suplemento no es una solución instantánea a los problemas de salud. Si los alimentos que consumimos conforman una dieta balanceada, es probable que no se requiera de un apoyo externo. Sin embargo, hay que tener presente que en ciertos momentos de la vida de todas las personas es necesario recurrir a ellos. Por ejemplo, durante la adolescencia, el embarazo y la vejez. También resultan un valioso aliado para quienes padecen de una enfermedad crónica, o siguen una dieta especial y restrictiva, o participan de programas para bajar de peso.

¿Existen limitaciones?

El uso de los suplementos debe ser limitado en cantidad y duración. Hay que tener en cuenta, además, que las tabletas o comprimidos de vitaminas y minerales nunca tienen la calidad de los nutrientes naturales.

La publicidad exalta el uso de los suplementos vitamínicos para mantener o mejorar las condiciones físicas, pero lo que dicha publicidad a veces omite son ciertas recomendaciones, como limitar el consumo exagerado de los productos que promociona. Hay que recordar que una ingestión excesiva de vitaminas puede producir hipervitaminosis y crear, además, un hábito no necesariamente "saludable". De igual forma, es valioso tener presente que como los minerales compiten por su absorción, pueden llegar a inhibirse entre sí.

Por último, hay que insistir en que la colaboración de un médico, un análisis de sangre y una oportuna información de los productos, contribuyen a emplear estos compuestos en favor del bienestar corporal.

SUPLEMENTOS BÁSICOS

Algunos suplementos son recomendados por los nutricionistas.

DE ÁCIDO FÓLICO
· Para mujeres que planean un embarazo o están atravesando este período.

DE VITAMINA B$_{12}$
· Para los vegetarianos estrictos, se aconseja tomar suplementos.

DE VITAMINA D
· Para aquellos que casi no se exponen al sol y tienen poca oportunidad de "procesar" esta vitamina en su piel.
· Para personas mayores de 65 años.
· En el período de lactancia.
· También suelen recibir vitamina D los niños menores de 3 años.

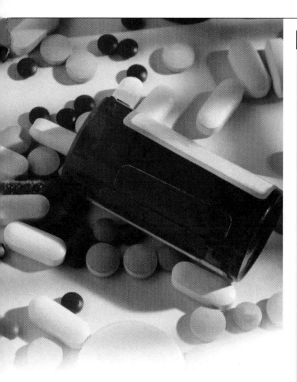

Otro tipo de suplementos

Cuando se aborda el tema de los suplementos alimentarios es común asociar el concepto con los preparados de vitaminas y minerales. Pero hay otras clases de suplementos, como por ejemplo los aminoácidos, las proteínas, los aceites de pescado y la jalea real, entre otros. Veamos algunos de ellos:

- *El aceite de hígado de bacalao:* brinda numerosos nutrimentos reconstituyentes y es un aliado del sistema cardiovascular, gracias a su alto contenido de ácidos grasos omega 3. Muchos lo hemos evitado por su desagradable sabor, pero hoy se puede obtener bajo la fórmula de cápsulas insaboras.
- *El germen de trigo:* se ha definido como la parte biológicamente activa del grano de trigo. Es rico en minerales y vitaminas, y contiene ácidos esenciales. Se utiliza para la fatiga, especialmente en los casos de desmineralización, y como complemento en los períodos de crecimiento, los embarazos, las lactancias y las convalecencias.
- *La jalea real:* este producto de la colmena es famoso porque constituye el alimento exclusivo de la abeja reina, y determina la mayor longevidad en relación con las demás abejas. Se recomienda consumirla en ayunas por las mañanas, para vigorizar y reforzar las defensas del organismo, prevenir infecciones, aliviar la fatiga física o mental. También durante las convalecencias y para ayudar a los ancianos a mantenerse en forma.
- *Las levaduras alimentarias:* la más famosa es la levadura de cerveza, porque abunda en proteínas y contiene todo el complejo vitamínico B, características muy atractivas para aquellos que siguen un régimen vegetariano o para quienes pocas veces consumen carnes rojas. Contienen numerosos aminoácidos esenciales, lípidos y glúcidos, así como fósforo, magnesio y potasio. Por lo general se consumen a razón de varias cucharaditas repartidas durante el día, que pueden espolvorearse sobre los alimentos o añadirse a los jugos. Son un reconstituyente general, brindan equilibrio y protegen el sistema nervioso. También estimulan las glándulas endocrinas, combaten la anemia y las toxinas, y previenen la arteriosclerosis.
- *El polen:* se recomienda para combatir la anorexia y la astenia, y en casos de fragilidad capilar, estreñimiento, colitis, diarreas, afecciones renales e intestinales, y en las etapas de crecimiento o de senectud.
- *El propoleo:* este suplemento es fácil de conseguir en el mercado y posee numerosas cualidades, como su acción antibiótica natural que lo hace ideal para combatir enfermedades infecciosas, anginas, resfriados, gripes, bronquitis, colitis y cistitis, entre otros padecimientos.
- *El salvado:* posee grandes cualidades, como facilitar el tránsito intestinal y reducir la tasa de colesterol. El padecimiento más obvio que combate es el estreñimiento. Tiene una característica que merece ser destacada: produce sensación de "llenura", y por tanto, contribuye a moderar el apetito. Las personas sometidas a un régimen de adelgazamiento pueden aprovechar este efecto.

¿En qué momento se deben tomar?

Por lo general, los suplementos incluyen información sobre su uso y posología. Si se van a utilizar por un tiempo más bien largo, la recomendación médica resulta básica.

En general, los suplementos se deben tomar a intervalos regulares durante el día, durante o después de las comidas, para que se absorban correctamente los alimentos. Si fuera necesario tomar varios a la vez, conviene hacerlo al acabar la comida principal del día.

GRUPOS EXPUESTOS A CARENCIAS DE VITAMINAS Y MINERALES

- Quienes padecen de dificultades para asimilar ciertos alimentos.
- Personas que desarrollan actividades físicas intensas.
- Niños y jóvenes en etapa de crecimiento.
- Durante y después del embarazo.
- Personas sometidas a alguna intervención, así sea una cirugía menor.

- Diabéticos e hipertiroideos.
- Quienes usan purgantes y diuréticos por tiempo prolongado.
- Fumadores y bebedores.
- Vegetarianos en general.
- Personas bajo un intenso estrés.
- Mujeres con menstruación difícil y abundante.
- Trabajadores nocturnos o que por su trabajo sufren desfases horarios.
- Quienes toman medicamentos con regularidad (anticonceptivos, aspirinas,

Amigos del agua

El organismo humano está compuesto por dos terceras partes de agua, lo que significa que si bien podemos sobrevivir largos períodos sin ingerir alimento alguno, no ocurre lo mismo con este preciado líquido.

Nada más exquisito, para calmar la sensación de sed en un día caluroso, que un vaso de agua fría. Verdaderamente, este líquido esencial representa un importantísimo papel en la vida. El agua no sólo conforma el 70% de nuestro cuerpo, sino que aporta minerales y oligoelementos, es un constituyente esencial de los líquidos corporales (sangre, linfa y secreciones diversas), y resulta necesaria para transportar los nutrientes, regular la temperatura corporal, transportar y eliminar las sustancias de desecho de los riñones, los intestinos, la piel, e incluso, los pulmones.

El balance hídrico del organismo es central para el bienestar. Por esa razón nuestro cuerpo se las ha ingeniado para comunicarnos la pérdida de agua: sentimos sed. Pero en realidad, la sed no significa necesidad de agua, y más bien es una señal de alerta ante la presencia de algún grado de deshidratación y la urgencia de consumir líquidos rápidamente. Cuando nos sentimos sedientos es porque ya hemos perdido cerca del 1% del total del agua corporal.

Fuentes "líquidas"

Además del agua, productos como la leche, los jugos y las sopas benefician el equilibrio hídrico, porque son importantes fuentes de agua. En esta lista de productos beneficiosos debemos excluir las bebidas alcohólicas, el café, las infusiones que no sean elaboradas con hierbas, y los refrescos o gaseosas que contienen cafeína, porque contrario a su presentación, no aportan verdaderamente agua sino que promueven su eliminación al poseer un efecto diurético.

Los expertos han calculado que una persona sana que siga una dieta adecuada, procesará unos 3 litros de agua al día, de los cuales dos tercios provienen del consumo directo de líquidos. La tercera parte restante proviene de otros alimentos, como verduras, frutas, e incluso, productos con un porcentaje de agua no tan evidente, como los lácteos, los cereales y el pan.

¿Cuánto líquido debemos beber?

La cantidad de líquidos puede variar, dependiendo de factores como el clima y el estilo de vida. Sin embargo, se calcula que el organismo pierde 1,5 litros por día a través de la transpiración, la digestión y el sistema urinario.

Bajo circunstancias normales, y teniendo en cuenta que el organismo recibe líquidos de distintas fuentes, se calcula que diariamente se deben beber cerca de 1,5 litros (entre 6 y 8 vasos) de agua. Por supuesto, éste es un promedio, así que el porcentaje cambia en personas que, por ejemplo, son grandes consumidoras de frutas. Un consumo mayor a la cantidad anteriormente señalada obliga a que los riñones se deshagan del excedente y por tal razón, se orina más. Esta circunstancia favorece a los riñones, porque la orina estará menos concentrada. Pero beber en exceso (más de 3 litros), obliga a que los riñones trabajen más.

Quienes se ejercitan con regularidad o llevan un estilo de vida físicamente muy activo, deben consumir más agua para reponer el líquido perdido por la transpiración. Una actividad física prolongada implica la pérdida de hasta 2 litros de agua por hora. Lo más recomendable es beber antes, durante y después de hacer ejercicio.

OJO CON EL AGUA CALIENTE

Evite el agua caliente del grifo para beber o cocinar, porque arrastra más partículas de minerales (como el plomo) que el agua fría.

Se señala, también, que en las viviendas nuevas existe mayor riesgo durante los primeros 5 años después de su construcción.

¡Estoy sediento!

Si tiene la sensación de que necesita beber líquido después de la comida, para que los alimentos "bajen", ensaye tomando una cucharada de miel.

Otra opción es chupar una rebanada de jengibre, que además posee una acción estimulante y aleja la somnolencia que sobreviene después de una comida abundante.

Enjuagar la boca es una buena opción: refresca y limpia de partículas que puedan estimular las papilas gustativas.

Calme la sed mordisqueando verduras después de comer.

¿Cuál es el mejor momento para el agua?

El momento en que tomamos agua es tan importante como la cantidad. Acompañar las comidas con bebidas no es una buena idea, porque éstas diluyen los jugos digestivos y reducen la eficiencia del proceso de digestión. Idealmente, se deben esperar 2 horas antes de consumir líquidos. Sin embargo, si siente que no tiene paciencia, por lo menos espere 1 hora.

El mejor momento para beber es entre comidas. La excepción a la regla es un ocasional vaso o copa de vino. Esta bebida, por el contrario, ayuda a estimular el flujo de los jugos digestivos y promueve una relajación que, a su vez, invita a comer más despacio. Todas estas acciones mejoran el proceso digestivo.

La "división" de las aguas

En la actualidad existe una mayor preocupación por la calidad del agua. Las personas buscan fuentes seguras, porque dudan de su potabilidad. Además, existen condiciones climáticas que afectan el grado de pureza y, quizá ésta sea una de las explicaciones para el gran éxito de los refrescos y bebidas gaseosas en climas tropicales cálidos, porque para los habitantes de esas regiones son una garantía de pureza.

Los autores de libros de nutrición clasifican los tipos de agua según la oferta de este líquido en sus países. Nosotros haremos lo propio, considerando que las siguientes son las formas como nos llega el agua.

El "agua de la llave"

El agua surtida por las redes públicas, o "agua de la llave", está "tratada". Esto quiere decir que se le añaden (para hacerla potable) minerales como el cloro (para purificarla), el flúor (para fortalecer dientes y prevenir la caries de la población) y el sulfato de aluminio (para eliminar residuos). Adicionalmente, suelen agregarle otras sustancias que, en ocasiones, pueden resultar peligrosas. A este panorama hay que añadir, lamentablemente, un ingrediente más: las redes de tuberías de plomo (un metal tóxico), que pueden producir graves enfermedades.

La calidad del agua del grifo también varía notablemente de una a otra región, y en el tiempo. Vale la pena investigar sobre las condiciones de almacenamiento, tratamiento y transporte de este líquido que simplemente aparece cuando damos vuelta a la llave.

Agua embotellada

Con frecuencia se ven botellas de agua sobre las mesas de trabajo, en las manos de los transeúntes en la calle, de los conductores, atadas a las bicicletas o en el cinturón de quien se está ejercitando. Realmente, el mercado de las aguas embotelladas ha crecido en todo el mundo, porque existe un mayor interés por mantener el organismo saludable.

Gracias a ese interés y al crecimiento del mercado, existe una competencia feroz por la venta de este producto. Las etiquetas, los comerciales por radio y televisión son un ejemplo del esfuerzo por vendernos la idea de calidad y pureza de una marca determinada. Sin embargo, en ocasiones esto es simplemente una ilusión. Muchas de estas aguas no cuidan de esa pureza que publicitan, o provienen de fuentes contaminadas. Es necesario conocer cuál de ellas es la más confiable, sobre todo si se consumen con frecuencia.

En general, existen tres tipos de aguas embotelladas en el mundo. Algunas de ellas sólo se comercializan en forma limitada, por lo cual es difícil conseguirlas en nuestros países.

Agua mineral

Como su nombre lo sugiere, la fuente determina el contenido mineral, por lo cual su porcentaje de minerales variará según la región en donde esté ubicado el nacimiento; debe ser envasada en el lugar donde nace, sin ayuda de máquinas para extraerla.

Agua manantial

Proviene de una capa de agua subterránea y debe ser bacteriológicamente pura y libre de contaminación. Su principal característica es que no ha sido procesada de ninguna manera.

Agua de mesa

Se trata de un líquido que ha sufrido algún tipo de tratamiento para hacerla potable. Debe estar libre de bacterias, y exenta de elementos contaminantes.

¡REVITALICE EL AGUA!

En la naturaleza, mientras el agua manantial circula subterráneamente, pasa cerca de rocas que modifican su carga eléctrica.

El siguiente procedimiento magnetiza el agua, y al beberla actúa sobre los riñones, el hígado, la vesícula biliar, la presión arterial y el sistema digestivo. Reduce el colesterol, la úrea y el azúcar de la sangre.

· Ponga agua en dos recipientes metálicos (ollas, por ejemplo) y tápelos bien.

· Coloque un imán cerca o debajo de cada olla. Sepárelas a una distancia de 8 centímetros entre sí. Disponga un recipiente expuesto al polo norte y otro al polo sur.

· Deje transcurrir 24 horas, embotelle el agua de los recipientes en un envase. Refrigérelo y utilice el agua en los días siguientes, según sus necesidades.

Este método se atribuye al médico indio Jayanarayan Jayaswal y aparece en su libro *Nature Cure in Health Disease with Magneto Therapy.*

Depuradores del agua

La tendencia en el mundo es a desconfiar de la depuración "industrial". De igual manera, se sospecha de la calidad del agua de la llave o grifo porque puede variar de un día para otro, de una región a otra. Estas circunstancias han hecho pensar que puede ser una buena idea tener un depurador de agua, como quien tiene una nevera, un teléfono o un horno.

Existen muchos tipos de depuradores de agua: filtros, purificadores de carbón activo, lámparas de rayos ultravioleta, descalcificadores eléctricos y no eléctricos, desmineralizadores, filtros cerámicos, destiladores, etcétera. Todos ellos tienen sus fortalezas y debilidades.

Vale la pena investigar las ofertas que existen en el mercado, a fin de evaluar cuál de estos depuradores resulta más conveniente para nuestras necesidades y, por supuesto, para nuestro bolsillo.

El fantástico mundo
de las FRUTAS

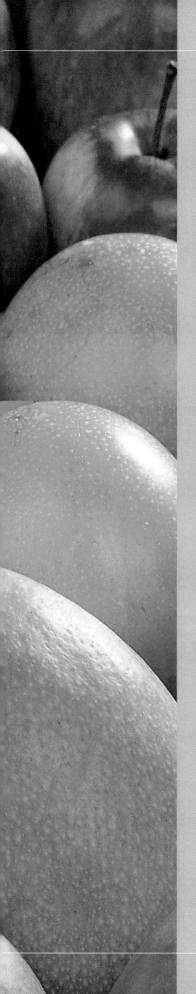

Los países tropicales tenemos una gran ventaja cuando de frutas se trata: están a nuestro alcance en un surtido increíble que podemos disfrutar durante todo el año. Seguimos el ritmo de las cosechas y no el de las estaciones, lo que permite adquirir, a precios razonables, gran cantidad de frutas en cualquier momento y casi que en cualquier lugar.

Deliciosas, aromáticas, nutritivas y saludables, las frutas son en verdad un regalo de la naturaleza que se encuentra en gran cantidad de formas, colores, texturas, aromas y sabores. Entrar en un mercado o tienda donde privilegien su exposición, es realmente un espectáculo maravilloso para los sentidos. Tratar de explicar con palabras el olor de una guayaba o de un mango, la textura de la pitahaya o la chirimoya, y el sabor de frutas tan características como el lulo o la naranjilla, la guanábana o la curuba, es realmente una labor imposible.

Las frutas son además un alimento extraordinario: ricas en vitaminas, minerales y azúcares fuentes de energía. Casi todas contienen una gran proporción de agua, lo que las hace muy apropiadas para saciar la sed. Asimismo suelen estar libres de grasas y contienen muy pocas calorías y, en ese sentido, son amigas de la salud. Los nutrientes contenidos en las frutas frescas mantienen de forma natural el sistema inmunológico; además, gracias a su contenido de fibra regulan suavemente la función del estómago e intestinos, y el peso corporal. Son prácticas de almacenar, fáciles de transportar y multifacéticas en la cocina.

Primeros pasos

En la actualidad es fácil encontrar una amplia variedad de frutas en tiendas y supermercados, así como algunos productos derivados de ellas como conservas, jaleas y congelados; en cuanto a estos últimos vale la pena contemplar su elaboración casera, por varias razones: resultan más económicos, se elaboran según el gusto (más o menos dulces, por ejemplo), se evitan ingredientes como conservantes y se aprovechan las frutas en su estado ideal de maduración, entre otras cosas.

Desde el punto de vista de la belleza y la salud, las preparaciones caseras también aportan beneficios, pues no sólo permiten seleccionar la fruta más económica y apropiada a sus necesidades, sino que al manipularla en casa se puede controlar el proceso y retener todas las cualidades de la planta. De igual forma, protege su organismo al evitar el uso de ciertos agentes químicos empleados en la preparación de alimentos industriales.

El trabajar con frutas es una tarea agradable, porque involucra los sentidos del gusto, el olfato, la vista y el tacto. Confiar en los sentidos es también clave en el momento de comprar estos maravillosos productos de la naturaleza.

Saber comprar

Obviamente el depender de las cosechas marca la decisión de compra, pues la fruta que está presente en abundancia en el supermercado es, con seguridad, la de mejor calidad. Aprovechar una cosecha es también una oportunidad de cuidar el bolsillo, porque una oferta amplia incide en los precios.

Confíe en sus sentidos cuando compre una fruta. Mirar su aspecto, sentir su aroma y palparla son tres procedimientos útiles para llevarse a casa el mejor producto. Tenga en cuenta las necesidades de su hogar, y planifique la compra para un espacio de tiempo determinado. En ese aspecto es muy útil hacer una lista de los requerimientos, por ejemplo para una semana. Con esa idea en mente podrá seleccionar frutas maduras para consumir pronto, o verdes para dejar madurar en el frutero.

Las frutas nos brindan su mejor momento cuando están maduras, pues es en ese instante cuando poseen mayor cantidad de nutrientes y beneficios gastronómicos, y cuando deben ser consumidas o empleadas en diversas preparaciones. Tenga en cuenta, además, que la fruta debe provenir de un cultivo donde se cuide su desarrollo y se evite el empleo de agentes químicos. Prefiera las frutas frescas a aquellas que han sido sometidas a algún tipo de procedimiento para conservarlas. Muchas frutas importadas que resultan apetitosas a la vista han sufrido algún tipo de conservación artificial que disminuye muchos de sus nutrientes. Éste es el caso de las manzanas, los duraznos y las peras que han tenido que ser tratadas con conservantes o congeladas para facilitar su transporte.

Una vez en casa...

Las frutas también deben cuidarse en el hogar: en primer lugar, elegir un lugar apropiado de almacenamiento hasta el momento en que se vayan a consumir. Este lugar dependerá de la clase de fruta. Tenga en cuenta las siguientes pautas: separe la fruta madura de la que aún está verde; la primera puede refrigerarla, mientras que la segunda debe dejarse a temperatura ambiente, o en un lugar seco y ventilado que facilite su maduración. Si desea refrigerarla, colóquela en la rejilla de las verduras o en la parte inferior de la nevera. Por último, tenga en cuenta que la fruta sólo debe lavarse antes de ser consumida.

Existen diversos tipos de frutas, y por tanto, distintos modos de prepararla. En muchos casos el único procedimiento que se requiere es un "buen baño": ponerlas bajo el chorro de agua fresca y secarlas con un paño. Otras, incluso, son menos exigentes y requieren de nosotros sólo el esfuerzo de retirarles la cáscara. Sin embargo, muchas de ellas deben ser peladas, retirarles las semillas y el corazón y cortarlas en trozos. Gracias a su versatilidad, las frutas también suelen cocinarse para diversos platos y preparaciones.

EVITAR LA DECOLORACIÓN

Frutas como las manzanas, aguacates y peras pierden rápidamente el color, oxidándose cuando están expuestas al aire. Para evitarlo, utilice un conservante natural: los cítricos. Exprima jugo de un limón, lima o naranja y unte la fruta sensible a la oxidación.

La congelación, una alternativa de mantenimiento

Es un método fácil y económico para procurarse frutas y verduras durante todo el año. En los países donde hay estaciones suelen congelarse los alimentos propios de una temporada, para disfrutarlos en otra. En las zonas tropicales, como la nuestra, esta práctica se aplica a las cosechas.

Hoy es muy fácil conseguir frutas congeladas en trozos, pulpas o jugos; muchas de ellas ofrecen un exquisito sabor y, hasta cierto punto, un precio atractivo. Sin embargo, uno de los mayores inconvenientes que enfrentamos ante esta selección de alimentos es su oferta limitada. Los comercializadores y productores tienden a congelar las frutas más "populares" y que le representan una mayor rotación y venta. Por último, hay que resaltar que cuando nosotros mismos realizamos la tarea de congelación, controlamos que los alimentos estén libres de aditivos y conservantes, seleccionamos las frutas y sabores preferidos y ahorramos en envase, promoción y distribución (tres factores que el productor de alimentos congelados recarga al precio de sus productos).

La congelación de los alimentos mantiene la textura, sabor y valor nutritivo de casi todos los vegetales y frutas, mejor que cualquier otro método de conservación. Es simple, eficaz, y si se lo realiza con cuidado, es difícil distinguir lo congelado de lo fresco. Cuando vaya a congelar una fruta, siga estas reglas de oro:

- La calidad de la fruta debe ser excelente: utilice sólo las más jóvenes y frescas. El tiempo entre la cosecha y la congelación debe ser el menor posible. Cuando vea una fruta muy fresca en su tienda favorita o supermercado, aprovéchela al máximo congelándola tan pronto como pueda.
- Nunca vuelva a congelar un alimento descongelado. Es peligroso para la salud, pues al contacto con el aire los alimentos inician su proceso de descomposición.
- Cuando consiga una fruta o verdura fresca, manténgala fría para evitar que se deteriore antes de congelarla. Un adecuado proceso, y posteriormente un correcto descongelado (si fuera necesario) y cocción, contribuirán a mantener las propiedades nutritivas y el sabor de la comida.

En la introducción de este capítulo hemos tratado el tema de la congelación de alimentos. Todo lo expuesto allí es válido para el tema de las frutas. Sin embargo, estas breves instrucciones le ayudarán a perfeccionar las técnicas.

- Lávela con cuidado y rocíela con limón, si se trata de una fruta que se oscurece (como los bananos y las manzanas).
- Corte la fruta en trozos y dispóngalos en un plato en una sola capa, cúbralos con papel aluminio y congele por 3 horas.
- Una vez transcurrido ese tiempo, retire del congelador y empaque la fruta en bolsas plásticas, calculando las porciones según sus necesidades. Cierre herméticamente las bolsas. Etiquete con el nombre y la fecha de preparación.

Otra alternativa es congelar la fruta con azúcar. Para hacerlo, córtela en trozos, añada 100 g de azúcar por cada kilo y empáquela en bolsas plásticas. No olvide extraer la mayor cantidad de aire antes de cerrarlas. Luego, lleve al congelador. Puede congelar la fruta en *jugo*. Haga el jugo y viértalo en vasos o en una bolsa plástica. Cierre herméticamente, etiquete y congele.

Preparaciones saludables: arte y placer

Las frutas pueden ser empleadas de muchas maneras para obtener todos sus nutrientes, y con ello, su valor curativo. Lo más importante es, quizá, la calidad de la planta, porque de su crianza y cultivo dependerá su poder. Aquéllas provenientes de cultivos orgánicos son ideales para emplear en las diversas preparaciones y remedios.

Idealmente, las frutas deberían consumirse crudas. Sin embargo, muchas de ellas ofrecen una alternativa novedosa al paladar cuando se cocinan, y representan un reto para muchos cocineros que desean nuevas experiencias. Aunque en general recomendamos consumir las frutas frescas, los siguientes métodos le ayudarán a comprender mejor los procesos de cocción. Debe tenerse en cuenta que cocinar cualquier alimento facilita su digestión y asimilación, pero en algunos casos puede representar un cierto riesgo.

Fruta fresca

El dicho "cuanto más natural más sano" se aplica perfectamente a las frutas. Los mejores vegetales son los no procesados, los crudos en otras palabras, así como los que han sido adecuadamente cuidados. Conviene, entonces, comprar frutas que certifiquen haber sido regadas con agua limpia, libre de agentes tóxicos, aunque resulten un poco más costosas.

Las principales cualidades de las frutas, así como su contenido nutricional, están explicadas en detalle en las páginas que tratan el tema. Sin embargo, podemos resumir algunos procedimientos valiosos que se deben tener en cuenta cuando se consume la fruta fresca.

La manera más práctica y sencilla de disfrutar de las frutas es consumirlas enteras, siempre y cuando no necesiten pelarlas, como en el caso del banano. Sin embargo, muchas de ellas requieren de cortes para facilitar su consumo. Tenga en cuenta que cuando se corta o pica cualquier alimento, éste empieza a perder nutrientes en los sitios en donde se hizo el corte, por estar expuesto al medio ambiente. Por esta razón conviene fraccionar la fruta y verdura en pocas partes y disfrutar a plenitud de sus propiedades.

- Si planea consumir la fruta sin procesar o cocinar, conviene seleccionarla en su madurez, porque es en ese momento cuando contiene más nutrientes.
- Antes de consumirlas, lávelas muy bien y retire cualquier impureza o magulladura. Si lo considera necesario, cepille la cáscara para eliminar impurezas.
- Muchas frutas, como las manzanas, se consumen con piel porque ésta contiene nutrientes. Sin embargo, si sospecha que fueron enceradas por el transportador (de esa manera se conservan mejor), conviene pelarlas.
- Consuma la fruta lo antes posible. Evite dejarlas en reposo en la nevera o a temperatura ambiente.

Maravillas en un vaso

Además del placer que puede producirnos un vaso de jugo recién preparado, existen otros beneficios que es posible obtener para la salud y vitalidad. Los jugos frescos son más que una increíble fuente de nutrientes esenciales, porque gracias a su forma líquida estas bebidas constituyen suplementos nutritivos que no demandan energía para su propia digestión (como ocurre con las frutas enteras), las verduras, las hierbas y otros alimentos. El resultado es que el organismo puede disponer, fácil y rápidamente, de todos sus componentes nutritivos.

Los jugos de fruta tienen como principal característica su acción limpiadora. Sin embargo, poseen otras cualidades curativas que varían según el tipo de fruta. Uno de los jugos más populares por su acción limpiadora o depurativa es el de sandía o patilla, que se puede hacer tanto con la pulpa como con la cáscara y las semillas. Otra cualidad de los jugos de frutas es que combinan muy bien entre sí, y con algunas verduras.

La preparación del jugo dependerá del tipo de fruta: los cítricos, por ejemplo, requieren de un mínimo esfuerzo. Sea cual fuere el caso, los siguientes son algunos de los puntos clave para una correcta preparación de estas bebidas:

- La primera regla es la limpieza absoluta de las manos y de todos los utensilios e ingredientes.
- La licuadora es uno de los electrodomésticos más comunes en los hogares, y la herramienta básica para la preparación de jugos. Existen otros aparatos como las procesadoras, que también son muy útiles, aunque menos populares.
- Una vez lavada la fruta, debe cortarse en tajadas o trozos. Por lo general las frutas contienen gran cantidad de agua, y si se van a emplear para algún tratamiento, conviene no diluirlas (los jugos que se dan a los niños, por el contrario, *siempre* deben estar diluidos). Sin embargo, algunas son un tanto "secas" (por ejemplo el banano y el aguacate) y es difícil triturarlas. En estos y otros casos conviene facilitar la labor agregando un poco de agua.
- Prepare sólo la cantidad de jugo que vaya a consumir en cada ocasión, pues los nutrientes contenidos en las frutas son muy sensibles y volátiles.
- El último paso es colar el jugo si le molesta la consistencia. Si va a emplearlo en algún tratamiento, conviene no agregar azúcar.
- Si desea enfriar un jugo sin diluirlo ni llevarlo a la nevera, introduzca en la jarra de jugo una bolsa plástica muy limpia, con algunos cubos de hielo y bien cerrada.

Las poderosas naranjas

Conserve todo el valor nutritivo y curativo de la naranja preparando sólo la cantidad que va a consumir.
Tenga en cuenta que las valiosas vitaminas contenidas en esta fruta sólo se conservan 20 minutos en el vaso.
Nunca deben refrigerarse, porque pierden gradualmente sus nutrientes.

Frutas conservadas en sabor

Los siguientes métodos de conservación de frutas seguramente ampliarán las posibilidades de disfrutarlas y le reportarán beneficios por su elaboración casera. Además, podrá disfrutar de todo su sabor a lo largo del año, y en diferentes ocasiones o momentos del día.

LAS FRUTAS COCIDAS SON UNO DE LOS POSTRES MÁS POPULARES. HÁGALAS MÁS SABROSAS Y AROMÁTICAS CONDIMENTÁNDOLAS CON RALLADURA O TROZOS DE CÁSCARA DE LIMÓN, ESPECIAS COMO CANELA EN RAMA, VAINAS DE VAINILLA, UNA RODAJA DE JENGIBRE O HIERBAS FRESCAS.

Frutas en conserva

Existen varios métodos de conservación de las frutas. Los que aquí resumimos son los más sencillos y prácticos. Antes de empezar es importante contar con un equipo mínimo: *frascos de vidrio* muy limpios (esterilizados si es posible) con tapa rosca o de muelle (éstas tienen un alambre flexible que ajusta la tapa y está separado del frasco por un empaque o anillo de goma); *termómetro*, básico especialmente para la conservación de calentamiento lento; *ollas hondas* donde introducirá los frascos y *rejilla*, para evitar que los frascos estén en contacto con el fondo de la olla.

Conviene revisar todo el equipo, asegurarse de que los frascos no tengan grietas y de que los empaques estén en perfectas condiciones. Siga los siguientes pasos:

· Lave y esterilice los frascos y tapas, colocándolos por separado sobre la parrilla dispuesta en el fondo de la olla. Vierta agua para cubrirlos hasta la mitad, tape y deje hervir por 10 minutos si los frascos son nuevos, y por 15 si son reciclados. Déjelos dentro del agua hasta el momento de utilizarlos (la fruta entra más fácilmente a los frascos si éstos están húmedos). Retire las tapas y empaques de la olla y remójelos en agua fría por 10 minutos. Antes de ajustarlos en los frascos, deben pasarse un rato por agua hirviendo.

· Seleccione y lave la fruta. Procure utilizar los ingredientes de mejor calidad, y si por alguna razón observa alguna parte dañada, retírela antes de ponerla a conservar. La fruta puede conservarse en agua o almíbar, dependiendo del gusto de cada cual. Para obtener un almíbar, disuelva azúcar en agua, lleve al fuego hasta que empiece a hervir y permita que se cocine durante 1 minuto.

· Llene los frascos, presionando la fruta. Añada el líquido y golpee suavemente los frascos sobre un paño doblado, para sacar cualquier burbuja de aire. Coloque los empaques o anillos de goma, y por último la tapa.

FRUTA	AZÚCAR (por 1 litro de agua)	PREPARACIÓN	MÉTODO CALENTAMIENTO LENTO	MÉTODO CALENTAMIENTO RÁPIDO
FRAMBUESA	1 kg	Deseche los tallos. Limpie muy bien.	74°C por 10 minutos de cocción	88°C por 2 minutos de cocción
FRESA	1 kg	Retire los cálices y enjuague con agua fría. Las fresas pierden color al embotellarlas.	74°C por 10 minutos de cocción	88°C por 2 minutos de cocción
MANZANAS (en almíbar)	200 a 300 g	Pele, retire los corazones y corte en rodajas. Enjuague antes de embotellar.	74°C por 10 minutos de cocción	88°C por 20 minutos de cocción.
PERAS	250-300 g	Pele, corte en mitades y retire los corazones.	88°C por 30 minutos de cocción	88°C por 40 minutos de cocción
MELOCOTONES Y ALBARICOQUES	250-300 g	Pele, corte en mitades y retire el hueso de la fruta.	88°C por 30 minutos de cocción	88°C por 40 minutos de cocción

NOTA: Si utiliza frascos más grandes, aumente el tiempo de cocción. En 5 minutos para los frascos de 2 kg, en 10 minutos para los de 3 kg y en 15 minutos para los de 4 kg.

Mermeladas

En general, todas las jaleas y mermeladas se preparan hirviendo la fruta o sus jugos hasta que la mezcla cuaje ligeramente al enfriarse. Siempre tenga en cuenta estos elementos:

· Prefiera la fruta recién cosechada y no muy madura. Retire los tallos, hojas y semillas. Lave la fruta justo antes de usarla.

· Seleccione ollas o cacerolas grandes y gruesas, de acero inoxidable o aluminio. Para evitar que la preparación se queme y para reducir la espuma, frote el fondo de la olla con glicerina o con mantequilla.

· Prefiera el azúcar en terrones o granulado. Para disolverla rápidamente, antes de usarla caliéntela en el horno a una temperatura muy baja. Las frutas ricas en pectina y ácido requieren de 600 a 720 gramos de azúcar por cada 1/2 kg de fruta. Si ésta tiene una cantidad baja de estas dos sustancias, agregue 1/2 kg de azúcar por cada 1/2 kg de fruta.

· Las frutas ligeramente verdes contienen más pectina que las maduras y las que son ácidas. Aun cuando estén maduras —como manzanas, guayabas, naranjas amargas y limones— son particularmente ricas en pectina. Cuando se hace una mermelada con fruta baja en pectina (por ejemplo las fresas), el proceso de asentamiento puede mejorarse agregando jugo de limón.

· Por lo general, se necesita de poca cantidad de agua para evitar que la fruta se queme. Las fresas, moras, frambuesas y otras frutas blandas no necesitan de agua; se calientan a fuego lento hasta que drenen sus jugos.

· Para probar la consistencia, ponga un poco de la preparación en un plato y deje enfriar. Si al tocarla se arruga y se pega, está lista; es el momento de espumarla para retirar las impurezas. Si dispone de un termómetro, puede usarlo así: manténgalo en un poco de agua caliente entre una toma y otra. Remueva la preparación y coloque el termómetro en el centro, sin tocar el fondo de la olla. La temperatura necesaria es de 104°C a 105°C.

La preparación casera

Para elaborar una deliciosa mermelada no es necesario dedicar toda una mañana. Si hace cantidades pequeñas será más práctico.

· Lave la fruta y póngala en una olla grande. Añada la cantidad de agua necesaria y hierva a fuego lento hasta que la piel se ablande y libere la pectina. Si requiere de más ácido, añádalo en esta etapa de la preparación. Compruebe la cantidad de pectina.

· Cuando la fruta esté blanda (no antes), añada el azúcar templado (una vez que se haya añadido el azúcar, la olla deberá estar llena solamente hasta la mitad) y revuelva hasta disolver. Aumente el fuego y hierva rápidamente, removiendo de vez en cuando. Trate de cocinar esta mezcla durante el menor tiempo posible después de haber añadido el azúcar. El tiempo de cocción varía según la fruta (puede tomar entre 5 y 35 minutos). Compruebe la consistencia, como ya se indicó.

· Cuando esta preparación esté lista, retire la espuma y déjela asentar. Permita que se enfríe por unos minutos, para evitar que la fruta suba a la parte superior de los envases, y vierta en los frascos limpios y calientes.

· Limpie con un paño húmedo el cuello de los frascos. Cubra la mermelada aún caliente con discos de papel encerado, para evitar el contacto con el aire. Para asegurarse un cierre hermético, humedezca papel por la parte exterior y asegure todo con un caucho o banda de goma. Etiquete con la fecha y almacene en un lugar fresco, oscuro y seco.

Jaleas

Algunas frutas de textura gruesa, o con pequeñas semillas, conviene conservarlas como jaleas, tamizando los frutos cocidos a través de una bolsa de tejido espeso, que retenga las semillitas y deje pasar toda la pulpa y el sabor. Las frutas de sabor fuerte (como la guayaba) son ideales para hacer jaleas. Pueden cuajar mejor si se utilizan manzanas en el momento de la cocción. Es muy difícil dar proporciones exactas en recetas de jaleas, pero digamos que, en general, se ponen 5 kg de fruta por cada 3 kg de azúcar.

¡A trabajar!

· Seleccione la fruta, lávela, retire las partes magulladas y córtela en trozos grandes. Póngala en una olla con 2 o 3 dl de agua por cada $\frac{1}{2}$ kg de fruta. La fruta dura o muy firme requiere de mayor cantidad de agua. Ponga la olla a fuego lento, hierva la fruta hasta que se ablande y verifique la cantidad de pectina.

· Aparte, hierva una bolsa para jalea (o de muselina) y cuélguela sobre un recipiente grande. Si no dispone de estos elementos puede improvisar usando un trapo muy limpio. Vierta la fruta en la bolsa y déjela allí hasta que deje de gotear.

· Finalmente, mida la cantidad de jugo extraído, vacíelo en una olla grande y deje hervir. Añada, removiendo, de 360 a 600 g de azúcar. La fruta con mayor cantidad de pectina tiende a necesitar más azúcar.

Más formas de trabajar con frutas...

Si usted es un fanático de las frutas, las siguientes ideas le van a encantar; son formas de preparación que enriquecerán sus platos y menús. Muchos de estos métodos de cocción y preparación conservan las propiedades nutritivas de estas plantas, aunque nunca superan la riqueza de nutrientes de los productos frescos.

La increíble textura del puré

Una fruta o verdura reducida a puré es una preparación ideal para los bebés; fácil de digerir y atractiva en color y textura. Los purés de frutas son especialmente apetecidos por los pequeños, que encuentran en el sabor dulzón y fresco un estímulo para su joven paladar.

Puré de fruta para bebés

2 manzanas o peras pequeñas, bien maduras

1 o 2 cucharadas de agua pura

PREPARACIÓN

· Lave y corte la fruta en trocitos parejos. Póngalos en una olla con el agua, tape y cocine a fuego lento hasta que estén tiernos (durante 10 minutos si utilizó manzanas o por 4 si se trata de peras).

· Licue la fruta con un poco del líquido de cocción. Si lo considera necesario, añada más agua hervida.

· Ofrezca al bebé el puré aún tibio. Vierta la preparación sobrante en una cubetera y congele.

Además de ser un alimento ideal para los bebés, las frutas en puré pueden utilizarse en la elaboración de salsas, cremas, helados, sorbetes y batidos. Algunas de ellas deben tener una cocción previa para facilitar su manejo. Otras, en cambio, sólo requieren de la trituración.

DETERMINE LA CANTIDAD DE PECTINA DE UNA FRUTA, ASÍ:

· Ponga 1 cucharadita de jugo de fruta (hervida a fuego lento) en un vaso templado.

· Cuando el jugo esté frío, añada 3 cucharaditas de alcohol metílico. Agite el vaso y déjelo reposar por 1 minuto.

· Si la pectina se concentra en un grumo de buen tamaño, contiene una cantidad adecuada. Si el grupo se divide o rompe en dos o tres trozos, es porque la pectina es escasa, y finalmente, si aparece en muchos trocitos, hay que añadir pectina pues la fruta no contiene la suficiente.

Glasear o confitar

Como postre, los glaseados o confitados son una tentación, especialmente para los amantes del azúcar. Deben consumirse de tanto en tanto, sobre todo por quienes deben vigilar su peso. Las frutas más sencillas de confitar son los cítricos, como las naranjas y limones; la piña o ananá, también soporta muy bien el glaseado. Deben consumirse en un plazo breve de tiempo y almacenarse en un lugar fresco y en recipiente hermético.

Preparación

· Corte la fruta de su preferencia en rodajas.

· Mezcle 1 taza de azúcar (225 g) con $^2/_3$ de taza de agua. Ponga los dos ingredientes en una olla de boca ancha, y lleve a fuego lento, removiendo hasta que el azúcar se haya disuelto. Deje hervir el almíbar, agregue 1 cucharadita de jugo de limón y cocine hasta que el caramelo esté dorado.

· Sumerja la fruta en el caramelo y deje reposar en un lugar seco y frío durante 2 días, para que la fruta se empape bien.

· Retire la fruta del almíbar, escurra bien y colóquela sobre una rejilla, en una lata. Lleve al horno para que seque a una temperatura mínima (50°C). Deje enfriar y almacene.

Fruta seca

La fruta seca nos ofrece un tipo especial de dulzura. El proceso concentra los azúcares contenidos en la fruta fresca, y aunque por lo general la vitamina C se pierde, se mantienen los minerales y la vitamina A. La fruta seca —dátiles, higos, uvas pasas, albaricoques— ha sido muy estimada a lo largo de la historia.

Las frutas más recomendables para secar son las manzanas, las peras, las brevas o higos, las uvas y los bananos. En el comercio se encuentran deshidratadores profesionales, pero es una inversión un tanto costosa si no nos dedicamos comercialmente a esta labor. El horno, para quienes secamos fruta de vez en cuando, funciona bien.

Preparación

· Escoja la fruta que desea, pélela y retire el corazón y las semillas, según el tipo escogido, y córtela por la mitad (especialmente las peras y las manzanas). Las frutas más pequeñas, como las uvas, deben secarse enteras.

· Dispóngalas sobre fuentes, con la parte del corte hacia arriba. Llévelas al horno precalentado a la temperatura mínima posible. Deje enfriar antes de almacenar.

La FRESCURA vegetal

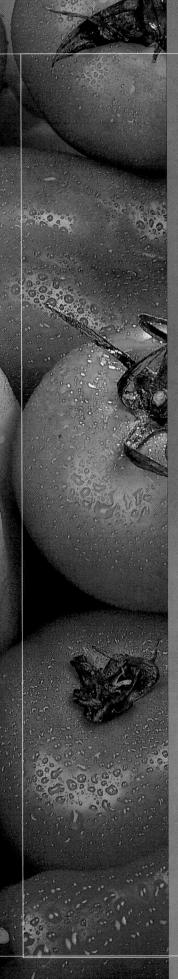

Espléndidas compañeras de las comidas, los vegetales son parte fundamental de la alimentación y una opción agradable como guarnición y plato fuerte. Ricos en gran cantidad de nutrientes, son un alimento básico para todas las edades.

Imaginemos a nuestros antepasados prehistóricos caminando en busca de alimento, atentos a todas las plantas, hierbas y semillas que pudieran resultar alimenticias. Con el tiempo y las inevitables pruebas de ensayo y error, fueron descubriendo que muchas plantas les eran, además, útiles para calmar ciertas dolencias, de manera que conocerlas y atesorarlas se convirtió en una forma de supervivencia. Gracias a la manipulación del fuego ampliaron sus horizontes y destrezas, y entre ellas, aparecieron los oficios culinarios, así como el diseño de diversas herramientas que facilitaron la incorporación de una nueva fuente de energía: las proteínas de origen animal provenientes de la caza.

Hoy disfrutamos de una gran comodidad y conocemos muchas técnicas de cultivo y crianza de animales, así como el porqué los alimentos surten determinados efectos en nuestro organismo y apoyan nuestro bienestar. De igual forma, ayer como hoy, los alimentos frescos (como frutas y verduras) son fundamentales para nuestro total desarrollo.

Tras miles de años de evolución las plantas crearon múltiples mecanismos de resistencia para vencer toda clase de virus, bacterias, insectos, la radiación ultravioleta y la polución; de esa manera han podido sobrevivir en los ambientes más inhóspitos. Esta característica es muy importante porque esas sustancias resistentes pasan a nosotros con todas sus cualidades protectoras y nos ayudan a defendernos contra las enfermedades y padecimientos de la vida moderna.

Lo mejor de los vegetales

Bien sea que se compren en un supermercado, verdulería, mercado de abastos o una tienda especializada, invertir un poco de tiempo en la selección de las verduras es el primer paso para llevarse a casa lo mejor. La textura, el aspecto y el aroma son tres elementos que deben apreciarse antes de realizar la compra. Las hojas marchitas, los tallos flácidos, las magulladuras o la decoloración nos deben hacer desconfiar de su frescura y sabor.

Mantener una lista de las necesidades semanales de verduras es muy útil para balancear la alimentación y cuidar del presupuesto, aunque deba modificarse ligeramente si, por ejemplo, vemos que el comerciante presenta plantas frescas. Siempre prefiera las plantas "recién llegadas" a la tienda.

El conocer un poco sobre el proveedor de nuestros alimentos es también útil: saber que cuida de aspectos como regar las verduras con agua limpia, cultivarlas con abonos orgánicos y controles no tóxicos, garantiza el índice de calidad y salubridad a sus clientes. De igual forma, un profesional del comercio de alimentos perecederos vigilará el correcto almacenamiento, manejo y conservación.

Llévese a casa el mejor de los vegetales, confiando en sus sentidos. La siguiente lista le puede servir en cuanto a los más comunes se refiere. Estas y otras características serán tratadas en la sección dedicada a cada planta en particular.

· Todas las variedades de **cebollas** deben apreciarse con una piel firme y libre de magulladuras. Las variedades en rama, como la cebolla larga o tierna y el puerro, deben presentar las hojas frescas y las raíces sanas.

· La familia de las **coles** incluye las variedades de coliflor y los repollos. Sus hojas exteriores no deben estar amarillas ni marchitas. El observar los tallos también es una buena estrategia; si están húmedos es porque la planta está recién cortada.

· En los **champiñones**, observe su textura (que debe ser dura) y su olor fresco. El extremo del tallo debe verse húmedo, de lo contrario no son frescos.

· Las **hortalizas de fruto** como tomates, pimentones, aguacates y berenjenas poseen una piel lisa y brillante. El color debe ser profundo y uniforme cuando están frescas. Si observa magulladuras o una piel blanda y arrugada, es porque la verdura no está fresca.

· Las llamadas **hortalizas de raíz** y los **tubérculos**, como las zanahorias, los nabos, las papas, las remolachas y rábanos, entre otras, deben lucir una piel firme y sin arrugas, y sentirse su peso fácilmente.

· En cuanto a las **hortalizas de hoja** como espinacas, berros y lechugas, deben ofrecer hojas de un color intenso y ser elásticas al tacto.

· El **apio, hinojo, espárrago** y **alcachofa**, son tallos y bulbos que deben estar sin manchas marrones y palparse crujientes.

Las verduras orgánicas

La producción orgánica es un sistema de cultivo que emplea microorganismos (flora y fauna del suelo), otras plantas y animales en lugar de agroquímicos.

Aunque en ocasiones las plantas orgánicas no lucen tan bonitas como las cultivadas con elementos químicos, sí ofrecen la garantía de estar libres de agentes tóxicos.

Limpiar protegiendo los nutrientes

Uno de los ingredientes básicos del hogar es el agua. Por esa razón dedicamos una parte de este libro para tratar de sintetizar sus cualidades y características. El conocer su grado de confiabilidad es muy importante, porque está involucrada en muchos oficios de la vida cotidiana. Para disfrutar de todos sus beneficios es necesario que sea potable, es decir, limpia y pura. Si por cualquier circunstancia desconfía de la calidad de agua que tiene a su alcance, no dude en hervirla antes de beberla o emplearla en la preparación de las comidas.

Antes de iniciar la preparación de los alimentos, y por supuesto antes de comer, la higiene de las manos y de los utensilios de cocina constituye una regla importante para la protección de la salud. Las verduras, así como las frutas, requieren ser lavadas antes de consumirse, para retirar las sustancias que se adhieren junto con la tierra de donde provienen, o para eliminar los restos de sustancias químicas (como germicidas, fungicidas, insecticidas, etcétera) con las que hayan sido tratadas. Por lo tanto, hay que lavarlas en abundante agua limpia mientras están enteras y sin pelar, para evitar que no se pierdan las preciadas vitaminas y minerales solubles.

· Las **cebollas** deben asearse bajo el chorro de agua fresca. Retirar las raíces, partes marchitas y magulladuras, es clave para utilizar la mejor parte de la verdura.

· Los **champiñones** deben limpiarse con cuidado, a fin de retirar las impurezas. El extremo del tallo debe cortarse y nunca pelarse.

· Las **hortalizas de fruto,** como los tomates, berenjenas, pimentones y muchos más, deben lavarse escrupulosamente en agua. Estos vegetales son de los más tratados con conservantes, que tienden a acumularse en la piel del fruto.

· Las **hortalizas de hoja** de las cuales la lechuga, acelga y espinaca son las más famosas, deben sumergirse en una fuente con agua y removerse para desprender la suciedad. Un chorro de vinagre es una buena idea, pues hará que salgan a la superficie los insectos que se ocultan entre los pliegues de las hojas.

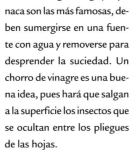

· Las **raíces** y **tubérculos,** como las zanahorias, papas y remolachas, entre otras, deben lavarse antes de pelar y cortar. Para tal efecto, un cepillo de cerdas duras es una herramienta útil porque elimina las impurezas y sustancias químicas que se depositan en la piel de este tipo de plantas.

· La familia de los **repollos** y **coles** es muy sencilla de limpiar. Deben retirarse las hojas marchitas y lavar la verdura con cuidado bajo el chorro de agua.

· Los **tallos** y **bulbos** (apio, alcachofa, espárrago, etcétera) deben limpiarse bajo el chorro de agua. A la alcachofa se le deben retirar las hojas exteriores y limpiar las impurezas que se acumulan entre ellas.

· **Vainas** y **semillas,** como las habichuelas y guisantes, requieren también de un buen aseo bajo el chorro de agua. El retirar las puntas marchitas y las "venas" de la planta brinda mejor textura.

LOS BIOFLAVONOIDES, PROTECTORES DE LAS CÉLULAS

Seguramente la naturaleza creó esta sustancia para atraer con olores y colores a los insectos útiles y repeler los perjudiciales. De igual forma protegen contra microorganismos parásitos, hongos y bacterias.

Se los considera:

· Favorecedores de la vitamina C. Fortalecen los vasos capilares, ayudan a combatir las hemorragias gingivales, las várices, las hemorroides, las contusiones y la trombosis.

· Se unen a metales tóxicos y facilitan su eliminación.

· Contribuyen a remediar las alergias, anemias, el exceso de grasa en la sangre y efectos secundarios de los anticonceptivos.

· Algunas investigaciones señalan sus propiedades antiinfecciosas y anticarcinogénicas.

Cocinar con imaginación

Los vegetales son uno de los ingredientes que más ha despertado la imaginación de los cocineros a través de la historia. Sus cualidades, texturas y sabores han impulsado a ensayar diversos métodos de preparación y cocción. Los siguientes son algunos de los más conocidos, donde se destacan algunas técnicas orientales que vigilan el contenido nutricional resaltando los sabores.

Vale la pena insistir en que es a través de la forma de preparación de los alimentos como podemos conservar los nutrientes. Por esa razón, conocer las alternativas no sólo brinda un placer al paladar, sino que trabaja en función de obtener las sustancias benéficas de cada verdura.

- Al **estofar,** las verduras se procesan en vino blanco o vinagre, aceite, cebolla y algún condimento. Esta base es el medio en donde se cocinan las hortalizas, que deben ponerse crudas. Durante la cocción, la olla debe estar herméticamente cerrada.

- Las **ensaladas** de verduras son uno de los acompañamientos más sencillos de preparar. Se realizan con hortalizas crudas o previamente cocidas. Deben prepararse unos minutos antes de comer, para aprovechar su poder nutritivo. Se sazonan con sal, vinagre, limón, aceite, soya, especias y otros productos.

- **En su jugo** significa poner las verduras en capas en una olla, y añadir un mínimo de agua. Las hortalizas más duras deben disponerse en el fondo de la olla y, por el contrario, las más tiernas encima de las demás. Se cocinan a fuego muy lento, para que suelten sus sustancias.

- Las verduras **escaldadas** se obtienen calentando agua hasta el punto de ebullición. En ese momento se introducen las hortalizas por 1 a 8 minutos, dependiendo de la planta. Este método es una forma sencilla de retirar la piel de verduras como los tomates.

- **Guisar** es un método en donde los vegetales se rehogan a fuego lento. Para enriquecer los sabores se suele añadir alguna salsa. El tiempo que requiere esta cocción es entre 10 y 15 minutos.

- **Hervir** o **cocinar** las hortalizas es uno de los métodos más populares. Consiste en procesarlas en agua con un poco de sal: introducir las plantas y bajar la temperatura del fuego. Deben cocinarse por poco tiempo, para obtener verduras firmes y nutrientes. Se calcula un máximo de 15 minutos.

- **Hornear.** Es un método adecuado para las verduras más jugosas como la cebolla, la papa, el calabacín, la calabaza, etcétera. El primer paso es precalentar el horno e introducir las verduras en un recipiente pincelado con un poco de aceite. Las hortalizas más secas requieren de un poco de líquido extra para hornearse. En otros casos conviene darles un ligero hervor antes de introducirlas en el horno.

- **Kimpira** es un método muy apropiado cuando el clima se torna frío o para personas que llevan un estilo de vida físicamente muy activo. Consiste en sal-

Los precocidos

Los hay de todo tipo, buenos y malos. Por esa razón hay que utilizarlos con reserva. Un producto de mala calidad dará, por supuesto, un mal congelado; en cambio, el sabor de un alimento apropiadamente cocido y correctamente congelado logrará conservarse un buen tiempo en el refrigerador.

Si su estilo de vida exige dedicar poco tiempo a la cocina, prepare usted mismo una cierta cantidad, vigilando el tiempo de cocción y la calidad de la verdura.

Sin embargo, no son el material ideal para la preparación de los remedios caseros.

tear verduras en aceite; se empieza con las cebollas (ricas en líquidos) y se añaden las demás hortalizas, según la preferencia de cada cual. Se sazonan con un producto oriental, el *tamari* (se puede utilizar la salsa de soya) y se dejan rehogar. Se cubren con agua y cocinan a fuego lento mínimo por 1 hora y media a 2 horas, con el recipiente tapado. No deben removerse y se destapan al final, para que el líquido se evapore.

· **Rehogar** consiste en cocinar las verduras con un poco de aceite y agua. El tiempo de cocción varía según la planta, y se estima entre los 10 y 20 minutos en promedio.

· **Saltear** las hortalizas es otro método atractivo. Para hacerlo, primero se rehogan a fuego alto con una mínima cantidad de aceite. Esta cocción debe hacerse durante 5 minutos como máximo. Cuando se preparan vegetales de esta forma, se deben cocinar por separado (dependiendo del grado de dureza) y bien extendidos sobre una sartén. El toque final es una salsa como la *tamari,* o de soya.

· **Tempura.** Consiste en freír las verduras (y ciertas frutas) previamente bañadas por una masa compuesta por 50 g de harina integral, 50 g de maicena, 1 y media cucharaditas de levadura en polvo, 1 huevo batido y 200 ml de agua helada. Los ingredientes secos se mezclan. Se bate el huevo con el agua y, sin dejar de remover, se añaden los ingredientes secos, hasta obtener una pasta homogénea.

· El **vapor** es uno de los aliados de los nutrientes de las verduras. Cocinar con este método requiere de un colador o canastilla que se introduce en una olla más grande. La cantidad de agua debe ser mínima, para que las verduras no estén en contacto con el líquido, sino con el vapor. El tiempo de cocción varía entre 10 y 20 minutos. Las verduras deben palparse cocidas pero firmes. Se pueden sazonar con salsa de soya y otros productos.

Manteniendo la frescura

En el momento en que una planta es cortada, empieza el proceso de pérdida de nutrientes. Como esto es algo inevitable, conviene comprar poca cantidad, lo más fresca posible, y almacenarla correctamente. Plantas como las verduras de hojas, que no se refrigeran, sino que se dejan a temperatura ambiente, pueden perder más del 20% de su vitamina C. Para minimizar cualquier daño a las hortalizas, se las debe almacenar a baja temperatura, y para eso, el refrigerador es ideal.

Para un óptimo manejo de las verduras conviene conocer sus características como especie, y cuál es su envase adecuado. Por lo general, dentro de una bolsa se logra alcanzar la imprescindible humedad del aire (90%). Si no se empacan, las verduras de hojas (como la lechuga, la espinaca, la acelga), que deben conservarse a una temperatura de 0 °C a −1 °C, se secan rápidamente y adquieren sabores poco apetitosos, que se intensifican después de haberse sometido a la cocción.

La congelación, ventajas y desventajas

La congelación de los alimentos frena la mayoría de las reacciones químicas que dan lugar a su descomposición. En general, se conservan bien los azúcares, las grasas y las proteínas. Tampoco sufren mucho los minerales, pero las vitaminas van disminuyendo progresivamente su presencia. Para dar sólo una idea, a los 6 meses de congelación de un alimento se habrá perdido entre el 50% y el 90% de ellas.

Según algunos estudios, al congelar se pueden conservar las virtudes nutritivas de las verduras mejor que si estuvieran frescas. Esta afirmación puede parecer un tanto absurda. Sin embargo, hay que considerarla. Si pensamos que durante el transporte y almacenaje existe una pérdida de nutrientes (hasta del 40% de sus vitaminas), entonces la congelación inmediata después de la cosecha estaría preservando los elementos benéficos de la planta. Quizá la dificultad radica en encontrar un profesional en el tema que se preocupe por la velocidad en la preservación de los alimentos y sus nutrientes.

La temperatura de congelación debe ser inferior o igual a −18°C. Este máximo valor debe respetarse desde la congelación hasta la venta. Para garantizar la calidad del alimento, es muy importante que se mantenga la temperatura. Así que tan pronto compre un congelado, debe llevarlo a casa y continuar la cadena del frío. Las siguientes recomendaciones pueden serle de utilidad cuando adquiera cualquier tipo de alimento congelado:

· La temperatura del congelador no debe haber pasado los 18° bajo cero.

· Debe vigilar la fecha de caducidad.

· Los alimentos que se ofrecen en bolsa plástica (como por ejemplo la arveja) deben agitarse para observar que la verdura se mueva, que esté suelta. Si no lo hacen porque forman un bloque, no las compre. Tampoco adquiera las bolsas que aparecen cubiertas de escarcha.

· Es una buena idea que los alimentos congelados sean lo último que se compre, y no dejarlos en lugares donde puedan calentarse (por ejemplo el asiento posterior del auto) mientras se llevan hasta el congelador del hogar.

Si por su estilo de vida requiere congelar los alimentos, tenga en cuenta ciertas medidas de seguridad. De todas formas, recuerde que los alimentos crudos son vitales, y no descuide su nutrición consumiendo únicamente congelados.

· Las verduras a congelar deben estar frescas, limpias y en buenas condiciones.

· Escalde las hortalizas, es decir, páselas por agua hirviendo unos instantes para conservar gran parte de la vitamina C.

· Utilice recipientes muy limpios.

· Si utiliza bolsas plásticas, éstas deben cerrar herméticamente.

· Marque las bolsas con el nombre de la verdura, así como su fecha de congelación.

· El congelador no debe llenarse hasta el tope. Si se carga más allá de su capacidad, no congelará bien.

Las conservas de verduras

Para todo amante de la cocina, de los buenos sabores, de la óptima calidad y de la salud, esta sección puede resultarle interesante porque la elaboración casera siempre será superior a la industrial. También puede significar un ahorro de dinero si se obtienen productos frescos cuando están abundantes en los mercados (porque se encuentran en cosecha) y, por lo tanto, se ofrecen baratos y de mejor calidad. Por último, tan importante como lo anterior, está el aspecto nutricional. Al escoger nosotros mismos la verdura, prepararla adecuadamente y almacenarla con cuidado, tendremos una garantía de calidad.

El primer paso para lograr una correcta conserva es la esterilización de los recipientes. La mayoría de las bacterias se destruyen entre los 74°C y los 100°C. Esto se logra colocando los recipientes de vidrio en una olla grande, cubiertos con agua. Tanto la temperatura como el tiempo que se necesitan para la esterilización varían según la altura sobre el nivel del mar en que se preparan, el tamaño del frasco, la temperatura de los alimentos en el momento de envasar, y el grado de acidez de los mismos. Las siguientes ideas, complementarias a las conservas de frutas que vimos antes, le ayudarán a tener éxito en esta empresa.

· Aliste frascos o recipientes con sus tapas. Revise que se encuentren en perfecto estado.

· Lave muy bien los frascos, escúrralos y póngalos en una olla con agua caliente. Déjelos sumergidos en el agua hasta el momento de usar.

· Llene una olla grande con agua hasta la mitad, y póngala a calentar. Aliste los demás utensilios de cocina, como cuchillos, embudos, cucharas, etcétera.

· Prepare los alimentos a conservar y, si fuera necesario, tenga a mano más agua hirviendo. Es conveniente que sólo prepare la cantidad a envasar.

· Llene un frasco a la vez. Cuando lo haga, sacúdalo o golpéelo ligeramente contra una mesa, para que su contenido se acomode.

· Vierta el contenido hasta un nivel entre los 5 y los 10 mm debajo del borde. Esto permite que los alimentos se expandan durante el proceso. No deje demasiado espacio en la parte superior de la conserva, porque pierde color.

Una de las conservas más útiles es la de tomates rojos, porque armoniza en sabor y textura con gran cantidad de platos. El mantener en la despensa esta preparación ahorra tiempo, dinero y brinda sabor a platos como pastas, carnes y salsas, entre otras. Esta receta está dividida en dos partes: la primera consiste en la elaboración de una salsa espesa, y la segunda en el tratamiento de los tomates para conservarlos adecuadamente.

Conserva de tomates

Para preparar la salsa:

- Seleccione tomates sanos y frescos. Lávelos muy bien.
- Corte cada tomate en ocho partes y licue para obtener el jugo.
- Ponga el jugo en una olla esmaltada y caliente; revuelva la salsa y no permita que hierva. Sazone a su gusto.
- Vierta la salsa caliente en los frascos (que también deben estar calientes) dejando un espacio de 5 mm debajo del borde. Tápelos y póngalos dentro de la olla, sobre una parrilla que impida el contacto con el fondo. El agua debe estar caliente, pero no hirviendo. Evite el contacto entre los frascos envolviéndolos con un trapo. Añada el agua necesaria para cubrirlos 5 cm arriba de las tapas. Caliente primero a fuego intenso, y cuando hierva, reduzca la temperatura.
- Vigile que el agua siempre cubra los frascos, y si fuera necesario, añada más. El tiempo de cocción varía de una región a otra. Generalmente toman 10 minutos los frascos de 1/2 litro, y 15 minutos los de 1 litro. Si vive a más de 300 metros de altura, tenga en cuenta la tabla.
- Cuando se haya cumplido el tiempo, retire del fuego y saque los frascos. Póngalos separados unos de otros sobre un trapo, para que se enfríen. Al día siguiente, verifique que estén correctamente cerrados. Presione la tapa hacia abajo, y si nota que hay aire porque aparecen burbujas cuando presiona, es porque el cierre falló. Tampoco fue exitoso si el borde de la tapa está húmedo. Etiquete y guarde los frascos en un lugar oscuro y seco.

Los tomates enteros deben trabajarse siguiendo estos pasos sencillos:

- Lave muy bien y pele los tomates sumergiéndolos primero en agua hirviendo, por unos minutos. Luego páselos por agua fría y retire la piel. Con un cuchillo, quíteles la hendidura, donde el fruto se une con la planta.
- Ponga los tomates enteros en frascos calientes. Procure apretarlos para llenar bien el frasco. Cubra con la salsa de tomate caliente. Deje un espacio de 1 cm debajo del borde.
- Añada 1 cucharadita rasa de sal por cada frasco de 1 litro. Introduzca un cuchillo entre los tomates, para sacar las burbujas de aire. Limpie entonces el borde del frasco, ponga la tapa y cierre. Cada vez que llene un frasco, póngalo en la olla (que tendrá la parrilla en el fondo) con agua caliente sin hervir.
- Cuando todos los frascos estén en la olla, cúbralos con agua hasta unos 5 cm por arriba de la tapa. Tape la olla y póngala a hervir. Deje el tiempo necesario. En lugares a menos de 300 metros de altura, deje los frascos de 1/2 litro por 35 minutos, y los de 1 litro por 45. Consulte la tabla de la página siguiente. Recuerde que deben hervir a fuego bajo y constante.
- Pasado el tiempo necesario, saque los frascos y deje enfriar por 12 horas, al cabo de las cuales deberá comprobar que el cierre fue efectivo. Etiquete y guarde.

Encurtidos caseros

La conservación de vegetales en vinagre resulta muy atractiva, porque brinda la posibilidad de almacenarlos y mantenerlos en buen estado por mucho más tiempo. Si se trabaja con cuidado, estas plantas mantendrán sus cualidades nutritivas. Otro aspecto que hay que mencionar es la gran variedad de hortalizas que se pueden encurtir.

En el mercado existe una amplia oferta de vinagres, y esto permite seleccionar este ingrediente según el presupuesto. Sea cual fuere su preferencia, lo más importante es comprobar en la etiqueta que su graduación sea de 6° a 7°. Si fuera posible, adquiera el vinagre de vino que, aunque no conserva mejor que otros, ofrece a los condimentos un interesante sabor. Existen diferentes tipos de vinagres: de vino (tanto blanco como tinto), jerez, sidra, manzana, frutas. También se pueden emplear vinagres aromatizados que, si se hacen en casa, resultan mucho más económicos.

Uno de los elementos clave para la elaboración de esta receta son las fuentes u ollas. Sobre el tema hay que decir que es más recomendable utilizar aquellas con recubrimiento (o de peltre) y las de barro. Evite las de metal o lámina galvanizada, porque tienden a desprender metales tóxicos que se cuelan en la preparación. De igual forma, es importante utilizar frascos de vidrio escrupulosamente limpios. Puede ampliar el tema en la página 92, donde se tratan las conservas de frutas.

PROBLEMAS MÁS FRECUENTES

- *Las plantas encurtidas se encogen.* Esto se debe a un mal procedimiento en el sellado o por almacenarlas en un lugar muy caliente.
- *El vinagre se pone turbio.* Puede deberse a una salmuera muy fuerte o al uso de ciertas hierbas para aromatizar.
- *Manchas amarillas.* Probablemente el encurtido lleve demasiado tiempo almacenado. Conviene no consumirlo.

PREPARAR CON TIEMPO

Altitud	Si la receta pide 20 minutos o menos, adicione:	Si la receta pide 20 minutos o más, adicione:
300	1 minuto	2 minutos
900	3 minutos	6 minutos
1.500	5 minutos	10 minutos
2.100	7 minutos	14 minutos
2.700	9 minutos	18 minutos

Verduras mixtas en vinagre

INGREDIENTES

- 8 tazas de verduras mixtas (zanahorias, calabacines, coliflor, habichuelas, etcétera)
- 4 tazas de vinagre
- 2 tazas de agua
- 2 cucharaditas de sal
- 2 cucharaditas de azúcar
- 8 dientes de ajo (opcional)
  Pimienta en grano
  Hierbas aromáticas

PREPARACIÓN

- Antes de comenzar, verifique los elementos que necesita. Los frascos de vidrio y sus tapas, por ejemplo, deben estar esterilizados y conservarse sumergidos en agua.
- Lave muy bien las verduras y córtelas en tajadas, trozos o ramilletes, según sea el caso. Las zanahorias deben pelarse y cortarse en julianas.
- En una sartén, mezcle el agua con el vinagre, la sal, el azúcar y las hierbas. Deje hervir a fuego moderado de 3 a 4 minutos.
- Retire y escurra los frascos y sus tapas. Introduzca la verdura hasta 2 centímetros por debajo del borde del frasco.
- Agregue los ajos, si los va a utilizar, y la pimienta en grano. Vierta el vinagre hirviendo hasta cubrir las verduras. Golpee suavemente los frascos sobre un paño doblado, para sacar cualquier burbuja de aire. Coloque la tapa y ajústela muy bien.
- Al día siguiente, revise nuevamente para comprobar que el frasco esté correctamente cerrado. Etiquete y guarde.

El irresistible aroma
de las HIERBAS

Tés, tisanas, infusiones y aguas aromáticas son algunas de las palabras que nos evocan el aroma de las hierbas. Son una herencia del pasado que ha soportado la prueba de los años, y que hoy como ayer, nos brindan sus cualidades curativas y culinarias.

A lo largo y ancho del mundo, y en distintos momentos de la historia, las hierbas han sido una de las grandes aliadas de la salud. Muchos de los remedios que hoy conocemos y empleamos han sido pasados de generación en generación, y son tan antiguos que su origen se pierde en las penumbras del tiempo. Gracias a las crónicas sabemos que, por ejemplo, culturas como la babilónica, la griega, la india, la romana, la china o la inca aprovecharon los efectos curativos de un gran número de plantas.

Pero las hierbas ofrecen mucho más. Son un ingrediente sin igual en la cocina, porque enriquecen los sabores de muchas preparaciones. Fáciles de usar, almacenar e incluso cultivar, forman parte de la gastronomía y brindan un sello personal a muchas tradiciones culinarias. ¿Qué sería de un pollo a la provenzal sin perejil, o de una pasta al *pesto* sin albahaca, o de un ajiaco sin guascas? Su atractivo sabor brinda un toque especial a aceites, vinagres, salsas, ensaladas, carnes y postres.

Las siguientes páginas le permitirán conocer el universo de las hierbas y sus múltiples usos. Se tratarán muchos temas, como la preparación, conservación y almacenamiento, elementos clave para obtener los mejores resultados en la preparación de remedios y recetas culinarias.

De la planta a la boca

Las hierbas aromáticas se encuentran fundamentalmente de dos maneras: frescas o secas. La manera como fueron cuidadas, secadas y transportadas, así como el tiempo que corre entre su corte y consumo, determina la calidad de los nutrientes y contenido en aceites esenciales.

También es posible pensar en hacer cultivos propios, como se explica más abajo.

Buena idea...

Coloque una pinza para colgar ropa
en los ápices (los extremos)
de las plantas, para estimular
la densidad del follaje.
Si utiliza a menudo las hojas y flores,
esta poda será suficiente para mantener
la salud de la planta.

Cómo cultivar hierbas

A diferencia de las frutas y los vegetales, las hierbas son relativamente fáciles de cultivar en el hogar: la cocina, un soleado alféizar o un pequeño balcón, son tres lugares adecuados, que requieren de una mínima inversión de espacio. Aquellos entusiastas de las plantas, y que cuentan con un área suficiente, pueden ir mas allá y atreverse a cultivar gran variedad de hierbas.

La diferencia entre las hierbas es que unas se dan mejor en los ambientes interiores, cálidos y con poco viento, mientras que otras al aire libre y al sol. Determinar esta diferencia es básico a la hora de elegir una especie determinada. Si se decide a sembrar, es una buena idea comprar una planta joven, y conforme vaya creciendo transplantarla a macetas más grandes. También puede optar por adquirir semillas y ponerlas en recipientes individuales. Los cultivadores recomiendan considerar el tamaño de la ma-

tera, pues la cantidad de hojas que crecen está relacionada con el tamaño y profundidad de la vasija.

Existen diferencias en las "personalidades" de las hierbas. Algunas, por ejemplo, son resistentes y demandan una mínima atención. Otras, en cambio, son delicadas y caprichosas y necesitan de una vigilancia mayor. Especies como la hierbabuena y el estragón, por ejemplo, son bastante celosas y deben sembrarse en macetas individuales, para que no desplacen con su fuerza a las demás plantas. Otras variedades, como la albahaca, son más sensibles y prefieren ambientes interiores, pues prosperan dependiendo de la cantidad de luz y humedad y, en ocasiones, hacen perder la paciencia del cultivador.

· Las **plantas de interior** necesitan de atmósferas más bien húmedas y crecen estupendamente en temperaturas en-

tre los 16°C y los 21°C. Por esa razón son ideales los lugares tranquilos y alejados de las corrientes de aire. Deben regarse con frecuencia (sin abusar de la cantidad de agua) y con agua tibia, no fría. El sol es una de las claves de la salud de estas hierbas, y por esa razón conviene rotarlas de lugar cada tanto, especialmente cuando la posición del sol cambia. Sin embargo, no todas demandan la misma cantidad de luz. La albahaca, la mejorana y el tomillo, por ejemplo, requieren de mucho sol, mientras que otras como el perejil prosperan en ambientes frescos y donde la luz solar llegue filtrada.

· El cultivo en **materas al aire libre** es muy sencillo con ciertas especies. Por lo general se tiene mayor éxito cuando en un recipiente grande se combinan varias especies, que cuando se siembran

La dicha de cosechar

La recolección es el momento culminante de todo el proceso de siembra y crianza; brinda a los fanáticos de las plantas una gran satisfacción. Tomar los regalos que nos ofrecen las hierbas es algo tan gratificante, que en ocasiones nos hace olvidar el tiempo, el esfuerzo y la constancia que hemos invertido en su crecimiento y desarrollo. Cómo cosechamos y en qué momento, son dos elementos claves para preservar la salud de la hierba y lograr obtener los elementos benéficos contenidos en sus diferentes partes.

Cuando llega el tiempo de la cosecha, hay que detenerse a pensar cuáles partes son las más propicias para nuestro beneficio; se sabe que las hojas de las hierbas son una de sus partes más medicinales. Sin embargo, muchas variedades concentran sus poderes en las raíces, las semillas, los frutos o las flores, y por tanto, es importante conocer las características de la especie y tener en claro en qué nos queremos beneficiar. En general, sobre la cosecha se puede decir que debe elegirse aquella parte de la planta que luzca más vigorosa y libre de enfermedades e infecciones. Bien sea que se consuma fresca o seca, la calidad es la clave para obtener los preciados principios activos, que son la sustancia predominante en una planta.

- Las **flores y hojas** deben ser cosechadas en un día de sol, y ya secas del rocío matutino, cuando la planta comienza a florecer.
- Las **semillas** se obtienen recortando la flor entera y colgándola boca abajo en un lugar seco y ventilado. La flor debe colocarse en una bolsa de papel, para que poco a poco se desprendan las semillas y caigan dentro de la bolsa. Las semillas se cosechan cuando las flores están un poco marchitas.
- Las **raíces, rizomas*, tubérculos y bulbos** se recolectan cuando la parte aérea de la hierba se ha secado, y antes que surjan nuevos brotes.
- Las **frutas y bayas** se cosechan maduras. Se debe verificar que la piel esté firme y sin arrugas.

* Los rizomas son los tallos tipo raíz que poseen algunas especies vegetales.

individualmente. La mezcla de albahaca, eneldo y ajedrea con especies de mayor talla (como el romero y el laurel), puede resultar efectiva además de decorativa. Sobre el tema hay que tener sólo una precaución: como se dijo más arriba, no se deben mezclar especies incompatibles porque pueden rivalizar y alguna de ellas morir (por ejemplo, el perejil nunca debe estar cerca de la hierbabuena, ni el hinojo del cilantro). Las variedades que se siembren en materas individuales tendrán una mayor producción de hojas, dependiendo del tamaño de la matera. Por último, es aconsejable no ubicar las macetas a ras de piso, para facilitar el drenaje.

- El **cultivo en tierra**, como puede ser un jardín, es un proyecto de mayor envergadura. Quien tenga la fortuna de poder hacerlo, debe considerar aspectos como la posición del sol y la protección frente al viento. Las hierbas se desarrollan bastante bien en casi cualquier tipo de suelo, aunque algunos productores recomiendan las superficies ligeramente inclinadas que faciliten el drenaje y ofrezcan diferentes lugares y posiciones frente al sol. Sobre el tema también existen distintas posiciones: algunos expertos consideran que es mejor dedicar un área específica para una planta en particular, mientras que otros consideran que la mezcla con otras hierbas o verduras da mejores resultados. Quienes estén interesados en tener su propio cultivo deben estudiar un poco la materia para tener éxito[1].

[1] *Una buena introducción al tema está incluida en uno de mis libros:* **El poder curativo de las hierbas,** *Bogotá, Intermedio Editores, 1999.*

La conservación, una labor divertida

Existen muchas motivaciones para embarcarse en la tarea de conservar las hierbas. Encargarse personalmente de realizar esta tarea garantiza la preservación de las sustancias benéficas, prolonga el uso de la planta por más tiempo después de la cosecha, y beneficia el bolsillo al aprovechar los buenos precios de los mercados en momentos de abundancia. Las plantas pueden ser conservadas de muchas maneras. Es una labor sencilla, que demanda poco esfuerzo y brinda grandes beneficios para la salud, la belleza y la cocina. Los siguientes métodos son los más populares, y seguramente alguno se adaptará a su estilo de vida.

El secado

Este sencillo método tiene como objeto reducir la humedad de la planta antes de que comience a marchitarse. Algunas hojas y flores, como por ejemplo el laurel, pueden llegar a mejorar su sabor con el secado. Muchas de las hierbas frescas que compramos en las tiendas y supermercados pueden secarse para prolongar su vida útil.

El primer elemento a tener en cuenta cuando se desea secar una hierba, es contar con un lugar sombreado de buena ventilación y bajo en humedad. En ese sentido, las cocinas, los baños, los garajes y cobertizos no serán las mejores elecciones, porque son sitios donde hay humedad y gases. La temperatura es el segundo elemento; procure buscar un lugar cálido en su hogar, que no sobrepase los 32°C, porque el exceso de temperatura hace que se evaporen los valiosos aceites esenciales. De igual forma, un secado extremo (aquel donde la planta se desintegra al tocarse) no contribuye a la conservación de las propiedades de la planta.

Por último, hay que destacar que la labor de secado debe hacerse inmediatamente después de la cosecha o la compra. Almacene el producto deshidratado en recipientes de vidrio oscuro, o en bolsas de papel crudo (conocido como Manila). Siempre que trabaje con las plantas use papel corriente, sin dibujos ni estampados de ningún tipo; jamás recurra al papel periódico impreso porque la tinta es tóxica. Si el secado se hace correctamente, la planta conservará sus propiedades por meses.

EL ROMERO, LA MEJORANA, EL LAUREL, LA HIERBABUENA Y LA SALVIA SON ALGUNAS DE LAS HIERBAS QUE MEJOR SE CONSERVAN DESHIDRATADAS.

Deshidratar las partes aéreas

Cuando se habla de las partes aéreas, se hace referencia a aquellas que crecen encima de la tierra (el tallo, las hojas, las flores, el fruto o baya y las semillas).

· Los tallos deben ser cortados entre 5 a 10 centímetros por encima del suelo, e inmediatamente después de la floración (momento en el cual la planta pone todo su esfuerzo en crecer).

· Limpie las plantas, sacúdalas para retirar la tierra y lávelas, si fuera necesario. Seque las hojas y flores por separado. Las hojas pequeñas pueden ser deshidratadas unidas al tallo. Extienda las hierbas sobre una bandeja, procurando que quede mucho espacio entre uno y otro ramillete. Póngalas sobre una parrilla metálica, para que el aire circule por todas partes. Cúbralas con una gasa, tela fina o muselina. Una o dos veces por día, voltéelas para que el secado sea parejo. Este método resulta muy cómodo para pequeñas cantidades.

Las hierbas también pueden secarse en manojos. Además, es una forma que resulta muy decorativa:

· Tome la planta y átela con una cuerda (sin apretarla mucho) para que el aire también circule por los tallos. Cuelgue la hierba en un lugar oscuro, seco y ventilado; para evitar que se empolve introdúzcala en una bolsa de papel, dejando el fondo abierto al aire. Cuando los manojos se sientan quebradizos (no resecos), los pequeños tallos, las hojas, las flores y semillas se separan del tallo principal. Frote cuidadosamente el ramillete sobre una hoja de papel común (no impreso). La hoja de papel le será útil para envasar la hierba en frascos o bolsas.

Las flores grandes y medianas

Seque las flores siguiendo estos sencillos pasos:

· Separe las flores de los tallos y remueva cualquier insecto o impureza.

· Colóquelas sobre un papel absorbente, procurando dejar espacio entre ellas para que pueda circular el aire. Guárdelas en un lugar seco. Una vez estén libres de humedad, almacénelas en bolsas de papel (no impresas) o en un envase de vidrio oscuro. Para el caso de la caléndula, remueva los pétalos secos, antes de almacenarla.

· Este proceso se demora más o menos una semana, aunque el grosor de la flor y la temperatura de la habitación son factores que determinan el tiempo final.

Las flores pequeñas

Cosechar las flores pequeñas con su tallo facilita su manipulación. Sin embargo, antes de consumir ambas partes, deben separarse. Siga los siguientes puntos para lograr un secado exitoso:

· Lave el material y haga pequeños manojos.

· Introduzca los manojos en una bolsa de papel sin dibujos, y cuélguelos boca abajo en un lugar seco y ventilado.

· Cuando las flores se sequen caerán naturalmente en la bolsa. Si fuera necesario, retire los tallos de las flores secas. La lavanda (*Lavandula officinalis*) es una planta ideal para ser secada utilizando este método.

Raíces, rizomas, tubérculos y bulbos

Cuando la planta se marchita (su parte visible o aérea), es el momento de cosechar las partes que crecen subterráneamente. En los países en donde hay estaciones esta etapa corresponde al otoño; también es usual que algunas raíces se cosechen al comenzar la primavera. Siga estos pasos:

· Excave profundamente alrededor de la raíz, rizoma, tubérculo o bulbo, y arránquelo con cuidado. Retire la cantidad requerida y vuelva a plantar la sobrante.

· Sacuda la planta para liberarla del exceso de tierra.

· Lave con agua tibia y remueva las partes dañadas y raíces secundarias (si fuera el caso). Corte el material en tajadas o trozos pequeños. Extienda los pedazos sobre papel absorbente y ponga todo sobre una bandeja.

· Lleve al horno (precalentado) y déjelo allí de 2 a 3 horas. Deje la puerta del horno entreabierta, para evitar una temperatura excesiva. Coloque el material en una bandeja y en un lugar tibio, hasta que esté totalmente seco.

Frutas y bayas

Para un efectivo secado, deben recolectarse cuando están maduras, momento en el cual brindan, además, todos sus poderes curativos y nutritivos. Las bayas o frutas pueden deshidratarse una por una, o en racimos:

- Utilice una bandeja donde pueda poner papel absorbente y luego la fruta.
- Lleve al horno (precalentado) por 3 a 4 horas.
- Deje la puerta del horno entreabierta, para que la temperatura no sea excesiva. Pasado este tiempo, ponga la fruta en un lugar seco, tibio y oscuro.
- Debe voltearlas para que el secado sea parejo. Deseche las bayas o frutas que estén mohosas.

Las semillas

Antes de que las semillas se dispersen deben cosecharse las vainas maduras, cápsulas o tallos con flores, que contienen las semillas.

- Cuando las semillas son muy pequeñas resultan difíciles de extraer a mano. Por esa razón, conviene hacer ramilletes pequeños y colgarlos con un recipiente debajo, para que las semillitas caigan allí una vez secas.
- Otra opción es colocar el pequeño ramillete dentro de una bolsa de papel y colgarlo boca abajo. Las semillas caerán dentro de la bolsa. Una vez secas, retire las semillas más grandes.

Más formas de conservar las hierbas

Si bien es cierto que la forma más simple de conservar las distintas partes de las plantas aromáticas es secándolas con ayuda del aire o del horno, existen otras maneras de preservar sus componentes. Los siguientes métodos son los más utilizados por los expertos.

Deshumedecer

Es un método práctico, pero un tanto costoso. Consiste en extraer los líquidos de la planta conservando sus nutrientes y principios activos. Se requiere de un "deshumedecedor", que puede ser ubicado en un lugar cerrado. En él se colocarán los manojos o las hierbas sueltas sobre una rejilla de metal. Las plantas se secarán rápidamente con este método, y si no se usan flores, habrá muy poco deterioro en las propiedades curativas.

El horno microondas

Este tipo de horno permite secar rápidamente las hierbas. Ponga las partes seleccionadas que vaya a conservar sobre papel absorbente, y llévelas al microondas. Gradúe la temperatura siguiendo las instrucciones del fabricante, pues el tiempo requerido varía según la marca del horno. En promedio, se requieren de 2 a 3 minutos, aunque cada 30 segundos conviene verificar que el proceso evoluciona correctamente. Si fuera necesario, vuelva a acomodar las hierbas para que el secado sea parejo.

Congelar

Como ya se mencionó al tratar el tema de las frutas y los vegetales, la congelación es una buena manera de conservar las propiedades de una planta. En lo que se refiere a las hierbas, el proceso es especialmente exitoso con aquellas de hojas blandas. La mejorana, la hierbabuena, la menta, la albahaca, el cilantro, el hinojo y el perejil son las que mejor congelan.

· Seleccione las mejores hojas y flores, lávelas, píquelas y guárdelas en bolsas de congelación rotuladas y llévelas al congelador. Almacénelas en un recipiente aparte de los demás productos congelados, para así ubicarlas con facilidad.

· Otra forma de congelarlas implica recurrir a las cubeteras de hielo. Seleccione las mejores partes de las plantas y píquelas; disponga la hierba en la cubeta, ocupando únicamente la mitad. Complete el resto con agua y congele. Si desea liberar la cubeta, retire el cubo de hierba y almacene en bolsas de congelación. Rotule con la fecha y la planta correspondiente.

LOS FRASCOS IDEALES PARA ALMACENAR SON LOS QUE OFRECEN UN CIERRE HERMÉTICO, LOS DE COLOR OSCURO O LOS DE CERÁMICA.
SI SÓLO DISPONE DE FRASCOS DE VIDRIO (PUEDEN SER RECICLADOS), PUEDE RESOLVER EL PROBLEMA DEL COLOR GUARDÁNDOLOS EN LOS CAJONES DE LA COCINA, LEJOS DE LA LUZ, LA HUMEDAD Y LA EXPOSICIÓN AL AIRE.
RECUERDE QUE LAS PLANTAS AROMÁTICAS SE DETERIORAN CON RAPIDEZ SI NO SON ALMACENADAS DE FORMA APROPIADA.

Y para concluir... ¡almacenar!

Las plantas frescas ofrecen un gran atractivo para los sentidos. Una planta aromática es agradable desde todo punto de vista; el color intenso, el olor característico y la textura de una hierba fresca es, definitivamente, una delicia. Muchas de ellas resultan más interesantes si se consumen en su pleno desarrollo, y sin secar. Éste es el caso del perejil y la albahaca, por ejemplo, que son plantas muy utilizadas como condimento en infinidad de platos, que van desde las sopas hasta las pastas. Aunque la mejor manera de aprovechar las sustancias y el gusto de las hierbas es consumiéndolas rápidamente, lo más recomendable si no se puede hacerlo es mantenerlas con agua para impedir que se marchiten de inmediato. Un lugar fresco y poco luminoso también contribuye a prolongar su vida.

Las hierbas secas son otra historia. El proceso de deshidratación les imprime unas características totalmente diferentes. Cuando el secado concluye, es el momento de desmenuzar la planta con las manos, retirando las partes que no se vayan a usar, como tallos y ramitas. Se almacenan en cajas de madera o cartón, en bolsas de papel o en un frasco de vidrio oscuro, procurando no aplastarlas. Es importante observar cualquier signo de condensación en los recipientes de vidrio, porque es un signo de un secado parcial. Si esto sucede, conviene sacarlas un poco más para evitar el daño total del lote. Las cortezas, raíces, rizomas, tubérculos y bulbos deben cortarse o romperse en trozos pequeños y guardarse de forma similar. El último paso, como siempre, es identificar el contenido y la fecha de almacenamiento.

Las hierbas, delicias para el paladar

Las hierbas frescas y secas son mucho más que hermosos adornos en un plato. En muchos casos son el ingrediente secreto que brinda ese toque especial e indescriptible a las recetas. Algunas hierbas combinan mejor con ciertos ingredientes; existe una afinidad, y por eso se suelen asociar. Por ejemplo, la albahaca fresca con los tomates rojos, el romero con la carne de cordero, y el perejil con el ajo. Sin embargo, la creatividad es siempre bienvenida en la cocina. El experimentar con nuevas mezclas puede dar buenos resultados y enriquecer el menú familiar.

"Solas y revueltas"

Nobles en la cocina, las hierbas no requieren de mucha preparación, y sin embargo, pueden hacer de un plato sencillo un exquisito manjar. Aprovechar sus cualidades es un arte que todos podemos aprender y practicar.

Hierbas frescas

La plenitud del sabor de las hierbas frescas se obtiene cuando están recién cortadas. Normalmente adquirimos estas plantas en el mercado, y es importante aprovechar las oportunidades y únicamente comprar las que luzcan más atractivas y tengan mejor olor. Por lo general sólo se utilizan las hojas, que deben ser lavadas.

Las hojas —y a veces los tallos— pueden ser picadas, para lo cual se amontonan y cortan finamente con un cuchillo. También se usan en tiras delgadas, que se obtienen al enrollar y picar las hojas transversalmente. Algunas de ellas pueden ser cortadas con tijeras, como es el caso de la cebolleta o cebollina.

Siempre que corte una hierba tenga en cuenta que se afecta su intensidad aromática. Triturarlas en un mortero, por ejemplo, ayuda a extraer su sabor. La técnica de rebanar o cortar en tiras debe utilizarse para plantas con un sabor menos profundo, y es ideal para especies como la albahaca.

Tenga en cuenta que algunas hierbas pueden oscurecer su color si son picadas con demasiada anticipación a su uso; para conservarlo, especies como la hierbabuena deben ser picadas poco antes de ser utilizadas.

Hierbas secas

Se suelen adquirir en los mercados y existe una gran variedad de marcas. Sin embargo, como ya lo reseñamos, resulta muy fácil secarlas uno mismo. De esa manera garantizamos la conservación de sus aceites esenciales y su sabor. Pueden utilizarse solas, como es el caso del laurel, o en atractivas mezclas como las denominadas "finas hierbas". Brindan un toque de sabor y aroma a platos fríos y calientes como carnes, salsas y pasabocas, entre otras preparaciones.

Combinaciones aromáticas

Las famosas "finas hierbas" son una mezcla de las hierbas más tiernas como el perejil, el cebollino, el perifollo, y a veces el estragón. Su uso es muy amplio, desde aromatizar huevos hasta condimentar pescados. La armonía de estos sabores es tan popular que muchos cocineros la emplean con la mantequilla y un poco de limón, preparación que después se unta sobre pollo asado, lonjas de ternera, y pescados, entre otros. Por último, tenga en cuenta que esta fabulosa combinación siempre se debe añadir al final de la cocción.

Las hierbas en reposo y en acción

Son muchísimas las aplicaciones culinarias de las hierbas. Las siguientes son, quizá, las más comunes, aunque no existe límite. Seguramente el aficionado a la cocina puede experimentar con mezclas novedosas y encontrar otros usos atractivos.

Cuando de cocinarlas se trata...

Son muchas las hierbas que soportan muy bien la cocción. Sin embargo, hay que hacer algunas distinciones, para no cometer el error de perder el aroma y las propiedades de una planta "evaporando" sus cualidades.

- Las hierbas suelen clasificarse en varios grupos. Uno de ellos, compuesto por las hierbas más dulces y frágiles, debe trabajarse con cuidado. La albahaca, la hierbabuena y demás mentas, así como el eneldo, disminuyen su sabor si se someten a la cocción. Ésta es la razón por la cual los chefs experimentados las añaden al finalizar la cocción de un plato. La hierba se calienta, pero no pierde sus cualidades esenciales.

- Otro grupo está conformado por plantas más fuertes y resistentes. El tomillo, el laurel y el romero son las más conocidas, y tienden a ofrecer su sabor y aroma cuando son utilizadas en platos de cocción lenta. Al emplearlas en recetas que demandan una prolongada y suave ebullición, las hierbas desprenden lentamente su aroma y penetran en los alimentos.

El famoso bouquet *garni*

Se trata de una mezcla de hierbas que también se conoce con el nombre de "hierbas aromáticas". La combinación clásica mezcla:

1 rama de tomillo
1 hoja de laurel
1 rama de perejil
1 tallo de apio

Se envuelven en la parte verde de una cebolla puerro, y se atan con un hilo.

El sabor de este ramillete armoniza con las aves, la carne de res, cerdo y cordero, los pescados y mariscos. Se puede retirar cuando la preparación esté lista.

Vinagres y aceites aromáticos

Cada gota de vinagre o aceite deja una huella de exquisito sabor en las ensaladas, de manera que enriquecer ese sabor es una forma de ampliar el placer gastronómico. En el caso de la familia de los vinagres, que es bastante amplia, combinan a la perfección con las hierbas.

Los profesionales de la cocina recomiendan mezclar, como máximo, dos hierbas frescas; la razón es que al utilizar demasiados sabores se pierde la personalidad de las plantas, y aquéllas de gusto más fuerte se impondrán sobre las más suaves. Se considera que la proporción ideal es la que incluye 1/2 taza de hierbas por 1 botella de 750 cm³ de vinagre.

· Esencialmente, los vinagres aromatizados se preparan macerando un poco las plantas antes de introducirlas en la botella. La preparación se tapa muy bien y se deja reposar en un lugar tibio (como la cocina, por ejemplo) durante una semana. La botella debe sacudirse cada tanto. Algunas personas desean mejorar el aspecto de la preparación y cuelan el líquido. Para finalizar, puede dejar una ramita de hierba en el frasco, que le dará una bonita presentación y le ayudará a identificar el ingrediente principal.

· Prepare un vinagre de ajo triturando este bulbo y dejándolo reposar en el vinagre durante 24 horas. Excelente para las ensaladas de sabores fuertes que combinan ingredientes como anchoas y alcaparras.

· Otra buena combinación es aquella que utiliza el vinagre con ají o chile. Simplemente se sumerge el fruto en el vinagre durante 10 días, teniendo la precaución de agitar diariamente la botella. Brinda un especial sabor a todo tipo de mariscos.

· Un vinagre casero de mucho éxito es el que lleva estragón; se emplea como ingrediente de la salsa holandesa, y en ensaladas.

El sabor de los aceites también puede ser enriquecido con las hierbas. Su elaboración es simple e involucra los mismos utensilios básicos: un frasco de vidrio (de boca ancha para facilitar la introducción de la hierba) muy limpio, con su tapa, un colador y, por supuesto, el aceite y el aromatizante.

El aceite y la hierba se deben almacenar en el frasco cerrado, a temperatura ambiente, por un plazo de 15 días. Es importante agitar la preparación para combinar los sabores. El aceite actúa como un conservante, de manera que esta preparación resiste un largo tiempo de almacenamiento. Algunas personas, al igual que en el caso de los vinagres, prefieren colar el líquido para retirar todo rastro de hierba.

Una de las combinaciones más sabrosas y versátiles en la cocina es aquella que mezcla el sabor del aceite de oliva con el ajo. Conviene macerar y almacenarlo en un lugar oscuro, para evitar que la luz afecte las sustancias benéficas de ambos ingredientes. También se puede emplear un recipiente de vidrio oscuro, con el mismo propósito. Otras mezclas famosas son las que combinan los aceites con tomillo, laurel, ajíes o chiles.

Vinagres y hierbas

Éstas son algunas preparaciones y combinaciones con sólo hierbas:

Eneldo

Estragón

Romero

En parejas

Laurel con tomillo

Perejil y cebolla

Orégano y cebollina

Mantequilla y quesos de hierbas

Deliciosas al paladar, estas preparaciones deben consumirse en pequeñas cantidades, porque por lo general son altas en grasa. Aquellas personas que necesitan controlar su peso deben consumirlas de manera muy esporádica.

· Las carnes, mariscos, pescados y huevos son exquisitos con un toque de mantequilla "a las finas hierbas". La preparación es muy simple: utilice 1/4 de libra de mantequilla sin sal y 2 cucharadas de la mezcla de "finas hierbas" que ya mencionamos en esta sección. Para facilitar la mezcla de estos dos ingredientes, utilice mantequilla blanda.

· Carnes, pescados y verduras pueden obtener un sabor de "alta cocina" con esta mantequilla conocida por el nombre de *Maître d´Hôtel*. Se necesitan 1/2 libra (250 g) de mantequilla suave, 2 cucharadas de perejil fresco picado, 1 cucharadita de cebollines finamente picados, el jugo de 1/2 limón, unas gotas de salsa inglesa, unas gotas de salsa de Tabasco o ají, sal y pimienta. Se mezclan muy bien todos lo ingredientes, se extiende la mantequilla aromatizada sobre una hoja de papel aluminio y se enrolla, hasta darle una forma de cilindro. Se cierran los extremos y se refrigera. Cuando vaya a servir el plato, coloque una tajada de mantequilla encima, para que se derrita y aromatice.

Los quesos y las hierbas también armonizan en la cocina. Se pueden utilizar muchos tipos de quesos como los frescos, cremosos, blandos, azules, entre otros. Al igual que las mantequillas, los quesos grasos se deben consumir muy de vez en cuando.

· Los quesos cremosos son fáciles de mezclar con las hierbas y especias. Basta con ablandarlos un poco, combinar con el aromatizante y volver a darles forma. Pueden decorarse externamente con la hierba o especia seleccionada. Uno de los más famosos es el queso a la pimienta, y el que utiliza cebollines. Untados sobre galletas, tostadas o con palitos de zanahoria o apio, son un manjar.

· Otra alternativa más dietética es utilizar un queso blanco fresco y forrar con la hierba. La salvia es una de las plantas que da mejor sabor, y se utiliza cubriendo todo el queso con ella. La preparación se debe refrigerar por unos pocos días, envuelta en papel aluminio.

¡Que le pongan salsa!

Definitivamente, el mundo de las salsas no sería lo mismo sin las hierbas. Si además ofrecen un sabor casero, son insuperables a pesar de las muchas y diferentes marcas que se pueden adquirir en los mercados. Existen aquellas de sabores fuertes y salados, y las dulces, más sutiles y refrescantes. Combinan con gran cantidad de recetas y son un elemento protagonista en platos como las ensaladas.

Un elemento a tener en cuenta cuando se emplean las salsas es que muchas de ellas utilizan exagerada cantidad de grasas, condimentos y sal. Para lograr salsas verdaderamente dietéticas, es necesario utilizar ingredientes de óptima calidad y en cantidades razonables. Otro de los peligros es la cocción prolongada de ingredientes como los aceites.

Las hierbas más populares y sus usos culinarios

LA HIERBA	SU SABOR	SUS USOS
Albahaca	Muy aromática, dulce y cálida.	Pollo, ternera, pescado, mariscos, ensaladas, huevos y salsas como el *pesto*.
Cebollín, cebollino o cebolleta	A cebolla muy suave.	Pescados, huevos, quesos, ensaladas, cremas y salsas.
Cilantro	De sabor y aroma fuerte y especiado.	Sopas, cremas, caldos y salsas. Muy usada en las cocinas regionales.
Estragón	Muy aromático y ligeramente anisado.	Pollo, salsas, aceites, vinagres y verduras.
Hierbabuena	Fuerte, dulce y aromático.	Verduras, frutas, sopas y salsas.
Laurel	Aromático e intenso.	Sopas, caldos, cremas, guisos, salsas, vinagres y aceites.
Orégano	Aromático y dulce.	Carnes y aves, salsas para pasta, huevos, quesos, aceites y vinagres.
Perejil	Especiado y aromático.	Sopas, caldos, cremas, huevos, pescados, pollo y carne.
Romero	Aromático y penetrante.	Pollo, cerdo, cordero, papas, vinagres y aceites.
Salvia	Aromático y un poco amargo.	Carnes, aves, verduras, huevos, quesos, arroces, pasta.
Tomillo	Muy aromático.	Aves y carnes, cocidos, papas, aceites y vinagres.

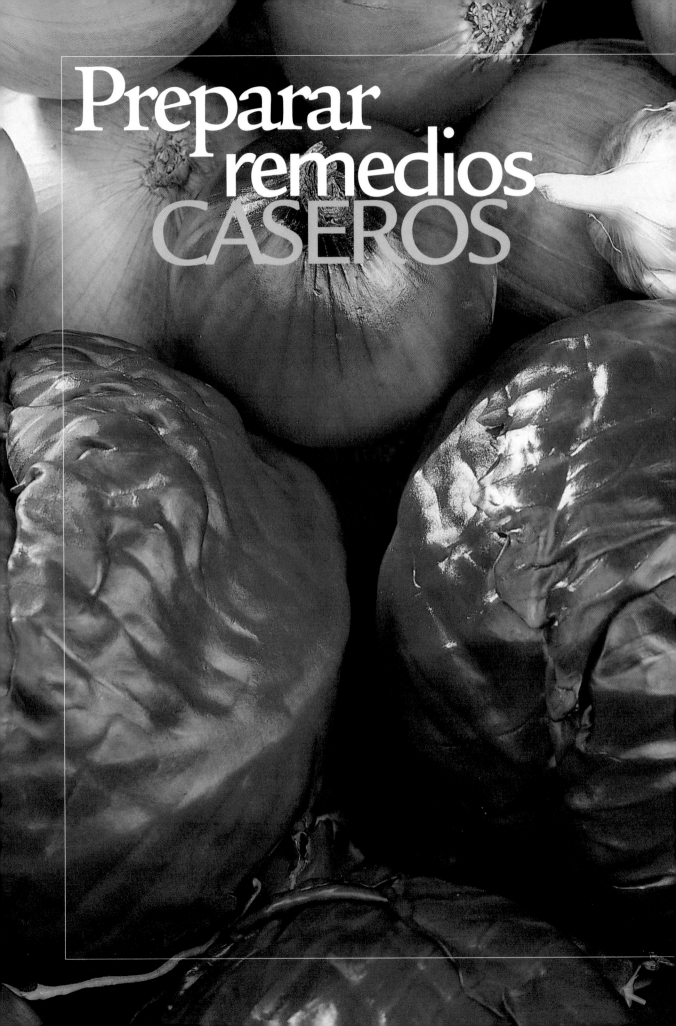

Preparar remedios CASEROS

Los remedios preparados en casa nos ayudan a aliviar y prevenir un gran número de padecimientos y desórdenes de todo tipo.

Las plantas poseen una rica variedad de sustancias que pueden ser utilizadas de muchas maneras. Uno de los propósitos de este libro es, precisamente, dar a conocer sus aplicaciones, usos y los procedimientos que de manera óptima retienen sus nutrientes y esencias curativas, porque todos podemos elaborar diversos remedios que apoyen nuestra salud y nos brinden alivio en los momentos de enfermedad. Lo importante es contar con plantas sanas, frescas y medicinalmente interesantes, y con una información adecuada que permita preparar los múltiples remedios que se obtienen de las frutas, las hierbas y los vegetales.

Las aguas, aroma y salud

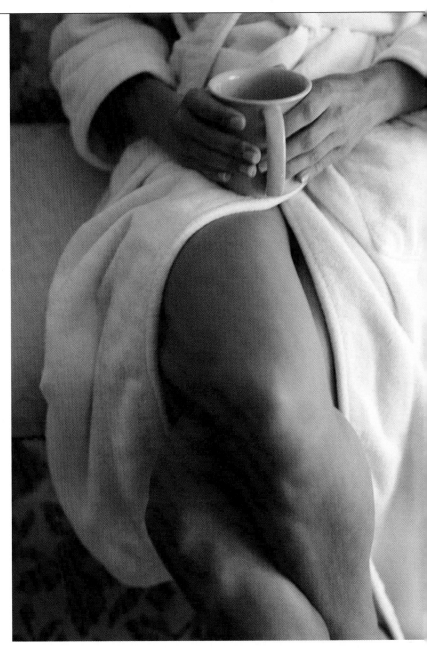

Con el nombre de aguas aromáticas, tisanas, tés, decocciones e infusiones, se conoce una de las preparaciones más simples y efectivas. Muchas frutas, las verduras y casi todas las hierbas (incluyendo las raíces, las cortezas y las semillas) son susceptibles de ser trabajadas en forma de tés. Los siguientes son los métodos más conocidos y que mejor extraen las sustancias benéficas de las plantas.

Siempre que disfrute de una de estas aguas, tenga en cuenta que, por regla general, deben beberse calientes, con calma y sin abusar de las dosis diarias. Algunos prefieren endulzarlas, para lo cual la miel es muy valiosa. Sin embargo, es mejor evitar el uso de ingredientes azucarados cuando se sufre de malestares relacionados con la digestión, la diarrea y la diabetes. Las aguas se pueden almacenar en una jarra con tapa, en la nevera, por un máximo de 24 horas.

Si se va a utilizar alguna de las aguas aromáticas reseñadas en este libro como remedio, debe seguir las instrucciones y respetar la cantidad sugerida, pues aumentar las dosis no significa mejorar más rápidamente.

MIXTURAS AROMÁTICAS

Las aguas aromáticas que se elaboran con mezclas de hierbas requieren de mucha experiencia en la selección de las plantas, la cantidad y la dosis. De hecho, los expertos en estos temas recomiendan no mezclar más de cinco hierbas simultáneamente.

Infusiones

Consiste en poner la fruta, verdura o hierba en un recipiente que contenga agua muy caliente y dejar reposar. Es la forma más simple de extraer los principios activos de las plantas. Este método es apropiado para aquellos materiales vegetales delicados, a los cuales una cocción muy prolongada puede perjudicar.

· Ponga a hervir agua y luego retire del fuego. Utilice ollas de barro o porcelana (evite materiales como el aluminio y el acero).

· En un recipiente, disponga la fruta, verdura o hierba de su elección. Recuerde que deben estar libres de impurezas y saludables.

· Vierta encima el agua caliente (casi hirviendo), tape y deje reposar de 5 a 10 minutos.

· Cuele y presione la fruta, verdura o hierba contra un colador, para sacar el máximo de jugo.

Decocción

Los taninos, principios amargos y minerales, afloran con este método de cocción. Las plantas que son sometidas a este proceso no pierden sus propiedades con el calor. Por lo general, se preparan en decocción cortezas, raíces y semillas que sólo liberan sus elementos benéficos con el intenso calor.

Para una mayor efectividad se recomienda remojar las cortezas y raíces amargas de 6 a 12 horas. Después se cambia el agua y se llevan a punto de ebullición por un tiempo que varía según la dureza de cada componente. Los tallos y raíces conviene cortarlos en trozos, picarlos o pasarlos por un rallador antes de ponerlos a hervir. En algunos casos deben ponerse a macerar por algunas horas.

· Ponga la cantidad indicada de la planta en una olla, con aproximadamente 2 tazas (1/2 litro) de agua. Caliente en fuego bajo, para llevar lentamente el agua a su punto de ebullición.

· El tiempo de cocción cambia según la cantidad y parte de la planta utilizada. Tenga en cuenta que esto puede tomar de pocos minutos a varias horas.

· La decocción se debe realizar con la olla tapada y removerse de vez en cuando. De esta manera se conservan los principios curativos.

· Deje reposar por un rato y luego cuele.

Maceración

Este método conserva, con mucho éxito, sustancias delicadas (como las mucinas) y extrae otros componentes (como los taninos). Para facilitar esta labor, antes de macerarla se puede picar o triturar la parte de la planta que se vaya a usar. La receta que damos aquí utiliza agua en la maceración, aunque también puede hacerse con vino.

· Utilice agua pura o hervida con anticipación. Cuando se enfríe, ponga la cantidad indicada y deje en reposo por espacio de 6 a 12 horas. Recuerde que el recipiente debe estar tapado y que se almacena en un lugar fresco y oscuro.

· Pasado este tiempo, es indispensable filtrar el líquido.

Aceites, alternativa externa

Cuando se trabaja con aceites, el objetivo es extraer las sustancias activas y poderosas de las plantas y facilitar su aplicación sobre la piel. Siempre se utilizan externamente, es decir, a través de masajes o mezclados con cremas y pomadas. Nunca deben ser ingeridos. Su fabricación requiere de un poco de tiempo para que los atractivos componentes de las plantas logren pasar al aceite y así proporcionar sus beneficios. Se deben almacenar en recipientes de vidrio de color oscuro, esterilizados y con cierre hermético. El tiempo máximo de conservación es por 1 año, aunque —para mejores resultados— es conveniente usarlos antes de que cumplan los 6 meses de preparados.

Hay dos maneras de elaborar estas preparaciones: la primera utiliza el calor del fuego y la segunda aprovecha la luz solar. Por lo general se usan aceites vegetales, entre los que se destacan el de oliva, virgen o extravirgen y el de girasol.

Aceites infundidos al calor

Muchas plantas como el jengibre, el ají o chile y la pimienta, responden muy bien a este método. Los utensilios que se necesitan son una jarra de vidrio resistente al calor y una gasa o muselina para la filtración. Para obtener efectos óptimos conviene preparar poca cantidad, aunque conservados correctamente los aceites duran hasta 1 año.

Aunque sus aplicaciones son diversas, podemos destacar el alivio de dolores reumáticos y artríticos, la estimulación y el mejoramiento de la circulación en ciertas áreas y la relajación muscular.

· Limpie la planta, córtela en pedazos y dispóngala en un recipiente de vidrio con el aceite. Colóquelo encima de una fuente de agua caliente (al baño María). Tape la preparación y deje hervir a fuego muy lento, por 2 o 3 horas.
· Retire del fuego y deje enfriar. Cuele el aceite a través de un colador de tela, gasa o muselina, y exprima la tela para extraer todo el líquido posible del material vegetal.
· Embotelle en recipientes de vidrio oscuro, con la ayuda de un embudo. Cierre y etiquete.

Aceites infundidos en frío

Este método se utiliza para trabajar las partes más delicadas de una planta, como por ejemplo las flores. La caléndula, el ajo y el clavo de olor se destacan porque responden muy bien a este método. Los aceites que se infunden en frío requieren de la luz solar, que estimula los principios activos en el aceite. La intensidad y el tiempo de exposición a la radiación del sol afectan la concentración de los constituyentes medicinales. Si se desea un aceite más concentrado y con mayor fortaleza, se pueden agregar aceites esenciales (véase recuadro) de las plantas y volver a infundir.

· Coloque la planta en un recipiente de vidrio esterilizado. Añada el aceite hasta cubrir totalmente el material vegetal. Tape el frasco y agítelo muy bien. Deje el recipiente en reposo en un lugar soleado, de 2 a 6 semanas. Conviene agitar la preparación entre 2 y 3 veces por semana.
· Vierta el contenido del frasco en una jarra a través de un colador de tela, gasa o muselina. Exprima la tela para extraer todo el aceite posible. Envase en recipientes de vidrio oscuro, etiquete y guarde.

Baños, deliciosa terapia

Los baños totales y parciales son una antigua forma de procurarnos placer, y una terapia de alivio para diversos males. En los baños el agua se utiliza caliente y fría, líquida, en vapor o helada. Resultan muy agradables cuando se combinan con plantas aromáticas, que además de procurarnos alivio y bienestar a través de la piel, resultan deliciosas de inhalar.

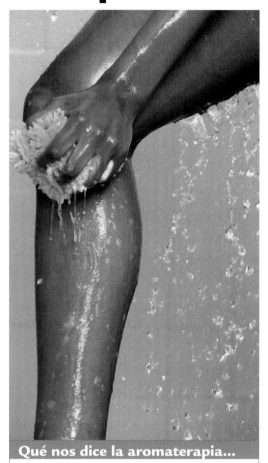

El agua es un elemento que se distingue por su notable capacidad de modificar el flujo sanguíneo al ser empleada a diferentes temperaturas. Cuando está fría, es estimulante y ejerce su poder sobre los vasos sanguíneos restringiendo el flujo de la sangre e inhibiendo ciertas reacciones que producen inflamación. El agua caliente es relajante; dilata los vasos sanguíneos, incrementa el riego de la piel y los músculos, y alivia la rigidez. Cuando se alternan el agua fría y la caliente se estimula el sistema hormonal, disminuyen los espasmos musculares y se alivia la inflamación.

· **Baños de inmersión.** Para realizar este baño se requiere de una tina. El cuerpo se sumerge en agua caliente (alrededor de 38°C) por 20 o 30 minutos. El agua del baño puede ser enriquecida con gran cantidad de productos como hierbas, aceites y sales terapéuticas. Esta forma de hidroterapia se utiliza para tratar diversas afecciones como articulaciones inflamadas, irritaciones de la piel, estrés, entre otras. Si sufre de presión arterial alta, evite los baños calientes.

· **Baños de asiento.** Se emplean dos bañeras pequeñas, una llena de agua caliente y otra de agua fría. La idea es sentarse sobre el recipiente con el agua caliente y sumergir los pies en la otra bañera. Se alterna la posición, 3 minutos en agua caliente y 1 en agua fría. Este tratamiento se emplea para tratar hemorroides, problemas menstruales, cistitis e incontinencia. No debe ser utilizado por mujeres embarazadas.

· **Baño turco y cabinas de vapor.** Normalmente tenemos que recurrir a un lugar especializado o que cuente con una sala adaptada al vapor. La exposición al calor y el agua en estado gaseoso provocan sudor, y con ello ayuda a eliminar impurezas.

· **Chorros de agua.** Pueden usarse fríos y calientes, o alternando ambas temperaturas. La clave está en contar con un chorro de agua potente; se aplica sobre la espalda durante 2 o 3 minutos. Entre sus beneficios se destacan la estimulación de la circulación y los órganos internos.

LOS FAMOSOS ACEITES ESENCIALES

Son sustancias vegetales que se pueden identificar por su olor intenso y que tienen la propiedad de volatilizarse con facilidad.

Antes de utilizarlos se deben diluir en otro medio, como por ejemplo agua, aceite y pomadas. Sus efectos son muy variados, pero tienen en común propiedades antibióticas, desinfectantes y de refuerzo al sistema inmunológico.

La extracción de estas sustancias es una tarea de profesionales, y por ello conviene adquirirlos en tiendas especializadas.

Qué nos dice la aromaterapia...

Aromatice sus baños con aceites esenciales. Añada 8 gotas a la tina si es adulto, y 4 para niños mayores de 2 años. El agua debe removerse para integrarla con el aceite.

· Para baños de pies, 2 o 3 gotas de aceite esencial de limón, ciprés o lavanda son buenas para los sabañones.

· Los pies sudorosos se desodorizan con aceite de bergamota o naranja dulce.

· Para una ducha vigorizante utilice 5 o 6 gotas de aceite esencial de toronja o menta, sobre una esponja.

· Utilice la esencia del eucalipto si tiene tos o resfriado.

Alivio sobre la piel

Uno de los remedios más populares entre las abuelas es aquel que utiliza una pasta hecha con las plantas humedecidas en agua caliente y trituradas, que se conocen como cataplasmas. Se emplean por diversos motivos, entre los que se destacan el alivio del dolor en lugares como las articulaciones, la eliminación de los molestos forúnculos y el alivio de las heridas.

Cuando hablamos de lociones nos referimos a un producto que está pensado para ser aplicado sobre la piel, y que se caracteriza por su presentación líquida. En ocasiones se mezclan con alcohol, que permite una rápida evaporación. En la belleza son muy famosas por los poderes curativos que tienen sobre el cutis.

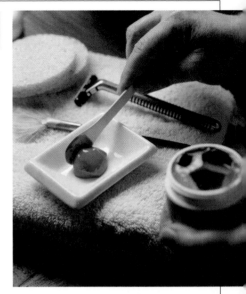

Cataplasmas

La razón de su efectividad es que utiliza los principios activos de las plantas, que con la ayuda del calor se absorben a través de la piel y procuran alivio. Las verduras, hierbas y algunas especias (como la mostaza) son las más utilizadas en la elaboración de estos remedios. Las hierbas pueden emplearse secas o frescas, según sea el caso. Se requiere, además, de una venda o gasa de algodón muy limpia.

· Seleccione la planta y límpiela muy bien. Si fuera necesario, póngala a hervir por unos minutos. Tenga en cuenta no excederse en la cocción, para evitar que las sustancias curativas se "evaporen". Retire del fuego, extraiga la planta y escúrrala.

· Frote el área afectada con un poco de aceite (de oliva, almendras o girasol) para evitar que la cataplasma se adhiera a la piel. Sobre la zona a tratar coloque la planta aún caliente.

· Cubra el área afectada con una gasa o paño de algodón muy limpio, a modo de vendaje, para mantener la cataplasma en su lugar. Permita que este remedio actúe entre 2 y 3 horas. Este procedimiento se puede repetir tantas veces como lo considere necesario.

Lociones y compresas

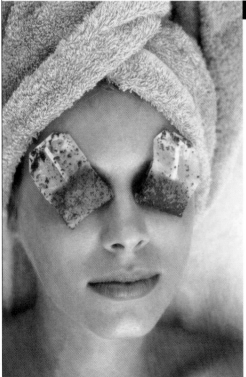

· Para elaborar una loción utilice una infusión o decocción bien filtrada. Si lo desea, también puede diluir un poco de tintura en agua.

· Empape un trapo o tela limpia en la loción, escurra el exceso de líquido y cubra el área afectada con la tela húmeda.

Las compresas se utilizan frías o calientes, según el objetivo. Las primeras son especialmente efectivas en casos de inflamaciones, fiebre y dolores de cabeza. Las calientes, en cambio, ayudan en casos de heridas, lesiones, dolores musculares e hinchazones. Una compresa muy popular es aquella que utiliza bolsas de té sobre los párpados, para relajar la tensión y desinflamar.

· Frote el área afectada con un poco de aceite (de almendras, por ejemplo) para evitar que la compresa se adhiera a la piel.

· Humedezca una tela limpia en el líquido que desea utilizar para la compresa. Escurra y aplique sobre la piel. Para los casos de hinchazones o chichones, asegure la compresa con cinta pegante y déjela actuar entre 1 y 2 horas.

En cuanto a las cantidades, se puede decir que 2 tazas de infusión o decocción (unos 500 ml) o 25 ml de tintura en 2 tazas de agua, son más que suficientes. Si desea preparar una mayor cantidad para guardar, tenga la precaución de hacerlo en botellas esterilizadas, con tapa, y refrigerar máximo por 2 días.

Jarabes, dulce diferencia

La preparación de jarabes caseros es una de las maneras como podemos mejorar los sabores, evitar algunos efectos secundarios, combatir la tos y aliviar las gargantas inflamadas. Se caracterizan por su acción analgésica, su sabor agradable y su suave textura.

La base de la preparación de este remedio es la miel y el azúcar sin refinar; ambos conservantes efectivos e ideales para combinar con plantas en infusión o decocción. Como es de esperarse, esta poderosa mezcla es de sabor agradable y tiende a ser muy aceptada por los pequeños. De igual forma, logra suavizar el sabor amargo y penetrante de ciertas sustancias de las hierbas y los vegetales.

Los jarabes se hacen con igual cantidad de infusión o decocción de la planta y miel o azúcar sin refinar. Es necesario tener en cuenta que al preparar las aguas aromáticas o tés deben infundirse o cocerse un poco, para obtener un agua concentrada. Recuerde que, en el caso de la decocción, este proceso debe hacerse a fuego lento. Los jarabes se pueden enriquecer con tinturas de la misma planta, para obtener un remedio más concentrado y reforzar la efectividad.

Tres pasos sencillos

· Prepare previamente la decocción o la infusión; vierta el té en una olla y agregue la miel o el azúcar.

· Caliente a fuego lento y revuelva constantemente hasta diluir la miel (o el azúcar) y obtener una consistencia de jarabe.

· Retire del fuego y deje enfriar. Embotelle en recipientes esterilizados con la ayuda de un embudo. Cierre el frasco con un corcho, pues los jarabes son propensos a fermentarse y el recipiente puede estallar si se utiliza tapa de rosca. Almacene en un lugar fresco y oscuro, máximo por 6 meses.

Unas palabras sobre la miel

Las extraordinarias virtudes nutritivas y curativas de la miel han sido explicadas por los bioquímicos, quienes se han preocupado por conocer su composición. Han determinado que este producto de la colmena contiene nutrientes esenciales para la salud y el bienestar, como agua, proteínas, grasas, hidratos de carbono (como la fructosa y la glucosa), vitaminas y minerales, que son algunos de los más destacados.

Existen muchos tipos de mieles, cada una con su toque especial. Aquellas verdaderamente naturales ofrecen un sabor individual que refleja las flores visitadas por la abejas de una colmena específica. La industria alimenticia que trabaja con este y otros productos de la colmena, tiende a uniformar los sabores y alterar las sustancias curativas.

Siempre que compre miel, tenga en cuenta algunas características:

· **Consistencia.** Aunque normalmente adquirimos las mieles líquidas, la cristalizada es tanto o más valiosa que ésta. Al contrario de lo que se piensa comúnmente, la cristalización es garantía de pureza. Para obtener la consistencia de jarabe, se calienta ligeramente al baño María, procurando no sobrepasar los 50°C.

· **Coloración.** Existen de diversas tonalidades, desde el castaño oscuro hasta casi incoloras. Las oscuras tienden a ser ricas en fosfatos de calcio, hierro y vitamina B_1. Son ideales para niños y adolescentes en crecimiento, los anémicos y quienes realizan labores intelectuales. Poseen cualidades reconstituyentes atractivas para los deportistas y para quienes llevan un estilo de vida muy activo. Las de color claro se destacan por su contenido de vitamina A. Evite comprar las de color ámbar o castaño claro, porque tienen pocas cualidades curativas.

· **El sabor.** Las mieles de color oscuro tienden a ofrecer un gusto más fuerte que las claras. Existen grados de "dulzura" en la miel, y algunas pueden dar una sensación picante, incluso amarga.

Los jugos, buenos aliados

Las magníficas cualidades de las frutas y verduras pueden concentrarse en un vaso y ayudarnos a prevenir enfermedades, a mejorar o mantener nuestras condiciones físicas y darle gusto al paladar. Son una buena idea para aquellos que desean incluir un suplemento alimenticio dentro de su rutina diaria.

Los jugos de frutas y verduras son una maravillosa fuente de vitaminas, minerales, enzimas, agua pura, proteínas, carbohidratos y clorofila. Su particular presentación ofrece atractivas ventajas: los nutrientes son asimilados en unos pocos minutos, a diferencia de otros alimentos cuya lenta digestión puede tardar varias horas. Esta cualidad hace que dichas preparaciones resulten convenientes para personas con organismos que no pueden soportar grandes cantidades de fibra, o cuando no es posible la correcta masticación de los alimentos.

A pesar de todas estas cualidades hay que hacer una salvedad: los jugos no deben reemplazar las porciones diarias de frutas y verduras, pues las fibras que contienen cumplen con la valiosa función de ayudar en la digestión y eliminación de los residuos desechables. Esta advertencia es muy adecuada para personas que poseen una alimentación basada en productos empaquetados, como congelados, enlatados, precocidos, etcétera, y que piensan que con un vaso diario de jugo obtienen todos los nutrientes básicos.

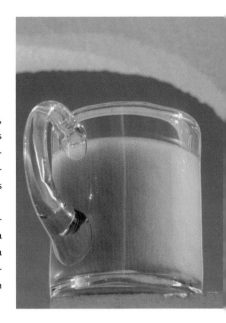

Estos maravillosos remedios suelen clasificarse en tres grupos:

- **Jugos de fruta.** Su característica principal es su función limpiadora dentro del organismo. Sin embargo, poseen diferentes efectos según las propiedades y constituyentes de cada fruta. Otra cualidad que tienen los jugos es su fácil combinación entre sí y con algunos jugos de verduras.

- **Jugos o bebidas verdes.** Estimulan las células y poseen la cualidad de rejuvenecer el organismo y producir glóbulos rojos. En este grupo se destacan las preparaciones que incluyen retoños o germinados, porque contienen clorofila (sustancia que ayuda a sanar y limpiar el organismo). Se destacan las espinacas, el apio, el repollo o col, y los retoños o germinados de alfalfa o raíz china.

- **Jugos de verduras.** Actúan como regeneradores y eliminan el exceso de proteínas, grasas y desechos ácidos del organismo. Apoyan y fortalecen el sistema inmunológico y protegen contra las enfermedades.

Si algún jugo le resulta de sabor un tanto fuerte o desagradable, puede mezclarlo con una sopa o guiso antes de servirlo. Evite calentar o cocinar el jugo porque de esa manera se pierden sus nutrientes.

Las terapias de jugos

Cuando se inicia un programa con jugos, debe hacerse de manera gradual; de nada sirve, y por el contrario puede resultar perjudicial, beber gran cantidad o utilizar ingredientes muy fuertes. En ese sentido hay que tener paciencia y lentamente explorar combinaciones y dosis de un ingrediente vegetal específico. Una buena forma de introducirse en el mundo de las terapias con jugos es hacerlo a través de las frutas. La naranja, la guayaba y la manzana son las más agradables y populares, y contienen atractivos nutrientes.

Los jugos son bebidas bajas en fibra, y por tanto, cuando se emprende una terapia conviene complementar la dieta con otros tipos de alimentos que faciliten la digestión. Alimentos ricos en fibra como los granos enteros, la verdura y fruta crudas y el salvado, son de mucha utilidad. Los que apenas comienzan el consumo de jugos terapéuticos deben hacerlo con 3 vasos de jugo al día, como máximo. Después de acostumbrarse a estas bebidas, y vigilando las reacciones del organismo a una sustancia o planta determinada, podrá llegar a tomar hasta 6 vasos de jugo al día.

Resulta muy conveniente diluir algunos jugos con un poco de agua, en especial los de color verde oscuro (como los berros, la espinaca o el *bróccoli*) y los rojos oscuros (como la remolacha o el repollo morado). Una buena forma de hacerlos menos fuertes es mezclar 4 partes de agua por 1 de jugo. También pueden mezclarse con otros jugos más suaves (4 partes del jugo más suave por 1 del más fuerte). Sin embargo, esta opción resulta conveniente si se tiene práctica y el organismo está acostumbrado. La razón por la cual se recomienda hacer más ligeros estos tipos de jugos es porque su sabor es muy fuerte y sus efectos poderosísimos.

¿En qué cantidad?

La mejor recomendación cuando se inicia un programa con jugos de frutas y verduras es hacerlo lentamente y guiarse por el sentido común. Reviste importancia vigilar las diferentes reacciones que ocurren en el organismo, para evaluar qué plantas son las más beneficiosas y en qué cantidad.

Es conveniente consumir varios jugos de frutas al día. Son refrescantes por la mañana, porque reponen la deshidratación nocturna y brindan energía para iniciar la jornada. El acudir entre 2 y 4 veces al día a estas bebidas puede resultar un buen complemento alimenticio. De igual forma, un vaso de jugo puede ser una buena manera de restablecer los líquidos del cuerpo en personas (como los deportistas, por ejemplo) que por su actividad requieren de mayor cantidad de ellos.

En general se recomienda beberlos frescos, con el estómago vacío; también pueden ser buenos momentos media hora antes de las comidas, media hora después o como merienda. También se sugiere tomar cantidades equivalentes de jugos de frutas y verduras, al igual que variarlos con el fin de obtener una óptima digestión y para evitar el consumo excesivo del azúcar que contienen las frutas.

Jugos al instante...

La elaboración de jugos que conserven todas sus cualidades nutritivas y curativas es muy fácil: sólo se necesita contar con productos de primera calidad y una licuadora confiable. Las siguientes pautas le ayudarán a obtener en un vaso todas las cualidades de estos maravillosos alimentos.

- Seleccione las plantas más frescas y sanas, sin magulladuras o puntos de otro color que indiquen que se ha iniciado la descomposición. Recuerde que el momento estelar de las plantas es cuando llegan a la maduración, porque ofrecen todos sus nutrientes. Obtenga el jugo más puro posible empleando en su elaboración plantas cultivadas sin agentes químicos tóxicos.
- Lave muy bien las verduras y frutas y retire cualquier impureza o magulladura. Recuerde que algunas plantas (como las papas, por ejemplo) deben ser cepilladas para eliminar todo rastro de tierra y otras sustancias. Muchas de las cáscaras y pieles contienen nutrientes benéficos; utilícelas siempre que éstas no hayan sido enceradas.
- Retire las semillas de frutas como los mangos, ciruelas, duraznos, etcétera; puede conservarlas en los limones, melones y uvas. En casos como la manzana, conviene retirarlas porque contienen pequeñas cantidades de cianuro.
- Corte la fruta y la verdura en tajadas o trozos. Con un poco de práctica aprenderá a calcular el tamaño ideal en que deben ser cortadas para que su licuadora o procesador funcione adecuadamente.
- Cuele el jugo si le molesta la consistencia.

Es importante preparar sólo la cantidad de jugo que se vaya a consumir en cada ocasión. Los nutrientes contenidos en las frutas y las verduras son muy sensibles y volátiles. Por ejemplo, las valiosas vitaminas de un jugo de naranja sólo se conservan en el vaso por 20 minutos, de manera que nunca deben guardarse porque pierden gradualmente los nutrientes.

Las tinturas

Las tinturas suelen almacenarse en frascos pequeños, lo que nos da una pista de su poder. Son preparaciones donde los principios activos de las plantas se presentan en alto grado de concentración, lo que brinda una potente acción curativa. Ésta es la razón por la cual medicinalmente se usan en pequeñas dosis.

Se obtienen empapando en alcohol las hierbas, flores, hojas, tallos, raíces, rizomas, tubérculos o bulbos. El alcohol es la clave para preservar de manera concentrada las sustancias benéficas de las plantas. Debe utilizarse únicamente alcohol potable y *jamás* del tipo que se usa para frotar y que se encuentra en cualquier botiquín. Muchas personas acuden al vodka con 35% a 40% de alcohol, que es un licor de fácil consecución y que trabaja muy bien unido a las plantas. El ron es otra opción que resulta atractiva, porque contribuye a disimular el sabor amargo de ciertas plantas.

Tinturas, paso a paso

Resulta muy sencillo preparar las tinturas. Debe contarse con un poco de tiempo, porque la extracción de las propiedades de las plantas se hace lentamente y a través del alcohol. Como en las demás preparaciones, la calidad de la planta y su correcto cultivo y transporte son los elementos que garantizan el éxito de este tipo de remedio.

· Aliste una jarra de vidrio de bordes altos y boca ancha. Recuerde que debe estar perfectamente esterilizada. Coloque la planta y sobre ella el alcohol de 40% (o algún licor como vodka o ron, con una graduación de 35% a 40%) hasta cubrirla por completo. Agite el recipiente por 1 o 2 minutos, y déjelo reposar tapado, en un lugar oscuro, de 10 a 14 días. Agite un poco el recipiente a diario, sin dejar pasar más de 2 días sin remover la mezcla.

· Cuando hayan pasado los días indicados, cuele el contenido de la jarra. La forma más sencilla es colocando una gasa fina o muselina sobre una jarra y vertiendo el líquido encima. Como último paso, exprima la gasa para extraer todas las sustancias benéficas de la planta. Deseche el material vegetal sobrante.

· Utilice un embudo para embotellar la tintura en recipientes de vidrio oscuro. El color de los frascos es clave para conservar las sustancias volátiles a la luz. Tape con un corcho o tapa rosca. Etiquete y almacene en un lugar fresco, máximo por 2 años.

· Por lo general, las tinturas se consumen en pequeñas cucharadas (1 cucharadita de 5 ml) entre 2 y 3 veces por día, y diluidas en 5 cucharaditas de agua o jugo de fruta.

Advertencia

Debe evitarse suministrar tinturas a los bebés y niños muy pequeños, mujeres embarazadas y personas con problemas gástricos o que deban alejarse del alcohol por cualquier razón. Si desea retirar la base alcohólica, ponga 1 cucharadita (5 ml) en un vaso de vidrio que contenga agua muy caliente, casi hirviendo. Deje reposar por 5 minutos para que el alcohol se evapore.

Inhalaciones y vaporizaciones

Ambos procedimientos son muy efectivos para aclarar las molestias producidas por gripes, catarros, sinusitis, asma y fiebre. Cuando se le incorporan al vapor ingredientes antisépticos, se logran despejar las vías respiratorias.

En el comercio se encuentran algunos vaporizadores eléctricos muy efectivos y prácticos para aliviar la congestión en los niños y los mayores. Se pueden obtener mejores y más "aromáticos" resultados si al agua de la vaporización se le añaden algunas gotas de aceites esenciales. Si no dispone de este aparato, puede seguir las siguientes indicaciones:

· Ponga a hervir 1 litro de agua fresca, y cuando esté bien caliente, pásela a una fuente de boca ancha. Añada entre 5 a 10 gotas de aceite esencial de la planta de su predilección, y mezcle muy bien.

· Aparte, haga una infusión fuerte con la planta seleccionada. Recuerde dejar pasar el tiempo suficiente para que los elementos curativos pasen al agua. Vierta la preparación en el recipiente que contiene el aceite esencial.

· Utilice una toalla grande para tapar la cabeza y el recipiente de boca ancha. Conviene cerrar los ojos e inhalar el vapor por unos 10 minutos, o hasta que el agua se enfríe.

· Una vez hecha la vaporización e inhalación, evite cambios bruscos de temperatura, para lo cual conviene descansar en una habitación tibia. De esta manera se permite que las vías respiratorias se despejen.

Otros procedimientos

Existen muchas otras formas de utilizar los poderes curativos de las plantas. Hasta ahora hemos reseñado los procedimientos más sencillos y más comunes. Sin embargo, los siguientes remedios caseros quizá le resulten interesantes.

· **Vinos tónicos.** Sirven para aumentar la energía y el vigor del cuerpo, y contribuyen a tener una buena digestión. Plantas y vino tinto o blanco son, por supuesto, los ingredientes a utilizar.

· **Cápsulas y plantas en polvo.** Resulta más sencillo comprarlas en tiendas especializadas. Las plantas pulverizadas son más fáciles de ingerir en cápsulas, pero también se pueden mezclar con la comida o con agua. Pueden ser aplicadas externamente sobre la piel, o mezclarlas con tinturas o en cataplasmas.

· **Pomadas.** Protegen la piel herida o inflamada y son un buen medio para que los constituyentes medicinales actúen sobre el área afectada. Se usan para las hemorroides, o para humectar la piel con salpullido o erupciones.

· **Cremas.** Este procedimiento consiste en combinar aceite o grasa con agua para obtener una emulsión[1]. Como es una preparación delicada, no debe hacerse demasiado rápido porque el aceite y el agua pueden separarse. Las cremas trabajan en armonía con la piel y poseen la ventaja de ser refrescantes y analgésicas; además, permiten que la piel respire naturalmente.

· **Gárgaras y enjuagues bucales.** Se hacen con plantas astringentes que velan por el cuidado de las membranas mucosas de la boca y la garganta. Se preparan con infusiones, decocciones o tinturas diluidas de plantas.

· **Aceites esenciales.** Efectivos en masajes que alivien dolores musculares. Antes de usarlos deben diluirse en otro medio (como por ejemplo los aceites de almendras, oliva o girasol) pues sin mezclar pueden irritar la piel. Como se deterioran rápidamente después de diluidos, conviene preparar pequeñas cantidades cada vez. Su extracción es una tarea de profesionales, y por ello conviene comprarlos.

Para un masaje mezcle entre 5 y 10 gotas de aceite esencial por 1 cucharada de aceite de oliva, almendras o girasol, y frote la preparación masajeando la piel.

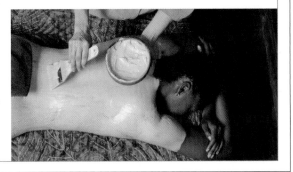

[1] *Una emulsión es una preparación química obtenida por la separación de un líquido en glóbulos microscópicos, líquido con el cual no puede mezclarse.*

Plantas para la salud

FRUTAS
VEGETALES
HIERBAS

Aguacate

Persea americana · Avocado, palta, curo, curagua, paltay · AVOCADO

Clasificado por algunos como un superalimento, esta fruta rica en proteínas es atractiva para quienes siguen una dieta vegetariana

Cuando se habla de aguacates se tiende a dudar si se trata de una fruta o una verdura. La verdad es que, estrictamente hablando, se trata de una fruta que se emplea para resaltar y enriquecer el sabor de muchos alimentos o se recurre a ella como una verdura. Con una historia que se remonta al año 8000 a.C., el aguacate estuvo presente en los platos de los antiguos aztecas e incas. Su nombre es azteca, *aguacatl*, que quiere decir testículo.

El aguacate es, quizá, la fruta con mayor contenido natural de grasas y por esa razón es un alimento de gran valor energético. Contiene, asimismo, muchos minerales que regulan las funciones del organismo a la vez que estimulan el crecimiento.

El contenido de potasio de esta fruta es importante en particular para los músculos, el corazón y la presión sanguínea. Las personas que consumen carne en exceso necesitan mayor cantidad de vitamina B6, vitamina que, precisamente, se encuentra en abundancia en esta fruta. Otra ventaja es su fácil digestión, cualidad indispensable para las personas mayores y los niños.

NUTRIENTES
(por 100 g)

CALORÍAS	190
GRASAS MONOINSATURADAS (G)	12
GRASAS POLIINSATURADAS (G)	2
TOTAL GRASAS (G)	20
VITAMINA E (MG)	3
POTASIO (MG)	450
COBRE (MG)	0,2
VITAMINA B6 (MG)	0,4
ÁCIDO PANTOTÉNICO (MG)	1
FIBRA (G)	3

Un superalimento

Los diversos libros y documentos especializados en los temas de la salud y la alimentación destacan del aguacate su alto contenido de grasas, unas tres cuartas partes de las cuales se encuentran en forma de ácidos grasos poliinsaturados que resultan beneficiosos para la salud. Lo anterior hace del aguacate un gran aliado de las personas que por una u otra razón desean o requieren evitar las grasas animales dentro de su dieta.

Algunos se refieren al aguacate como un superalimento porque ayuda a prevenir y tratar diversas enfermedades. Gracias a su riqueza de potasio y vitaminas, como la E y la B6, es una fruta que contribuye a reducir la actividad de los radicales libres. Incluirlo en el menú semanal brinda ánimo, refuerza la concentración, alivia los trastornos menstruales y mejora la digestión de las proteínas. Es también una fuente de proteínas que ayuda a las mujeres que se encuentran en período de lactancia.

Amigo del corazón y de los abuelos

Consumirlo con regularidad ayuda a bajar los niveles de colesterol en la sangre, así como los niveles de Lipoproteínas de Baja Densidad (LBD). Para los investigadores, los niveles de vitamina E son especialmente importantes porque están asociados con la reducción del riesgo de enfermedades cardiovasculares.

La vitamina E también resulta un gran aliado para el sistema inmunológico de los abuelos. Esto se debe a su capacidad de disminuir las sustancias perjudiciales del organismo que se incrementan con la edad. Incluir esta fruta dentro de la alimentación ayuda a las personas mayores a protegerse de las infecciones.

¡ARRIBA LA ENERGÍA!

Los alimentos proveen la energía requerida para todas las funciones del organismo, desde caminar hasta respirar. Sin embargo, las exigencias energéticas varían según el sexo, la edad, estado fisiológico, actividad física, clima, etcétera. Así, un niño utiliza una gran cantidad de energía, diferente a la que un adulto necesita para realizar trabajos con poca actividad física.

! Precauciones

Por lo general la pulpa de esta fruta no representa ningún riesgo. Cosa diferente sucede con las hojas y semillas de la planta que pueden producir intoxicaciones.

▶recetas para la salud

Energía en su plato

Una sugerencia para proveer al organismo de un refrigerio que ayuda a reestablecer los niveles de azúcar en la sangre a lo largo del día.

INGREDIENTES

¹/₂	**aguacate**
	Zumo de limón
1	**pizca de sal**
	Pimienta al gusto

PREPARACIÓN

· **Triture** el aguacate y, mientras lo hace, condiméntelo con el zumo de limón, la sal y pimienta.

· **Unte** esta pasta sobre galletas integrales o pan de centeno. Disfrútelo entre comidas.

Bebé *gourmet*

Durante los primeros meses de vida la leche materna proporciona a los bebés todos los nutrientes que necesita pero, cerca al primer año, los médicos recomiendan incluir alimentos sólidos. La siguiente receta le puede resultar útil para variar el menú de su pequeño.

INGREDIENTES

Un poco menos de ¹/₂ aguacate maduro
Agua pura o leche (opcional)

PREPARACIÓN

· **Lávese** muy bien las manos antes de preparar la comida del bebé. De igual forma limpie la fruta antes de tajarla.

· **Haga** un puré con la pulpa del aguacate y, si lo desea, añada el agua o la leche para obtener una consistencia más líquida, como de yogur.

· **Recuerde** que la comida casera tiene sabor más fresco que las comerciales y está libre de conservantes. Una última recomendación: observe la aceptación del bebé al sabor y la tolerancia del organismo a la fruta antes de incluir esta papilla definitivamente en su dieta.

ALGUNOS ALIMENTOS QUE AYUDAN A CONTROLAR EL COLESTEROL	OTRAS FUENTES DE VITAMINA B₆
ACEITE DE OLIVA	Yogur
AGUACATE	Huevos
AJO	Legumbres
AVENA	Banano
CEBOLLA	Coliflor
FRÍJOLES	Hígado
MANZANA	
ZANAHORIA	

Investigaciones sorprendentes

Aunque el aguacate ofrece otros grandes beneficios para la salud y el bienestar, existe uno que puede resultar interesante para muchas parejas. Se trata de su efecto sobre la fertilidad del hombre. Al parecer la vitamina E, tan citada en estos párrafos, mejora la cantidad y el dinamismo de los espermatozoides (en conjunción con la vitamina C apoya la movilidad, lo que permite un mejor desplazamiento hasta el óvulo). Consumir alimentos ricos en vitamina E, ingiriendo suplementos de 600 mg por día, aumenta los niveles de fertilidad masculina. Con el apoyo de un urólogo y vigilando los alimentos que se consumen, pueden lograrse unos excelentes resultados en este tema.

Banano

Musa sapientum · Banano común, banana, habano, guineo, cambur · Banana, plantain

El banano es una de las frutas más populares del trópico. Gracias a su contenido de potasio y rico sabor es un alimento ideal para niños y adultos.

El banano es un alimento sencillo y altamente nutritivo. Es muy fácil de consumir y digerir, cualidades que lo hacen atractivo para los niños y los abuelos. Es una de las frutas más populares y más consumidas en el mundo y, por tanto, ocupa un lugar destacadísimo en la dieta de millones de personas.

Aunque no se conoce con certeza el origen del banano, algunos investigadores señalan que proviene del sudeste asiático, una zona húmeda y lluviosa. Durante la Edad Media se la consideró como la fruta prohibida por Dios. Al continente americano llegó hacia 1516, cuando un sensato fraile dominico sembró una mata en Santo Domingo.

NUTRIENTES
(por 100 g)

Calorías	99
Carbohidratos (g)	23
Fibra (g)	1
Potasio (mg)	400
Vitamina C (mg)	11
Magnesio (mg)	34
Cobre (mg)	0,1
Folatos (mcg)	14
Vitamina B6 (mg)	0,3
Grasas	0,3

Nutrientes sustanciosos

Esta atractiva fruta posee gran cantidad de nutrientes benéficos para la salud y belleza. Cada vez que la pelamos esta fruta estamos ante aminoácidos, minerales y vitaminas que apoyan de muchas maneras los procesos orgánicos. Vale la pena destacar la presencia de las vitaminas A y C, y de minerales como el potasio, magnesio, calcio, hierro y zinc. Sobre el contenido de potasio hay que señalar que contribuye a disminuir la presión arterial al hacerle contrapunto al sodio.

El banano o plátano, para algunos, posee un alto valor energético (unas 99 kilocalorías por cada 100 gramos). Es rico en carbohidratos por lo cual produce una sensación de saciedad cuando lo comemos. Por todas estas razones es un alimento de grandes cualidades para tenerlo presente en la dieta de toda la familia. Los azúcares presentes en esta fruta son de gran valor porque se asimilan con facilidad en el organismo, el cual los digiere y absorbe con rapidez por las paredes del intestino y a través del torrente sanguíneo. Su contenido de fibra también es respetable, cualidad que resulta interesante para quienes padecen de estreñimiento.

Son los niños, los abuelos y las personas que están sometidas a un alto estrés, los más beneficiados con el consumo de esta fruta. De igual forma puede ser un gran aliado de aquellos que prefieren los alimentos muy salados.

¿EN QUÉ CANTIDAD?

Un banano maduro de tamaño mediano ofrece 11% del potasio que requiere diariamente un adulto. Consumir un banano al día favorece la salud de las personas mayores.

EL POTASIO

Ayuda a regular los niveles de fluidos en el organismo, y a balancear el agua y sodio dentro y fuera de las células. Contribuye a enviar oxígeno al cerebro, deshacerse de toxinas y a reducir la presión arterial. Es importante para la transmisión de impulsos nerviosos y para convertir los alimentos en energía. Vital para el sistema neuromuscular y la salud del sistema cardiovascular y nervioso.

¡BRINDEMOS CON JUGOS!

Los jugos de frutas y verduras están de moda porque resultan una manera práctica y sencilla de obtener un suplemento natural en pocos minutos. Son una preparación ideal para las personas que, a pesar de vivir con afanes, se preocupan por su salud.

! Precaución

El banano maduro debe ser evitado por personas con diabetes o quienes deben vigilar su peso. Al momento de comprar, conviene conocer su origen y así evitar las frutas que provengan de plantaciones que empleen sustancias nocivas como herbicidas, fertilizantes, estimulantes del crecimiento.

▶recetas para la salud

Postre antiestrés

Si se encuentra fatigado, falto de energía, triste... ¡este postre le va a encantar! Compártalo con niños y abuelos, quienes también se beneficiarán de sus cualidades alimenticias.

INGREDIENTES

3	**bananos maduros**
$^1/_4$	**de taza de crema de leche**
1	**yogur natural (vaso de 180 g)**
1	**cucharada de miel de abejas**
1	**cucharada de uvas pasas**

PREPARACIÓN

· Pele los bananos y tritúrelos hasta reducirlos a un puré suave. Mezcle la fruta con el yogur.

· Añada la miel y la crema de leche y revuelva para que se integren los ingredientes. Sirva en recipientes individuales y decore con las uvas pasas por encima.

Delicia tropical

Este jugo, de apariencia tan simple, es en realidad una extraordinaria fuente de energía. Ayuda, además, a la síntesis de los ácidos grasos y el colesterol.

INGREDIENTES

1	**banano mediano, bien maduro**
2	**tazas de jugo de guayaba***

PREPARACIÓN

· Elabore con anticipación el jugo de guayaba. Tenga presente que los beneficios son mayores cuando la preparación está fresca.

· Coloque el jugo en la licuadora junto con el banano. Procese hasta obtener una consistencia cremosa.

· Si el jugo va a ser consumido por niños, es una buena idea añadirle unas cucharadas de miel.

*Puede sustituir el jugo de guayaba por el de otras frutas como manzana, pera o mango.

Salud arterial y digestión

El banano contiene muy poca sal y, por el contrario, es rico en potasio. Estas dos particularidades hacen que sea un alimento ideal para las personas que padecen de presión arterial alta (y que no deben vigilar su peso). El potasio presente en esta fruta parece fomentar la eliminación de la sal del organismo y dilata los vasos sanguíneos, incrementando su anchura y reduciendo la presión del flujo sanguíneo.

Algunos investigadores señalan que gracias al potasio presente en el banano, éste ayuda a proteger el corazón, no sólo por reducir la presión de la sangre sino porque inhibe la potencial acción de los radicales libres y porque previene la formación de coágulos de sangre.

Existe una larga tradición popular, especialmente en países como India, que emplea esta fruta como remedio para combatir las úlceras estomacales, hecho que ha motivado numerosas investigaciones que buscan descifrar cómo actúa el banano (y otros plátanos como el verde o hartón) sobre el organismo en general y sobre este órgano en particular. Aunque no hay explicaciones definitivas, los estudios indican que esta fruta suprime la secreción de ácido y evita el desarrollo de úlceras. Sea cual sea la conclusión final en una cosa están de acuerdo los científicos: ¡alivia la úlcera estomacal!

Fruta deportiva

Es frecuente observar entre los deportistas profesionales el consumo de banano. El famoso tenista Andrea Agassi, por ejemplo, recurre a esta fruta en los intervalos de un partido para incorporar a su organismo algunos minerales perdidos por el intenso ejercicio físico.

Todos los atletas requieren grandes cantidades de energía para lograr un buen rendimiento físico. Mantener elevados los niveles de glucógeno (azúcar que se almacena en los músculos e hígado) durante los períodos de entrenamiento y competencia es muy importante. Por esa razón es necesario seguir una dieta rica en calorías provenientes de carbohidratos. Se calcula que en una dieta diaria de 3000 kilocalorías, se deben ingerir más de 500 gramos de carbohidratos (ojalá complejos) como pastas, banano y plátanos, avena, papas, entre otros.

Fresa

Fragaria chiloensis, fragaria vesca · Frutilla · STRAWBERRY

De esta provocativa fruta existen más de 1000 especies que se dividen en dos grandes grupos: las frutillas producidas en Europa y los fresones oriundos de América.

Las fresas que conocemos son producto del trabajo de fruticultores y jardineros que trabajaron durante años en la cruza de bayas silvestres. Como se trata de una fruta tan apetecida, los distintos cultivadores experimentan constantemente y lanzan al mercado nuevas variedades. Existen en la actualidad muchos tipos de fresas, de variados tamaños, colores y formas: las cónicas, las ovaladas y las que tienen forma de corazón.

Antes del descubrimiento de América los indígenas que habitaban lo que hoy conocemos como Chile cultivaban fresas de gran tamaño aunque, según testimonios de la época, algo insípidas. Fue un capitán francés de apellido Frazer quien primero la llevó a Europa y comenzó su cultivo. Con el tiempo se cruzó con una baya de menor tamaño, y de allí surgió la fresa que se cultiva en la actualidad. La fresa fue utilizada en siglos pasados como un laxante suave, como diurético y astringente. De igual modo se estudió su poder y eficacia para la cura de la gota reumática. La medicina popular en los pueblos europeos y americanos consideró que esta fruta era de gran ayuda para curar ciertas afecciones de la piel, como el acné, llagas, úlceras y herpes. De igual forma se utilizó como blanqueador de la piel en personas que habían tomado sol en exceso.

Poderes naturales

Una de las mayores virtudes de esta fruta es su capacidad de desintoxicar y aliviar trastornos digestivos. Por esa razón se emplea con frecuencia dentro de los programas de limpieza del organismo. Gracias a su agradable sabor y fácil preparación en jugos, puré o entera, muchas familias hacen curas de toxinas empleando la fresa.

Si la va a utilizar para purificar su aparato digestivo o para cualquier terapia natural, es importante tener en cuenta emplear la fruta cultivada orgánicamente, libre de agentes químicos. La fresa que comúnmente se encuentra en mercados y supermercados suele estar tratada con pesticidas y agentes conservantes que producen más problemas que soluciones para el organismo.

Más beneficios...

La fresa nos reporta muchos otros beneficios: es un laxante natural, promueve la producción de orina, aumenta la eliminación del ácido úrico y fomenta el metabolismo normal del hígado, las glándulas endocrinas y el sistema nervioso.

Su uso terapéutico es muy amplio así que médicos y nutricionistas la recomiendan para tratar afecciones renales, el reumatismo, la gota y algunos casos de gastritis y afecciones de las vías biliares. Por último hay que señalar que es considerada como un excelente dentífrico y previene la acumulación de sarro en los dientes.

SECRETOS DE LAS FRUTAS

Las frutas como las fresas, el limón, la naranja, el kiwi o la uva, estimulan la salivación y, de esa manera, ayudan eficazmente a la eliminación de bacterias de la boca.

NUTRIENTES
(por 100 g)

CALORÍAS	27
PROTEÍNAS (G)	1
FIBRA (G)	1
VITAMINA C (MG)	77
POTASIO (MG)	160
CALCIO (MG)	16
HIERRO (MG)	0,4
CAROTENOS (MCG)	8
VITAMINA E	0,2
FOLATOS (MCG)	20

REVITALIZANTES NATURALES

Si usted sufre de cansancio, dolor en las articulaciones, problemas nerviosos producidos por el estrés, es probable que tenga una deficiencia de manganeso. Ayude a revitalizar su organismo consumiendo esta deliciosa fruta.

Precauciones

Evite incorporar la fresa en la dieta de su bebé a menos de que su pediatra le recomiende otra cosa. Es muy frecuente que esta fruta produzca alergia en los niños pequeños y en algunos adultos muy sensibles. Las recetas incluidas en estas páginas son efectivas si se emplean fresas cultivadas orgánicamente. Tenga en cuenta que esta fruta es una de las más fumigadas con agentes químicos para obtener un rojo deslumbrante.

►recetas para la salud

Jugo desintoxicante y... ¡refrescante!

Esta mezcla de fruta es atractiva no sólo por su sabor sino por su capacidad de limpiar el organismo de toxinas. Recuerde programar una dieta adecuada y beber este jugo un máximo de 3 veces por día.

INGREDIENTES

250	gramos de fresas orgánicas
1	pera, orgánica
$^1/_2$	taza de agua

PREPARACIÓN

· **Lave** las frutas y elimine las hojas, semillas y el corazón de la pera.

· **Una vez** limpia la fruta, píquela y colóquela en la licuadora. Agregue el agua y procese hasta obtener una mezcla suave y homogénea.

Vitalidad interna

Regálese vitalidad con este delicioso jugo. Es, además, un buen laxante, así que un vaso al día es más que suficiente.

INGREDIENTES

225	gramos de fresas
450	gramos de ruibarbo tierno
2	cucharadas de melaza negra
	Suficiente agua

PREPARACIÓN

· **Lave** el ruibarbo y córtelo en pedazos. Haga lo mismo con las fresas y retire las hojas.

· **Ponga** todos lo ingredientes en el vaso de la licuadora y procese hasta obtener una mezcla líquida.

· **Beba** esta fuente de vitaminas y minerales inmediatamente para aprovechar todos sus nutrientes.

Famosa y terapéutica

Esta fruta tan atractiva en la mesa contiene gran cantidad de nutrientes interesantes para la salud. Se le considera, en primer lugar, una buena fuente de vitamina C y de gran cantidad de azúcar de fruta. Los investigadores también destacan la presencia de las vitaminas E y A, ésta última conocida como betacaroteno (el caroteno es un pigmento amarillo o rojo que se encuentra en los vegetales, sobre todo en la zanahoria). Estas tres vitaminas, hay que recalcar, son antioxidantes por excelencia. Los antioxidantes son nutrientes muy importantes para la defensa del organismo frente a enfermedades como el cáncer. Otra función de los antioxidantes es apoyar al sistema inmunológico en su lucha contra virus y bacterias. Jean Carper, reconocida investigadora en materia de salud y nutrición, señala que la fresa disminuye las posibilidades de contraer cualquier tipo de cáncer.

En cuanto a los minerales se destaca la presencia del potasio, útil para la eliminación de líquidos y la disminución de la presión arterial. Algunos documentos sobre nutrición identifican al manganeso como nutriente esencial en el metabolismo, la regeneración de los huesos y sangre, la vitalidad del sistema nervioso y el cerebro, la pigmentación del cabello y la piel.

Aunque es extendido el uso de la fresa en la cocina, la belleza y la salud, sus hojas y raíces, aunque menos famosas, también se emplean en farmacología, productos cosméticos, aceites esenciales y extractos, gracias a sus principios activos. Acompaña también a distintos tipos de programas alimenticios que enfatizan ingredientes ricos en vitaminas y minerales.

En la medicina China se utilizan las fresas para aliviar desórdenes relacionados con el bazo, el páncreas, los pulmones y la garganta. Las propiedades antibacteriales del jugo de fresa han sido empleadas por los herboristas en Occidente para proteger la población frente a epidemias de tifoidea. También se ha usado como tónico del hígado.

SIEMPRE FRESCA...

Las fresas recién cosechadas ofrecen un sabor más intenso e interesante; además ofrecen mayor concentración de sus nutrientes (como las vitaminas y minerales) de acción desintoxicante.

Granadilla

Passiflora Linguralis Jussieu · Granadita, parcha amarilla, parcha coloniera, granadilla dulce · PASSIONFLOWER, PASSION FRUIT

P   C   B₃

Esta hermosa enredadera se da bien en climas frescos, ubicados entre los 1.700 y 2.400 metros sobre el nivel del mar. Suele encontrarse en los mercados durante todo el año, aunque hay épocas de especial abundancia.

De inigualable sabor, la Granadilla crece en regiones templadas y frías en muchos países americanos, desde México hasta Bolivia; es una enredadera de hojas lisas, de forma oval y color verde grisáceo. La fruta es muy hermosa, con su forma redonda, de tonos amarillos salpicados por pecas marrones que indican su grado de madurez. Estas características le confieren un particular atractivo en la decoración de jardines, cercas y muros. La cáscara es dura (aunque quebradiza) y resistente al transporte. El interior de la fruta guarda una masa de semillas y un arilo incoloro.

La granadilla es una fruta que contiene azúcares, vitamina C, fibra, calcio y otras sustancias importantes para la salud. Baja en calorías y sodio, es conveniente para aquellos que siguen una dieta de adelgazamiento o que requieren cuidar la presión arterial alta. Se emplea, además, en problemas relacionados con el tracto digestivo, el colesterol y la salud de las arterias.

NUTRIENTES
(por 100 g de pulpa)

AGUA (G)	86
PROTEÍNAS	1,1
GRASA	0,1
CARBOHIDRATOS	11,6
FIBRA	0,3
CENIZAS	0,9
CALCIO (MG)	7
FÓSFORO	30
HIERRO	0,8
RIBOFLAVINA	0,10
NIACINA	2,1
ÁCIDO ASCÓRBICO	20

Amiga de los bebés

El jugo de granadilla ofrece un sabor suave y delicioso que refresca a los pequeños sin irritar sus jóvenes estómagos. Gracias a su contenido de vitaminas y minerales, contribuye a fortalecer el sistema inmunológico de los niños pequeños.

Aunque por lo general es muy raro una reacción alérgica a la granadilla, conviene observar la tolerancia del bebé a este y otros nuevos alimentos y sabores. Son los médicos pediatras quienes indican el momento oportuno para empezar a incluir esta bebida en la dieta del bebé; sin embargo con frecuencia la recomiendan en la etapa en la que el niño pasa de beber leche materna exclusivamente a variar su menú con algunos sólidos. Como en la mayoría de los jugos destinados al consumo de los niños muy pequeños, es recomendable diluir esta bebida para que sean más delicados sus efectos.

Las futuras madres...

Tienen una gran aliada en esta fruta. Durante alguna etapa del embarazo y, en especial, durante el primer trimestre, suelen sentirse náuseas, mareos, acidez y vómito. Las causas de este malestar aún no han sido precisadas con exactitud. Sin embargo, los expertos recomiendan aliviar estos síntomas siguiendo una dieta rica en proteínas y carbohidratos complejos, consumir muchos líquidos (especialmente si vomita) y tomar suplementos vitamínicos prenatales.

Es en estos momentos cuando la granadilla puede entrar en acción. Preparada en jugo ayuda a reponer los líquidos perdidos, brinda nutrientes y es suave con el estómago. De igual forma es recomendada para combatir la acidez que con frecuencia se presenta durante la gestación.

INTERESANTE...

El cultivo de esta fruta durante muchos años se limitó al mercado interno de los países andinos. Hoy es una fruta que se exporta a muchos países que aprecian su delicioso sabor.

Fruta cosmética...

Esta fruta llamó la atención de la industria cosmética. Después de varios años se estudio, se empezó a elaborar un extracto que ayuda a que el cutis graso luzca saludable.

►recetas para la salud

Jugo para bebés y sus madres

Deliciosa y refrescante, esta bebida contribuye a que crezcan sanos y fortalezcan su sistema digestivo. Además es muy apropiada para combatir la acidez de ciertas etapas del embarazo.

INGREDIENTES

4	granadillas medianas
2	tazas de agua, aproximadamente
	Azúcar moreno, al gusto (opcional)

PREPARACIÓN

· **Vierta** el contenido de las granadillas en la licuadora con un poco de agua. Tenga en cuenta que si esta bebida va a ser consumida por el pequeño debe estar más diluida que si está destinada a la madre.

· **Haga** funcionar la licuadora a velocidad baja, por unos cuantos segundos, para que no se trituren en exceso las semillas. Adicione el azúcar, revuelva y cuele.

Delicia contra el estreñimiento

Con un sabor verdaderamente delicioso, esta bebida es una buena amiga de quienes tienen estreñimiento y les cuesta "ir al baño" todos los días.

INGREDIENTES

2	granadillas maduras
2	ciruelas pasas
	Agua

PREPARACIÓN

· **La noche** anterior ponga a remojar las ciruelas pasas en un poco de agua.

· **El día** de la preparación, coloque en el vaso de la licuadora el contenido de la granadilla, las ciruelas pasas (sin semillas), el agua del remojo de las ciruelas y un poco más de agua para que se facilite el procesamiento.

· **Haga funcionar** la licuadora a velocidad baja, por unos cuantos segundos, para que no se rompan demasiado las semillas. Por último cuele el jugo.

Estudios recientes

Uno de los aspectos que más ha llamado la atención de los estudiosos de los temas de la salud y las plantas es el de los nutrientes que componen esta fruta y que se asocian a la prevención de enfermedades de las arterias. Mencionan la arteriosclerosis porque el jugo de esta fruta contribuye a disminuir los valores del colesterol "malo" y evita la formación de coágulos (o trombos). De igual forma se le atribuye una acción benéfica en el tratamiento y prevención de enfermedades de alta mortalidad y la presencia de secuelas como los accidentes cerebro vasculares y los infartos de miocardio.

Aún falta mucho por estudiar y comprobar sobre los efectos de los nutrientes de la granadilla y su manejo terapéutico. Por lo pronto podemos decir que es una fruta con muchas posibilidades curativas para todas las edades.

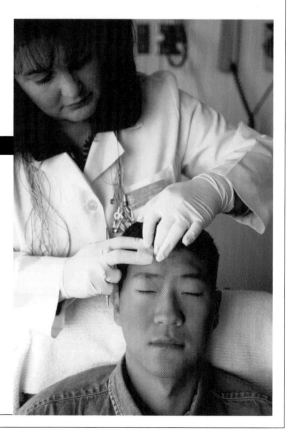

Guayaba

Psidium guajava L. · Guayabo, guava, guara · Guava

C A B

Una fruta valiosa por su acción preventiva frente a las infecciones.
Su agradable sabor la hace ideal para el consumo infantil.

Existen diversas variedades de guayaba; sin embargo, la que más conocemos es aquella que posee una fruta redonda, de cáscara amarillenta y pulpa carnosa y de color rojo salmón. El guayabo es un árbol que fluctúa entre los 2 y 8 m de altura, aunque algunas variedades alcanzan hasta 12. Su corteza es lisa y se descascara en placas, dejando al descubierto la corteza interior. Las flores son blancas y simples y se agrupan en las axilas de las hojas más jóvenes. Las semillas son pequeñas, numerosas y comestibles.

Esta fruta es muy perfumada y aromática, con un sabor dulce y ligeramente ácido. Sus cualidades sensuales la han hecho muy famosa; el premio Nobel de literatura Gabriel García Márquez la utilizó como imagen de la nostalgia cuando asoció este sentimiento con "el olor de la guayaba".

NUTRIENTES
(por 100 g de pulpa)

Agua (g)	86
Proteínas	0,9
Grasa	0,1
Carbohidratos	9,5
Fibra	2,8
Cenizas	0,9
Calcio (mg)	7
Fósforo	30
Hierro	0,8
Riboflavina	0,10
Niacina	2,1
Ácido ascórbico	20

Fuente de sorpresas

En cuanto a su valor nutritivo se desataca la presencia de la vitamina C. Esta característica llamó la atención de los nutricionistas de mitad del siglo XX e hizo que durante la Segunda Guerra Mundial se utilizara el jugo de la fruta pulverizado para proveer de vitamina C a las tropas aliadas. Como es sabido los soldados debían llevar provisiones prácticas de transportar pero que reportaran gran valor nutricional. En ese sentido esta fruta fue ideal porque se prestó al proceso de pulverización conservando su valioso contenido vitamínico.

Para otras regiones la experiencia con la guayaba ha resultado inesperada. Este es el caso de ciertos lugares, como las islas Fidji, en Oceanía, en donde se sembró con entusiasmo para proveerse durante todo el año de su delicioso sabor; pero gracias al viento y a los pájaros, las semillas se dispersaron de tal manera que en 1968 tuvo que ser declarada como maleza.

Vayamos por partes...

Como en la mayoría de las frutas, la guayaba posee un alto contenido de vitaminas y minerales. Es fácil de digerir para la mayoría de las personas, incluyendo los niños pequeños. Popularmente se utilizan —además de la fruta—, las hojas y la corteza, en decocciones para aliviar la diarrea. Algunas culturas andinas acuden a infusiones de las hojas del guayabo como vermífugo y para hacer gárgaras en caso de problemas de las encías o heridas en la boca.

EL YOGUR

En la familia de los lácteos encontramos el yogur que no es más que leche que se fermenta. Posee una textura atractiva, un agradable sabor y nutrientes parecidos a los de la leche entera. La gran diferencia entre una y otro es que el yogur no contiene lactosa sino ácido láctico que favorece la digestión.

PARA LOS PEQUEÑOS...

Por tratarse de una fruta suave, nutritiva y de rico sabor, se la considera aliada de los niños, aunque es el pediatra quien deberá indicar el momento adecuado para iniciar su consumo. Aporta vitaminas y minerales y se recomienda en casos de diarrea leve. Es importante estar atentos a las reacciones del pequeño, especialmente a su digestión.

! Precaución

Es recomendable vigilar cómo responde el organismo a una terapia de jugo de guayaba porque, en algunas personas, produce un poco de estreñimiento.

▶recetas para la salud

Batido de guayaba

Fuente de vitamina C, provitamina A, hierro, niacina y minerales, este batido ayuda a restaurar las energías.

INGREDIENTES

$^1/_2$ taza de jalea de guayaba
$^1/_2$ cucharadita de esencia de vainilla natural (no sintética)
1   cucharadita de jugo de limón
1   taza de yogur
Hielo
Frutas en trozos

PREPARACIÓN

· **Ponga** todos los ingredientes en la licuadora y licue; procese hasta lograr una consistencia de granizado.
· **Añada** la fruta de su elección y sirva.

Receta de la abuela para los dolores artríticos

Esta receta es utilizada por algunas personas mayores con mucho éxito para calmar estos incómodos dolores y, muchos sostienen que, si bien no cura la enfermedad, sí la detiene.

INGREDIENTES

12   guayabas maduras
Agua pura

PREPARACIÓN

· **Tome** las guayabas maduras y lávelas muy bien.
· **Corte** cada fruta en cuatro pedazos y llévelas a un recipiente.
· **Añada** agua muy caliente hasta que las guayabas queden totalmente cubiertas; tape y deje reposar por media hora.
· **Cuele** retirando la fruta y conservando el líquido. Esta bebida se puede tomar fría o caliente varias veces al día.

Valiosa fuente de vitamina C

Tradicionalmente las personas acuden a los cítricos en busca de la vitamina C, pero pocas personas conocen, en cambio, el gran poder que tiene la guayaba frente a las infecciones gracias a su importante contenido de vitamina C, que se calcula entre dos y cinco veces superior al del jugo de naranja.

Las personas con riesgo de infecciones, especialmente quienes viven en las ciudades y están expuestos a la polución y al contacto con ciertos virus y bacterias, pueden recurrir al jugo de esta fruta en busca de protección. Para obtener todos sus nutrientes sólo se debe tener la precaución de consumir la fruta o el jugo inmediatamente después de cortada. Cuando detecte señales de estar entrando en un estado gripal acuda a esta fruta para reforzar sus defensas.

¿QUÉ ES LA ARTRITIS?

Este término se utiliza para referirse a la inflamación de las articulaciones, cualquiera que sea su causa. Se trata con inmovilidad, radiaciones, cataplasmas, baños, masajes y una dieta especial. Uno de los deportes más recomendables es la natación que ayuda a descargar las articulaciones.

Kiwi

Actinidia sinensis · Carambola, uva espina china, coromandel · Kiwi, KIWI FRUIT

C   Mg

Delicioso y abundante en vitaminas y minerales, el kiwi ha pasado de ser una fruta exótica a formar parte de la cocina de todo el mundo.

Una fruta nueva en nuestros mercados y que, sin embargo, ha tenido gran aceptación. Proviene de la China, aunque es Nueva Zelanda el país que detenta el primer lugar en la producción mundial. Hoy es una fruta muy común en cualquier tienda que ofrezca productos alimenticios frescos y su precio es razonable (siempre que se encuentre en cosecha).

Con el kiwi sucede algo muy curioso: su aspecto externo —una forma ovalada recubierta por una piel marrón y velluda—, es poco tentador pero su interior es realmente espléndido: una carne verde brillante, traslúcida y que brinda un contraste de color y sabor con muchas otras frutas. Un verdadero espectáculo visual, pues tras su insignificante apariencia externa, no esperamos encontrar una pulpa tan brillante y adornada con semillas negras dispuestas armoniosamente.

Un verdadero tesoro

Detrás de la simple cáscara del kiwi se encuentra un gran tesoro en vitaminas y minerales. Además de la vitamina C que ya hemos mencionado, es un alimento rico en betacarotenos (poderosos neutralizadores de los radicales libres). Fuente de potasio, mineral imprescindible para nuestro organismo, esta fruta contribuye a prevenir problemas relacionados con la presión arterial, desórdenes digestivos, cansancio y fatiga excesiva.

El contenido de fibra del kiwi es atractivo para todas las edades, pero es especialmente valioso para los abuelos que suelen padecer deficiencias de vitamina C y estreñimiento crónico. Como laxante tiene un especial atractivo porque purga suavemente y con un agradable sabor. Contiene una enzima (la actinidina), muy parecida a la papaína (presente en la papaya) y ayuda a todas las funciones digestivas.

Adiós al sodio del cuerpo

Uno de los problemas que enfrentamos en este mundo moderno es el consumo excesivo de sodio. Si prestamos atención a los alimentos (preparados o industriales), éstos tendrán, casi siempre, una cantidad mayor de lo recomendable del mineral. Cuando hay demasiado sodio en el organismo se produce un aumento de líquido extracelular y genera hinchazones, problemas del corazón, algunas enfermedades renales, etcétera. Una segunda patología es la que se relaciona con la presión arterial alta, en la que la sal (que contiene sodio) desempeña un papel protagónico. El kiwi es un aliado para todos aquellos que deben controlar sus niveles de sodio, ya que lo elimina de forma natural.

Como se ve, controlar la cantidad de sal en los alimentos es una buena forma de mantener o mejorar las condiciones físicas.

NUTRIENTES
(por 100 g de pulpa)

PROTEÍNAS (G)	1
GRASA (G)	0,6
CARBOHIDRATOS (G)	8,5
FIBRA (G)	3,2
POTASIO (MG)	295
MAGNESIO (MG)	15
CALCIO (MG)	40
FÓSFORO (MG)	31
HIERRO (MG)	0,5
SODIO (MG)	4
CAROTENOS (MG)	370
VITAMINA B₃ (MG)	410
VITAMINA C (MG)	70
VITAMINA E	930

TEMPORADAS DE ESTRÉS

En algún momento todos atravesamos por momentos donde nos sentimos especialmente estresados. Ayude a su organismo evitando el café y el té y sustitúyalos por jugos de frutas y verduras que le aportarán vitamina C y magnesio. Ambos nutrientes son esenciales y se reducen cuando padecemos de estrés.

frutas

►recetas para la salud

Deleite de enzimas

Esta receta que resulta tan sencilla es una combinación de dos frutas muy poderosas que ayudan a la digestión, estimulan el cerebro, suministran energía a las células y contribuyen a la reparación de tejidos, órganos y células.

INGREDIENTES

    4   kiwis, bien maduros
    1   papaya pequeña, madura
    1   vaso de yogur

PREPARACIÓN

· **Pele** y corte la papaya en cubos pequeños. Retire la cáscara de los kiwis y rebánelos en tajadas.

· **Mezcle** en una fuente la fruta y el yogur. Conviene servir inmediatamente para aprovechar todos sus nutrientes. La temperatura fresca y fría se la dará el yogur por lo cual no es necesario refrigerar antes de servir.

Coctel especial

Una bebida refrescante, deliciosa, diferente. Buena fuente de vitamina C, refuerza el sistema inmunológico. Se recomienda especialmente a los ancianos y a personas que están superando una gripa muy fuerte.

INGREDIENTES

    2   kiwis orgánicos
    1   taza de fresas maduras
    2   tazas de jugo de naranja
    1   taza de cubos de hielo
         Azúcar al gusto (opcional)

PREPARACIÓN

· **Aliste** la fruta; en el caso del kiwi hay que retirar la cáscara y en el de las fresas limpiarlas adecuadamente.

· **Lleve** la fruta y el jugo de naranja a la licuadora y procese.

· **Consuma** inmediatamente porque la vitamina C es especialmente sensible al oxígeno del aire.

Una fruta para quien sufre de estrés

El estrés es un mal que nos afecta a casi todos. Vivimos en un mundo que marca un ritmo acelerado y que influye en nosotros de manera tal que nos provoca unos niveles muy altos de tensión y angustia. Si bien muchos de los factores externos que causan este padecimiento son incontrolables, podemos mantener una actitud optimista y evitar desgastes anímicos en asuntos que mirados con calma son triviales.

Algunas investigaciones sobre nutrientes han señalado que algunos son más útiles frente al estrés y, al mismo tiempo, contribuyen a apoyar los órganos que intervienen cuando estamos sometidos a esos niveles de presión. El kiwi, rico en vitamina C y considerado como una fruta antioxidante, ayuda a combatir los radicales libres que se producen en el organismo en situaciones de estrés. Recuerde que el organismo no puede fabricar su propia vitamina C, por lo cual es necesario consumirla a través de la alimentación.

¡FRESCA MEJOR!

El kiwi se debe consumir fresco por varias razones: en primer lugar la cocción destruye sus enzimas y en segundo término, pierde textura y sabor. Algunas sustancias presentes en la fruta hacen que no pueda usarse con gelatina porque ésta no se solidifica.

Limón

Citrus limonum L. · Cambia un poco según la variedad: limón real, rugoso, común, Tahití, de Castilla y muchos otros · LEMON, LIME

Esta fruta es una de las más familiares y probablemente la más versátil de los cítricos. Es famosa por su alto contenido de vitamina C, nutriente esencial para la buena salud.

Existen muchos tipos de limones que se distinguen unos de otros por su tamaño, color, características de la piel y aroma. Sin embargo, esas diferencias son más bien sutiles y, por tanto, todos logramos reconocer esta fruta. Esta generosa familia se aprecia como aliada de la salud por su alto contenido de vitamina C (ácido ascórbico), útil para combatir las infecciones y apoyar el sistema inmunológico. Posee, además, un nivel elevado de potasio y, en cambio, bajo en sodio, un dúo ideal para combatir la presión arterial alta.

Tanto los limones como las cidras son nativos de India e Indochina. De esas regiones fueron llevados a España por los árabes y los cruzados. Según se dice Cristóbal Colón fue el primero en sembrar el limón en América. Pero su recorrido por la historia es mucho más extenso. Muchos viajeros y navegantes utilizaron el limón para evitar el escorbuto (la maldición de los marineros que debían sobrevivir meses sin comer fruta y verdura fresca) al proveerse de vitamina C durante largas travesías. Esta es la razón por la que nunca faltaba en la despensa de los buques.

¡Abajo la hipertensión!

La hipertensión es una molestia que debe vigilarse para conservar la salud del corazón y prevenir infartos y accidentes cerebrovasculares. La industria farmacéutica tiene en el mercado muchos medicamentos que tratan esta condición. Aunque es necesario contar con la opinión de un especialista, ciertos alimentos contribuyen a mantener la presión estable.

Una de las causas de presión arterial alta es la falta de vitamina C. Diversos estudios han señalado que, en general, todas las frutas y verduras que contienen esta vitamina son un poderoso remedio preventivo contra la hipertensión. El limón es doblemente valioso para aquellos que padecen esta enfermedad: de una parte pueden valerse de la vitamina y de otra utilizar su sabor ácido como sustituto de la sal.

Valioso antioxidante

Una de las acciones que podemos tomar para procurarnos una buena salud y longevidad, es brindar un suministro constante de antioxidantes a las células. Existen muchos alimentos que contienen estos "guerreros químicos" que trabajan sobre las moléculas cargadas de oxígeno, cuyo efecto es nefasto para las células.

Un ejemplo que utilizan los expertos para aclarar este concepto es una prueba con frutas. Cortar en dos un aguacate o una manzana y rociar la mitad de la fruta con jugo de limón demostrará que después de unos minutos la parte no rociada se ennegrece (porque reacciona frente al oxígeno) mientras que la otra conserva su color. El zumo de esta fruta ha ejercido un efecto protector, es decir, actúa contra la oxidación. Este proceso sucede también en el organismo, al que los antioxidantes protegen frente a los daños producidos por moléculas como los radicales libres. La familia de los cítricos y, entre ellos se destaca el popular limón, contienen bioflavonoides que aumentan y estimulan el efecto antioxidante de la vitamina C.

NUTRIENTES
(por 100 g de pulpa)

CALORÍAS	14
VITAMINA C (MG)	53
FIBRA (G)	–
POTASIO (MG)	140
FOLATOS (MCG)	–
CAROTENO (MCG)	7
CALCIO (MG)	27
CARBOHIDRATOS (G)	2
FRUCTOSA (G)	1
GRASAS (G)	0,2

SECRETO RECONSTITUYENTE...

Los deportistas o personas que realizan actividades físicas intensas pueden recurrir al limón para mejorar su resistencia y rendimiento.
Se recomienda consumir un limón entero momentos antes de realizar el deporte o cualquier actividad intensa.

! Advertencia

Como otras frutas el limón suele ser tratado con sustancias tóxicas que hacen que se conserve mejor durante los procesos de transporte y almacenamiento. Por esta razón es recomendable pelarlo si no proviene de un cultivo biológico. El aceite esencial de esta fruta se utiliza para gran cantidad de aplicaciones; sin embargo, debe utilizarse con precaución porque puede irritar la piel.

▶recetas para la salud

Jugo protector

La siguiente receta actúa como un suave y seguro limpiador del intestino delgado y del estómago cuando se consume antes de los alimentos.

INGREDIENTES

$^1/_2$ **limón**
15   **cucharadas (8 onzas) de agua**
$^1/_2$ **cucharadita de miel**

PREPARACIÓN

·   Mezcle muy bien los ingredientes. Recuerde emplear el limón recién cortado y agua de buena calidad.

Limón contra la fiebre

Siempre que la fiebre no supere los 38,5 °C puede tratarse en casa. Temperaturas superiores requieren de atención médica inmediata.

INGREDIENTES

2   **cucharadas de limón recién exprimido**
1   **taza de agua bien caliente**
      Miel (opcional)

PREPARACIÓN

·   **Mezcle** los ingredientes muy bien y beba lo más caliente que le sea posible.
·   **Esta** agua de limón debe consumirse tres veces por día mientras la fiebre se manifieste.

Niños con escalofríos

Cuando los niños se exponen a condiciones climáticas de humedad y frío, su organismo puede perder resistencia y ser propenso a las infecciones. Los escalofríos pueden venir acompañados de fiebre y deben ser atendidos. Pruebe esta infusión y mantenga al pequeño arropado.

INGREDIENTES

2   **dientes de ajo frescos**
1   **taza de agua hirviendo**
      El jugo de 1 limón
      Miel al gusto

PREPARACIÓN

·   **Pique** finamente los dientes de ajo y póngalos en una fuente.
·   **Vierta** encima el agua hirviendo, tape para conservar los aceites volátiles y deje reposar por 30 minutos.
·   **Cuele** el ajo, añada el limón y endulce con miel. Ofrezca esta infusión al niño lo más caliente posible. Si el niño lo desea puede darle este té varias veces al día.

Receta contra los resfriados

·   **Beba diariamente el zumo de medio limón recién exprimido (recuerde que esta fruta debe consumirse inmediatamente después de ser cortada porque contiene nutrientes volátiles.**
·   **Eleve la cantidad hasta llegar a 6 limones como máximo o hasta que el resfriado esté curado. Si tiene algún problema gástrico evite utilizar este remedio.**

Combatir gripas y resfriados

Uno de los remedios más populares es el que combina una bebida caliente (como el té, las infusiones de hierbas y el agua de panela) con limón. El efecto de la fruta es muy visible cuando se añade al líquido, aclarando su color. Esta mezcla de sabores y propiedades brinda apoyo al organismo frente a los virus de la gripa y los resfriados.

El limón es conocido por su efectiva acción contra las bacterias y como antiséptico; aunque menos famoso en su valor como activador de los leucocitos (o glóbulos blancos). Incluir este cítrico en la dieta es beneficioso para todo el organismo. En las temporadas donde se presentan epidemias de gripas y resfriados, resulta práctico tanto en la prevención como en el tratamiento. Frente a la fiebre el limón es extraordinario. Algunos investigadores señalan que esta fruta aumenta la eliminación de toxinas a través de la piel y, por consiguiente, contribuye a bajar la fiebre.

Mango

Mangifera indica L. · Manga. Esta familia agrupa 64 géneros que, según la región, reciben distintos nombres · MANGO

Altamente nutritivo, el mango brinda buenas cantidades de vitamina C, carotenos, fibra e hidratos de carbono de fácil digestión.

El hermoso árbol de mango es impactante por su tamaño, frondosas ramas, hojas verdes y deliciosos frutos, que cuelgan pesadamente. Existen muchas variedades que con sutiles diferencias presentan un fruto de forma oblonga, con piel de color rojo o amarillo (incluso rosado) en la madurez y una pulpa de color amarillo intenso, deliciosamente perfumada y que rodea a un hueso o semilla muy grande y vellosa.

Cuando el mango está maduro ofrece una pulpa tierna, dulce y jugosa que, a veces, tiene un regusto ácido. Por el contrario, cuando la fruta esta verde o "biche" posee una carne firme, verdosa y de sabor intensamente ácido. Esta última se suele disfrutar con sal, aunque su inmadurez no ofrece los mismos nutrientes que cuando la fruta ha completado su ciclo de crecimiento.

Desde hace más de 4000 años está presente en la India, al parecer su lugar de origen. Desde allí, dicen los investigadores, se distribuyó a Indochina y Polinesia y, más tarde, a los demás países tropicales. Se desconoce quién, cuándo y cómo lo introdujo en América. Una explicación posible es que se hiciera a través de Cartagena de Indias, lugar estratégico para las naves españolas que viajaban a las Antillas, Veracruz y Filipinas.

Clave para la hipertensión

Esta fruta es una buena fuente de potasio, mineral clave para aquellos que sufren de presión arterial alta. La ligera deficiencia de este mineral puede aumentar el riesgo de desarrollar presión alta o agravar una enfermedad del corazón ya existente.

Algunas investigaciones han calculado que el consumo entre 2300 y 3000 mg de potasio al día es benéfico para controlar e, incluso, disminuir la presión de la sangre. La riqueza de potasio de esta fruta favorece, también, la eliminación de líquidos.

Vitaminas en acción

Cuando el mango se encuentra en su esplendor, es decir, en plena madurez, ofrece gran cantidad de vitaminas A y C, que actúan sobre las células y las membranas mucosas. La primera de ellas se destaca por su acción de transcripción genética y, en consecuencia, como estimulante del organismo. Los beneficios para el cuerpo se manifiestan en una sensación de vitalidad.

Otro nutriente que se destaca en esta fruta es el complejo vitamínico B, sustancia importante para la correcta síntesis de las proteínas. Interviene en procesos como la respiración celular, el sueño y el sistema nervioso. Provee de energía y ayuda al organismo a luchar contra el estrés.

NUTRIENTES
(por 100 g de pulpa)

CALORÍAS	57
POTASIO (MG)	180
VITAMINA C (MG)	37
BETA CAROTENO (MCG)	2.000
VITAMINA E (MG)	1
FIBRA (MG)	3
FIBRA SOLUBLE (G)	0,5
FIBRA INSOLUBLE (G)	1,6
HIERRO (MG)	1
VITAMINA B$_3$ (MG)	1

MÁS BENEFICIOS...

· Mejora la agudeza visual y ayuda a la ceguera nocturna.
· Gran aliada de la salud porque previene infecciones y estados gripales.
· Protege la salud de las mucosas.
· Activa las glándulas endocrinas y refuerza el tejido conectivo.
· Brinda color al cabello y la piel.

Precaución

La cáscara y ramas de esta fruta contienen ciertas sustancias que afectan a las personas muy alérgicas. El contacto de la piel con la "leche" de este árbol puede producir salpullidos. Por lo general la pulpa no produce reacciones.

▶recetas para la salud

¿Dificultades para dormir?

Gracias a la niacina que actúa sobre los nervios y favorece el sueño, el mango ayuda a tener un descanso reparador.

INGREDIENTES

1   **mango pequeño**
1   **banano pequeño**
1   **vaso de yogurt natural**

PREPARACIÓN

· **Lave** el mango, retírele la cáscara y córtelo en trozos.
· **Ponga** los tres ingredientes en la licuadora y procese hasta obtener una mezcla uniforme.
· **Beba** un vaso de este batido en las noches para conciliar el sueño.

Postre tropical

Una opción para cerrar con broche de oro una comida. Rico en enzimas y con gran cantidad de vitamina C, este postre ayuda a ponernos ¡en forma!

INGREDIENTES

1   **mango maduro**
1   **papaya mediana, madura**
$^{1}/_{2}$ **piña, madura**
2   **bananos**
3   **kiwis**
1   **limón**
   Azúcar (opcional)

PREPARACIÓN

· **Pele** el mango, la papaya, la piña, los bananos y los kiwis. Retire el hueso y las semillas del mango y la papaya y córtelos junto con el resto de las frutas.
· **Coloque** los ingredientes en una fuente y rocíelos con el zumo de limón azucarado.
· **Esta ensalada** debe comerse recién preparada para aprovechar sus nutrientes; calcule que entre la preparación y el consumo deben pasar, como máximo, 20 minutos.

Atentos a la anemia

La anemia es un trastorno producido por la deficiencia de glóbulos rojos o por tener bajos los niveles de hemoglobina (normalmente como resultado de un déficit de hierro). El riesgo de sufrirla en personas que siguen una dieta vegetariana o sin la presencia de carnes es alto, como consecuencia de la disminución de sus reservas de hierro.

¿Cómo trabaja el mango en nuestro beneficio? Tratándose de una planta que no es especialmente rica en hierro, es sorprendente cómo actúa a favor de este mineral. Si seguimos un plan alimenticio con plantas (si se es vegetariano) que, por ejemplo, sean ricas en hierro, podemos apoyar su absorción consumiendo otros productos vegetales que posean "favorecedores" del preciado mineral. La vitamina C y los betacarotenos, ambos presentes en el mango, cumplen esta función.

LOS SECRETOS DE LAS HOJAS

Las hojas de esta planta en infusión se utilizan popularmente en diversos remedios: tónico externo para los golpes y magulladuras, y en gárgaras para casos de dolor

¿CUÁL ES LA CANTIDAD IDEAL?

Un mango de tamaño mediano (640 g) ofrece cerca del 33% del potasio que necesita una persona adulta. El consumo frecuente de esta fruta ayuda a controlar de la presión arterial, entre otros beneficios.

Manzana

Malus communis · Denominación universal · APPLE

Presente durante miles de años en canciones, leyendas, el folklore e, incluso, la religión, esta fruta ha hecho parte de la vida cotidiana de los seres humanos de todos los tiempos.

La manzana ha servido desde tiempos remotos para aliviar diversos males como la gota, las erupciones de la piel, los estados nerviosos. Es tan familiar que en todo el mundo se le ha rendido tributo y se la ha requerido para todo tipo de remedios, como tema de tradiciones y fuente de supersticiones.

Existen muchísimas variedades de manzanas de clima cálido y frío. El árbol es de tamaño mediano y corteza gris, produce flores blancas o rosadas que están adornadas por hojas elípticas. Aunque según la variedad cambia su tamaño, la fruta promedio se estima de unos 6 cm de diámetro.

Sus principales nutrientes son la fibra soluble (pectina), cromo y sorbitol, un laxante natural. En ella también se encuentran el *polyphenol* (antibacteriano) y el *glutathione* (antioxidante y anticancerígeno). Como contiene glucosa y fructosa, una manzana de tamaño mediano aporta al rededor de 60 kilocalorías.

NUTRIENTES
(por 100 g de pulpa)

CALORÍAS	47
PROTEÍNAS (G)	0,4
GRASAS (G)	0,1
CARBOHIDRATOS (G)	12
FIBRA (G)	2
FIBRA SOLUBLE (G)	1
FIBRA INSOLUBLE (G)	0,4
CELULOSA (G)	0,6
POTASIO (MG)	120
VITAMINA E (MG)	1
VITAMINA C (MG)	6

Control del colesterol

Quienes han estudiado el tema del colesterol señalan que éste se une con moléculas de proteínas y forma las llamadas Lipoproteínas de Alta Densidad (LAD) o colesterol "bueno", y las Lipoproteínas de Baja Densidad (LBD) o colesterol "malo". Es muy frecuente, especialmente en los hombres, encontrar niveles altos de LBD que de no controlarse los expone a trastornos y enfermedades que pueden llegar a ser fatales.

La manzana es una fruta recomendada por los médicos y nutricionistas como apoyo alimenticio a un estilo de vida que combata los altos niveles del colesterol perjudicial. Como al parecer la pectina ayuda a bajar los niveles de LBD, incluir dos manzanas diarias en la dieta contribuiría a reducir el colesterol "malo" y aumentar el "bueno".

Intestino perezoso

Una de las cualidades más atractivas de esta fruta es su acción como estimulante natural del movimiento peristáltico del intestino. Algunas sustancias como los ácidos málico y tartárico, presentes en la fruta, ayudan a combatir la formación de fermentos nocivos y de bacterias en el intestino.

Gracias a la pectina, sustancia que tiene la capacidad de absorber los excedentes de agua del intestino, la manzana contribuye a la formación de una masa suave de fácil eliminación y que no irrita.

Suele recomendarse cruda, cortada en tajadas muy finas o en un concentrado de la pulpa de la fruta; aunque su cáscara contiene, además, muchos y variados nutrientes, los cultivos son tratados con una gran cantidad de fertilizantes químicos e insecticidas que afectan esta preciada piel. Siempre que vaya a someterse a un tratamiento, intente conseguir manzanas cultivadas orgánicamente o pele la fruta.

MERIENDA IDEAL

Vale la pena mantener manzanas en casa porque es un alimento que puede calmar el hambre entre comidas y, al mismo tiempo, ayudarnos a mantener la figura. Siempre que pueda ofrezca esta fruta a los niños, en lugar de dulces, caramelos y chocolates.

RECETA DE SALUD

Aquellos que tienen dificultades para conciliar el sueño, pueden preparar una tisana con la cáscara de manzanas orgánicas y beberla antes de irse a la cama. La piel debe ser hervida en agua a fuego lento por unos 10 o 15 minutos.

❗ Precauciones

Las manzanas que encontramos en los supermercados pueden contener sustancias tóxicas que buscan "embellecer" la fruta y hacerla más tentadora. Sin embargo, estas sustancias pueden provocar trastornos digestivos y erupciones cutáneas, entre otros males. Si la fruta no procede de un cultivo biológico conviene pelarla para atenuar algunos de estos problemas y no ofrecerla a los niños pequeños.

▶recetas para la salud

Manzanas horneadas

Una opción de postre especialmente atractivo para las personas que tienen el colesterol alto. Esta receta también es útil para quienes sufren problemas cardíacos por su bajo contenido en sodio.

INGREDIENTES

3	**manzanas verdes**
$^1/_2$	**vaso de vino blanco**
	Azúcar al gusto

PREPARACIÓN

· **Lave** muy bien las manzanas primero con agua caliente y luego con agua fría. Pártalas en dos y retire el corazón y las semillas.

· **Disponga** la fruta en una fuente que pueda llevar al horno. Llene hasta cubrir el centro de cada manzana con el azúcar y vierta encima un chorrito de vino blanco.

· **Lleve** al horno a temperatura media durante unos 45 minutos o hasta que la piel de la fruta esté dorada.

· **Al llevar** a la mesa, bañe cada pedazo de fruta con el jugo de la cocción.

"Una panacea"

Realmente son muchísimas las cualidades que tiene la manzana. Bien sea cruda, cocida, en puré o en jugos, recurrir a esta fruta es una buena forma de cuidar la salud. Algunos de los beneficios más mencionados por los especialistas son su contribución al sistema inmunológico, su acción benéfica para el corazón, la digestión, la circulación, el azúcar de la sangre, el sistema nervioso, el crecimiento, la piel, las uñas, las encías, entre otros y como purificador.

Mujeres y hombres, niños y ancianos, pueden beneficiarse con el consumo de la manzana. Si bien consumirla cruda y con cáscara es la mejor forma de aprovechar sus nutrientes, cocida es también sabrosa y benéfica. Siempre que se haga, conviene hervirla en un recipiente de acero inoxidable, de manera que se logre preservar la delicada pectina, las vitaminas y los minerales. El jugo también es muy útil y sabroso pero recién preparado. El té o tisana, especialmente cuando se incluye su cáscara, es excelente para los riñones y para procurar estados de relajación. Popularmente se emplea en forma de cataplasma sobre la piel para tratar contusiones oculares y úlceras varicosas.

"Dúo dinámico"

Considerado como un poderoso remedio, esta bebida sirve para limpiar, mejorar y regenerar el tracto intestinal. La combinación de ácido oxálico de la espinaca con las sales minerales y la pectina de la manzana resulta efectiva para eliminar cualquier materia acumulada.

INGREDIENTES

4	**manzanas rojas**
	Hojas de espinaca
1	**atado pequeño de perejil**
1	**taza de cubos de hielo**

PREPARACIÓN

· **Lave** cuidadosamente las manzanas si éstas no proceden de un cultivo orgánico. Sólo si están apropiadamente cultivadas utilice la cáscara, de lo contrario retírela.

· **Lave** las espinacas con agua muy fría y escúrralas. Haga lo mismo con el atado de perejil.

· **Prepare** los jugos de manzana, espinaca y perejil por separado. El extractor o procesador es ideal. Si debe recurrir a la licuadora, recuerde utilizar un poco de agua para facilitar el procesamiento. La cantidad de jugo que necesita es como para llenar: 1 taza de jugo de manzana, 3/4 de taza de jugo de espinaca y 1 cucharada de jugo de perejil.

· **Ponga** los cubos de hielo en la licuadora, luego los diferentes jugos. Procese unos minutos para que el hielo se triture. Beba 2 tazas diarias por máximo 1 semana. Si así lo considera, puede reducir esta cantidad.

Nota: este jugo no se recomienda para las mujeres embarazadas o en período de lactancia. Es importante observar la tolerancia del organismo al jugo. Si observa algún malestar, suspenda el tratamiento.

Maracuyá

Passiflora edulis · Parchita, murukuyá, murukoyá, fruta de la pasión · PASSION FRUIT

C   A

Familiar en los mercados del trópico americano, esta ácida fruta es conocida por su intenso sabor y alto contenido vitamínico.

El maracuyá pertenece a la misma familia de la curuba, la badea y la granadilla. Al parecer su lugar de origen es Brasil, de donde se dispersó a países como Kenia, Sudáfrica y Australia. Su fama en el mundo empezó en el siglo XIX en Europa, donde el furor por nuevos sabores y experiencias culinarias la convirtió en una exótica opción. A partir de 1960 se empezó a popularizar con más fuerza su sabor en los países de estaciones, y resultó un interesante ingrediente para reposteros expertos que la llevaron a ser una de las reinas de los *mousses*.

Aunque su nombre designa a varias especies de plantas, las más conocidas y familiares son las que lucen en su cáscara un color amarillo intenso o un rojo profundo. Las primeras son más resistentes y productivas, tienen mayor cantidad de jugo y mejor sabor. Es una planta trepadora, vigorosa, leñosa y perenne, que llega a medir hasta 15 m de largo. La fruta cambia de tamaño pero, en promedio, tiene 5 cm de diámetro. La variedad amarilla se desarrolla con las mejores condiciones en climas tropicales comprendidos entre 400 y 1.200 m sobre el nivel del mar. El interior del maracuyá es una masa traslúcida de color naranja que contiene semillas duras de color gris. En algunos países se la conoce con el nombre de "fruta de la pasión" por tener la flor forma de cruz, símbolo de la Pasión de Cristo. El vocablo maracuyá proviene del tupí guaraní *murukuja*, que significa "comida que se prepara en calabaza".

Nutritiva y benéfica

Una de las mayores virtudes de esta fruta es aquella que la asocia con el correcto funcionamiento del intestino. Especialmente el jugo, apropiado para todas las edades, es un remedio que apoya las funciones gástricas. Posee, además, propiedades laxantes y se recomienda para aquellos que tienen problemas de vejiga, próstata e hígado.

Otra de las cualidades del maracuyá es su acción tranquilizante. Aquellos que llevan una vida agitada y están bajo constante estrés, pueden consumirla y ayudar a su organismo a relajarse. Los nutrientes presentes en el maracuyá invitan al descanso y sedan suavemente.

Alivia los resfriados y baja la fiebre

En las temporadas de lluvias y cambios climáticos, cuando suelen producirse epidemias de gripas y toda clase de virus, el maracuyá resulta un buen aliado. Posee propiedades antipiréticas y, por tanto, ayuda a controlar la fiebre. Popularmente se recomienda el jugo, un poco tibio, para fomentar la sudoración y así eliminar toxinas del organismo.

Su contenido de vitamina C también resulta significativo. Incorporar a la rutina diaria el jugo de esta fruta ayuda a prevenir las gripas y refuerza el sistema inmunológico. Por lo general no produce efectos secundarios, así que es una bebida apta para el consumo de niños y personas mayores que deben cuidarse de los estados gripales. Mientras se superan los síntomas de los resfriados, conviene tomar entre dos y tres vasos por día hasta que el organismo se fortalezca. Como también promueve la secreción urinaria, este es uno de los mejores remedios para los molestos síntomas de la gripa.

NUTRIENTES
(por 100 g de pulpa)

AGUA (G)	85
PROTEÍNAS (G)	0,8
GRASAS (G)	0,6
CARBOHIDRATOS (G)	2,4
FIBRA (G)	0,2
CALCIO (MG)	5
FÓSFORO (MG)	18
HIERRO (MG)	0,3
RIBOFLAVINA (MG)	0,1
NIACINA (MG)	2,24
ÁCIDO ASCÓRBICO (MG)	20
VITAMINA A (U.I.)	684

NOTICIAS INTERESANTES

Según el Instituto de Tecnología y Alimentos del Brasil, el aceite elaborado de las semillas puede ser utilizado para la fabricación de jabones, tintas y barnices. Otro subproducto que se extrae de esta fruta es el tranquilizante "maracuyina", muy apreciado en Brasil.

ÚLTIMAS NOTICIAS

En Brasil se han encontrado 150 especies de maracuyá, mayormente en las regiones Sur y Sureste. En la actualidad se están estudiando sus posibilidades cosméticas porque posee una importante composición grasa que contribuye a la restauración de la capa lipídica de la piel.

▶recetas para la salud

Vinagreta para ensaladas

Una opción diferente para el aderezo de las verduras frescas. Una sugerencia: utilícela con verduras de hojas verdes para apoyar las funciones digestivas.

INGREDIENTES

3	cucharadas soperas de jugo de maracuyá
1	cucharada de vinagre de frutas
1	cucharada de mostaza
2	cucharadas de aceite (puede ser de oliva)
1	cucharada de miel de abejas
1	cucharada de perejil fresco, picado
1	pizca de pimienta roja (opcional)
	Sal y pimienta al gusto

PREPARACIÓN

· **Aliste** todos los ingredientes y viértalos en un frasco de vidrio muy limpio. Tape y agite para que se mezclen muy bien. También los puede integrar con la ayuda de la licuadora o una batidora manual.

· **Vierta** la preparación sobre la ensalada o llévela a la mesa en una salsera para que cada cual aderece las verduras a su gusto.

Secretos por descubrir

En muchas culturas y países esta fruta exótica sólo representa una alternativa gastronómica. Sin embargo, para los países tropicales es una planta que brinda gran cantidad de beneficios curativos, además de un poderoso sabor.

Aunque aún no existen suficientes pruebas y experimentos, esta fruta parece ser un gran aliado para la reducción de la presión arterial. De igual forma se le atribuyen propiedades benéficas para el control del colesterol "malo" debido, quizás, a su alto contenido de vitamina C. Es casi seguro que muchos de los efectos positivos de esta fruta están por descubrir porque todas sus características la señalan como de gran valor curativo.

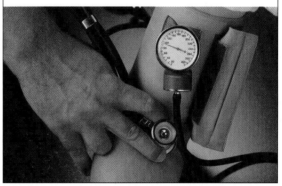

Jugo apasionado

Esta "fruta de la pasión" es ideal para hacer en jugos. Una bebida rica en vitamina C que puede ser disfrutada en cualquier época del año.

INGREDIENTES

2	maracuyás grandes, maduros
4	tazas de agua
	Azúcar al gusto

PREPARACIÓN

· **Limpie** el maracuyá con un paño húmedo antes de utilizarlo. Parta la fruta a la mitad y extraiga la pulpa.

· **Vierta** el agua en la licuadora junto con la fruta y el azúcar. Procese cuidando de no triturar en exceso las semillas (accione la máquina por unos pocos segundos y apáguela). Repita el procedimiento hasta que la masa traslúcida se desprenda de las semillas.

· **Pase** el jugo por un colador y beba lo antes posible.

USO COSMÉTICO

Aunque se continúan explorando sus posibilidades en esta industria, el aceite extraído de esta planta presenta una rica composición de ácidos grasos que restaura la piel volviéndola más emoliente y sedosa.

Naranja

Citrus · El género *Citrus* incluye muchas variedades que cambian su nombre · Orange

Hemos revaluado la naranja al conocer sus poderes curativos, especialmente aquellos asociados con las propiedades de la vitamina C. Este nutriente permite, entre otras características, una óptima absorción del hierro.

¿Quién no disfruta de un jugo de naranja fresco al desayuno? Tras un reparador descanso, esta bebida resulta refrescante, vigorizante e hidratante del organismo. Su sabor dulce y agradable es muy apropiado para acompañar los primeros alimentos que consumimos.

Se cree que el origen de esta fruta se encuentra en China y el Sudeste de Asia y que fue llevada primero a la India y Arabia y luego a la cuenca mediterránea. Cuando las naranjas llegaron a Europa eran consideradas como algo exótico, que sólo podía ser disfrutado por personas ricas que pagaran su elevado costo. Se dice que fue Colón quien sembró este árbol en la isla La Española, hoy República Dominicana.

Existen muchos tipos de naranjas pero se tienden a clasificar en dos grupos: las agrias y las dulces, que incluyen variedades como la ombligona, la García Valencia, la Valencia y la Lerma. Se han cruzado especies para formar híbridos como el tangelo. A pesar de su nombre, no siempre son de tonalidad naranja; las hay verdes, amarillas y moteadas de rojo. En cuanto a su tamaño, éste también varía y pueden llegar a tener el diámetro de un balón o el de una cereza.

NUTRIENTES
(por 100 g de pulpa)

Calorías	37
Vitamina C (mg)	54
Fibra (g)	2
Folatos (mcg)	31
Potasio (mg)	150
Carbohidratos (g)	9
Fructosa (g)	2
Grasas (mg)	0,1
Carotenos (mcg)	28
Calcio (mg)	47

Una fruta poderosa

Lo primero que se nos viene a la mente cuando hablamos de esta fruta es su alto contenido de vitamina C. En primer lugar existen muchos estudios que han hecho seguimiento a las dietas ricas en esta vitamina y han demostrado su acción como protector frente a la enfermedad. La vitamina C trabaja en alianza con la vitamina E y previene los daños ocasionados por los famosos radicales libres. Esta cualidad es de gran valor para todos aquellos que deben vigilar los niveles del colesterol "malo".

En segundo término esta fruta contribuye a mantener los niveles óptimos de vitamina C y cumplir con los requerimientos que el organismo necesita de este nutriente para lograr un óptimo desempeño. Fortalece el sistema inmunológico, proporciona vitalidad y ánimo, ayuda a adelgazar y activa las glándulas del organismo y, con ello, la libido y la potencia sexual.

Buena para todas las edades...

Ideal especialmente para los niños, adolescentes y los abuelos, la naranja resulta también de provecho para los hombres y mujeres adultos. Los primeros se verán favorecidos por las cualidades de la vitamina C, el ácido pantoténico (básico para la pigmentación capilar y la energía celular) y el ácido fólico (clave para el crecimiento y la fabricación de anticuerpos, entre otros). Otra característica que hace atractiva esta fruta es su capacidad de estimular el apetito, aspecto clave durante la etapa de crecimiento y en la vejez. Bien sea en tajadas o en jugo, la naranja fresca y dulce es un excelente suplemento para los niños y demás personas que deben consumir lácteos, porque al parecer la naranja ayuda al organismo a retener el calcio.

NOTICIAS DE ORIENTE...

La naranja ha sido empleada en la medicina china para el tratamiento de la constipación y para estimular la digestión. Se la considera efectiva para aliviar la disentería, la indigestión y promover la expectoración. Los pacientes con insomnio o estrés, son tratados con esta fruta para calmar los nervios.

! Precaución

El jugo de naranja industrial no tiene la misma calidad (y a veces cantidad) de vitamina C que el jugo exprimido. La piel de esta fruta suele estar tratada con sustancias tóxicas y no se recomienda rallar o ingerir salvo que la naranja proceda de un cultivo biológico.

►recetas para la salud

Ensalada de naranja para el dolor de cabeza

La vitamina C de la fruta fresca y sana es un antihistamínico natural que ayuda a liberar las proteínas causantes de la inflamación y el dolor.

INGREDIENTES

3	naranjas medianas
1	manzana verde
2	cucharadas de miel
1	vaso de crema agria
2	cucharadas de coco rallado
$^1/_2$	cucharada de aceite de oliva
4	tostadas de pan
4	cucharadas de mantequilla

PREPARACIÓN

· **Pele** las naranjas y córtelas en rodajas finas. Coloque la fruta en un plato.

· **Pique** en trozos medianos la manzana, sin la cáscara, y mezcle con la naranja.

· **En un recipiente** aparte mezcle la miel y la crema agria hasta que se incorporen. Bañe la fruta con esta salsa.

· **Aparte**, ponga a calentar a fuego medio el aceite y dore ligeramente la ralladura de coco. Espolvoree por encima de la fruta.

· **Sirva** acompañado de tostadas de pan y mantequilla. Consuma inmediatamente.

Aliada del tracto digestivo

La naranja es una fruta excelente para tratar la acidez y el estreñimiento. El jugo de naranja, tomado en diferentes momentos del día, estimula los procesos digestivos. Es ideal consumir esta bebida al despertar o, si se prefiere, media hora antes del desayuno. Si se quiere tratar la acidez se recomienda la fruta en gajos antes de consumir los alimentos.

Esta fruta combina bien con mangos, papayas, piña, manzana y otros cítricos. Al igual que los jugos de limón y toronja, limpia y tonifica el tracto gastrointestinal. Brinda, además, permeabilidad y vigor a las paredes capilares.

Mixtura de naranja y manzanas

Un postre muy apropiado para aquellos que desean una buena dosis de vitaminas, están bajo un régimen de adelgazamiento, sufren de estreñimiento o deben vigilar sus niveles de colesterol.

INGREDIENTES

1	naranja grande y jugosa
1	kg de manzanas
3	cucharadas de miel
2	claras de huevo
	Hierbabuena fresca

PREPARACIÓN

· **Pele y corte** las manzanas y llévelas a fuego lento junto con la miel, la mayor parte de la hierbabuena seleccionada, la ralladura (sólo si la naranja proviene de cultivo biológico) y el jugo de naranja. Deje que la fruta cocine durante unos 15 minutos o hasta que esté blanda. Remueva la preparación de tanto en tanto.

· **Retire** las hojas de hierbabuena y, con la ayuda de una cuchara de madera, reduzca la fruta a puré. La textura debe ser suave y homogénea. Deje que esta especie de compota repose y enfríe.

· **En un recipiente** aparte bata las claras hasta obtener punto de nieve. Incorpórelas a la compota con movimientos envolventes. Refrigere un rato y sirva en recipientes individuales y decorados con una ramita de menta fresca.

¡Buena idea!

La membrana blanca del interior de los cítricos contiene bioflavonoides, que ayudan a mantener saludables los vasos saguíneos; es una buena idea conservar esta capa blancuzca cuando se haga el jugo.

Papaya

Carica Papaya · Lechosa, fruta bomba, mamona, melón zapote, melón papaya, chamburo, machavick, mapaña, higuera de las Indias, paw-paw · Papaya, paw-paw

A B C K

Esta fruta tropical, además de su alto contenido de vitaminas y minerales, posee una inigualable mezcla enzimática que beneficia muchas funciones del organismo.

L a papaya o papayo es una especie de árbol pequeño y semileñoso, de tronco hueco, que alcanza entre 8 y 9 m de altura. Sus hojas son grandes, anchas, con forma de mano y de color lechoso. En el tallo, las hojas y los frutos se encuentra un látex que contiene una enzima llamada papaína o papain. Cada especie produce frutas de diferentes tamaños, desde papayas pequeñas hasta unas enormes que pueden llegar a medir 50 cm de largo.

Sobre su origen exacto, los investigadores no se han puesto de acuerdo. Sabemos, sin embargo, que es nativa de América y se cree que prosperó específicamente en la zona comprendida entre el sur de México y Nicaragua. De esta área su cultivo se extendió a todas las zonas tropicales y subtropicales del mundo. Hoy en día se cultiva en países como Kenia, Tailandia y Senegal, además de los americanos.

La carne de esta deliciosa fruta es lo que más nos interesa. Suele ser de color anaranjado, aunque las hay con tonos amarillos y la mezcla de ambas tonalidades. Su consistencia es blanda y se asemeja un poco a la mantequilla; su sabor es dulce y produce una sensación jugosa en la boca. Algunas variedades son algo insípidas pero pueden mejorar añadiéndoles un poco de azúcar y limón.

NUTRIENTES
(por 100 g de pulpa)

Calorías	36
Vitamina C (mg)	60
Carotenos (mcg)	810
Fibra (g)	2
Potasio (mg)	200
Sodio (mg)	5
Glucosa (mg)	3
Fructosa (g)	3
Sacarosa (mg)	3
Hierro (mg)	1

Una historia enzimática

Esta fruta posee una piel muy fina y evolucionó de una manera muy curiosa para protegerse de los insectos. Mientras que otras frutas debieron recurrir a una cáscara gruesa, la papaya se sirvió de "armas químicas" para su protección durante la etapa de maduración. Son precisamente estas sustancias las que la hacen tan especial y rica en provitamina A, vitaminas del grupo B y vitamina C. De la savia y la fruta inmadura provienen las famosas enzimas de esta planta que son, en pocas palabras, una mezcla de sustancias proteínicas.

Todas estas cualidades pueden resultar un poco confusas, pero sus aplicaciones y acciones en el organismo son altamente benéficas. El principal componente que debemos resaltar, es la papaína, una enzima muy importante por su capacidad para degradar las proteínas que consumimos y que ayuda a la prevención de diversos trastornos digestivos.

Gracias a cooperación de las enzimas, los seres vivos pueden realizar procesos metabólicos que de otra manera no serían posibles o tardarían mucho tiempo. Por ejemplo, sin las enzimas digestivas (grupo al cual pertenece la papaína de la papaya) la digestión de un pedazo de carne tardaría unos mil años. Las enzimas participan de las reacciones del proceso de fermentación y éste sólo dura algunas horas o días.

PLANTAS RICAS EN BETACAROTENOS

Las siguientes son algunas de las frutas y verduras más ricas en ese grupo de nutrientes antioxidantes:

Naranja
Limón
Melón
Mango
Papaya
Tomate
Pimentón
Zanahoria
Repollo
Brócoli,
entre otras.

TINTURA DE PAPAYA

Sólo utilice una papaya de cultivo biológico. Esta receta resulta más eficaz si la fruta está verde debido a su alto contenido de papaína.
Cubra la pulpa, la piel y las semillas con alcohol (puede ser vodka) y deje reposar en un recipiente hermético por espacio de cuatro a seis semanas. Agite la preparación un poco todos los días. Beba la tintura diluida en agua o en compresas sobre la lesión o las várices.

! Precaución

Los ayunos y curas de desintoxicación, deben ser supervisados por un especialista en personas que padecen algún tipo de enfermedad.

►recetas para la salud

Limpieza con papaya

Esta bebida es depurativa del organismo y puede ser útil para quienes están tratando de bajar de peso.

INGREDIENTES

1	papaya mediana (250 g), madura
2	tazas de jugo de apio, recién preparado
2	tazas de agua

PREPARACIÓN

· **Limpie** la papaya, pélela, córtela en dos y retire las semillas.
· **Corte** la fruta en trozos y póngala, con el agua, en la licuadora. Procese hasta que la pulpa de la fruta luzca cremosa. Añada el jugo de apio recién preparado. Beba este jugo a lo largo del día.

Bomba vitamínica

Si atraviesa un período de decaimiento y requiere reforzar sus defensas, esta preparación le brindará un gran apoyo. Recuerde consumir inmediatamente después de preparado para disfrutar de todos sus beneficios.

INGREDIENTES

$^1/_2$	papaya	$^1/_2$	toronja
$^1/_2$	naranja	$^1/_4$	de mango
1	kiwi		

PREPARACIÓN

· **La fruta** seleccionada para esta receta debe estar en su mejor momento de madurez. Empiece por exprimir la naranja y la toronja.
· **Pele** y extraiga la carne del mango y de la papaya. Corte la fruta en pedazos grandes y lleve a la licuadora junto con el kiwi (también sin cáscara). Procese.
· **Mezcle** con el jugo de los cítricos y disfrute de una verdadera bomba vitamínica. Esta bebida es recomendable consumirla en ayunas por la mañana.

Limpiar el organismo: grandes beneficios

Todos podemos hacer grandes cosas por nuestro organismo si lo sometemos a una depuración, por lo menos dos veces en el año. Estas curas brindan, además, una sensación de bienestar y mejoran nuestra resistencia. En ese sentido conducen a sensaciones de disfrute, alegría y mejoran el ánimo.

Las curas depurativas no son una dieta de adelgazamiento, sino más bien, una forma de eliminar toxinas de nuestro cuerpo. La papaya es una fruta ideal para realizar esta tarea, especialmente el jugo que ayuda a degradar y expulsar las posibles sustancias dañinas. Las enzimas son claves durante este proceso porque se encargan de depurar y desintoxicar de manera rápida y profunda. Los resultados son, además de la eliminación de las sustancias perjudiciales, el fortalecimiento del sistema inmunológico y la consecuente defensa contra diferentes enfermedades o afecciones que pueden estar presentes en nosotros. Quienes padecen algún tipo de enfermedad crónica deben consultar su médico de cabecera antes de seguir una cura de ayuno y desintoxicación.

Cuando depuramos nuestro organismo limpiamos el intestino, liberamos la carga de trabajo que tienen el corazón y sistema circulatorio, estimulamos las áreas de los riñones y el hígado, mejoramos los niveles de azúcar y colesterol. También se disminuye la presión sanguínea, se ayuda a controlar el sobrepeso y se revitaliza el organismo en general.

Otros aspectos interesantes...

La famosa papaína es una enzima utilizada para muchas afecciones, entre ellas las relacionadas con la vías respiratorias como, por ejemplo, la bronquitis. Las enzimas reducen la inflamación de las mucosas y facilitan la expectoración. Infusiones de papaya se utilizan para apoyar el sistema inmunológico y acelerar la recuperación.

Frente a las inflamaciones esta fruta también es útil: las enzimas hacen más fluida la sangre y contribuyen a la eliminación de desechos y pequeños coágulos de sangre de los vasos capilares.

Para las infecciones leves de vejiga, el tratamiento con enzimas mitiga el dolor y estimula la irrigación de la zona inflamada. También actúa sobre las dolencias que acompañan a la aparición de las venas várices. Las enzimas pueden eliminar edemas, mejorar el flujo sanguíneo e "impermeabilizar" los capilares sanguíneos. Para las várices algunos especialistas recurren a la tintura de la fruta que se consume diluida en agua.

Pera

Pyrus communis · Pera es la denominación universal · Pear

 C K

Nativa de Asia, en la actualidad el cultivo de esta fruta se ha extendido a los países de estaciones. Constituye una deliciosa opción a la hora de la merienda.

Para los países tropicales la pera constituye, en realidad, una fruta exótica. Llega a los supermercados después de viajar refrigerada desde países como Chile y Argentina, grandes productores de la región. Ha sido empleada con éxito en injertos con otras frutas, como la guayaba, y se han obtenido unas mezclas de sabores y formas realmente llamativas.

Aunque sólo en Europa se han clasificado 5.000 variedades de peras, las podemos reunir en tres grupos según su forma: la pera ordinaria, la de cuello largo y forma oval, y la que es casi redonda. Los colores también varían, desde marrón suave y algo borroso hasta un tono verde brillante con manchas marrón oscuro, o un negro grisáceo o verde, pasando por tonos dorados con reflejos rojizos.

NUTRIENTES
(por 100 g de pulpa)

Calorías	40
Proteínas (g)	0,3
Carbohidratos (g)	10
Fructosa (g)	7
Grasas (g)	0,1
Fibra (g)	2
Potasio (mg)	150
Vitamina C (mg)	6
Betacarotenos (mcg)	18

Aliada de los diabéticos

La diabetes es un condición que requiere de una dieta especial, para regular el nivel de azúcar en la sangre, y también de ciertos cuidados particulares. Los nutricionistas y médicos especialistas en la materia, han establecido y valorado los alimentos según un índice de glicemia. Con esta herramienta los diabéticos pueden evaluar los ingredientes que componen su alimentación y cuidar su salud.

La pera posee un bajo índice de glicemia y, por tanto, resulta apropiada para el consumo de los diabéticos. La razón por la cual esta fruta resulta conveniente es porque no contribuye a que los niveles de azúcar de la sangre se eleven exageradamente después de su consumo. La lentitud con la que los azúcares de la pera son absorbidos significa que esta fruta no demanda una gran cantidad de insulina para su digestión.

Una fruta "líquida"

Tanto nutricionistas como médicos preocupados en los temas de la nutrición recomiendan el consumo de agua para lograr un adecuado balance del líquido en el cuerpo. Como se explicó cuando tratamos los nutrientes, este preciado líquido beneficia al organismo y apoya sus funciones.

Muchas personas no son amantes del agua y se les dificulta alcanzar los porcentajes recomendados de consumo diario (6 a 8 vasos). A todos ellos se les puede aconsejar el consumo de esta fruta que, además de reportar nutrientes y sabor, contribuye a hidratar el organismo. Al mismo tiempo, colabora con los procesos digestivos, limpia el intestino y ejerce una acción de desintoxicación de sustancias perjudiciales. Es una buena idea utilizarla en jugos para aumentar la cantidad de líquidos que el cuerpo recibe.

OPCIONES CHINAS

La pera es calificada en medicina china como "una fruta refrescante". Se la emplea en el tratamiento de distintas enfermedades especialmente aquellas relacionadas con los pulmones.

! Precaución

La pera no debe ser consumida en exceso si se sufre de diarrea. De igual manera no debe consumirse en exceso durante el embarazo porque el bebé podría carecer de determinados nutrientes.

ALIADA DE LAS DIETAS DE ADELGAZAMIENTO

Esta fruta puede ser utilizada por aquellos que desean perder algunos kilos de más. Como refrigerio es un alimento que brinda una sensación de plenitud (y con ello quita la ansiedad). Es, además, una buena limpiadora del organismo.

►recetas para la salud

Ensalada con peras

Excelente para hidratar el organismo, consentirlo con vitaminas y minerales, esta ensalada es una forma original de consumir y mezclar las verduras y frutas.

INGREDIENTES

3	variedades de lechugas*
3	peras
$^1/_2$	taza de vinagre blanco
1	cucharada de jugo de limón
$^1/_2$	taza de aceite de oliva
1	cucharadita de azúcar
	Sal y pimienta al gusto

PREPARACIÓN

· **Lave** muy bien las lechugas, escúrralas y córtelas en trozos grandes. Lleve a una fuente.

· **Lave**, pele y corte la pera en cuadritos o en rodajas. Mezcle con las variedades de lechugas.

· **Aparte**, mezcle los ingredientes restantes hasta formar una salsa homogénea. Sirva la ensalada acompañada con su salsa.

* Seleccione el tipo de lechuga que prefiera; esta receta puede ser variada y en lugar de tres variedades de lechugas, utilizar hortalizas como espinacas frescas, rúgula e, incluso, hierbas como la albahaca.

Jugo multiusos

Rico en vitaminas A, B, C, ácido fólico, niacina, fósforo y potasio, este jugo es útil para corregir problemas digestivos, desórdenes de la vejiga, el hígado y la próstata. Posee efectos laxantes y medianamente diuréticos.

INGREDIENTES

Peras maduras, no importa la variedad*
Agua
Unas gotas de limón

PREPARACIÓN

· **Lave** la fruta (pélala si no proviene de un cultivo biológico). Retire el corazón, córtela en trozos.

· **Ponga** la fruta en la licuadora con un poco de agua para hacer más fácil el proceso. Si dispone de un ayudante de cocina, exprima la fruta y no emplee el agua.

· **Déle** un toque especial con unas gotas de limón.

*Se calcula que 1 libra (500 g) de peras producen 6 onzas (3/4 de taza) de jugo. Este jugo puede ser diluido en agua o mezclado con el de manzana.

EN EL DESTETE...

Una de las primeras frutas que los pediatras recomiendan en la etapa del destete es la pera. Por su agradable sabor y porque son muy raras las reacciones alérgicas, la pera se emplea en compotas y purés.

Una fruta de la vida moderna

Práctica de consumir, almacenar y transportar, la pera resulta apropiada para cualquier momento y lugar. Es una buena amiga de las personas que se alimentan fuera de casa porque es un práctico y saludable refrigerio. Gracias a su corto período de digestión en el estómago, brinda con rapidez muchos de los nutrientes que requerimos diariamente. Esta característica, además, contribuye a la higiene de los intestinos y ayuda a la regulación del sistema digestivo.

Pero esta fruta ofrece mucho más. Todos sabemos que estamos expuestos a través del medio ambiente y la alimentación, a una serie de sustancias nocivas para la salud. Gracias a sus componentes, muchos metales pesados y tóxicos, así como los conservantes contenidos en los alimentos, son neutralizados y eliminados del organismo.

Piña

Ananas comosus · Ananá, ananás, ananassa, abacaxi, yayama · PINEAPPLE

En trozos o en jugo, la piña es una fruta que ayuda a mantener el balance proteínico del organismo gracias a su interesante contenido de enzimas.

Esta planta toma el agua que hay en la atmósfera y, por tanto, tiene gran capacidad para resistir las sequías. La piña se clasifica como perenne, de tallo corto y cubierto de hojas en su totalidad. Su tamaño varía, pues alcanza una altura de 90 cm y una extensión lateral de 120 a 150 cm. La forma de esta fruta es interesante porque se trata de un agregado de cien o más frutillas ligadas entre sí, cada una proveniente de una flor.

Los investigadores ubican el origen de esta fruta en Brasil o Paraguay. Debe su nombre a los españoles, quienes la asociaron al piñón. Los indios guaraníes la llamaron ananá, denominación que aún persiste en ciertos países como Ecuador, Argentina y Chile. Fueron los españoles quienes la difundieron especialmente durante el siglo XVI y ya para fines del siglo XVII era conocida en muchas regiones tropicales del planeta.

Contiene phytosterols y bromelina (una enzima importante a la cual se le atribuyen propiedades como la disminución de la inflamación, promover la digestión de las proteínas, aliviar el dolor de angina y reducir la presión arterial). Aporta además muchísimas vitaminas, minerales y oligoelementos. Sin embargo, lo que más ha llamado la atención de los investigadores es su contenido de bromelina.

NUTRIENTES
(por 100 g de pulpa)

CALORÍAS	41
CARBOHIDRATOS (G)	10
GRASAS (G)	0,2
FIBRA (G)	1
VITAMINA C (MG)	12
FIBRA SOLUBLE (G)	0,1
FIBRA INSOLUBLE (G)	0,6
POTASIO (MG)	160
FOLATOS (MCG)	5
BETACAROTENOS (MCG)	18

La bromelina, enzima benéfica

Esta importante enzima se encarga de dividir las proteínas de los alimentos en aminoácidos y de alterar en el intestino la cubierta proteínica de las bacterias; de igual forma, ayuda a combatir los gusanos. El organismo requiere de proteínas pero no siempre es fácil obtener sus beneficios. La *bromelina* actúa en ese sentido y contribuye a su asimilación. Es, además, famosa porque inhibe la coagulación de la sangre y, en consecuencia, mejora la circulación. De igual forma sus efectos son positivos frente a la presión arterial porque la disminuye y ayuda a eliminar los depósitos que se adhieren a las paredes internas de los vasos sanguíneos y que pueden traer consecuencias graves como, por ejemplo, la arteriosclerosis.

Otro de sus poderosos beneficios es su capacidad antiinflamatoria. Contribuye a relajar los músculos y detiene los espasmos de ciertas zonas del organismo (como, por ejemplo, los calambres menstruales).

Actúa frente a la indigestión

La bromelina es usada en extracto por la industria de alimentos para ablandar la carne, debido a que rompe las estructuras proteicas de la carne. Un proceso bastante parecido sucede en el estómago si la bromelina es consumida en un jugo o suplemento. Por esa razón es muy utilizada por las personas que tienen mala digestión (disuelve las masas sólidas y semisólidas de los alimentos indigestos alojados en el estómago). Estas masas también pueden ser tratadas con bebidas de origen farmacéutico que contengan bromelina.

Las heridas...

La bromelina se emplea en la medicina tradicional para impregnar vendas especialmente diseñadas y acompañar a drogas antibióticas.

CURIOSIDADES...

De esta fruta se utilizan todas sus partes: el corazón se emplea en la elaboración de dulces y bombones; la cáscara es la base para una bebida fermentada; la pulpa como alimento y las hojas, como fibra para la elaboración de tejidos.

! Precaución

Aquellos que tengan una historia médica de úlceras estomacales deben consumir con precaución esta fruta. Cuando está inmadura es sumamente ácida, lo que puede ser perjudicial para los dientes. El jugo no es muy recomendable para quienes padecen problemas de azúcar en la sangre o mujeres embarazadas.

►recetas para la salud

Pastel de piña

Gracias a las enzimas contenidas en la piña, ésta es muy conveniente para activar la circulación y para prevenir las trombosis. Este postre es nutritivo, delicioso y recomendable para quienes no siguen un régimen de adelgazamiento.

INGREDIENTES

Para la masa

1 y $^1/_2$	tazas de harina (ojalá integral)
1	cucharada de polvo de hornear
$^1/_4$	de cucharada de sal
4	cucharadas de azúcar
1	huevo
$^1/_4$	de taza de aceite de girasol o maíz
	Agua

Para el relleno

1	piña mediana, bien fresca
4	cucharadas de azúcar morena (o común, si lo prefiere)
2	claras de huevo

PREPARACIÓN

· **Para la masa:** mezcle todos los ingredientes secos en una fuente. Haga un hoyo en el medio y agregue poco a poco, el huevo, el aceite y el agua. Cada vez que utilice un ingrediente, mezcle un poco y al final obtendrá una masa suave pero consistente, es decir, que no se pega a las manos. La cantidad de agua debe calcularse con el fin de no excederse y obtener una masa muy húmeda. Por último, estire la masa y adelgácela. Cubra una fuente para pastel, previamente engrasada y enharinada.

· **Para el relleno:** mezcle en un recipiente la piña pelada y cortada en rodajas finas, con el azúcar.

· **Cubra la masa** con la fruta y lleve al horno precalentado a 180°C, durante 25 minutos o hasta que comience a dorar. Cuando esto suceda, agregue las claras batidas a punto de nieve y vuelva a introducir el pastel en el horno. Una vez dorado retire y deje enfriar antes de desmoldar y cortar.

Jugo terapéutico

Una bebida poderosa y especial para todos aquellos que desean beneficiar su tracto digestivo y facilitar la asimilación de las proteínas.

INGREDIENTES

1	piña madura
	Suficiente agua

PREPARACIÓN

· **Limpie** la piña, pélela y córtela en trozos medianos. Si dispone de un procesador, exprima directamente la fruta.

· **Si debe recurrir** a la licuadora, coloque la fruta con un poco de agua para facilitar el procesamiento. Si le resulta muy fuerte el jugo, puede diluir con un poco más de agua.

USOS POPULARES

Se emplea para bajar la fiebre y como tónico para personas débiles o en estado de convalecencia. Hay quienes superan la melancolía con el jugo de esta fruta. También es base de varias preparaciones destinadas a desparasitar.

Versátil y práctica

Por tratarse de una fruta muy popular, la piña se encuentra disponible en distintas variedades en los supermercados. Esto hace que la podamos consumir en trozos y en jugos y beneficiarnos con su vitaminas, minerales y enzimas. Además de las bondades ya enumeradas, esta planta es utilizada por el organismo de muchas otras maneras. La bromelina, que tanto hemos mencionado, ayuda a balancear y neutralizar los fluidos que son muy alcalinos o muy ácidos.

De igual forma, esta enzima estimula la secreción del páncreas. Por esta razón, la piña se emplea en la producción comercial de ciertas hormonas. Recurrir al jugo es muy positivo para aliviar los dolores de garganta por su contenido de vitaminas, enzimas y ácidos frutales. La bebida de piña también se recomienda para tratar la acidosis, resfriados, la gota, neumonía, ciática y en tratamientos de pérdida de peso.

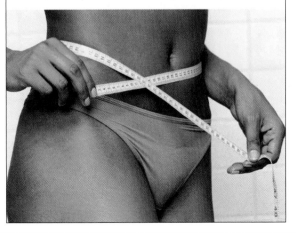

Uva

Vitis vinifera · A la planta se la conoce como vid, parra o viña · GRAPES

*Sencillamente deliciosa, esta fruta
es una gran aliada del sistema digestivo.*

Provocativa, nutritiva, evocadora, relacionada con leyendas e historias, esta es una de las frutas que más han invitado al hombre a soñar. Desde tiempos inmemoriales, la vid ha brindado a la humanidad sus virtudes como alimento y bebida. Cuenta la Biblia que después del Diluvio, Noé plantó una vid, y la cuidó hasta la avanzada edad de 950 años. Los egipcios, los fenicios, los griegos y los romanos aportaron grandes conocimientos al cultivo de esta fruta; estos últimos extendieron la viticultura por todo su imperio, pero fueron los monjes cristianos quienes más la cultivaron y perfeccionaron las técnicas y cuidados. En los siglos X y XI la vid alcanzó un gran apogeo.

Existen numerosas variedades de uvas, con diversos colores, formas, tamaños y sabores. La bibliografía especializada suele clasificarla en tres grandes grupos: las uvas blancas, compuestas por variedades de tamaños grandes como las Italia y pequeñas como las Sultana; las uvas negras varían en tamaño y sabor, siendo la más famosa la Cardenal; y por último, las uvas moscatel que son clasificadas como las reinas de las uvas por su sabor dulce y perfumado. En general se puede decir que las uvas de mesa (o para comer) no se emplean en la elaboración de vino y viceversa, aunque existen un par de excepciones.

Las uvas llegan a nosotros desde países de estaciones que favorecen el crecimiento de la planta. Aunque en la región andina existen pequeños cultivos de esta fruta, la más exquisita proviene de Argentina y Chile. Cosa distinta sucede con el vino, que se importa de Francia, Italia, Estados Unidos, Argentina y Chile.

Fruta energizante

Los estados de cansancio se manifiestan de muchas maneras: falta de energía, enfermedades recurrentes, falta de sueño y concentración. Las causas de este agotamiento son diversas pero se puede mencionar, entre otras, la falta de ciertos nutrientes en la sangre. Es importante para superar estos malestares, una alimentación equilibrada y rica en sustancias vitales que aporten esos preciados nutrientes de los cuales hemos hablado a lo largo de este libro. El ejercicio, los apoyos con terapias (como por ejemplo, los baños) y el cuidado de procurarse cierto tipo de elementos, son claves para superar estos achaques.

Siempre que no se sufra algún tipo de trastorno en el azúcar de la sangre, las uvas frescas y pasas pueden contribuir a solucionar este problema. Unas y otras presentan un alto contenido de azúcar natural o fructosa (aportando, además, hierro en el caso de las uvas pasas) que resulta importante para la sangre. El jugo de uva y de uvas pasas, beneficia al hígado, órgano muy importante en la producción de la energía que requiere el cuerpo para funcionar óptimamente.

NUTRIENTES
(por 100 g de pulpa)

	VERDES Y NEGRAS	PASAS
CALORÍAS	60	272
CARBOHIDRATOS (G)	16	69
GLUCOSA (G)	8	34,5
FRUCTOSA (G)	8	34,8
POTASIO (MG)	210	1.020
FIBRA (G)	1	2
FIBRA SOLUBLE (G)	0,4	1
VITAMINA C (MG)	3	1
CAROTENOS (MCG)	17	12

MÁS BENEFICIOS...

Rica en antioxidantes. La uva se emplea para el tratamiento de la artritis. Al parecer esta fruta posee la capacidad de detener la acción de ciertas enzimas que deterioran los elementos que componen los huesos y cartílagos.

¡BUENA IDEA!

El vino tinto contiene antioxidantes que protegen el organismo de distintas enfermedades. Una o dos copas al día es la cantidad recomendada por los especialistas. Cantidades superiores no ofrecen los mismos beneficios.

! Precaución

Las uvas suelen ser cultivadas con ayuda de pesticidas e insecticidas; de igual forma son tratadas con ceras y resinas que las protegen durante el trasporte. Todas estas sustancias son dañinas y, por tanto, es muy importante lavar cada uva o, si le es posible, consumir aquellas provenientes de cultivos biológicos.

►recetas para la salud

Ensalada para ocasiones especiales

Regale a sus invitados esta ensalada que luce impactante en la mesa. Combina muy bien con platos fuertes como carnes, pescados y aves, y contribuye a su digestión.

INGREDIENTES

3	variedades de lechuga
2	tazas de uvas verdes y rojas
3	tomates verdes
$^1/_2$	taza de miel
$^1/_4$	de taza de vinagre
$^1/_4$	taza de jugo de limón
3	cucharadas de aceite de oliva
1	cucharadita de pimienta
3	cucharadas de agua
2	cucharadas de cebollina, picada
	Semillas de ajonjolí (opcional)

PREPARACIÓN

· **Lave** muy bien las lechugas y córtelas en trozos grandes.

· **Utilice** primero agua caliente y luego con agua fría para lavar las uvas; córtelas por la mitad. Limpie el tomate y córtelo en casquitos o rodajas. Mezcle la fruta y la verdura en una ensaladera.

· **Aparte** mezcle la miel, el vinagre, el jugo de limón, el aceite de oliva, la pimienta, el agua y la cebollina picada. Bañe la ensalada con esta salsa y, para darle un "toque" profesional, espolvoree las semillas de ajonjolí por encima.

Coctel de energía

Una bebida refrescante, deliciosa y plena de nutrientes que nos brindan energía y bienestar.

INGREDIENTES

100 g	de uvas blancas (sin semillas)
1	banano maduro
1	lima mediana, madura
1	taza de agua

PREPARACIÓN

· **Lave** muy bien las uvas, primero con agua caliente y luego con agua fría. Retire la semilla y llévelas a la licuadora junto con el banano.

· **Resulta** conveniente agregar un poco de agua para facilitar el procesamiento de la fruta y hacerla más atractiva al paladar.

· **Por último**, añada el jugo de la lima recién exprimida y sirva.

UNA RECETA DE LA ABUELA...

Una receta muy popular entre las abuelas y que aún es utilizada con éxito, es aquella que utiliza uvas pasas y que funciona para el estreñimiento.
Ponga a remojar en agua algunas uvas pasas.
Al día siguiente beba en ayunas el líquido del remojo y la fruta.

Una mirada al potasio

En la primera parte de este libro reseñamos los principales beneficios y acciones del potasio para el organismo. Por tratarse del mineral que ocupa el tercer lugar entre los más abundantes en el cuerpo, su equilibrio es básico para mantenernos saludables. Es importante en el mantenimiento del balance de los fluidos corporales, favorece el ritmo cardíaco y las contracciones musculares; también afecta la presión de la sangre porque relaja las paredes arteriales. Es clave para la síntesis de proteínas, el metabolismo de los carbohidratos y la secreción de insulina.

La ingestión de entre 2,5 y 3,5 g por día de este mineral se considera que puede reducir hasta un 25% de las enfermedades asociadas al aumento de la presión de la sangre. El potasio presente en esta fruta, además, equilibra las comidas excesivamente saladas, es decir, con exceso de sodio. Las uvas frescas podrían ser un magnífico postre.

vegetales

Ajo

Allium sativum · Lo que conocemos como ajo es el bulbo de esta planta · Garlic

| K | Zn | Fe | Se | **Ácido fólico** |

El intenso sabor y olor fuerte del ajo son prueba de los poderosos principios activos contenidos en esta planta.

Existe evidencia arqueológica que sugiere que este bulbo fue cultivado en Asia Central desde el año 3.000 a.C., aproximadamente. Utilizado en tiempos antiguos como afrodisíaco, repelente, talismán, agente embalsamador y, por supuesto, como condimento, hoy esta verdura es una de las más apreciadas por sus poderes curativos.

Perteneciente a la familia de las cebollas, el ajo ha sido empleado para tratar diferentes padecimientos como los resfriados, la bronquitis, la tos ferina, las enfermedades reumáticas, el asma y la influenza. Investigaciones más recientes han comprobado su efectividad en una amplia variedad de enfermedades relacionadas con el corazón.

Se trata de un bulbo redondeado compuesto por gajos (que llamamos dientes) y que crece hasta un metro de altura. Sus hojas son largas, sus flores blanquecinas o rosa pálido y su fruto lo constituyen unas pequeñas semillas de forma redondeada y color negro. Contiene aceites esenciales, vitaminas, minerales y aminoácidos, entre otras sustancias. Uno de sus componentes más poderosos es la alicina, un aceite etéreo, intensamente sulfuroso, que no sólo condimenta la comida sino que determina sus efectos terapéuticos.

NUTRIENTES
(por 100 g de pulpa)

Calorías	98
Proteínas (g)	8
Carbohidratos (g)	16
Potasio (mg)	620
Zinc (mg)	1
Calcio (mg)	19
Selenio (mcg)	2
Hierro (mg)	2
Sodio (mg)	4
Magnesio (mg)	25

Antibiótico natural

Lo primero que destaca la bibliografía especializada sobre esta planta es su gran poder antibiótico, es decir que destruye las infecciones bacterianas. Apoyarse en esta verdura ayuda a combatir estreptococos, hemolíticos, tifus, paratifus y diferentes hongos y virus. Este gran poder curativo se debe a la alicina que tiene la facultad de destruir las bacterias.

Algunos investigadores señalan que el ajo puede incluso superar a sustancias tan conocidas como la penicilina y el fenol. La actividad antibiótica de un miligramo de alicina corresponde a unos quince de penicilina, según lo afirma el investigador Wolfgang Möhring en su libro *La farmacia natural*. Asimismo recurrir a este antibiótico natural tiene otra gran ventaja: como se sabe, la acción de los antibióticos creados en laboratorio es altamente efectiva pero por desgracia las bacterias y los virus que "sobreviven" producen una nueva generación resistente, lo que no sucede con la alicina. Por último es interesante señalar que este bulbo se ha utilizado en combinación con antibióticos convencionales, porque posee la capacidad de apoyar la acción de los mismos y evita ciertos efectos secundarios.

¡BUENA IDEA!

Enriquezca el sabor de los aceites de cocina agregándoles ajo. Esta verdura se conservará bien y brindará un aceite esencial de extraordinario beneficio. Para hacer esta receta sólo requiere de aceite de buena calidad, ajos pelados y un frasco esterilizado. Guarde en un lugar oscuro.

CUESTIÓN DE RAPIDEZ...

El ajo entero no es especialmente oloroso. Pero en el momento en que se corta o tritura, empieza a despedir los aceites esenciales que le brindan sus grandes cualidades. Por esa razón debe ser consumido con rapidez.

! Precaución

El consumo de grandes cantidades de jugo de ajo o de ajo fresco puede irritar las mucosas del estómago y el intestino. Deben evitarse altas dosis de ajo en personas que siguen un tratamiento anticoagulante y mujeres embarazadas porque puede provocar contracciones. También puede perturbar tratamientos contra la diabetes.

►recetas para la salud

Pasta al ajo

Sencilla de preparar, deliciosa, nutritiva y saludable. Una receta recomendable para quienes tienen que vigilar el nivel del colesterol. Una sugerencia: acompañe la pasta con una ensalada fresca de verduras.

INGREDIENTES

4	dientes de ajo
4	cucharadas de aceite de oliva, extra virgen
$^1/_2$	ají, picante
	Pasta delgada como espagueti*
	Sal al gusto

PREPARACIÓN

· **Ponga** a hervir agua y una vez caliente añada la sal. Vierta la pasta en el agua que burbujea y siga el tiempo de cocción señalado por el fabricante.

· **En una cacerola** u olla pequeña ponga a calentar el aceite a fuego medio. Añada los ajos (que deben crepitar al contacto con el aceite) y el ají. Permita que se cocinen por unos segundos, hasta que el ajo tome una coloración marrón (debe vigilar que no se queme).

· **Retire** la pasta, escurra el agua y colóquela en una fuente; vierta encima la salsa de aceite y ajo y mezcle bien. Si lo desea, añada un chorrito más de aceite crudo para intensificar el sabor. Sirva inmediatamente.

* La salsa de aceite, ajo y ají es deliciosa y combina con muchos tipos de pastas además del espagueti, que es aquí apenas una sugerencia.

Sopa de ajo

Una receta clásica de la gastronomía francesa y que prepara al organismo para recibir otros alimentos. Esta sopa ayuda a quienes tienen una digestión delicada.

INGREDIENTES

1	cucharada de aceite de oliva, ojalá extra virgen
2	cucharadas de dientes de ajo
$^1/_2$	taza de pimentón verde
6	tajadas delgadas de pan sin costra (puede utilizar pan viejo)
6	cucharadas de queso parmesano
7	tazas de agua
	Sal y pimienta al gusto

PREPARACIÓN

· **En una sartén** ponga a calentar el aceite a fuego medio. Añada los ajos y el pimentón y cocine hasta que estén ligeramente dorados.

· **Una vez adquieran** el color marrón, ponga a hervir (a fuego medio) estos dos ingredientes en dos tazas de agua durante 40 minutos.

· **Transcurrido** este tiempo, lleve la preparación a la licuadora y procese por dos minutos. Lleve nuevamente el líquido a la olla, vierta el agua restante y mezcle bien.

· **Ponga** la sopa en cazuelas o refractarias individuales y coloque una tajada de pan por plato; espolvoree una cucharada de queso parmesano por encima y lleve al horno a fuego medio hasta que la sopa hierva y el queso esté derretido. Sirva inmediatamente.

Una completa gama de virtudes curativas...

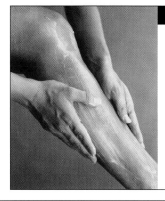

La alicina también ayuda a las personas que tienen colesterol alto. Reduce los niveles de las Lipoproteínas de Baja Densidad e incrementa los niveles de colesterol bueno. Estudios recientes demuestran que existe una asociación entre la baja cantidad de lípidos en la sangre y el consumo frecuente de ajo.

Por tratarse de una planta tonificante y estimulante, el ajo combate la presión arterial alta, es diurético, fortalece el estomago, favorece la digestión, es vasodilatador, anticoagulante, antiespasmódico (indicado en casos de accesos convulsivos y contracciones musculares violentas) y carminativo (ayuda a eliminar los gases del intestino). De igual forma, actúa contra el envejecimiento de los vasos sanguíneos y, aplicado externamente, favorece la circulación de la sangre lo que ayuda, por ejemplo, en padecimientos como el reumatismo.

vegetales

Alcachofa

Cynara scolymus, cynara cardunculus · Alcaucil · G<small>LOBE</small> <small>ARTICHOKE, ARTICHOKE</small>

Esta deliciosa verdura convierte cualquier ocasión en una comida especial y original.
Al mismo tiempo, se disfruta de un remedio muy eficaz por sus principios activos.

Este vegetal es sorprendente no sólo por su forma sino por sus características nutricionales y medicinales. No es estrictamente un tallo, ni un brote, ni un capullo, sino un cardo. Lo más nutritivo y sabroso está en la cabezuela, en los "pétalos" carnosos y en su tierno corazón.

Se desconoce el origen exacto de esta planta, pero pudo ser en Arabia, en el Mediterráneo, en Irán o en Turquía. Los griegos la mencionan con cierta frecuencia en sus escritos y es probable que los romanos difundieran su cultivo y consumo por todo el imperio. Ya para el año 500 a.C., la alcachofa era para los pueblos griegos y latinos una especialidad muy cara y todavía en Francia, durante el siglo XVIII, constituía un privilegio exclusivo de los aristócratas.

La alcachofa es rica en vitaminas (carotenos, vitamina B y vitamina C) pero, sobre todo en minerales, (hierro, potasio y magnesio). También contiene una sustancia llamada inulina, muy importante para quienes padecen de diabetes pues brinda energía sin disminuir la provisión de insulina. Otro principio activo que hace que esta planta funcione como un remedio especial es la cinarina, que tiene la propiedad de rejuvenecer las células, proteger el hígado y estimular la secreción de la bilis.

Usos tradicionales

La alcachofa y las otras plantas de esta misma familia han sido tradicionalmente empleadas para tratar algunas dolencias relacionadas con el hígado. En Occidente, por ejemplo, se ha empleado como base en la elaboración de tónicos que purifican y ayudan al hígado a eliminar las toxinas de la sangre. Las personas que trabajan en remedios de origen herbal la recomiendan para regenerar este órgano, especialmente en los ancianos.

A esta planta se le atribuyen beneficios como el de ser agente restaurador y promotor del flujo de bilis desde la vesícula biliar; con ello apoya al sistema digestivo gracias a que facilita la descomposición y el metabolismo de las grasas presentes en los alimentos. Se cree, además, que los riñones también reciben un efecto benéfico de las alcachofas porque fortalecen sus funciones dentro del organismo.

Las investigaciones sobre las sustancias contenidas en esta verdura señalan que la ya mencionada cinarina protege al hígado de la hepatitis cuando estos extractos son suministrados a animales. Estos fitonutrientes parece que también ayudan a este órgano a regenerarse a sí mismo cuando ha sido dañado o alguna parte ha sido removida.

Control del colesterol

Conocer cuáles plantas trabajan en la reducción del colesterol "malo" es muy útil, especialmente para los hombres. En efecto, esta planta posee sustancias que contribuyen a bajar los niveles del colesterol de la sangre. La mayoría de las investigaciones señalan que la cinarina, cuando es extraída de las alcachofas y suministrada a personas que tienen colesterol alto, ofrece resultados positivos.

Otro aspecto que suele resaltarse sobre este cardo, es que sus componentes contribuyen a la salud de las arterias (ayudan a que no se endurezcan) y a mantener bajo el nivel del suero de los triglicéridos. La tintura de esta planta es especialmente indicada para disminuir los porcentajes de triglicéridos en la sangre.

NUTRIENTES
(por 100 g de pulpa)

C<small>ALORÍAS</small>	18
P<small>OTASIO</small> (<small>MG</small>)	360
H<small>IERRO</small> (<small>MG</small>)	1
F<small>OLATOS</small> (<small>MCG</small>)	21
C<small>ALCIO</small> (<small>MG</small>)	41
Á<small>CIDO PANTOTÉNICO</small> (<small>MG</small>)	0,3
V<small>ITAMINA</small> B$_1$ (<small>MG</small>)	0,1
S<small>ODIO</small> (<small>MG</small>)	27
B<small>ETACAROTENO</small> (<small>MCG</small>)	39
F<small>IBRA</small> (<small>G</small>)	4

! Precaución

Aunque es muy poco frecuente, comer alcachofa en exceso puede traer como consecuencia una concentración alta de cinarina (de efecto tóxico). Conviene no consumirse durante la lactancia porque su fuerte sabor puede pasar a la leche.

¡BUENA IDEA!

Por su capacidad de estimular el hígado y promover la producción de bilis, la alcachofa es considerada una entrada ideal o primer plato, especialmente cuando se van a consumir alimentos ricos en grasas (pues ayuda a la digestión). De todas formas recuerde no excederse en las grasas.

▶recetas para la salud

Tisana antiestrés

Si se siente especialmente cansado o le es difícil concentrarse a causa del estrés, ensaye la siguiente decocción.

INGREDIENTES

15g de hojas de alcachofa
1 vaso de agua

PREPARACIÓN

- **Lave** muy bien las hojas de la alcachofa. Si no dispone o no conoce la procedencia de la alcachofa, utilice las hojas internas porque éstas están menos expuestas a los agentes químicos que suelen utilizarse en su cultivo.
- **Una vez limpias**, corte las hojas en dos o cuatro pedazos. También puede triturarlas un poco.
- **En una olla** ponga a hervir las hojas a fuego medio, junto con el vaso de agua. Cuando estos dos ingredientes lleguen a punto de ebullición, baje el fuego y deje cocinar a fuego lento por unos quince minutos.
- **Deje enfriar** y beba dos veces al día, ojalá lejos de las comidas principales. Recurra a esta receta por un máximo de tres semanas.

Dúo dinámico

Una entrada que a todos les va a encantar: alcachofas con ajo. Plena de sabor, esta receta es baja en calorías y cuida los niveles de colesterol.

INGREDIENTES

4 alcachofas tiernas
2 dientes de ajo, finamente picados
 Aceite de oliva o girasol
 Agua
 Sal al gusto

PREPARACIÓN

- **Lave** las alcachofas y retire las hojas duras exteriores hasta encontrar las más tiernas. Corte el tallo de la base y las puntas de las hojas.
- **Abra** un poco las hojas del cardo e introduzca los dientes de ajos, picados finamente. Sobre cada "flor" deje caer un chorrito de aceite y condimente con sal.
- **Coloque** la verdura en la olla a presión, con suficiente agua hasta cubrir la mitad de la verdura. Cocine entre 35 y 40 minutos a fuego medio. Para comprobar que están cocidas, estire con cuidado una de las hojas, que debe desprenderse fácilmente. Retire del fuego y sirva.

Más y más beneficios...

Además de poseer propiedades diuréticas, la alcachofa es un fantástico purificador que favorece la eliminación de toxinas y contribuye a mantener el sistema digestivo en buen estado. Se recomienda a personas que padecen de gota, artritis y reumatismo.

Algunos investigadores señalan que las hojas de la alcachofa tienen un efecto farmacológico en el cerebro y diversas regiones del sistema nervioso central. La decocción de este cardo es muy efectiva para personas que se sienten cansadas a causa del estrés. Hay que destacar también que esta planta es baja en calorías y resulta conveniente para aquellos que siguen un programa de alimentación para bajar de peso.

Apio

Apium graveolens · Panal, apio de pencas · Celery

Nativa de Europa, esta planta está presente en la mayoría de las cocinas del mundo. Tolera los climas rudos y se la consigue todo el año.

El apio se utilizaba durante la Edad Media como planta medicinal pues se creía que su sabor amargo y olor desagradable evidenciaban sus propiedades terapéuticas. La planta que conocemos hoy es el resultado del trabajo de los hortelanos italianos, que gracias a su dedicación la convirtieron en una verdura aceptable y popular durante los siglos XVII y XVIII.

El apio es una planta bienal de la misma familia de la zanahoria. Sus tallos, intensamente verdes, tienen por lo general un sabor tan delicado como los claros y amarillos del apio blanqueado o los de las variedades denominadas auto-blanqueadas.

Medicinalmente, lo más utilizado son los tallos y las semillas. Sin embargo las raíces y los frutos también presentan nutrientes valiosos para el organismo. De todas maneras hay que destacar que la mayoría de las preparaciones recurren a los primeros porque concentran en mayor grado las sustancias biológicamente activas. La gran cantidad de aceites esenciales de esta verdura se manifiestan a través de su sabor y aroma; se les denomina terpenos y brindan a la planta protección ante sus enemigos naturales. Contiene calcio, fósforo, hierro, sodio, potasio, vitamina A, algunas vitaminas del complejo B y vitamina C.

NUTRIENTES
(por 100 g de pulpa)

Calorías	7
Fibra (g)	1
Celulosa (g)	0,5
Potasio (mg)	320
Vitamina C (mg)	8
Calcio (mg)	41
Betacarotenos (mcg)	50
Vitamina B_1 (mg)	0,1
Vitamina E (mg)	0,2

Un perfil "salado"

Se ha encontrado que esta planta posee sustancias que tienen un efecto calmante, debido al parecer, a su alta concentración de minerales alcalinos, especialmente del sodio. Los minerales presentes en el apio pueden hacer que el organismo emplee más efectivamente el calcio y contribuyen a balancear el pH.

El sodio orgánico, abundante en el apio, ha tenido mala fama porque en general la alimentación tiende a excederse en el consumo de cloruro de sodio (la sal de mesa). Sin embargo, el sodio orgánico es beneficioso en compañía de otros minerales. Es, además, esencial para un correcto funcionamiento de los principales sistemas corporales y un elemento que hace parte de la composición química de la sangre.

El gusto ligeramente salado confiere al jugo de apio una gran característica: armoniza de manera excelente con otras verduras. Su consumo es especialmente efectivo en el tratamiento de malestares de origen nervioso (como el estrés y la ansiedad) porque produce un efecto calmante.

Un suave diurético

Cuando se hace referencia a las cualidades diuréticas de una planta es porque ésta posee la capacidad de provocar un aumento rápido de la cantidad de orina del organismo. Este atributo es especialmente atractivo para las personas que retienen líquidos o que de una u otra manera deben aumentar el flujo de orina.

Como remedio se utiliza, especialmente, el jugo de la raíz, el tallo, los frutos, las semillas y el aceite esencial. Este último debe usarse con moderación porque puede resultar irritante. Como verdura fresca es una buena aliada porque ayuda a perder de forma lenta y suave varios litros de agua. Es también recomendable para las personas que son propensas a desarrollar cálculos renales o en la vesícula, porque al promover la orina ayuda a su eliminación.

UNA SANA MERIENDA

Es una excelente idea recurrir a los tallos de apios frescos como merienda o cada vez que tenga deseos de comer fuera del horario habitual. El sodio presente en esta verdura parece tener un efecto muy positivo y ayuda a perder unos kilos de más. Por último hay que mencionar que es rico en fibra y bajo en calorías.

! Precaución

Es conveniente utilizar el apio como medicina durante el embarazo o si se sufren desórdenes del riñón. Nunca emplee en la preparación de remedios caseros las semillas utilizadas para cultivo. El aceite esencial debe ser ingerido bajo supervisión profesional. Utilice el jugo concentrado de esta planta con precaución porque puede irritar el estómago.

►recetas para la salud

Ensalada diferente

La mezcla de los siguientes ingredientes es muy atractiva por su sabor, contiene una buena proporción de hierro y conviene a quienes están anémicos.

INGREDIENTES

2	tazas de apio
1	taza de rábanos
1	manzana roja
1	taza de lentejas, previamente cocidas

PREPARACIÓN

· **Lave**, limpie y retire las hojas del apio; córtelo en tajadas delgadas. Haga lo mismo con los rábanos, sólo que pélelos ligeramente procurando conservar algo de la cáscara. Pele la manzana y córtela en rebanadas delgadas.

· **Mezcle** la verdura en una fuente y agregue las lentejas. Integre todos los ingredientes. Bañe la ensalada con la salsa de su predilección. Le sugerimos una muy sencilla: aceite, vinagre (ojalá balsámico) y sal.

UN BUEN EQUILIBRIO

Lo ideal es consumir el apio crudo, en ensaladas y mezclado con otras verduras. Sin embargo, hay que destacar que es un compañero ideal para equilibrar las ensaladas ricas en proteínas como la de atún, pollo, langostinos, o las que emplean pedazos de jamón picado.

Jugo potente

Un vaso de nutrientes poderosos y que lo harán sentir con más energía pero, a la vez, relajado. El sodio contenido en este vaso le ayudará a neutralizar los ácidos del organismo.

INGREDIENTES

2	tallos de apio frescos
1	zanahoria mediana

PREPARACIÓN

· **Lave** muy bien las verduras, límpielas y córtelas en grandes trozos. Utilice los tallos del apio y deseche las hojas. La zanahoria debe ser procesada sin cáscara.

· **Con la ayuda** de la licuadora o de un procesador, elabore un jugo concentrado de cada verdura hasta obtener 1/2 vaso por hortaliza; es importante que esta preparación se haga por aparte. Si utiliza licuadora, es probable que requiera añadir un poco de agua para facilitar el licuado.

· **Mezcle** los jugos recién preparados y beba un vaso por día.

Receta saludable

Esta sencilla infusión apoya el tratamiento de la gota y la artritis. Se recomienda consumir una taza de este té por día.

INGREDIENTES

1	taza de agua hirviendo
1	cucharadita (2 a 3 g) de semillas de apio

PREPARACIÓN

· **Ponga las semillas** en el agua caliente.

· **Tape el recipiente** y deje reposar entre 5 a 10 minutos.

Versátil y aliado de la salud

Esta planta es útil como apoyo de los procesos digestivos; combate la acidez, detiene la fermentación y purifica la sangre. Sus aceites esenciales son muy poderosos y poseen un efecto antibacteriano y antimicótico. Son de provecho incluso al ser eliminados a través de los riñones, la vejiga y las vías urinarias, porque con su paso van desinfectando las mucosas y, en consecuencia, ayudan a combatir inflamaciones en los conductos urinarios y previenen posibles infecciones en las vías urinarias.

Algunos han clasificado esta hortaliza como una estrella en la alimentación por su acción en favor del metabolismo de los hidratos de carbono. Sus nutrientes impulsan la energía en las células y, con ello, a todo el organismo. De igual forma tiene propiedades favorables para el cerebro y el sistema nervioso. El jugo de esta planta resulta excelente solo o en combinación con otras frutas y verduras, como la zanahoria, la piña o la manzana, por su alto contenido de vitaminas y minerales y fácil digestión. Los caldos que emplean las hojas de apio como ingrediente no sólo son interesantes por su sabor sino por su suave efecto y tratamiento de problemas estomacales.

Brócoli

Brassica oleracea · Bróculi, brécol · Broccoli

 C Fe Ca Ácido fólico

La palabra "brócoli" proviene del término italiano brocco, que significa rama o brazo.

Esta curiosa verdura es una de las fuentes más ricas de hierro del reino vegetal. Sus poderosos nutrientes han llamado la atención de muchos investigadores que señalan sus posibilidades como protector frente a enfermedades como el cáncer. Además del hierro, esta planta contiene betacarotenos que tienen la cualidad de inhibir la acción de los radicales libres, ayudar a prevenir cierto tipos de cáncer y de enfermedades cardiovasculares, y tratar problemas de las articulaciones y la fatiga. Es rica en ácido fólico y brinda un buen balance de calcio y magnesio.

Al igual que la coliflor, su pariente botánico, el brócoli consta de tallos y botones, con las hojas en segundo plano. Sin embargo, a diferencia de la coliflor, el brócoli no produce flores cerradas; sus "repollos" están formados por botones claramente diferenciados, con reflejos entre verdes y azulados, dispuestos en tallos carnosos y en numerosos retoños laterales. En los supermercados existen diversas variedades siendo la más común la de coloración verde; sin embargo, también se encuentra de color blanco y violeta.

Es una planta delicada por lo que no soporta el almacenamiento prolongado. Para crecer adecuadamente, el brócoli requiere de una temperatura cálida y mucho sol.

Amiga de la mujer

El contenido de hierro de esta planta resulta conveniente para las mujeres de todas las edades. Aquellas que, por ejemplo, suelen menstruar intensamente pueden perder algunas reservas de este mineral. Consumir esta planta con frecuencia ayuda a reponer el porcentaje de hierro del organismo.

Durante el embarazo la nutrición es un aspecto clave para la salud del bebé y de la madre. Por esa razón, los médicos recomiendan reforzar algunos nutrientes y asegurar el sano desarrollo del niño y el bienestar de la madre. El ácido fólico es una de las vitaminas que más se necesitan durante este período. Su importancia radica en su capacidad de sintetizar los ácidos nucleicos, esenciales para la división de las células y la formación de glóbulos rojos.

Proporcionar al organismo mayor cantidad de ácido fólico durante la etapa de gestación ayuda a prevenir defectos de nacimiento como la espina bífida y el paladar hendido.

Investigaciones frente al cáncer

El National Cancer Institute de los Estados Unidos ha elaborado una lista de las verduras que previenen esta enfermedad y el brócoli ocupa el primer lugar. Para lograr tan meritorio puesto tuvo que ser sometida a una serie de investigaciones y experimentos que concluyeron que muchos nutrientes presentes en esta planta protegen el organismo contra cánceres de pulmón, estómago, boca, ovarios, senos, cuello del útero, colon y próstata.

Rica en diversas sustancias potencialmente anticancerígenas, esta planta ofrece una esperanza frente a esa temida enfermedad. El trabajo que realizan esas sustancias ha sido intensamente examinado en los laboratorios. Algunas de ellas (como el sulforafano), estimulan la formación y función de enzimas identificadas como responsables de remover las sustancias que causan el cáncer en las células bajo condiciones experimentales.

NUTRIENTES
(por 100 g de pulpa)

Calorías	33
Hierro (mg)	2
Fibra (g)	3
Betacarotenos (mcg)	575
Folatos (mcg)	90
Vitamina C (mg)	87
Calcio (mg)	56
Potasio (mg)	370
Vitamina E (mg)	1
Sodio (mg)	8

¿EL BRÓCOLI LE PRODUCE GASES?

Una de las maneras de evitar esta molestia es cocinar la verdura al vapor o a fuego muy lento. Tenga en cuenta no excederse en la cocción porque entre más verde, más contenido de clorofila, sustancia que contrarresta los efectos de los compuestos de azufre que forman el gas.

PORCENTAJES INTERESANTES...

En promedio, una porción de 90 g de brócoli brinda 2 mg (de los 15 mg) de hierro recomendados en la dieta diaria de la mujer. De igual forma, proporciona casi el 25% de la cantidad diaria de este mineral que debe ser consumida por el hombre. Dos o tres porciones a la semana pueden aumentar los niveles de hierro en la sangre y prevenir muchas enfermedades.

▶recetas para la salud

Delicia de brócoli y papas

Baja en calorías, esta ensalada es rica en vitaminas A, del grupo B y C, y minerales como hierro, magnesio, fósforo y potasio. Es especialmente beneficiosa para el corazón, los riñones y el metabolismo.

INGREDIENTES

1	brócoli grande
2	papas medianas
12	aceitunas negras
2	zanahorias
	Vinagreta al gusto

PREPARACIÓN

- **Tenga** especial cuidado al cocinar el brócoli porque el excesivo calor destruye sus valiosos nutrientes. Conviene cocerlo al vapor y por poco tiempo, de tal manera que no pierda su consistencia. Una vez procesado, córtelo en ramilletes.
- **De igual forma** es importante cocinar adecuadamente las papas. Al igual que las verduras resultan más nutritivas cocidas al vapor y con cáscara. Si lo desea, retire la piel una vez cocidas.
- **Retire** la semilla o carozo de las aceitunas y escúrralas del agua de la conserva.
- **Lave**, pele y ralle la zanahoria.
- **Mezcle** todos los ingredientes en una ensaladera y condimente con una salsa vinagreta.

Jugo vitamínico

Esta bebida aumenta las reservas de vitaminas y defensas del organismo. Su sabor es tan poderoso como sus efectos sobre el organismo.

INGREDIENTES

8	tallos de brócoli orgánico
3	tallos de apio orgánico
1	vaso de agua (opcional)

PREPARACIÓN

- **Lave** y limpie las verduras por aparte. Deseche todas las impurezas o lugares donde la hortaliza luzca marchita.
- **Utilice** el extractor o procesador para obtener los jugos de la verdura por separado; si no tiene este electrodoméstico recurra a la licuadora en cuyo caso facilitará el procesamiento con $1/2$ vaso de agua (por verdura).
- **Una vez elaborados** los jugos se mezclan en un vaso de vidrio. Esta bebida se puede tomar como máximo tres veces al día mientras se fortalecen las defensas.

Nota: Este jugo se puede variar con otras bebidas de verduras.

Conglomerado saludable

El brócoli constituye un conjunto de agentes contra las enfermedades. Es rico en muchos antioxidantes potentes y conocidos como la quercetina, el glutatión, el betacaroteno, los indoles, la vitamina C, la luteína, el glucarato y el ya mencionado sulforafano. Todas estas sustancias le confieren la merecida fama de planta anticancerígena. La combinación de hierro, vitamina C y folato, hacen del brócoli un alimento valioso para quienes padecen anemia y fatiga crónica; en general, sube los niveles de energía y fortalece el trabajo muscular.

También es rico en fibra reductora del colesterol y posee cualidades antivirales y antiulcerativas. Es una buena fuente de cromo, contribuye a regular la insulina y el nivel de azúcar en la sangre. En jugo se utiliza para aliviar el asma, la rinitis alérgica, la tos, y para incrementar las sustancias naturales que fortalecen el sistema inmunológico. Por último hay que señalar que su consumo mejora la digestión, alivia el estreñimiento y favorece el metabolismo de los carbohidratos y de las proteínas.

BUENA IDEA PARA LAS BUENAS NOCHES

Consumir un poco de pescado con brócoli al vapor le ayudará a dormir muy bien. Estos alimentos son fuentes de calcio y magnesio, una pareja excelente para la química del cerebro y la relajación del cuerpo.

Cebolla

Género *Allium* · Existen cientos de tipos de cebollas. Entre las más comunes se encuentran la cabezona, amarilla o arbórea; la roja o italiana; la junca o tierna, larga y de color verde; la puerro y cebollino o cebollín · ONION, WELCH ONION, CHIVES

C Ca Ácido fólico

Poderosa en aceites esenciales y sustancias benéficas, esta verdura se destaca por sus efectos antioxidantes.

En las estanterías de los supermercados y puestos de verduras de las plazas se exponen muchas de las diferentes clases de cebollas que existen. Realmente esta es una amplia familia donde sus miembros cambian de sabor, forma y tamaño. Desde los delicados cebollines hasta la corpulenta cebolla puerro, esta verdura está presente en los hogares del mundo y nos acompaña con sus excelentes cualidades culinarias y propiedades curativas.

Las cebollas han sido empleadas durante siglos no sólo en la preparación de alimentos sino como planta medicinal. Su origen se encuentra en Asia, quizás China o India. De allí empezó su largo viaje por el mundo y se introdujo en las tradiciones y culturas de todos los pueblos. Aunque existen muchas historias en torno a la cebolla, mencionemos únicamente la añoranza que por esta verdura sentía el pueblo israelita durante su travesía por el desierto; o el respeto que por ella tenían los egipcios, que la utilizaban como ofrenda a sus dioses, así como la creencia de que infundía valor a las tropas en épocas de Carlo Magno.

Existen distintas variedades de cebollas que trataremos más extensamente en la sección dedicada a la cocina (ver Tomo 2). Por ahora mencionemos que se suelen dividir en dos grandes grupos: uno que comprende las de sabor intenso, y el otro las de gusto suave. A su vez, están subdivididas por colores, tamaños y usos culinarios. Todas ellas poseen grandes virtudes en la mesa y para el organismo.

Esta verdura encierra en su pulpa principios activos muy interesantes, como la alicina; en su composición se ha encontrado que es un bulbo rico en bisulfuro de alilpropilo, azúcar, inulina, quercetina, calcio y bioflavonoides. Todas estas sustancias son aprovechadas por el organismo de diferentes maneras y resultan atractivas para la prevención y el tratamiento de diversas dolencias. Investigaciones recientes relacionan esta gran familia con efectos antioxidantes, lo que la destaca dentro del reino vegetal.

Componentes poderosos

La quercetina es un fitonutriente abundante en las cebollas y que, como las vitaminas E y C, posee interesantes cualidades antioxidantes. Al parecer limpia el organismo de los nocivos radicales libres que pueden originar cambios cancerosos o provocar enfermedades como la arterioesclerosis.

El organismo tarda unas 24 horas en absorber la quercetina de las cebollas (tiempo que se considera eficiente). Esta característica apoya la idea de algunos nutricionistas que recomiendan el consumo regular de este vegetal. La presencia de este nutriente puede contribuir de manera significativa a elevar las defensas en la sangre y proteger el organismo contra muchas enfermedades. Una prueba de su poder sobre los trastornos circulatorios es su eficacia para calentar los pies fríos tras su consumo.

NUTRIENTES
(por 100 g de pulpa)

CALORÍAS	36
FIBRA (G)	1
POTASIO (MG)	160
VITAMINA C (MG)	5
CALCIO (MG)	25
FOLATOS (MCG)	17
BIOTINA (MCG)	1
VITAMINA B6 (MG)	0,2
VITAMINA E (MG)	0,3

OTRAS ACCIONES MEDICINALES

DIURÉTICA
ANTIBIÓTICA
ANTIINFLAMATORIA
ANALGÉSICA
EXPECTORANTE
ANTIRREUMÁTICA

Precauciones

Las preparaciones a base de cebolla no son aconsejables para mujeres en período de lactancia. Los remedios que emplean la verdura fresca sobre la piel deben aplicarse con precaución porque la pueden irritar.

Buenos efectos

Pelar cebollas nos hace llorar y su olor penetrante se siente con fuerza en la nariz. Sin embargo, estos efectos resultan beneficiosos: limpia la córnea y las mucosas de bacterias, lo que aumenta nuestra resistencia a las enfermedades.

▶recetas para la salud

Jarabe de cebolla

La miel es un conservante y un ingrediente rico en sustancias medicinales. Su combinación con la cebolla brinda una acción analgésica. Combaten la tos y alivian las gargantas inflamadas.

INGREDIENTES

6	cebollas cabezonas
$^1/_2$	taza de miel

PREPARACIÓN

- **Lave** muy bien las cebollas y retire las hojas marchitas; píquelas en trozos gruesos.
- **Mezcle** la verdura y la miel y ponga a cocinar al baño María a fuego lento. Revuelva la mezcla constantemente hasta obtener una consistencia de jarabe. Retire del fuego y deje enfriar.
- **Beba** este jarabe a intervalos regulares y ojalá tibio.

Compresa para la bronquitis

La inflamación de la mucosa de la tráquea y los bronquios en caso de gripa o resfriado puede ser aliviada con este remedio. Además estimula la tos, lo que ayuda a liberar las vías respiratorias del exceso de mucosidad.

INGREDIENTES

2	cebollas cabezonas
1	paño de lino o algodón, limpio

PREPARACIÓN

- **Lave** las cebollas, pélelas un poco y córtelas en rodajas delgadas. Colóquelas sobre la tela, enrolle y caliente la compresa en el horno (a unos 40 °C).
- **Desenrolle** el paño y colóquelo sobre el pecho. Abrigue al enfermo para mantener más tiempo el calor. Permita que la compresa actúe entre 10 y 15 minutos. Retire y limpie la piel con agua tibia. Vuelva a abrigar.
- **Este remedio** se puede aplicar alternando la compresa en pecho y espalda.

Nota: retire inmediatamente la compresa si observa algún problema circulatorio o irritación durante la aplicación. No utilice este remedio si hay fiebre.

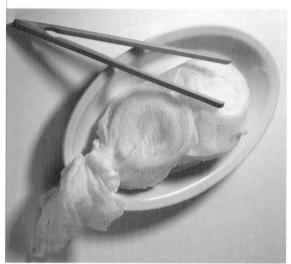

¡Arriba el colesterol!

El consumo de esta verdura cruda adelgaza la sangre y eleva el colesterol "bueno". La cantidad recomendada por lo expertos es media cebolla cruda al día. Cuando se emplea cocida o al horno, pierde algunas de sus cualidades y no resulta tan efectiva para elevar el colesterol "bueno" o Lipoproteínas de Alta Densidad (LAD). Si le preocupa el mal aliento mastique una manzana, dos o tres granos de café o una hojas de perejil.

Según algunos estudios, la quercetina presente en la pulpa es la sustancia que reduce el riesgo de desarrollar enfermedades del corazón y prevenir la formación del colesterol "malo". Contribuye, además, a disminuir los lípidos sanguíneos. Por supuesto que el consumo debe ir acompañado de otros hábitos saludables como el ejercicio, una dieta variada y limitada en grasas, alcohol y tabaco.

¡ATENCIÓN ABUELOS!

Recurran a las cebollas y a sus provechosos componentes biológicos. Esta verdura estimula el apetito, fortalece el sistema inmunológico, previene las enfermedades vasculares y alivia trastornos venosos.

Espinaca

Spinacia oleracea · Denominación más universal · SPINACH

K C Ácido fólico

Existen variedades que se pueden diferenciar por el tamaño y la texturas de sus hojas. Todas ellas son nutritivas y contienen muchas vitaminas y minerales.

La espinaca ha sido elogiada en diferentes momentos de la historia y la verdad es que contiene numerosas vitaminas y minerales.

Las espinacas provienen de Persia; allí se cultiva desde hace siglos y se extendió a otros lugares del mundo sólo desde la era cristiana. A España llegaron gracias a los árabes alrededor del 1100 o 1200 y los españoles propagaron su siembra en América. El persistente cultivo de esta hortaliza ha dado como resultado variedades de hojas pequeñas y redondeadas y también más grandes y de forma puntiaguda.

De hojas carnosas y cultivo anual, esta planta es muy resistente a las bajas temperaturas. Suele clasificarse según el tamaño y textura de sus hojas. Su intensa coloración es producto de la clorofila, un pigmento vegetal que transforma la energía lumínica (proveniente del sol) en hidratos de carbono. La espinaca contiene, además, un caroteno (la provitamina A) y cantidades apreciables de vitamina C y E. Se destacan la proporción de biotina (importante para la piel, el cabello, las uñas, entre otros) y la niacina (básica para los procesos corporales). En cuanto a los minerales debemos mencionar que es una buena fuente de calcio, hierro y potasio. Por último, hay que referirse a su contenido de carotenos y ácido fólico, sustancias atractivas para las mujeres en etapa de gestación.

NUTRIENTES
(por 100 g)

CALORÍAS	25
POTASIO (MG)	500
FOLATOS (MCG)	150
FIBRA (G)	2
BETACAROTENOS (MCG)	3.535
CALCIO (MG)	170
HIERRO (MG)	2
VITAMINA C (MG)	26
VITAMINA E (MG)	2
GRASAS (G)	2

Prevenir las cataratas

Se denomina cataratas a una opacidad del cristalino del ojo y que en casos extremos conduce a la pérdida de la visión. Esta enfermedad suele desarrollarse con los años de manera que hay que tratarla y prevenirla durante la etapa de madurez. Algunos estudios han revelado que un consumo regular de espinacas puede contribuir a la prevención de este problema, gracias a sus fitonutrientes (como la famosa luteína) y sus propiedades antioxidantes que apoyan la protección de las proteínas (en el lente del ojo) de los daños que puedan desarrollarse. Se cree, entonces, que si el cristalino recibe antioxidantes se puede retardar o contrarrestar el desarrollo de las cataratas.

La espinaca puede mejorar la ceguera nocturna y aumentar la agudeza visual. Conviene consumirla fresca o ligeramente hervida, en té o tisanas resulta de gran valor medicinal al conservar los nutrientes de la planta.

Una verdura moderna

La espinaca es una planta que se acomoda a la vida moderna; fácil de preparar y versátil en muchos platos, es un alimento recomendable para personas que viven bajo tensión y estrés. Sus nutrientes poseen un efecto tranquilizante, relajante de los músculos y que, como si fuera poco, fortalecen las funciones cerebrales.

Asimismo protege las mucosas, apoya el metabolismo de los carbohidratos, aumenta la glucemia y, por tanto, vigoriza e infunde un estado de ánimo positivo. Ayuda a combatir las enfermedades y refuerza el crecimiento, de manera que es útil para niños y adolescentes. Por último, aunque no menos importante, es una planta que conviene a los abuelos porque es un "paquete" de sustancias nutritivas y vigorizantes.

IDEAS FEMENINAS...

Debido a la menstruación, la pérdida de hierro en la mujer es mayor que en el hombre. Este desequilibrio suele manifestarse como fatiga. El jugo de espinaca diluido en igual cantidad de jugo de tomate o zanahoria brinda buenas cantidades de este mineral y contribuye a subir los niveles de energía.

! Precaución

Las personas que padecen de artritis o gota deben evitar la espinaca por su contenido de ácido úrico. Otro aspecto negativo que hay que resaltar es su alto contenido de ácido oxálico, sustancia que puede inhibir la absorción de calcio en el intestino. Por esta razón se recomienda consumirla, como máximo, dos o tres veces por semana. Utilice el jugo de espinaca en cantidades moderadas.

►recetas para la salud

Molde de espinacas

Una alternativa agradable para las personas anémicas, que sufren de eccemas, estreñimiento y problemas glandulares.

INGREDIENTES

2	**tazas de espinacas, ligeramente cocidas**
¹/₂	**cebolla cabezona**
3	**huevos**
6	**cucharadas de queso parmesano**
¹/₂	**taza de leche**
4	**cucharadas de mantequilla, a temperatura ambiente**
1	**taza de harina**
1	**cucharadita de polvo de hornear**
	Sal y pimienta al gusto
1	**pizca de ají (opcional)**

PREPARACIÓN

· **En recipientes** aparte pique en cuadritos la cebolla y en trozos la espinaca. Añada los condimentos y mezcle bien.

· **Bata** ligeramente los huevos y revuelva con la espinaca, la cebolla, el queso, la leche, la mantequilla, la harina y el polvo de hornear. Revuelva bien para que los ingredientes se integren.

· **Vierta** la preparación en un molde previamente engrasado y enharinado. Lleve al horno precalentado a 180 ºC y hornee alrededor de 35 minutos o hasta que un probador salga limpio y el molde dorado por encima. Deje enfriar y sirva cortado en cuadraditos.

¡ATENCIÓN!

Cocinar esta verdura a altas temperaturas destruye sus antioxidantes; consúmala cruda o cocida al vapor. Recuerde que debe recurrir a la espinaca máximo dos veces por semana, porque su contenido de oxalatos puede inhibir la absorción del calcio. Como otras verduras de hojas verdes, las espinacas son bajas en calorías pero ricas en vitaminas y minerales. Resultan muy prácticas para acompañar otros alimentos poco calóricos cuando se está tratando de adelgazar.

Jugo multiusos

De fuerte sabor, esta preparación conviene diluirla o mezclarla con otros jugos. Con propiedades limpiadoras y constructoras, estimula y tonifica el hígado, la vesícula biliar, la circulación y el intestino grueso.

INGREDIENTES

500g (1 libra) de espinacas orgánicas

PREPARACIÓN.

· **La cantidad** de verduras sugerida debe rendir para hacer 4 a 6 onzas (1/2 a 3/4 de taza) de jugo.

· **Deben lavarse** muy bien bajo el chorro de agua corriente. El jugo se hace más eficientemente con un procesador. Si debe utilizar la licuadora, ponga en el vaso un poco de agua para facilitar el trabajo. Cuele y beba o mezcle con otros jugos.

Valiosas hojas verdes

El contenido de calcio de las espinacas beneficia la salud de los dientes, huesos y nervios. Su consumo regular también mejora el aspecto de la piel, el cabello y las uñas. De igual forma estas hojas verdes fortalecen los músculos y el corazón, estimulan la producción de hormonas, apoyan la actividad sexual y alivian el estreñimiento.

Gracias a su efecto laxante y limpiador (y desintoxicador) del intestino, es una verdura muy apreciada en las dietas para bajar de peso. Las mujeres embarazadas deben utilizarla, especialmente por su cantidad de ácido fólico, que previene la espina bífida (un defecto de la columna).

Se la considera gran protectora frente al cáncer (especialmente de colon, recto, esófago, estómago, próstata, laringe, faringe, endometrio, útero y, en particular, de pulmón) y para tratar casos de anemia o cansancio físico y mental. Está especialmente indicada para los fumadores y ex fumadores.

Lechuga

Lactuca sativa · Existen diversas clases de lechugas que reciben distintos nombres · LETTUCE

K Ca Ácido fólico

Esta planta popular en ensaladas, posee una acción relajante y sedante. Se emplea en varios remedios contra el insomnio y la tensión nerviosa.

Desde hace algún tiempo se ha aumentado y enriquecido la oferta de lechugas en el comercio. Antes la oferta de esta hortaliza se limitaba a la variedad conocida como común, de cabeza, batavia o iceberg. Hoy, por fortuna, llegan a las estanterías de las tiendas de productos perecederos variedades de diversos colores, texturas y sabores. Para sólo citar unos pocos casos mencionemos la lechuga crespa, la romana, de cabeza suelta, entre otras.

La lechuga debe su nombre (tanto en español como en latín) a sus características físicas: brinda un jugo espeso y lechoso. Es una verdura utilizada desde tiempos remotos y se cree que es originaria de Asia Central. Fue un alimento común en las mesas de la antigua Roma. Se la nombra con frecuencia en la mitología; por ejemplo, la diosa Afrodita colocó el cadáver de Adonis (famoso por su belleza) sobre un lecho de lechuga. Otros, en cambio, se refirieron a sus propiedades. Según el filósofo griego Aristóteles, hasta los dragones sabían que su jugo lechoso aliviaba las náuseas que padecían en primavera.

La lechuga tiene un 95% de agua. Las variedades de hojas verdes son ricas en magnesio, elemento que se relaciona con el pigmento vegetal llamado clorofila. Este mineral también se vincula a ciertas funciones corporales como la transmisión de impulsos nerviosos en el tejido muscular. Aquellas de coloración verde muy oscura son una buena fuente de calcio, hierro (además de clorofi-

la y magnesio), potasio y vitaminas como la A y E. Las de tonos rojizos, en cambio, se destacan por su contenido de carotenos y ácido fólico.

¡Fresca como una lechuga!

Una ensalada basada en esta hortaliza siempre resulta buena compañera de platos más osados. Gracias a su contenido de agua, delicado sabor y textura, refresca el paladar y brinda al intestino gran cantidad de nutrientes. Esta acción es doblemente benéfica porque hidrata al organismo y favorece los movimientos del intestino (evitando con ello el estreñimiento).

Otra de las ventajas del consumo de esta planta es la capacidad de algunos de sus nutrientes de "capturar" la grasa y ciertas sustancias tóxicas; dos propiedades que apoyan los programas de adelgazamiento. Las personas que incluyen lechugas en su dieta tienden a mantenerse delgadas. Por último hay que destacar que contribuye a mejorar la asimilación de las proteínas lo que la hace un complemento perfecto de todo tipo de carnes.

CONSERVAR LOS NUTRIENTES

Cuando lave una lechuga hágalo bajo el chorro del grifo o canilla. Evite sumergirla en agua porque este procedimiento contribuye a una pérdida de nutrientes, especialmente las vitaminas hidrosolubles.

NUTRIENTES
(por 100 g)

CALORÍAS	12
POTASIO (MG)	360
FOLATOS (MCG)	57
FIBRA (G)	1
BETACAROTENOS (MCG)	910
CALCIO (MG)	53
HIERRO (MG)	2
VITAMINA C (MG)	7
VITAMINA E (MG)	1
GRASAS (G)	1

Las lechugas varían muchísimo en cuanto a tamaño y consistencia; aún así podemos decir que pueden dividirse en las lechugas arrepolladas (que abarcan desde las blandas hasta las más crujientes), las de cabeza blanda (que suelen ser las más usuales), y la de cabeza suelta.

Antiácido natural

Pruebe esta receta y evite los antiácidos químicos.

Vierta en el vaso de la licuadora 1 taza de agua muy fría y añada unas hojas de lechuga (bien lavadas). Procese hasta obtener una especie de puré espeso. Consuma esta preparación lentamente para obtener alivio. Si lo desea puede añadir un poco de miel para hacerla más sabrosa.

▶recetas para la salud

De agradable sabor, esta infusión le ayudará a reducir la ansiedad, el estrés y el nerviosismo que aleja al sueño.

INGREDIENTES

4	hojas de lechuga de hojas verde oscura (orgánica)
	Cáscara de naranja (orgánica)
$^1/_2$	cucharada de miel
1	taza de agua

PREPARACIÓN

· **Lave** la lechuga y la naranja. Pele la fruta y separe la mitad de la cáscara.

· **Caliente** el agua a fuego alto; cuando esté cercano el punto de ebullición, ponga las hojas de la verdura y la cáscara de la naranja, previamente lavadas. Reduzca el fuego y permita que la preparación hierva entre 5 y 10 minutos.

· **Filtre** la tisana y añada la miel. Beba la decocción antes de irse a la cama.

Una forma de atenuar el dolor que provocan los golpes fuertes.

INGREDIENTES

3 ó 4	hojas de lechuga
	Aceite (de almendras, por ejemplo)
	Agua caliente
	Gasa o un paño de algodón limpio

PREPARACIÓN

· **Triture** ligeramente las hojas de la verdura y humedézcalas con agua caliente hasta que pueda formar una especie de pasta.

· **Frote** el área afectada con aceite para evitar que la cataplasma se adhiera a la piel.

· **Coloque** la lechuga (aún caliente por el agua) sobre la piel aceitada y vende el área afectada con una gasa o paño de algodón.

· **Permita** que las sustancias medicinales de la planta actúen durante dos o tres horas y, si es necesario, puede repetir el procedimiento.

Adiós al insomnio

Nuestros abuelos recurrían a la lechuga para preparar diferentes remedios y entre ellos uno muy difundido era el que combatía el insomnio. Esta incapacidad para conciliar el sueño o su continua interrupción debe ser tratada porque atenta contra muchas funciones del organismo. Aunque las preparaciones con hojas de lechuga son muy efectivas para tratar esta carencia de sueño, hay que acompañar el remedio con relajación, una correcta alimentación y ejercicio diario.

Las verdes y crujientes hojas de esta hortaliza enen sustancias naturales con poder sedante. Esto quiere decir que calman la ansiedad, especialmente aquella de origen nervioso. El jugo de lechuga es utilizado con frecuencia por los herbolarios para promover el reposo porque invita al sueño. Algunos autores dan cuenta de que durante la Segunda Guerra Mundial se empleó el extracto de lechuga como somnífero. La creación de fármacos sintéticos sustituyó su uso como sedante.

Otras posibilidades interesantes

La lechuga estimula el apetito y utilizarla como entrada beneficia especialmente a los niños y los abuelos. Es, además, laxante (purga suavemente), depurativa (elimina elementos nocivos de los tejidos y de la sangre) y emoliente (disminuye la inflamación de los tejidos). Aplicada externamente es eficaz para aliviar las contusiones.

Como otras verduras de hojas verdes, es fuente de ácido fólico (sustancia básica durante el embarazo) que estimula los ácidos gástricos y facilita el proceso digestivo. El jugo de esta verdura puede, en cierta medida, sustituir los antiácidos elaborados industrialmente y aliviar la indigestión y la acidez.

Maíz

Zea mays · Choclo, elote, mazorca · Corn, sweetcorn, indian corn, maize

K C

Aunque es un cereal, el maíz se emplea en la cocina como una especie de verdura. Buena fuente de carbohidratos y muchos minerales y vitaminas.

La hermosa planta del maíz alcanza unos tres metros de altura. Produce unas largas y angostas hojas que crecen dispuestas de forma opuesta desde el tallo. La variedad de maíces es sorprendente en tamaños y colores, aunque sólo podemos disfrutar de su belleza en algunos lugares de los Andes. Los tipos más comunes en los mercados del mundo son los amarillos y blancos, de granos duros y tiernos.

El maíz es nativo de América, donde era cultivado desde aproximadamente el 500 a.C. Fue un alimento muy valioso para las culturas inca, azteca y maya. Los primeros sembraron este cereal en las laderas de los valles y en lugares resguardados de los vientos y hielos hasta los 3.800 metros sobre el nivel del mar. Esta planta fue introducida en Europa en el siglo XVI y con el tiempo se incorporó a la cocina del mundo.

Presente en los aceites, harinas y cereales del desayuno, es un alimento con una proporción alta de tiamina (vitamina B$_1$), sustancia que estimula la función enzimática y vital para el sistema nervioso y la función cardíaca. Otros nutrientes que posee el maíz son la biotina, la niacina, ácido pantoténico y ácido fólico. En cuanto a los minerales se destacan el potasio, el magnesio y el fósforo, entre otros.

El secreto de las barbas

Las barbas de maíz (estilos) se localizan en las partes internas y externas de las hojas; se emplean medicinalmente en el tratamiento de ciertos problemas urinarios por su significativo contenido de potasio. Contienen, además, aceites esenciales, taninos, vitamina C y K, entre otros. Las barbas tranquilizan y relajan las paredes de los conductos urinarios y la vejiga, mitigando la irritación y promoviendo la eliminación de la orina. Poseen una acción benéfica sobre los riñones porque alivia algunos síntomas que producen los cálculos e incluso reducen su formación.

Bien sea frescas o secas, las barbas se consideran diuréticas y tranquilizantes, estimulan suavemente la producción de bilis, ayudan a disminuir la presión de la sangre y a que los niños no mojen su cama (enuresis). Por lo general se emplean en infusiones y decocciones, aunque lo más recomendable es exponerlas suavemente al calor antes que a prolongadas cocciones que destruyen sus aceites esenciales. El té o tisana de barbas de maíz se recomienda también para disminuir la presión arterial y el nivel de glucemia.

Excelente alimento para niños y abuelos

Toda la familia se puede beneficiar de los nutrientes de maíz; sin embargo, hay que mencionar que los niños y adolescentes les sacan un buen provecho porque es una planta que apoya su desarrollo y brinda energía. Fácil de preparar y agradable para la gran mayoría, es muy fácil de incluir en la dieta de quienes están en crecimiento; un plato de crispetas (o *popcorn* como se las conoce en inglés) es un buen ejemplo de placer gastronómico y valor energético, eso sí, con poca sal.

Los abuelos también pueden recurrir a este cereal en sopas, cremas, hervido o, si lo prefieren, en el desayuno. Además de vigorizar, el maíz fortalece el sistema inmunológico y el sistema nervioso. El valor energético del maíz proviene especialmente de la tiamina porque permite el paso de los carbohidratos hasta la molécula de glucosa.

NUTRIENTES
(por 100 g)

Calorías	86
Proteínas (g)	3,22
Carbohidratos (g)	19,02
Fibra (g)	2,7
Potasio (g)	270
Calcio (mg)	2
Fósforo (mg)	89
Magnesio (mg)	37
Folatos (mcg)	45,8
Provitamina A (mcg)	28,0

¿SÍNDROME DE MAFALDA?

El famoso personaje de Quino odiaba las sopas, como muchos otros niños. Una forma de hacerlas más atractivas, nutritivas y sabrosas, es agregándoles crispetas *(popcorn)* por encima.

GRANO MULTIPROPÓSITO

El grano de maíz reducido a harina o convertido en maicena, es de fácil digestión y muy nutritivo. El aceite crudo se caracteriza por fluidificar el flujo sanguíneo, favoreciendo la limpieza arterial, evitando o disminuyendo el colesterol y las lipoproteínas de mala calidad.

▶recetas para la salud

Infusión contra la cistitis y otros males...

Esta afección es una irritación producida por diversas causas. Se manifiesta por los deseos continuos de orinar y es, en ocasiones, dolorosa. Esta receta puede ayudar a su tratamiento.

INGREDIENTES

1	taza de agua
2	cucharadas de barbas de maíz orgánico

PREPARACIÓN

- **Caliente** el agua hasta que llegue a punto de ebullición. Retire del fuego.
- **Ponga** las barbas de maíz en una taza y vierta encima el agua caliente. Tape el recipiente y deje infundir entre 5 y 10 minutos.
- **Filtre** la preparación y beba. 2 tazas por día (500 ml) son lo recomendable. Esta tisana también es efectiva como tranquilizante, para apoyar el funcionamiento eficiente de los riñones, expulsar los cálculos o aliviar el dolor que estos producen.

Hidratante y limpiadora

Una opción natural para mantener el rostro adecuadamente hidratado y libre de impurezas.

INGREDIENTES

2	mazorcas
1	clara de huevo
1	limón pequeño
1	cucharada de aceite de oliva

PREPARACIÓN

- **Desgrane** la mazorca y coloque los granos en la licuadora con la clara de huevo y el jugo de limón. Procese un poco y añada el aceite de oliva. Vuelva a licuar por dos minutos más.
- **Filtre** la preparación con un colador más bien fino y después a través de una tela o gasa. Procure retorcer el paño al final del procedimiento para extraer todos los jugos.
- **Guarde** refrigerado en un recipiente de cristal por un máximo de diez días.
- **Una sugerencia**: utilice esta crema al final del día.

Mucho más que un alimento...

Hay más de 3.500 usos diferentes de los productos que se extraen del maíz. Algunos de ellos son: jabones, geles, cosméticos, crema dental, betún, materiales como papeles, cartones, pegamentos, pañales desechables y detergentes.

Aplicaciones externas

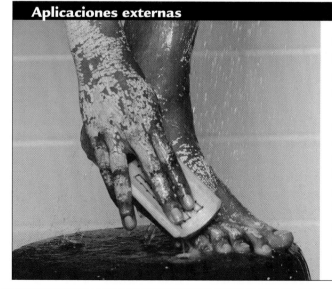

Las llagas, forúnculos y heridas leves suelen tratarse con la harina de maíz. No sólo refresca y alivia las incomodidades y el dolor, sino que facilita su curación. La forma como se aplica este remedio es a través de cataplasmas.

Es importante limpiar la zona afectada antes de emplear este remedio. Su elaboración es sencilla y sus efectos positivos. Utilice tres tazas de agua fría y 2 cucharadas de harina de maíz. Disuelva y ponga a calentar hasta llegar a punto de ebullición; reduzca la temperatura y deje cocinar a fuego lento hasta que se reduzca un tercio del líquido. Aliste la cataplasma: coloque la preparación del maíz entre dos gasas limpias. Aplique sobre la zona afectada un poco de aceite de almendra y encima la cataplasma que dejará actuar por dos o tres horas.

Papa

Solanum tuberosum · Patata · POTATO

La papa es un alimento versátil en la cocina y fuente de energía.

Aporta nutrientes esenciales para las funciones del organismo.

El origen de la papa se encuentra en las alturas de los Andes suramericanos. Fue un alimento importante en la dieta de los incas y otras culturas de la región andina. Fueron los conquistadores quienes la llevaron a Europa en el siglo XVI y de allí se dispersó su cultivo al resto del mundo. Es uno de los grandes legados de América en materia culinaria.

Existen muchísimas variedades, por lo cual es muy difícil resumir sus características. Podemos decir, sin embargo, que las hay redondas, ovaladas, arriñonadas, de color rosado, rojo, amarillo, marrón o blanco; ofrecen, también, diferentes texturas: harinosas, cerosas, firmes, etcétera. Sus nombres y denominaciones cambian con su aspecto físico, lugar de origen e, incluso, llevan el nombre de su "creador". Se aprovechan en gran cantidad de platos que explotan, precisamente, la particularidad de su sabor y su textura. Por esa razón unas funcionan mejor para purés, otras para hervir, o para las sopas...

En general son raíces que aportan vitamina C, vitaminas del grupo B, ácido fólico, fibra y minerales como el potasio y el hierro. Una parte interesante por su contenido de nutrientes es la cáscara u hollejo; el problema es que por lo general debe desecharse por que es, también, la zona que está más en contacto con los fertilizantes y agentes químicos que se utilizan en su cultivo.

Alimento completo

Muchos consideran la papa como un alimento protector del organismo. Esta calificación obedece, fundamentalmente, a las apreciables cantidades de vitamina C presentes en su pulpa.

La familiar papa es una gran ventaja desde el punto de vista económico. Aunque en algunas temporadas la adversidad climática hace subir los precios, en realidad se trata de un alimento accesible para la gran mayoría. Consumirla es una forma de obtener energía gracias, entre otros, a la acción del magnesio, el potasio y los fosfatos de su pulpa. Conviene especialmente a niños, adolescentes y personas mayores porque estimula el crecimiento, activa el metabolismo y tiene una acción alcalinizante.

Sus posibilidades culinarias son tan amplias como lo sea nuestra imaginación. En ensaladas, sopas, asadas, hervidas, son una delicia de fácil digestión. Son ideales para las personas que no pueden ingerir proteínas ni grasas.

Una amiga tranquila

Se considera a la papa como un sedante natural y es empleada en forma de puré para aplacar a los niños excitados. Siempre que regrese a casa fatigado, estresado, angustiado, recurra a esta planta y déjese llevar por sus efectos tranquilizadores.

Emplearla en caldos y sopas es una excelente idea, especialmente cuando existen trastornos estomacales e intestinales. Las papas dejan una ceniza alcalina en el organismo que ayuda a combatir la acidez, los estómagos revueltos y otras molestias. Popularmente se toma el caldo de papas después de haber bebido en exceso. La razón de esta práctica tiene que ver con dos aspectos básicos: por un lado el caldo hidrata al organismo y, por otro, ofrece minerales que seguramente es necesario reponer.

NUTRIENTES
(por 100 g de pulpa)

CALORÍAS	87
POTASIO (MG)	370
CARBOHIDRATOS (G)	21
GRASAS (G)	0,3
FIBRA (G)	2
FOLATOS (MCG)	17
VITAMINA C (MG)	23
CAROTENOS (MCG)	3.930
HIERRO (MG)	1
CALCIO (MG)	24

! Precaución

Las papas deben consumirse maduras porque verdes son ricas en solanina, una sustancia que puede provocar problemas gastrointestinales, dolor de cabeza, diarrea y otras incómodas molestias.

CUESTIÓN DE PIEL

Muchas de las sustancias benéficas de esta raíz se encuentran en su piel. Por esa razón si las papas provienen de un cultivo orgánico, conviene consumirlas con piel. Si se desconoce su procedencia es recomendable retirarles el hollejo una vez cocidas. En cualquier caso conserve la piel mientras están en la olla: la cáscara preservará los nutrientes

►recetas para la salud

Remedio externo

Esta preparación es especialmente útil para aliviar problemas como las espinillas y los forúnculos.

INGREDIENTES

1	**papa pequeña**
1	**aguja**
	Gasas, muselina o algodón
	Agua oxigenada

PREPARACIÓN

· **Para abrir** la espinilla o forúnculo, utilice una aguja que debe esterilizar poniéndola sobre una llama durante un minuto.

· **Lave,** pele y ralle la papa. Llévela a la licuadora y procese. Cuele el líquido y reserve la pulpa triturada.

· **Empape** la gasa, tela estéril o algodón con el jugo. La pulpa colóquela en otra gasa para hacer una cataplasma.

· **Limpie** la zona infectada con la gasa empapada y luego deje actuar la cataplasma durante un buen rato (ojalá hasta que esté seca).

· **Lave** la zona y desinfecte con el agua oxigenada.

Cataplasma para quemaduras

Siempre que la quemadura no sea grave, este remedio le brinda alivio y apoya la cicatrización.

INGREDIENTES

1	**papa cruda**
	Gasa, muselina o paño de algodón
	Aceite (puede ser de almendras)

PREPARACIÓN

· Lave, pele y ralle la papa. Tritúrela en la licuadora hasta obtener una pasta.

· Frote el área afectada con un poco de aceite para evitar que la cataplasma se adhiera a la piel.

· Sobre la tela coloque la papa triturada y cúbrala con otro pedazo o paño.

· Coloque la tela sobre la quemadura y permita que actúe. Renueve la aplicación dos o tres veces por día.

Caldo para el días después...

Una receta para aliviar el "guayabo" o "resaca" después de haber bebido unas copas de más.

INGREDIENTES

2	**papas grandes, peladas**
1	**rama de cebolla larga**
1	**rama de cilantro**
1	**diente de ajo**
8	**tazas de agua**
	Sal al gusto

PREPARACIÓN

· **En una olla** grande ponga a calentar el agua y un poco antes de que llegue al punto de ebullición, añada la cebolla, el cilantro y el ajo.

· **Reduzca** la temperatura a término medio y permita que los ingredientes se cocinen unos 5 minutos.

· **Agregue** las papas cortadas en rodajas y siga la cocción 15 minutos más. Compruebe que las papas estén blandas, reduzca el fuego al mínimo y deje cocer 5 minutos más. Condimente con la sal, revuelva y sirva caliente.

Más aplicaciones

Aliada de las dietas de adelgazamiento por sus bajas calorías, existen muchas otras personas que pueden aprovechar sus cualidades. Aquellos que sufren de hipertensión, estreñimiento, úlceras, cansancio, anemia, insomnio, entre otros, pueden recurrir a esta planta en busca de ayuda.

La papa brinda otros beneficios aplicada externamente. En cataplasmas o ralladas se emplean para aliviar problemas de la piel. En tratamientos de belleza se la utiliza para blanquear y suavizar las manos; en cataplasmas para tratar espinillas y forúnculos; el jugo o la pulpa se emplea como un agente que ayuda a extraer y expulsar de la piel el pus. Tajada en rebanadas se aplica sobre golpes y contusiones.

vegetales

Repollo

Brassica oleracea · Col · CABAGGE

 C Ca Fe Ácido fólico

Usada en medicina tradicional para apoyar la digestión y aliviar el dolor, hoy esta verdura se ha ganado el respeto de los científicos por sus propiedades curativas.

Existen más de cuarenta especies de repollos que se diferencian entre sí por el color, tamaño y forma de las hojas. Se trata de una planta anual o bianual que alcanza dos metros y medio de altura. Su tallo es grueso, sus hojas grisáceas y sus flores amarillas de cuatro pétalos. Son dos las variedades más comunes en nuestros mercados: la de hojas verdes (o *savoy*) y la morada (o col lombarda).

Esta planta es considerada como una de las verduras más antiguas; algunos arqueólogos e investigadores de la historia de los alimentos sostienen que ha sido cultivada durante más de 4.000 años; los griegos, por ejemplo, lo incluyeron en la mitología y explicaban su origen a través de la transpiración de Zeus. Fue empleado en ciertos ritos y se recurría a él antes del alumbramiento para promover en las madres una buena cantidad de leche.

Tanto el repollo de hojas verdes como el morado (así como sus parientes las coles de Bruselas y el repollo chino) son buenos limpiadores del organismo gracias a su contenido de vitaminas B y C, minerales como calcio, potasio, hierro, fósforo, cloro y yodo. La variedad de color morado contiene más calcio pero es ligeramente menos rica en minerales.

NUTRIENTES
(por 100 g de pulpa)

CALORÍAS	26
FIBRA (G)	2
POTASIO (MG)	270
CALCIO (MG)	52
VITAMINA C (MG)	49
VITAMINA E (MG)	1
VITAMINA B$_1$ (MG)	0,2
BETACAROTENOS (MCG)	385
FOLATOS (MCG)	75

Intestino sano

Siempre que se investiga sobre las propiedades curativas de esta planta, lo primero que se encuentra en los textos es la referencia a su poder como aliada de los procesos de digestión y de las vías digestivas. Este aspecto ha llamado la atención de herbolarios y médicos naturistas, quienes recurren a esta planta en busca de apoyo para diversos tratamientos.

Preparado de diferentes maneras, resulta muy efectivo para ayudar a superar el estreñimiento. El famoso *chucrut*, por ejemplo, es recomendado particularmente en casos de intestino "perezoso" y como apoyo en la prevención y tratamiento de enfermedades asociadas al proceso de digestión. Esta preparación tradicional de Alemania posee una cantidad alta de vitamina B$_{12}$ (que se encuentra únicamente en los alimentos de origen animal), imprescindible para la agudeza mental, combatir el estrés, metabolizar el hierro, el crecimiento celular, entre otras.

EL AFRODOSÍACO MORADO

Contiene gran cantidad de selenio lo que significa que es un apoyo para el sistema inmunológico y como activador del metabolismo celular. Se destaca, además, porque aporta nutrientes que activan el deseo sexual, favorece la formación de esperma, desintoxica el intestino, la eliminación de líquidos (contribuyendo a la pérdida de peso), mejora el estado de ánimo y revitaliza el cerebro, entre otras.

EL *CHUCRUT*

El *chucrut* es un alimento especial porque a través de un proceso de fermentación produce cobalamina (vitamina B$_{12}$). Es también rica en vitamina B$_6$, B$_3$, ácido pantoténico, vitamina C, potasio y zinc. Entre sus propiedades están su acción sobre el sistema inmunológico, como revitalizante, fortalecedor de los músculos (como el corazón), contribuye a la producción de glóbulos rojos, estimula el metabolismo del hierro, brinda energía y mejora la concentración.

 ! Precaución

Debido a su contenido de azufre el repollo produce en algunas personas gases y malestar intestinal cuando se consume crudo.

▶recetas para la salud

Salud verde

Este jugo es un limpiador efectivo, bactericida y antiulceroso. Recuerde beberlo fresco para aprovechar todo su poder.

INGREDIENTES

$^1/_2$ **repollo orgánico, fresco**
   Agua

PREPARACIÓN

· **Seleccione** un repollo con las hojas sanas y cuyo tronco no luzca seco y partido, ni pegajoso y de consistencia leñosa. Recuerde que debe palparse firme. Lave la verdura, córtela por la mitad y luego en trozos.

· **Ponga** los trozos de repollo en el vaso de la licuadora con un poco de agua (la cantidad dependerá de su gusto). Procese hasta obtener una consistencia uniforme y espesa. Beba la preparación recién elaborada. Si le disgusta el sabor, puede añadir un poco de zanahoria y hacerla más agradable.

Nota: debido a los problemas de flatulencia que puede generar esta planta, es recomendable consultar a su médico antes de recurrir a este jugo como tratamiento.

RECETA SALUDABLE

Esta decocción se emplea para aliviar los bronquios,
y por tanto la tos y el catarro.
Lave, retire la nervadura y corte una hoja de repollo. Cocínela
en una 1 taza de leche hasta que las hojas se ablanden. Filtre y
añada un poco de miel. Beba caliente dos veces por día.

Cataplasma de repollo

Es un remedio antiinflamatorio y se emplea para aliviar diversos padecimientos entre los que se destacan las hinchazones y articulaciones adoloridas.

INGREDIENTES

   4 a 6 hojas de repollo
      Agua hirviendo
      Gasa o tela de algodón
      Aceite (puede ser de almendras)

PREPARACIÓN

· **Tome** unas cuantas hojas de repollo (sugerimos 4 a 6), lávelas y cocínelas a fuego lento hasta que se ablanden.

· **Retire** las hojas del agua hirviendo, escúrralas y colóquelas entre dos tiras de gasa o algodón.

· **Aplique** un poco de aceite en el área afectada para evitar que la cataplasma se pegue a la piel.

· **Aplique** la cataplasma y permita que actúe entre una y dos horas antes de cambiarla. Observe la tolerancia de la piel, pues la cataplasma de repollo puede causar ampollas si se deja durante muchas horas.

Nota: este remedio también ha sido utilizado para ayudar a la cicatrización de heridas y úlceras.

Mucho más que una simple verdura

Los fitonutrientes del repollo o col contienen propiedades antioxidantes y contribuyen a la prevención del cáncer, especialmente de seno y de próstata. Ayudan a acelerar el metabolismo del estrógeno y se los considera capaces de bloquear el desarrollo de estas enfermedades. Es también conocida su acción antibacterial y antiviral. Sin embargo, estas propiedades se destacan en la verdura cruda porque la cocción tiende a eliminar o disminuir los compuestos benéficos para el organismo.

Por más de cuarenta años, el jugo de esta verdura ha sido empleado para el tratamiento de las úlceras estomacales; en algunos experimentos llevados a cabo en pacientes con úlcera se utilizó el jugo de repollo crudo, logrando en pocos días aliviar las incomodidades producidas por este padecimiento. Se cree, además, que esta bebida contribuye a acelerar la cicatrización.

Las hojas del repollo también dan buenos resultados para casos de anemia, dolor de cabeza, problemas respiratorios (porque ayuda a respirar con normalidad cuando se padecen afecciones como la bronquitis y el asma) y el acné. Algunos autores señalan que esta verdura ayuda a proteger el organismo de la excesiva radiación emitida por los computadores, hornos microondas, televisores, líneas de alta tensión, etcétera.

Tomate

Lycopersicum esculentum · Jitomate · Tomato

Este jugoso fruto es una de las grandes maravillas de la naturaleza.
Inigualable en la cocina, es un alimento protector del organismo.

Uno de los vegetales más versátiles, útiles y populares del mundo es, en realidad, una fruta. Nos hemos acostumbrado a relacionarlo con las hortalizas por su sabor y usos culinarios; sin embargo, es el fruto de una hierba de fuerte olor que crece en la actualidad en todos los rincones del planeta. Consumido crudo, cocido, deshidratado, enlatado, en conserva, los tomates se emplean en gran cantidad de productos como sopas, jugos, salsas, purés y pastas.

La palabra *tomatl* es de origen náhuatl y designa una variedad de tomate verde. El de color rojo, en cambio, este mismo pueblo lo bautizó como *xictltomatl*, vocablo que dio origen a la denominación de jitomate utilizada aún en México. Los españoles llevaron este fruto a Europa con el evocador nombre de "manzana peruana" o "manzana de amor". Los franceses tomaron este último nombre, *pomme d´amour*, porque lo consideraron afrodisíaco. Se estimaban tanto sus poderes para el amor que se pagaban fortunas por un tomate. Los italianos lo bautizaron como *pom d´oro* (pomodoro), palabra que deriva del apelativo original "manzana de oro".

La prodigiosa esfera que nos regala la planta del tomate es predominantemente alcalina debido a su contenido de ese mineral. Valiosa fuente de vitaminas C y del grupo de las B, es profuso en aminoácidos vegetales, hierro, potasio, magnesio y fósforo. Brinda algo de fibra y se ha destacado por ser una fuente natural de pigmentos antioxidantes. Una de las sustancias que más ha interesado a investigadores y científicos es un poderoso antioxidante llamado licopeno, un tipo de caroteno que protege y estabiliza la membrana celular.

Investigaciones recientes...

Los estudios realizados en laboratorios de Estados Unidos y otros países, han encontrado que existe un índice de disminución del cáncer de próstata y otros tipos de cánceres relacionado con el consumo de frutas y verduras. Las pruebas abarcan más de 46 tipos de plantas, y los tomates se han destacado como un alimento que actúa para reducir el riesgo de contraer esta enfermedad. Al parecer el licopeno es el responsable de ejercer un efecto protector en el organismo.

Otras investigaciones en países como Italia han analizado el comportamiento de esta fruta frente al cáncer, pero esta vez en lugares como boca, estómago, colon, entre otros. Sus conclusiones son muy esperanzadoras porque indican que el consumo de siete porciones de tomates a la semana, reducen en un 60% el riesgo en personas sensibles a esta enfermedad.

EL LICOPENO

Se trata de un tipo de caroteno muy eficiente que actúa como protector celular; el color rojo de este fruto se debe a la presencia de esta sustancia. Posee efectos antioxidantes y de protección de las mucosas (defendiéndolas de virus, hongos y bacterias)

NUTRIENTES
(por 100 g de pulpa)

Calorías	17
Proteínas (g)	1
Grasas (g)	0,3
Fibra (g)	1
Potasio (mg)	250
Betacarotenos (mcg)	620
Vitamina C (mg)	17
Vitamina E (mg)	1
Folatos (mcg)	17

COCTEL OCULAR

Rico en vitaminas, este jugo beneficia la salud de los ojos.

· Utilice tres tomates orgánicos, un manojo de berros y medio pimentón rojo.

· Haga con cada verdura un jugo por separado y agregue un poco agua a los berros y al pimentón, si va a utilizar licuadora.

· Mezcle en un vaso los tres jugos y revuelva.

! Precaución

Las personas que padecen artritis deben evitar el consumo del jugo de tomate.

ESTADO IDEAL

La mejor manera de beneficiarse de los nutrientes del tomate, es consumirlo crudo y muy maduro. Si se desea utilizar los tomates cocidos, no exponga la verdura a altas temperaturas y por mucho tiempo. Conviene, entonces, hervir un poco y retirar la piel porque allí se concentran los químicos con que se apoya su cultivo y transporte.

vegetales

▶recetas para la salud

Jugo de tomate fresco

Una terapia muy suave que apoya a los niños y a los abuelos que se sienten débiles. Esta bebida es vigorizante, ayuda a superar la fatiga y contribuye a alejar trastornos alimentarios como la anorexia.

INGREDIENTES

2	**tomates rojos, orgánicos**
1	**taza de agua**
	Una pizca de pimienta negra
1	**chorrito de jugo de limón (opcional)**

PREPARACIÓN

· **Lave** los tomates orgánicos cuidadosamente. Córtelos en cuatro partes para facilitar el licuado.

· **Coloque** en el vaso de la licuadora la fruta y el agua. Procese hasta obtener una bebida homogénea.

· **Condimente** con pimienta, para darle mejor sabor. Este condimento es especialmente atractivo para los abuelos pero puede resultar un tanto fuerte en el caso de los niños.

· **Si lo desea**, añada un chorrito de jugo de limón, una solución atractiva para el caso de los niños.

Pasta con salsa de tomates

Una plato que brinda energía y que resulta atractivo para chicos y grandes. Es también útil para personas que tienden a retener líquidos y de estómago delicado.

INGREDIENTES

500g	**de pasta (por ejemplo, espagueti)**
5	**cucharadas de aceite de oliva**
4	**tomates rojos, pelados y sin semilla**
$^1/_2$	**cebolla cabezona**
4	**dientes de ajo**
	Queso rallado

PREPARACIÓN

· **Lave** muy bien los tomates; córtelos en pedazos.

· **En una sartén** caliente el aceite y sofría los tomates, la cebolla y los dientes de ajo. Recuerde no cocinar excesivamente, para conservar los nutrientes y el sabor. Añada un cucharón de agua caliente y permita que el líquido se evapore.

· **Aparte**, cocine la pasta según las instrucciones del fabricante. Cuando termine la cocción escurra y mezcle con la salsa caliente.

· **Sirva** en porciones y rocíe un poco de queso rallado (puede ser queso parmesano).

Apoyo natural

Este famoso fruto rojo es rico en potasio y ayuda en caso de retención de líquidos porque permite el transporte de los nutrientes hasta las células y, con ello, apoya la eliminación. Es también útil para aliviar algunos problemas de la piel y, según algunos investigadores, para la fertilidad. Su consumo proporciona otros beneficios naturales que resultan interesantes: proporciona energía, aumenta el metabolismo celular, estimula el apetito, mejora la actividad normal del intestino y contribuye a la digestión.

El jugo fresco de esta verdura es saludable para los niños y apoya tratamientos contra la debilidad. Es también un vigorizante general, combate la fatiga y contribuye a alejar trastornos alimentarios como la anorexia. Algunos autores resaltan su efecto sobre el ánimo, por su contenido de ácido fólico. Otros destacan su contenido de vitaminas del grupo B que favorecen el sueño e inducen a un estado de ánimo positivo. Incluir este superalimento en la dieta semanal es una forma de proteger las mucosas del organismo, prevenir las infecciones y ayudar a la salud y regeneración de los tejidos.

Zanahoria

Daucus carota · Existen variedades llamadas "de manojos" y variedades sin hojas. · Carrot

E   K   Se

*Crujiente al morderla y dulce al paladar, esta verdura es rica
en betacarotenos, un antioxidante natural.*

Siempre que pensamos en una zanahoria imaginamos una forma alargada de intenso color anaranjado; sin embargo, existen variedades que comprenden otras tonalidades que abarcan el amarillo, el rojo profundo o púrpura y blanco. Las zanahorias pueden ser pequeñas y alargadas (no más largas que un meñique) o bien grandes y robustas.

Las especies silvestres que se encuentran frecuentemente en Europa meridional y en Asia, hacen pensar a los investigadores que la región de procedencia es muy amplia y que se extiende por los dos continentes. En el siglo I de nuestra era, el célebre médico griego Dioscórides recomendaba las semillas de esta planta para estimular la menstruación, aliviar la retención urinaria y para "despertar las virtudes genitales". En medicina china esta verdura ha sido empleada para estimular la eliminación de desperdicios y disolver los cálculos. También se la considera rica en aceites esenciales útiles para combatir los parásitos intestinales.

La zanahoria es una de las mejores fuentes naturales de betacaroteno. También se destaca por su contenido de vitamina E y, aunque en menor grado, de vitaminas B, C, D y K. En cuanto a los minerales posee potasio, calcio, fósforo, sodio orgánico y trazas minerales (como el selenio).

NUTRIENTES
(por 100 g de pulpa)

Calorías	30
Carotenos (mcg)	5.330
Potasio (mg)	240
Carbohidratos (g)	6
Fibra (g)	2
Calcio (mg)	34
Folatos (mcg)	28
Grasas (g)	0,5
Vitamina E (mg)	1
Vitamina C (mg)	4

Betacaroteno, activa maravilla

El principio activo más evidente en esta planta es el pigmento vegetal betacaroteno que confiere ese bonito color anaranjado de su piel y pulpa. Esta sustancia resulta muy positiva y de grandes beneficios para el organismo porque, entre otras cosas, es un precursor de la vitamina A. Los investigadores del tema de la nutrición y sus constituyentes señalan que el betacaroteno es un arma poderosa del sistema inmunológico; brinda fortaleza a las mucosas de todo el organismo y activa el metabolismo celular.

El betacaroteno es, además, un poderoso antioxidante que combate dentro del organismo enfermedades como el cáncer, protege las arterias y lucha contra las infecciones. En gran cantidad, esta sustancia ayuda a reducir el riesgo de enfermedades degenerativas de los ojos (como las cataratas) y a prevenir la angina de pecho. Una buena forma de aprovechar las sorprendentes armas contra la enfermedad que nos brinda esta hortaliza, es combinándola con alimentos ricos en vitamina E, hierro o zinc, porque para que el betacaroteno se transforme de manera eficiente en vitamina A es necesario que esos nutrientes se encuentren en nuestro organismo.

LA RIQUEZA EN CAROTENOS

Los carotenos son unos pigmentos naturales que tienen una capacidad antioxidante y que se encuentran en la zanahoria y otras frutas y verduras. Podemos reconocer estas plantas por su brillante colorido. Si por cualquier razón las reservas de vitamina A del organismo están bajas, se puede recurrir a alimentos fuentes de betacaroteno que serán transformados en vitamina A en el intestino e hígado.

FRUTAS Y VERDURAS RICAS EN BETACAROTENO

Albaricoque seco
Naranja
Limón
Melón
Mango
Papaya
Tomate
Pimentón
Brócoli
Espinaca
Ahuyama

! Precaución

Las semillas de zanahoria no deben ser ingeridas por mujeres embarazadas pues pueden provocar abortos. Conviene adquirir las semillas en almacenes naturistas y no emplear las que se venden para sembrar. Excederse en la bebida del jugo puede tornar la piel amarilla o naranja temporalmente.

►recetas para la salud

Cataplasma para las quemaduras

Siempre que no se trate de una quemadura grave, en cuyo caso hay que pedir asistencia médica, esta cataplasma alivia el dolor, refresca la zona y ayuda a la cicatrización.

INGREDIENTES

1   zanahoria fresca
Un poco de aceite (puede ser de almendras, oliva o girasol)
Gasas o un paño de algodón limpio

PREPARACIÓN

· **Lave** la zanahoria con la ayuda de un cepillo y rállela. Este procedimiento debe hacerse rápidamente para aprovechar las sustancias volátiles presentes en esta verdura.
· **Frote** el área afectada con el aceite para evitar que la cataplasma se adhiera a la piel.
· **Coloque** la zanahoria rallada sobre la quemadura y cubra la zona afectada con una gasa o algodón esterilizados, para mantener fija la ralladura y aislar de impurezas la planta. Renueve la cataplasma cada hora.

Jugo adolescente

Los barros y espinillas son una verdadera molestia durante la adolescencia. Este jugo puede contribuir a mejorar este problema y embellecer la piel. ¡Los adultos también pueden aprovecharlo!

INGREDIENTES

7   zanahorias medianas
$^1/_2$ taza de agua

PREPARACIÓN

· **Lave** muy bien la verdura con la ayuda de un cepillo, retire las partes verdes y pélela procurando extraer sólo la capa superficial, porque en la capa exterior están concentradas las propiedades curativas.
· **Corte** la verdura en trozos, póngala en la licuadora con el agua y tritúrela. El jugo debe beberse en seguida, sin dejarlo almacenado en la nevera o expuesto por demasiado tiempo al aire libre.

Nota: este jugo combina muy bien con otros zumos de frutas y verduras (algunas de ellas con sabores fuertes o amargos) como, por ejemplo, la naranja, manzana, guayaba, jugos de verduras verdes y remolacha, entre otros.

Tisana de semillas

Una receta carminativa (que favorece la expulsión de los gases desarrollados en el tubo digestivo), estimulante de digestión y que contribuye a la secreción láctea.

INGREDIENTES

15 g (1 y $^1/_2$ cucharadas) de semillas de zanahoria
1   litro de agua

PREPARACIÓN

· Hierva en olla tapada las semillas con el agua durante 1 minuto.
· Deje reposar por unos minutos el té y filtre. Deje enfriar antes de beber.

Beneficios por partes del cuerpo

Aunque no existen pruebas contundentes algunos científicos coinciden con una apreciación de los antiguos griegos que consideraban esta verdura como afrodisíaca. Los experimentos sugieren que las zanahorias contienen componentes que estimulan el apetito sexual y activan la producción de espermatozoides. Lo que sí está completamente probado es la suposición antigua de que esta hortaliza ayuda a mejorar la visión nocturna y mejora la agudeza visual.

El betacaroteno y otras sustancias presentes en la zanahoria son vitales para la salud de la piel, el crecimiento del cabello y las uñas. Su efecto es muy interesante porque protege la piel contra las radiaciones ultravioleta, el deterioro, el envejecimiento y ayuda a la recuperación cuando hay quemaduras por fuego o alguna sustancia líquida hirviente. Las semillas de esta planta son diuréticas y estimulan la menstruación. Una de las contribuciones más importantes de la zanahoria a la salud corporal es como tónico y limpiador del hígado.

Albahaca

Ocimum basilicum · Hierba real, basílico, alhábega, alábega · Basil, sweet basil

De la albahaca se utilizan especialmente sus aromáticas hojas, tanto frescas como secas.
Popularmente se cree que, plantándola en materas que se colocan
en las ventanas, aleja los mosquitos.

Su delicioso aroma invita a usarla en todo tipo de preparaciones culinarias y terapias. Se cultiva en todo el mundo como una planta anual que exhibe tallos que alcanzan entre 20 y 60 cm de altura, con hojas verdes que en ocasiones se tiñen de púrpura y flores de dos pétalos. Existen muchas variedades que difieren en el tamaño de sus hojas, color y sabor. Su cultivo demanda cuidados porque se trata de una hierba exigente; prefiere ambientes cálidos y soleados, bien drenados y fértiles, aunque la tierra donde se siembra no tiene que ser extremadamente rica en nutrientes.

El término *basilicum* de su nombre científico (y de otros idiomas como el inglés *basil* o el italiano *basilico*) deriva de la palabra griega *basilikon*, que quiere decir "real". Esta planta fue conocida por los antiguos egipcios y popular entre las culturas griega y romana; sin embargo, en el curso de la historia adquirió una dudosa reputación porque se asoció su nombre no con la realeza sino con la palabra *basiliscus* o basilisco, un animal fabuloso mezcla de serpiente o dragón y gallo, cuya sola mirada mataba. Creyeron que la albahaca engendraba gusanos o provocaba la cría de escorpiones en el cerebro.

La verdad es que esta dulce hierba es una extraordinaria aliada de la salud. Resulta efectiva tanto deshidratada como fresca, aunque la cantidad que debe utilizarse en cada caso es distinta. Desde el punto de vista farmacológico es carminativa y galactagoga (que provoca el aumento de la secreción de la leche).

COMPOSICIÓN

Aceite esencial con Linalol

Cineol

Estragol

Eugenol

Saponinas

BUENA IDEA

Si algún miembro de la familia está resfriado, seguramente esparcirá bacterias a su alrededor. Purifique el ambiente con esta simple receta: elabore una infusión, colóquela en un recipiente atomizador y aciónelo cerca del enfermo.

! Precaución

Las mujeres embarazadas deben evitar las preparaciones de albahaca, salvo que el médico especialista las recomiende. Debe suministrarse a los niños con precaución. El aceite esencial de esta planta no debe ser tomado oralmente y conviene mezclarse con un aceite más suave si se aplica sobre la piel. Puede causar irritaciones en personas con piel extremadamente sensible.

Algunos usos externos

Además de todos sus beneficios internos, la albahaca puede usarse externamente sobre la piel. La tisana se emplea popularmente como repelente de insectos; el jugo de la hoja (para lo cual hay que triturar directamente las hojas frescas) brinda gran alivio a las molestias que producen las picaduras de insectos. Aplicarla sobre la piel también produce un efecto antibacterial.

Es estupenda en el baño porque al inhalar los vapores aromáticos de la albahaca se limpian los senos nasales; si la emplea en la bañera, entre 5 y 10 gotas de aceite esencial bastarán. El masaje del aceite esencial (combinado con otro aceite o gel) es práctico para mejorar los problemas respiratorios. En ese caso se aplica sobre las coyunturas, se masajean los músculos, se frota en el pecho. Recuerde que el aceite esencial no debe ser usado puro sino mezclado con otro aceite más suave como, por ejemplo, de almendras o los recomendados para niños. Las vaporizaciones con el aceite esencial también ayudan a una mejor respiración cuando se atraviesan estados gripales. 4 a 6 gotas en una fuente de agua hirviendo son una buena medida; recuerde envolverse en una toalla e inhalar de 5 a 10 minutos.

RECETA SALUDABLE

Como se trata de un tónico para aliviar el sistema nervioso, esta planta se aconseja para tratar estados de sobreesfuerzo intelectual. La infusión de 1 cucharadita por taza de agua hirviendo, se recomienda dos veces por día.

▶recetas para la salud

Tisana básica para el aparato digestivo

Gracias a sus cualidades contra la flatulencia, el malestar de estómago, el nerviosismo y los trastornos de sueño, esta preparación es una receta básica para los abuelos y quienes tienen delicado el aparato digestivo.

INGREDIENTES

1	cucharadita de hierba seca
1	taza de agua caliente pero no hirviendo

PREPARACIÓN

- **Con la mano** suelte un poco la hierba sin excederse para no pulverizarla. Coloque la albahaca en una taza.
- **Vierta** encima el agua caliente. Tape con un plato, por ejemplo, y permita que se infunda de 10 a 15 minutos. Cuele y beba.
- **Como cura** para fortalecer el estómago y los nervios se beben 2 tazas diarias durante 1 semana; se hace una pausa durante 14 días para que el organismo descanse y se repite.

Compresa para los senos y los orzuelos

Esta receta se utiliza para tratar la obstrucción de los senos durante el período de lactancia y resulta eficaz para curar los molestos orzuelos.

INGREDIENTES

20 g	de hojas y flores frescas de albahaca
1	litro de agua de rosas
	Un paño de algodón suave y limpio

PREPARACIÓN

- **Prepare** una infusión utilizando la planta fresca y el agua de rosas. Es importante que ésta última esté lo suficientemente caliente para que logre infundir las hojas y flores y extraer las sustancias benéficas.
- **Antes** de aplicar la compresa es importante lavarse las manos muy bien así como la zona afectada.
- **Empape** la tela de algodón con la preparación y coloque en los senos o en la parte afectada de los ojos. Permita que la compresa actúe durante 1 hora. Recuerde que la temperatura debe ser agradable, ni muy caliente ni completamente fría.

Aliada del sistema nervioso

Esta hierba tiene una acción de sedante suave y resulta efectiva en los tratamientos de irritabilidad nerviosa, depresión, ansiedad e insomnio. El aceite esencial (que suele conseguirse en tiendas naturistas y farmacias especializadas) es un recurso muy efectivo cuando se usa atomizado en el aire o se vierten unas pocas gotas en un pañuelo porque ayuda a superar los estados de ansiedad, estrés, fatiga y problemas respiratorios.

Combate el dolor de cabeza y apoya a las madres

El agua aromática o té de esta hierba es especialmente efectiva con la migraña y el dolor de cabeza. Se recomienda la infusión de las hojas frescas de la planta. La preparación debe consumirse recién hecha para obtener todos los beneficios de las sustancias medicinales. En los casos de fiebre se recomienda entrapar una toalla con este líquido, envolverla en la cabeza e inhalar los vapores de la infusión mientras está aún caliente.

Su acción galactagoga la hace atractiva para las madres que atraviesan el período de lactancia. Algunos médicos naturistas la recomiendan antes y después del parto con el fin de estimular la circulación de la sangre. Vale la pena subrayar que este remedio debe utilizarse bajo la autorización médica.

Anís

Pimpinella anisum · Anís verde, matalahúva, hierba dulce,
simiente dulce, comino dulce · ANISE

*Sus propiedades son tan importantes como numerosas. Tiene un efecto
beneficioso sobre las dolencias que provienen del aparato digestivo y respiratorio.*

En los mercados, supermercados y tiendas naturistas se encuentra esta aromática semilla que posee un agradable sabor y efectos positivos sobre el organismo. Su pariente, el anís estrellado, es también frecuente en el comercio; más vistosa en su forma, posee cualidades curativas parecidas. Sin embargo, dedicaremos estas páginas a la primera, especie más estudiada y tradicional en los remedios caseros.

El anís es pariente botánico del eneldo, el hinojo y el comino, es una planta anual que crece hasta 60 cm de altura. Su tallo es cilíndrico, recto y sus hojas redondeadas. Las flores son blancas y los frutos de color verde recubiertos de una pelusilla. Debe almacenarse por poco tiempo pues se deteriora con rapidez y pierde sus efectos curativos. Entre sus propiedades hay que destacar que es digestiva, carminativa, antiespasmódica, mucolítica, expectorante, diurética, antiséptica y vermífuga.

La planta de anís, nativa de Oriente, ha sido cultivada en Egipto desde hace más de 4.000 años. Los textos médicos de los faraones indican que las semillas fueron usadas como diurético, en el tratamiento de problemas digestivos y para aliviar el dolor de muelas. Su cultivo se ha extendido a regiones como Rusia, Turquía e India.

Aliviar la tos

El anís es un remedio eficaz contra la tos, con un efecto tranquilizante suave y ligeramente mucolítico; esto se debe principalmente a su aceite esencial que se elimina a través de los pulmones. Gracias a su agradable sabor y aroma es un remedio mucho más popular que otras tisanas que poseen un efecto parecido.

Es una planta amiga del aparato respiratorio. Las vaporizaciones realizadas con una infusión de anís (consulte la receta en la página siguiente) alivian las afecciones nasales, ayudan con el asma, la bronquitis, la tos y los resfriados y catarros. De igual forma facilita la eliminación de las mucosidades bronquiales haciéndolas más fluidas. Es importante, siempre que se use el vapor caliente de alguna planta, el evitar cambios bruscos de temperatura para lo cual se recomienda una habitación tibia y que no esté expuesta a corrientes de aire.

COMPOSICIÓN

ATENOL
ESTRAGOL
CARBUROS TERPÉNICOS
CETONAS
COLINA
ÁCIDO MÁLICO

! Precaución

El aceite esencial de anís puede tener leves efectos secundarios, como trastornos estomacales, diarrea, náusea y vómito. Conviene limitar el uso de este aceite a los adultos y, por tanto, no emplearse en los niños y bebés. De igual forma debe limitarse el uso de este aceite (no las semillas) en mujeres embarazadas o que están dando de lactar.

CATAPLASMA DE ANÍS

Una receta útil para aliviar golpes y contusiones. Prepare una tisana con 15 g de anís machacado y 2 tazas de agua muy caliente. Deje reposar unos 20 minutos esta mezcla. Filtre y, con el agua anisada, empape un paño o gasa que aplicará sobre la zona afectada.

DIVERSAS PRESENTACIONES

ANÍS COMÚN EN SEMILLAS

ANÍS ESTRELLADO

ACEITE ESENCIAL

INFUSIÓN

DECOCCIÓN

POLVO

EXTRACTO

LICORES

USAR EL ANÍS ESTRELLADO

Tan útil como el anís común. Se puede emplear en las tisanas que se indican en este libro pero con la única recomendación de emplear la vaina y la semilla. Algunos autores señalan que el anís estrellado es más apropiado para uso infantil.

hierbas

▶recetas para la salud

Infusión "multipropósito"

Amable con el aparato digestivo, esta tisana resulta muy útil para promover la digestión, facilitar la eliminación de gases, cólicos estomacales, trastornos menstruales, congestión nasal o como bebida final tras una comida pesada.

INGREDIENTES

2	cucharaditas de semillas de anís común
1	taza de agua

PREPARACIÓN

- **Caliente** el agua y retire del fuego antes de que empiece a hervir.
- **Triture** un poco las semillas, colóquelas en una taza, vierta encima el agua y deje reposar tapado entre cinco y diez minutos. Filtre y beba.

Vaporización de anís

Un remedio fácil de elaborar y que alivia la congestión de las vías respiratorias. Conviene acompañarla con la tisana para una recuperación más rápida.

INGREDIENTES

5 a 10	gotas de aceite esencial
1	litro de agua más 1 taza
3	cucharaditas de anís común

PREPARACIÓN

- **Ponga** a hervir el litro de agua y, cuando el líquido esté bien caliente, páselo a una fuente de boca ancha. Añada el aceite esencial de anís y mezcle muy bien.
- **Aparte** haga una infusión fuerte con las semillas de anís y la taza de agua restante. Recuerde dejar pasar el tiempo suficiente para que los elementos curativos pasen al agua.
- **Vierta** la preparación en el recipiente que contiene el aceite esencial.
- **Utilice** una toalla para tapar la cabeza y otra para el recipiente de boca ancha. Conviene cerrar los ojos e inhalar el vapor por unos diez minutos o hasta que el agua se enfríe.
- **Una vez hecha** la vaporización e inhalación, evite cambios bruscos de temperatura.

Nota: sólo utilice el aceite esencial internamente bajo supervisión profesional.

Amable con la digestión

El uso del anís como planta digestiva ha ido pasando de generación en generación. El anís ejerce una función carminativa y, por esa razón se recomienda en casos donde es difícil expulsar gases o en quienes deben mejorar su proceso digestivo. Es apropiada para los abuelos que con la edad suelen ser propensos a las náuseas e indigestión.

Además de su efecto carminativo hay que destacar su acción aperitiva y tonificante del estómago. Limpia los intestinos de fermentaciones y residuos y contribuye así con la salud de todo el aparato digestivo. Gracias a su atractivo sabor goza de gran aprecio y resulta apropiado en los niños, quienes deben consumir la tisana diluida para evitar reacciones alérgicas. Los bebés que sufren de cólicos y retortijones pueden ser tratados con agua de anís; sin embargo, conviene consultar con el pediatra el momento en el cual se puede recurrir a este remedio casero así como la cantidad.

Una semilla "femenina"

En diferentes momentos de la vida esta semilla puede contribuir a procurarnos apoyo y bienestar. En primer lugar, y quizás por lo que es más conocida, esta planta favorece la secreción de leche materna. Muchos libros que tratan el tema del embarazo, parto y crianza del bebé, señalan la importancia del consumo de líquidos para promover la producción de leche. Además de leche, cremas, sopas y jugos, algunas tisanas o tés ayudan a lograr este propósito. El anís es una buena aliada y se recomienda consumirla unos veinte minutos antes de dar pecho al bebé.

Esta semilla tiene un efecto moderado como estrógeno y en ocasiones es recomendada por los médicos para mitigar los malestares mañaneros durante el embarazo así como el tratamiento de los síntomas de la menopausia. Aunque falta profundizar un poco en la materia, se ha señalado que estas semillas pueden resultar benéficas para tratar la impotencia y la frigidez.

Caléndula

Calendula officinalis · Flor de muerto, mercadela, maravilla, flamenquilla,
caldo, flor de todos los meses · Marigold, pot marigold

El uso terapéutico de la caléndula se originó en el antiguo Egipto y,
posteriormente, se extendió por toda Europa.

La caléndula es una de las plantas más conocidas y versátiles de la medicina herbal de Occidente. Se trata de una bonita hierba que se destaca por su deslumbrante flor de color naranja o amarillo. Luce un tallo erecto y tubuloso, de tono verde intenso y recubierto por un áspero bello. Sus hojas son largas y lanceoladas (en forma de lanza), también de textura áspera y que se agrupan para crecer. Nace de forma espontánea en los terrenos baldíos y jardines hasta alcanzar unos 30 cm; florece con cierta frecuencia y gusta de terrenos bien drenados y soleados.

En la Edad Media esta planta fue consagrada a la virgen María y por esa razón su denominación en inglés: *marigold*. En español el vocablo caléndula se relaciona con el latín *calendas*, primer día del mes, y se cree que le fue asignado por cuanto esta hierba florece durante todos los meses del año. A América llegó con los españoles y con rapidez fue incorporada a la medicina campesina; quizás por esa razón se promovió su crecimiento espontáneo en jardines y campos.

Esta planta que posee poderes antiinflamatorios, de alivio a los espasmos musculares, astringente, cicatrizante, antiséptica, antibiótica, desintoxicante y medianamente estrógena. Se emplea en un gran número de padecimientos y en diversas preparaciones como infusiones, decocciones, jugo, pomadas, ungüentos, lociones, talcos, tintura y aceites esenciales.

COMPOSICIÓN

Ácido salicílico
Carotenos
Flavonoides
Aceites esenciales
Saponina
Resina
Calendina
Lactonas terpénicas
Alcoholes

Remedio para la piel

Uno de los usos más populares de la caléndula es el relacionado con la piel, especialmente cuando se trata de dolencias menores. Es ampliamente utilizada en cortadas, heridas y abrasiones. Las zonas de la piel enrojecidas e inflamadas, donde se incluyen quemaduras de menor grado y solares, responden de manera rápida y positiva a los efectos de la caléndula. El acné y algunas erupciones cutáneas también son tratadas con los diferentes productos a base de esta planta. Esta información será ampliada en las aplicaciones de esta hierba en la belleza (ver tomo 2).

Infecciones de la piel como el famoso "pie de atleta" también están en la lista de padecimientos que responden al tratamiento a base de caléndula. Esta infección por hongos puede transmitirse a través del contacto físico y en ocasiones es difícil de erradicar. El pie de atleta es una infección por hongos que crecen entre y debajo de los dedos del pie y produce rajaduras y peladuras. Si se trata de una infección leve puede ser tratada en casa.

OPCIONES SORPRENDENTES

La gran fama de la caléndula proviene de sus efectos curativos. Sin embargo, esta planta es también usada en la cocina. Los pétalos de esta hermosa flor se aprovechan en ensaladas a las que brinda un especial colorido y, en ocasiones, se emplea como sustituto del azafrán.

MENSTRUACIONES IRREGULARES

Los períodos desordenados, prolongados y muy abundantes son comunes en las adolescentes y en las mujeres cerca de la menopausia. También influye la alimentación, el estilo de vida (activo o no) y el peso corporal. Se suelen relacionar con el nivel de estrógenos en el organismo; cuando éste es bajo, la hemorragia es liviana pero constante y cuando el nivel es alto, la falta de hemorragia puede preceder a pérdidas abundantes de sangre.

! Precaución

La caléndula pertenece a la familia de las compuestas y, en algunas personas sensibles, puede provocar ciertas irritaciones. Evite emplearla en ungüento o pomada sobre una quemadura reciente o una herida profunda. Debe evitarse su uso interno durante la etapa de gestación.

►recetas para la salud

Infusión básica

Especialmente indicada para infecciones por hongos crónicos como la tiña* y las aftas. La dosis que suele recomendarse es de 1 a 3 tazas por día.

INGREDIENTES

1	cucharadita (2 a 3 g) de caléndula seca o
	2 cucharaditas (4 a 6 g) de hierba fresca
1	taza de agua

PREPARACIÓN

- **Coloque** la hierba en una taza.
- **Vierta** encima el agua caliente (sin que esté hirviendo porque puede quemar la hierba).
- **Tape** y permita que infunda entre 5 y 10 minutos. Filtre y beba.

*Nota: la tiña es una enfermedad producida por diversos parásitos en el cuero cabelludo o en diferentes partes del cuerpo.

Aceite desinflamante

Una opción para tratar zonas de la piel inflamadas. Su aplicación se hace a través de un suave masaje en la región afectada dos o tres veces por día. Este aceite requiere de tiempo para su preparación, de modo que es una buena idea hacerlo con anticipación y guardarlo en el botiquín.

INGREDIENTES

	Suficiente caléndula seca (recomendamos 250 g de caléndula deshidratada o 500 g si está fresca por 750 ml de aceite)
	Aceite de oliva o girasol
1	**frasco de vidrio**
	Tela, gasa o muselina
1	**jarra de vidrio**
	Recipientes de color oscuro

PREPARACIÓN

- **Recuerde** que es muy importante la limpieza de los utensilios que va a utilizar. La jarra y los frascos deben estar esterilizados.
- **Coloque** la planta en un frasco grande de vidrio. Añada el aceite hasta cubrir totalmente el material vegetal. Tape el recipiente y agítelo muy bien. Deje en reposo en un lugar soleado entre dos y seis semanas. Conviene agitar la preparación entre dos y tres veces por semana.
- **Vierta** el contenido del frasco en una jarra a través de un colador de tela, gasa o muselina. Retuerza el colador hasta extraer todo el aceite posible. Envase en recipientes de vidrio oscuro, etiquete y guarde.

Mini receta

UNA IDEA PARA COMBATIR LOS FORÚNCULOS

Prepare una cataplasma con 15 g (6 a 8 cucharaditas) de flores. Vierta 1/2 litro de agua hirviendo sobre éstas y deje reposar por 3 horas. Utilice la masa resultante bien caliente sobre el forúnculo.

Amiga de la mujer

Una de las cualidades que destaca la bibliografía especializada es su contenido medianamente estrógeno. Los ovarios producen las dos hormonas sexuales femeninas: el estrógeno y la progesterona. La primera controla la maduración de los órganos reproductores femeninos y el aspecto de las características sexuales femeninas en la pubertad. Controla, junto con la progesterona, el ciclo menstrual y el desarrollo de los senos.

La caléndula se emplea para regular la función de los ovarios, tanto por exceso como por déficit y contribuye a atenuar las menstruaciones muy dolorosas. Algunos especialistas en medicina herbal la recomiendan en infusión para realizar duchas vaginales que alivian las aftas (pequeñas úlceras). Vale la pena señalar que esta práctica conviene realizarla bajo supervisión médica porque es muy importante la calidad y el apropiado cultivo de esta hierba.

Canela

Cinnamomum zeylanicum · Canelero, canela de Ceilán, canela de la India · CINNAMON

Tanto en medicina como en culinaria se utiliza la corteza exterior, que se enrolla para formar las bonitas cañas o astillas que todos conocemos.

Este dulce condimento proviene de un árbol que alcanza de 7 a 8 metros de altura. Su tronco es liso y está recubierto por una corteza de color gris por fuera y rojo por dentro. Las hojas son de forma oval, de un atractivo verde brillante por encima y opacas por el envés. Las flores crecen en racimos y son de color amarillo muy pálido, casi blanco. El fruto es una baya de forma ovalada y color violeta. Dos veces al año se recolecta la canela mediante incisiones longitudinales a las ramas más jóvenes, para extraer la corteza.

Existen referencias a la canela en varios textos antiguos. En la Biblia, por ejemplo, se menciona como un perfume y se le denomina *kinnamon*. Los griegos también la citan como especia y como medicina. Aunque Europa la conoció desde el siglo VIII, sólo en el siglo XVI se hizo popular. El intento por conseguir el monopolio sobre este condimento fue el principal elemento para la expansión colonial que cobró un alto precio en vidas. Cuando Portugal invadió a Ceilán en 1536, el tributo anual que demandó a los pobladores de este país fue de unas 113 toneladas de canela.

La canela es estimulante general, antiséptica, antibacterial, antiviral, antiespasmódica y afrodisíaca. Promueve la circulación y la digestión y es particularmente atractiva para las personas friolentas. Se utiliza en distintos remedios caseros, especialmente las llamadas astillas, para aliviar a grandes y chicos.

"A sudar se dijo"

Una de las cualidades de esta especia es su poder para provocar la sudoración. Beber un té caliente estimula la circulación, especialmente de los dedos de las manos y de los pies. Tanto en India como en Europa se ha empleado tradicionalmente como una hierba que calienta al organismo y es muy utilizada durante las temporadas invernales.

Mantener astillas de canela en casa es una manera de tener a mano un remedio suave con el organismo pero, a la vez, duro con algunos padecimientos como resfriados, gripas, enfriamientos. Las infusiones suelen ser el medio por el cual las sustancias curativas de la canela llegan a nosotros. Aunque existen varias combinaciones de plantas, la canela con el jengibre y la canela con el clavo de olor, son las más populares.

Problemas digestivos

También es tradicional el uso de la canela como remedio para los problemas digestivos como, por ejemplo, la náusea, el vómito y la diarrea así como para los músculos adoloridos y otros síntomas de una condición viral como los resfriados y gripas.

Como estimulante del aparato digestivo, resulta muy útil si se sufre de digestiones pesadas, cólicos y flatulencia. En ese sentido es una buena idea beber una tisana de canela en lugar de café al terminar las comidas. Es especialmente recomendada para los abuelos que suelen sufrir de estas molestas condiciones. Es especialmente fortificante y amable con las digestiones difíciles, situación muy frecuente cuando hay debilidad o se atraviesa un período de convalecencia.

COMPOSICIÓN

ACEITE ESENCIAL CON PINENO

CINEOL

LINALOL

EUGENOL

TANINOS

MUCÍLAGOS

ACEITE ESENCIAL MULTIFACÉTICO

El aceite esencial de las hojas del canelero es delicado y parecido a la fragancia del clavel y se emplea con cierta frecuencia en la industria de la perfumería. El aceite de la corteza o canela en rama se utiliza para saborizar los alimentos y en la industria de productos de higiene.

El árbol de la canela crece de forma silvestre en las zonas tropicales del sur de la India y Sri Lanka, aunque algunos aseguran que su patria es Ceilán. Es hoy ampliamente cultivada en regiones de clima cálido y húmedo, especialmente en Filipinas y el oeste de India.

! Precaución

Los remedios a base de canela deben ser evitados por las mujeres embarazadas o que están dando de lactar. El aceite esencial no debe ser aplicado internamente y puede ser muy irritante sobre la piel; su uso debe ser prescrito por un especialista.

▶recetas para la salud

Tintura para varios usos

En los párrafos anteriores dimos algunas indicaciones sobre los distintos padecimientos que pueden ser aliviados con la ayuda de la tintura de canela. La siguiente es una receta sencilla que puede ser elaborada en casa.

INGREDIENTES

- 200g de canela en rama o astilla
- 1 litro de vodka de 35 a 40% de graduación alcohólica (es ideal)
- 1 frasco vidrio de bordes altos y boca ancha
  Gasa fina o muselina
- 1 jarra de boca ancha
- 1 embudo

· **En el frasco** de vidrio coloque la canela y sobre ella el alcohol hasta que quede totalmente cubierta. Agite por uno o dos minutos y deje reposar tapado en un lugar oscuro entre diez y catorce días. Agite el recipiente un poco cada día.

· **Filtre** el contenido; la forma más sencilla de hacerlo es colocando una gasa fina o muselina sobre la jarra y pasar el líquido encima. Exprima muy bien la gasa y deseche las cortezas.

· **Utilice** un embudo para embotellar la tintura en recipientes de vidrio oscuro. Tape con un corcho o tapa rosca. Etiquete y almacene en un lugar fresco por un máximo de dos años.

Vino caliente

Un remedio excelente para provocar la sudoración y combatir un fuerte resfriado. Debe ser utilizado por adultos que no tengan limitaciones frente al alcohol.

INGREDIENTES

- 1 taza de vino tinto
- 3 astillas de canela (unos 5 a 10 g)
- 5 clavos de olor

PREPARACIÓN

· **Coloque** todos los ingredientes en una olla y póngala a calentar a fuego medio. Permita que el líquido hierva durante 3 minutos.

· **Retire** del fuego, filtre y sirva. Beba bien caliente antes de irse a la cama.

Infusión básica

En 1 taza de agua bien caliente ponga 1 cucharadita de canela y déjela reposar entre 5 y 10 minutos.
También puede calcular por astillas de canela; con $^1/_2$ bastará.
Recuerde que es importante que la canela esté fresca.

Otras acciones benéficas

La canela tiene propiedades relajantes, reduce la ansiedad y el estrés y alivia los cólicos menstruales. La sustancia eugenol contenida en el aceite esencial de la canela, calma el dolor. Como se trata de una planta levemente emenagoga (que provoca la menstruación), estimula el útero y favorece el flujo menstrual. En India se suele utilizar después del parto como anticonceptivo.

Las personas que sufren de mal aliento pueden recurrir a la tintura de canela como enjuague bucal. Se emplea de la misma manera que los productos industriales, con la diferencia que no se está en contacto con sustancias sintéticas. Utilice 15 gotas ($^1/_2$ cucharadita) de tintura por $^1/_2$ vaso de agua. Este remedio también se utiliza para el tratamiento de la flatulencia (20 gotas en 1 vaso de agua, 3 veces por día).

Manzanilla

Chamomilla recutita, Matricaria recutita · Manzanilla alemana,
manzanilla común, camomila, manzanilla de Aragón · GERMAN CHAMOMILE

Existen dos variedades de manzanilla bastante difundidas.
La primera, conocida como Manzanilla romana (Chamaemelum nobile) y la segunda,
aquí reseñada, bautizada como manzanilla alemana o dulce.

De una apariencia alegre, la manzanilla crece de forma espontánea y abundante en los campos, terrenos calizos, senderos de montaña y al borde de los caminos de la mayor parte de Europa. Es una planta de olor dulce y aromático que se desarrolla hasta alcanzar unos 60 cm. Sus hojas son pequeñas, recortadas y de color verde grisáceo. Las flores, similares a las margaritas, tienen pétalos blancos y corazón dorado.

Esta hermosa planta es una de las hierbas aromáticas más utilizadas en remedios caseros. Sus poderes son conocidos desde tiempos remotos y, especialmente la variedad romana, ha sido empleada medicinalmente por los distintos pueblos europeos desde hace más de 2000 años. El vocablo latino *matricaria* de su nombre científico, proviene de matriz y es una referencia muy clara y directa a sus aplicaciones para la mujer; por su parte, el término *chamomilla* se relaciona con el griego y tiene que ver con la forma, aroma y sabor dulce de la planta; *chamai* traduce terreno, suelo, y *melon*, manzana, que al combinarse hacen una clara referencia a su bajo tamaño y perfume parecido a la manzana.

COMPOSICIÓN

ACEITE ESENCIAL

FLAVONOIDES

CUMARINAS

MUCÍLAGOS

GLICÓSIDOS AMARGOS

MATRICINA

MATRICARINA

SALES MINERALES

TANINOS

Variedad de aplicaciones

Las propiedades terapéuticas de esta planta son diversas pero se conocen, especialmente, su acción calmante, tónica, antiespasmódica, febrífuga, digestiva, antirreumática y antineurálgica. Se emplean especialmente las flores que deben ser recolectadas en su pleno esplendor para disfrutar de sus elementos curativos; es una hierba fácil de secar, para lo cual hay que contar con un espacio sombreado y bien ventilado.

Son muchas las bondades de la manzanilla. Conviene mantener esta planta para aliviar problemas estomacales, apoyar la cura de resfriados, lavar heridas, irritaciones, cólicos menstruales, estados nerviosos, insomnio, entre otros. La forma más práctica de disfrutar sus beneficios es en infusión, procurando no exagerar con la temperatura del agua para no quemar las delicadas flores. Más adelante daremos la receta de una sencilla agua aromática.

INFUSIÓN BÁSICA

En 1 taza de agua muy caliente se ponen 2 cucharaditas de flores frescas (1 si son secas) de manzanilla. Se deja infundir por 10 minutos y se utiliza según las necesidades: bebida o aplicada externamente.

! Precaución

Las personas alérgicas a otras plantas de la familia de las compuestas pueden desarrollar reacciones a la manzanilla. El aceite esencial debe evitarse durante el embarazo y la lactancia, y en niños menores de siete años. Este aceite debe ser utilizado diluido (por ejemplo en el agua de la tina) y otros productos, como los empleados por homeópatas, conviene aplicárselos bajo la supervisión de un especialista. Por último hay que señalar que no se debe abusar del consumo del té de manzanilla porque su efecto puede debilitarse en caso de uso muy prolongado; además, las mucosas pueden inflamarse.

DIVERSAS PRESENTACIONES

LOS SIGUIENTES SON LOS REMEDIOS MÁS COMUNES ELABORADOS A BASE DE MANZANILLA:

INFUSIONES

DECOCCIONES

ACEITE ESENCIAL

TINTURA

CREMAS

EXTRACTOS SECOS

¡ATENCIÓN JARDINEROS!

Quien desee cultivarla, debe tener en cuenta que requiere tierra entre neutra y ácida, bien soleada y con una cantidad mínima de humedad; a esta planta no le sientan bien los extremos climáticos, es decir, demasiado calor o frío.

►recetas para la salud

Vaporización o inhalación

Este remedio es apropiado para combatir la sinusitis y la inflamación de los senos paranasales.

INGREDIENTES

1	puñado de flores de manzanilla
1	litro de agua
1	recipiente de boca ancha
1	toalla

PREPARACIÓN

- **En el recipiente** de boca ancha deposite las flores de manzanilla. Vierta encima el agua muy caliente, casi hirviendo. Colóquese una toalla sobre la cabeza; cubra también el recipiente.
- **Tenga** cuidado con la temperatura inicial y no acerque demasiado la cara pues podría quemarse con el vapor. Inhale el vapor por unos diez minutos o hasta que el agua se enfríe.
- **Una vez termine** evite los cambios bruscos de temperatura.

Nota: si lo desea puede añadir 2 gotas de aceite esencial (como máximo) al agua de la vaporización.

Compresas para los ojos

Una forma de ayudar a los ojos cansados e irritados; una idea maravillosa: consentirnos después de un duro día de trabajo frente al computador.

INGREDIENTES

1	taza de infusión básica de manzanilla
1	taza de agua
1	filtro desechable para colar café
	Algodón

PREPARACIÓN

- **Utilice** el filtro de café para colar la infusión básica (lea las instrucciones para su preparación en el recuadro de la página anterior).
- **Diluya** el té con la taza de agua.
- **Use la infusión** fresca (nunca después de 24 horas de preparada). Debe estar a temperatura ambiente para poder usarla como compresa.
- **Empape** el algodón con el líquido y aplíquelo sobre los ojos cerrados.

Agradable sobre la piel

Además de los usos internos, especialmente en tés, la manzanilla tiene grandes virtudes empleada externamente. Las flores secas producen un aceite aromático muy concentrado que posee propiedades antiinflamatorias, sedantes y que alivian el dolor. Suele, además, recomendarse para usos antialérgicos y antisépticos. Los tratamientos de aromaterapia emplean tanto las flores como su aceite en tisanas e inhalaciones. Debe, sin embargo, utilizarse con cuidado (especialmente el aceite) porque a algunas personas muy sensibles les puede producir dermatitis.

Las infusiones de manzanilla son un buen antiséptico para heridas superficiales, úlceras, inflamaciones, eccemas y quemaduras leves. Un baño de asiento con el té de esta planta es magnífico remedio contra la cistitis y las hemorroides. En gárgaras se usa para el dolor de garganta y la gingivitis. En compresas se recomienda para los ojos cansados e irritados; es una buena forma de descansar tras una jornada de trabajo frente al computador.

Bendita durante el embarazo

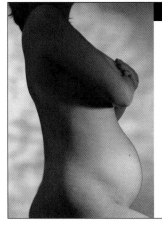

Durante el embarazo es frecuente que se presenten náuseas; aunque más frecuentes en las primeras horas de la mañana, la verdad es que pueden producirse en cualquier momento o ser constantes. Se cree que son la consecuencia de la adaptación del organismo a llevar el bebé en formación y a protegerlo contra las toxinas. Son el resultado hormonal propio de la gestación y el bajo nivel de glucosa de la sangre.

Uno de los remedios caseros al cual recurren muchas mujeres durante esta etapa es la infusión de manzanilla; se debe consumir en pequeñas cantidades a lo largo del día (sin superar las cinco tazas). Por supuesto, no se trata de un remedio mágico o la única solución para este problema. Una dieta rica en proteínas y carbohidratos complejos, por ejemplo, también contribuye a superar las náuseas. El consumo de líquidos, especialmente si se presenta vómito, es muy importante. Tener a mano alimentos como leche, jugos, sopas y tés, es una buena idea para tener un correcto balance de fluidos.

Menta

Mentha piperita · Menta piperita, toronjil de menta, menta negra · PEPPERMINT

De la menta destilada se obtiene el mentol, una sustancia utilizada en muchos productos farmacéuticos.

Dentro de esta gran familia encontramos la menta (*mentha piperita*) propiamente dicha y la yerbabuena (*mentha spicata*). Nos vamos a referir a la primera porque suele ser la más común, de fácil cultivo y propagación; sin embargo, ambas son de agradable aroma y sabor y poseen propiedades terapéuticas parecidas. Se trata de una planta perenne, con el tallo de unos 60 cm de alto, hojas opuestas y ovaladas de color verde oscuro; las flores, finas y delicadas, crecen en espigas y presentan cinco pétalos en sus corolas de color rosado.

El origen de la menta es un misterio, aunque se la conoce desde tiempos remotos. Hojas secas fueron encontradas en las pirámides egipcias de una antigüedad cercana a los 1.000 años a.C. Fue muy apreciada por los griegos y romanos y se encuentra en varias obras clásicas. Ovidio, en su famosa *Metamorfosis*, nos habla de Plutón, quien loco de amor por la ninfa Minta, le fue infiel a su esposa. Esta, al enterarse del desliz, convirtió a la ninfa en una planta a la que dio su nombre. La menta, aunque recorrió un largo camino, sólo se popularizó en Europa occidental en el siglo XVIII.

Aceite esencial

Esta sustancia es más bien descolorida, de tonos amarillo pálido o verde y suele ser empleada como un agente saborizante y, en ocasiones, como repelente de insectos. Con el tiempo el aceite esencial se torna más oscuro y espeso y pierde algunos de sus efectos. Es de fácil consecución especialmente en farmacias y droguerías naturistas.

Los capullos florecidos y las hojas son el material básico para el proceso de destilación y, por lo tanto, para la elaboración del aceite. Se utiliza tanto interna como externamente en diversos padecimientos. Sobre su uso hay que tener en cuenta que siempre que se piense frotar sobre la piel es importante diluirlo antes de su aplicación. También es efectivo en vaporizaciones para lo cual bastarán unas cuantas gotas derramadas sobre agua caliente. Las siguientes son algunas de las condiciones que pueden ser tratadas con esta sustancia: indigestión, náusea, dolor de cabeza, neuralgia, dolor muscular y de las articulaciones, cólicos menstruales, bronquitis, gripas y resfriados, fatiga mental.

El aceite esencial debe utilizarse con precaución. Debe ser evitado por las personas que sufran de epilepsia y otros desórdenes neuronales. Tampoco conviene durante el embarazo o en niños pequeños. Debe consultarse su empleo con el médico, especialmente si se están tomando otros remedios.

CULTIVO Y RECOLECCIÓN

La menta es una planta sencilla de cultivar y conviene sembrarla en materas individuales porque puede rivalizar con otras plantas. Le convienen los lugares soleados y húmedos. Recoléctela temprano en la mañana y en manojos. Para secarla cuélguela boca abajo en un lugar sombreado y ventilado.

COMPOSICIÓN

MENTOL
MENTONA
FLAVONOIDES
ÁCIDOS FENÓLICOS
TANINOS
TRITERPENOS
ÁCIDO OLEANÍLICO
ENZIMAS
PECTINAS

CUESTIONES DILUIDAS

El aceite esencial de menta debe ser diluido antes de aplicarlo sobre la piel. Dependiendo de la sensibilidad se utilizan de 8 a 20 gotas mezcladas con 2 cucharadas de aceite vegetal (por ejemplo girasol, oliva, almendras).

Precaución

No debe ingerirse el mentol puro o el aceite esencial de menta. Los niños menores de cinco años no deben ser tratados con esta hierba. Las mujeres embarazadas que sufren de malestares en la mañana deben usar la infusión diluida, no concentrada. La menta no debe ser usada por mujeres con antecedentes de aborto. El aceite esencial debe ser consumido internamente bajo supervisión de un profesional y no debe ser suministrado a niños menores de doce años.

▶recetas para la salud

Loción de menta

Una receta agradable por su olor y por la sensación de frescura que deja sobre la piel. Excelente remedio para aliviar la piel irritada.

INGREDIENTES

2   tazas (500 ml) de infusión de menta
     Paño de algodón muy limpio

PREPARACIÓN

· **Siga** las instrucciones de la receta para la elaboración de la infusión básica. Tenga en cuenta que conviene filtrar muy bien la preparación.

· **Lávese** muy bien las manos; empape la tela o paño de algodón en el agua de menta. Escurra.

· **Antes de aplicar** la loción, conviene frotar un poco de aceite para bebés o de almendras en el área afectada. Coloque la compresa con la loción sobre el área que desea aliviar. Si lo considera necesario repita el procedimiento.

Calmante de los problemas digestivos

El mentol, importante principio activo de esta planta, estimula las paredes del estómago y con ello logra reducir la cantidad de tiempo de la comida en él. También relaja los músculos del sistema digestivo y estimula la secreción de las glándulas digestivas y biliares, tonificando los intestinos y evitando algunas incomodidades como las náuseas, los retortijones y flatulencias.

Una excelente manera de concluir una comida pesada es con la ayuda de una infusión de las hojas de esta planta en lugar del café. Deliciosa al paladar, ayuda a superar con rapidez esa sensación de lentitud y somnolencia que nos hace manifiesto el enorme trabajo al que está sometido el sistema digestivo. Quienes poseen digestiones difíciles pueden apoyarse tanto en la menta como en la yerbabuena en tisanas, tinturas o aceite esencial.

Infusión básica

Una receta para muchos usos por sus efectos positivos sobre el sistema digestivo. Recurra a ella para mitigar las náuseas, aliviar los cólicos menstruales y, especialmente, apoyar la digestión.

INGREDIENTES

1 a 2 cucharaditas de hierba seca o
2 a 4, si está fresca
1   taza de agua muy caliente

PREPARACIÓN

· **Caliente** el agua hasta un poco antes de llegar a punto de ebullición; retire del fuego.

· **Coloque** la hierba en una taza y vierta encima el agua caliente. Tape y permita que infunda de cinco a diez minutos.

· **Filtre** y beba. Si lo desea, puede añadir un poco de miel.

Baño aromático

Una forma de aliviar irritaciones y zonas adoloridas. Descongestiona, además, las vías respiratorias.
· Llene una bolsita de tela con abundante cantidad de hierba fresca.
· Derrame encima bastante agua caliente o sumérjala en la tina.

Más aplicaciones de la menta

La tisana elaborada con hierba fresca es excelente para combatir los dolores de cabeza, con mayor razón si tienen origen estomacal; su aceite esencial aplicado (después de diluir) en las sienes y la nuca brindan relajación y alivio ante la migraña. Esta planta posee cualidades analgésicas y contribuye a calmar el dolor en ciertas zonas del cuerpo (por ejemplo, sobre una picadura de insecto). Una forma efectiva de "dormir" la región afectada es tomando las hojas, arrugándolas y luego estirándolas antes de aplicar sobre la parte adolorida.

Gracias a su efecto analgésico y antiespasmódico, la menta es un buen remedio para mitigar el incómodo dolor de muelas y otras dolencias bucales mientras se recurre al odontólogo. Es también apreciada para aliviar dolores musculares y de las articulaciones. De igual forma es de gran ayuda cuando se presenta dolor de oído y descongestiona de manera natural durante los episodios gripales, de sinusitis y de rinitis. Combate el mareo que se produce en los viajes, el vértigo y las palpitaciones nerviosas. Por último hay que señalar que es muy útil para eliminar el mal aliento.

Romero

Rosmarinus officinalis · Romeo, rosmarino · ROSEMARY

*Nativo de Europa, el romero ha sido apreciado desde la antigüedad para fortalecer
la memoria. Tiene una buena reputación como tónico vigorizante.*

Aunque esta historia la incluí en uno de mis libros anteriores, no puedo resistir la tentación de repetirla porque me parece muy original. Aparece en el texto de Emilio Salas, *Plantas para superarse*: "...un grupo de cuatro ladrones, protegidos por el vinagre, se dedicaron a expoliar los cadáveres de las víctimas de la epidemia de peste que asoló Tolosa en 1628. Capturados y condenados a morir en la hoguera, a cambio del secreto de su fórmula se les suavizó la pena y 'sólo' fueron ahorcados". El vinagre a que se refiere la historia contenía romero y desarrolló fama como bebida que prevenía las infecciones. Su nombre es un homenaje a sus "inventores": "Vinagre de los cuatro ladrones".

Este arbusto, de tallo leñoso y hojas pequeñas en forma de finas agujas, permanece verde durante todo el año. Sus flores se agrupan en pequeñas espigas que ofrecen tonos azules, violetas y blancos. Forma plantas ramificadas muy espesas que alcanzan, en promedio, 2 m. El romero se da bien en los terrenos áridos y secos donde aprovecha su fortaleza y austeridad. Hoy es una de las plantas aromáticas mejor conocidas y ampliamente utilizada en toda clase de remedios. Plantado en el jardín, este arbusto combate las plagas.

¡Atención estudiantes y abuelos!

El romero ocupa un lugar central en la medicina herbal Europea. Como planta que vigoriza e incrementa la temperatura corporal tiene la cualidad de estimular la circulación de la sangre hacia el cerebro promoviendo así una mejor concentración y memoria. Estos dos efectos son de gran interés para los estudiantes y los abuelos. Los primeros, que deben enfrentarse a las diferentes pruebas académicas, y los segundos que suelen preocuparse por el temor a perder la buena memoria y la rapidez mental, tienen en el romero un aliado poderoso.

Sus cualidades estimulantes también son útiles para infundir ánimo ante las duras pruebas que deben rendir los estudiantes. De igual forma induce a las personas hacia un estado mental positivo, que aleja las tensiones, lo que puede resultar muy atractivo para los abuelos. Es una buena idea para ambos, además de la infusión, la inhalación del aceite esencial. Unas gotas mezcladas con agua y atomizadas en el aire o calentadas y quemadas en un pebetero no sólo brindarán una agradable fragancia sino que promoverán la concentración.

COMPOSICIÓN

ACEITE ESENCIAL

ÁCIDO ROSMARÍNICO

ROSMARICINA

FLAVONOIDES

TANINOS

IDEAS EXTERNAS

El aceite esencial de romero se usa aplicado sobre la piel: 10 gotas mezcladas con 2 cucharadas de aceite vegetal (por ejemplo oliva o girasol). Mezclado con el agua de la tina, entre 5 y 10 gotas de aceite esencial. Para el tratamiento de pérdida del cabello y caspa: 15 gotas de aceite esencial en 1 onza de champú.

! Precaución

Cuando se utiliza esta planta no se debe confundir el uso del aceite esencial de romero con la infusión, puesto que el primero, si es ingerido, puede causar irritaciones, problemas estomacales y de riñón debido a su efecto poderoso. Debe evitarse durante el embarazo. De igual forma hay que determinar el uso de su aceite: uno efectivo internamente mientras que el otro es para aplicaciones externas. Quienes sufran de gastritis agudas, úlceras gástricas o duodenales, epilepsia, Parkinson y hepatopatías, deben evitar su consumo.

EL GINSENG

El romero ha sido comparado con esta famosa planta de la medicina tradicional china. El ginseng es estimulante nervioso, hormonal y muscular; es también antiespasmódico y afrodisíaco. Se utilizan especialmente las raíces, aunque las hojas también tienen propiedades antiespasmódicas.

DIVERSAS PRESENTACIONES

El romero se encuentra disponible en rama, suelto, en tintura y en dos tipos de aceite, uno para uso interno y otro para aplicación externa.

►recetas para la salud

Infusión básica

Utilizada internamente, esta tisana ayuda a superar la indigestión, descongestiona cuando hay infecciones respiratorias, alivia los dolores musculares, el reumatismo, desgarros y neuralgias. También puede aplicarse externamente cuando se presentan algunas infecciones de la piel.

INGREDIENTES

1	cucharadita de romero (suelto)
1	taza de agua muy caliente
	Filtro

PREPARACIÓN

· **Ponga** a calentar el agua y antes de llegar a punto de ebullición, retire del fuego.

· **Coloque** el romero en una taza y vierta encima el agua. Permita que la hierba infunda entre 10 y 15 minutos. Recuerde que esta preparación debe reposar tapada para conservar los aceites esenciales.

· **Filtre** y beba. Para calmar los problemas estomacales o despejar la nariz congestionada, bastará con unas tres tazas al día.

Tintura de romero

Un excelente tónico que vigoriza todo el organismo. Recuerde que esta es una preparación poderosa por lo cual debe utilizarla en ocasiones especiales como, por ejemplo, cuando se está bajo grandes tensiones y estrés. Tome 2 ml diluidos en un vaso de agua.

INGREDIENTES

200g	de ramitas secas de romero o
300 g	si se emplea fresca
1	litro de vodka de 35 a 40% de graduación alcohólica
1	frasco de vidrio de bordes altos y boca ancha Gasa fina o muselina
1	jarra de boca ancha
1	embudo

PREPARACIÓN

· **En el frasco** de vidrio coloque el romero; vierta encima el alcohol hasta que quede totalmente cubierto. Agite por uno o dos minutos y deje reposar tapado en un lugar oscuro entre diez y catorce días. Agite el recipiente un poco cada día.

· **Filtre** el contenido; la forma más sencilla de hacerlo es colocando una gasa fina o muselina sobre la jarra y pasar el líquido encima. Exprima muy bien la gasa y deseche el romero.

· **Utilice** un embudo para embotellar la tintura en recipientes de vidrio oscuro. Tape con un corcho o tapa rosca. Etiquete y almacene en un lugar fresco por un máximo de dos años.

Planta extraordinaria

La bibliografía especializada da gran importancia al romero como estimulante, astringente, antiinflamatorio, carminativo y tonificante.

Algunos autores como Chevallier señalan que su efecto antiinflamatorio se debe, principalmente, a la presencia de ácido rosmarínico y flavonoides. Estos últimos también poseen cualidades que hacen fortalecer los vasos capilares.

El aceite esencial

Disponible en tiendas especializadas, esta sustancia es vigorizante de todo el organismo y un buen apoyo para la eliminación de toxinas. Como ya ha sido mencionado, el romero tiene propiedades antisépticas y diuréticas, y como agente antiespasmódico es considerado muy útil para aliviar el dolor premenstrual, los calambres, el asma y los dolores reumáticos. Este aceite debe ser evitado durante el embarazo y por personas que sufran de epilepsia o de hipertensión. Los aceites esenciales deben utilizarse con precaución y, en la mayoría de casos, diluido en agua o en otro aceite. Debe ingerirse el aceite esencial únicamente bajo supervisión profesional.

El mejor aceite es el destilado de las puntas florecidas de las ramas. Aunque también se elabora a base de las hojas y tallos antes de la floración, este aceite es de inferior calidad. Este producto concentrado se emplea para aliviar la indigestión y eliminar los gases, la constipación, problemas del hígado y retención de líquidos, asma, bronquitis, enfriamientos, gripas, depresión, artritis, reumatismo, fatiga mental, falta de memoria, dolor de cabeza (aplicada de forma diluida en la zona del dolor), caída del cabello, caspa, venas várices (aplicada externamente), menstruaciones irregulares y cólicos menstruales.

Té

Camellia sinensis, thea sinensis · Existen tres clasificaciones de té:
negro, verde, Oolong · TEA

Caliente o frío, el té es una de las bebidas más apetecidas en el mundo.

Existen muchas historias sobre esta legendaria planta y, quizás la más famosa es la que explica el origen de la popular infusión. Cuenta la leyenda que el emperador chino Shen Nung fue el "inventor" de esta bebida en el año 2750 antes de nuestra era. Como sucede con muchas recetas, el emperador la descubrió por casualidad. Un día cualquiera, que imaginamos soleado pero ventoso, a la sombra de un arbusto, puso a hervir agua en la que, sin darse cuenta, cayeron unas cuantas hojas secas. Resultó que el accidente le gustó al monarca por su sabor y encontró que le resultaba estimulante a los sentidos.

Las hojas que adquirimos sueltas o en empacadas en pequeñas bolsas para infundir provienen de un arbusto que crece en ciertas regiones tropicales. Su hoja es perenne, verde, rígida, aguda y lustrosa. Prospera en un clima húmedo y cálido y se cultiva en vastas plantaciones a una altitud entre los 100 y 2.000 m. Sin embargo, es perfectamente posible que se desarrolle (aunque lo hace más despacio) en regiones más elevadas y en climas diferentes al tropical. El sabor de esta planta cambia dependiendo de la altura y las condiciones climáticas.

COMPOSICIÓN

BASES XÁNTICAS
CAFEÍNA
TEOBROMINA
TANINOS
FLAVONOIDES
GRASAS
VITAMINAS
MINERALES

INFUSIÓN BÁSICA

Bien sea que utilice el té negro en bolsitas individuales o el que se comercializa suelto, tenga en cuenta al preparar una tisana que:
El agua debe estar muy caliente, pero no hirviendo. Debe dejar reposar en un recipiente tapado.
Si utiliza tetera, conviene calentarla antes con agua caliente, desechar esta agua, colocar el té, verter el agua caliente encima y dejar infundir.

! Precaución

El hábito de beber mucho té puede contribuir a manchar los dientes. Tampoco resulta muy apropiado en personas con úlcera. Entre las advertencias que hacen los especialistas está la de que personas débiles que puedan sufrir de anemia deben tomarlo con precaución. Es una bebida más recomendable para personas maduras que para bebés, niños y adolescentes. En algunos la infusión de té, especialmente negro, produce insomnio.

Contra las infecciones

Cuenta el investigador John Heinerman en su libro *Milagrosas hierbas curativas* su experiencia en China con esta planta: "...encontré que el té negro se usa en numerosos hospitales y clínicas para tratar con éxito todo tipo de infecciones e inflamaciones del estómago, los intestinos, el colon y el hígado...". Este mismo autor señala que se suele administrar una taza concentrada de esta hierba de cuatro a cinco veces al día para aliviar las enfermedades infecciosas.

Considerando enfermedades que pueden ser tratadas en casa, como gripas y resfriados, el té resulta muy práctico. Quienes guardan cama por estar congestionados, con dolor de cabeza y malestar general, pueden recurrir a tazas de té caliente a lo largo del día para eliminar las infecciones y superar rápidamente este desagradable estado. Resulta muy recomendable endulzar el té con miel porque este ingrediente también posee efectos curativos.

RECETA REFRESCANTE Y TONIFICANTE

4	bolsitas de té
1	litro de agua
2	cucharadas de azúcar
4	ramitas de yerbabuena o
4	rodajas de limón

· Ponga las bolsitas de té en una jarra grande, agregue el agua fría y deje reposar durante toda la noche en la nevera.
· Filtre, incorpore el azúcar y sirva con las hojas de yerbabuena o las rodajas de limón (o ambos ingredientes) en cada vaso.

►recetas para la salud

Receta para uso externo

Las hojas de té pueden ser usadas externamente contra las picaduras de insectos, hinchazones y quemaduras de sol. La siguiente receta brinda alivio a los ojos cansados y las hinchazones que se presentan alrededor de ellos.

INGREDIENTES

2	bolsitas de té negro
2	tazas de agua

PREPARACIÓN

· **Caliente** el agua y retire del fuego antes de que empiece a hervir.
· **Coloque** las bolsitas de té en un recipiente, vierta encima el agua y deje infundir entre cinco y diez minutos.
· **Coloque** las bolsitas de té sobre los párpados cerrados. Este remedio ayuda a reducir la hinchazón que se forma alrededor de los ojos y alivia los ojos cansados.
· **El agua** de la infusión también puede ser empleada en forma de compresa sobre la frente para aliviar el dolor de cabeza.

Dos tés en uno

La siguiente receta es un buen estimulante general. Alivia los estados de fatiga, brinda energía y apoya al sistema nervioso.

INGREDIENTES

1	cucharadita de té negro
1	cucharadita de té verde
1	taza de agua
1	pizca de canela
1	pizca de cardamomo
1	clavo de olor

PREPARACIÓN

· **En un recipiente** mezcle los dos tipos de té. Añada el agua muy caliente y permita que la mezcla repose entre cinco y diez minutos.
· **Añada** los restantes ingredientes, revuelva y filtre. Beba inmediatamente.

DOS COLORES

El té negro es el más popular. Características como el sabor, la fuerza, el color y el cuerpo se deben a la oxidación producida durante su fermentación, que produce cambios químicos en el tanino y en la evolución de los aceites esenciales. Cuanto más larga sea la fermentación del tanino, más color adquiere el té y se suaviza el sabor acre.

El té verde posee un sabor más sutil y brinda una infusión de color verde dorado pálido. Se trata con vapor de agua y se seca al calor pero sin fermentarlo. Se clasifica por la edad y el tamaño de la hoja. Las hojas del árbol de té, una vez cosechadas, se dejan secar. Luego se tratan con vapor de agua y se enrollan. Al ser procesadas las hojas enteras se conservan las enzimas que evitan la oxidación.

El té negro

Aunque algunos consideran al té verde como el más medicinal de esta familia, la verdad es que el negro (fermentado) se utiliza también para mejorar y mantener la salud. Algunos médicos recomiendan esta infusión para proteger las arterias, pues actúa sobre diversos factores de la coagulación de la sangre. Se emplea, además, como antidiarreico, como agente viral y diurético y para prevenir una menstruación muy abundante.

Las hojas de té pueden ser usadas externamente contra picazones de insectos, hinchazones y quemaduras de sol. En medicina ayurvédica el té es considerado astringente, promotor suave de la digestión, tónico nervioso y se usa en males oculares, hemorroides, fiebre y cansancio. El té negro posee cierto tipo de flavonoide, un potente antioxidante que prolonga el tiempo previo al proceso de oxidación en el organismo. Un estudio de la *American Heart Association* del año 2000 demuestra que el consumo del té negro relaja y dilata las arterias e incrementa así el flujo sanguíneo hacia el corazón.

El té verde

Aunque provienen de la misma planta el té verde se elabora con las hojas cocidas al vapor y posteriormente secadas, mientras que el negro se prepara dejando marchitar las hojas que más tarde se enrollan, se fermentan y se secan.

Quizás se deba a que, por no haber sido fermentado, se le atribuyen cualidades que no posee el negro. Los estudios en laboratorio demuestran que su extracto protege frente a muchas enfermedades. La capacidad del té verde para prevenir el cáncer es citada por varios autores. Otras de las cualidades de esta planta es su acción frente a las enfermedades cardiovasculares, sobre las mucosas y la piel, ayuda a adelgazar, refuerza el sistema inmunológico, combate los radicales libres e, incluso, previene la caries.

Valeriana

Valeriana officinalis · Hierba de los gatos, hierba gatera · Valerian

La valeriana es una de las plantas más conocidas para el tratamiento de las dolencias nerviosas.

En algunos lugares se conoce con el nombre de "hierba de los gatos" por una buena razón: al secarse la raíz de la valeriana adquiere un olor penetrante que parece embriagar a estos animales, quienes se deleitan frotándose en ella; los perros también se sienten atraídos por esta planta y la comen cuando advierten alguna anomalía en su organismo. Pero aparte de estas historias del reino animal, la valeriana asimismo ha servido mucho a los seres humanos. Sus cualidades sedantes y relajantes son conocidas desde los tiempos de los romanos. Dioscórides en el siglo I de nuestra era la llamó *fu (phu)*, palabra que reflejaba su desagradable olor. Durante la Edad Media la raíz de la valeriana se solía pulverizar y se recetaba en pacientes con epilepsia.

Es una planta que crece hasta alcanzar más o menos 1 m de altura. Su rizoma, de color pardo amarillento, sostiene un tallo ahuecado y con surcos del que crecen hojas compuestas. Las flores, pequeñas y numerosas, de color blanco o ligeramente rosado, crecen en ramilletes terminales. Los frutos son secos y portan una sola semilla. El empleo terapéutico corresponde a las raíces que contienen sustancias tánicas, goma, mucílagos y aceites esenciales.

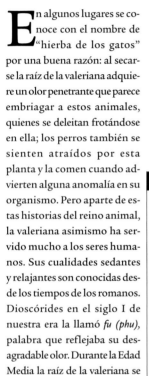

COMPOSICIÓN

Aceite esencial
Valeriana
Glucosa
Esencia
Tanino
Enzimas
Valerianina

Valeriana para las buenas noches

La raíz de esta planta ha sido utilizada por el hombre por más de 1.000 años por sus cualidades sedantes y calmantes del sistema nervioso. Estudios recientes han confirmado este efecto, lo que lo hace apropiada para tranquilizar y facilitar el sueño. Quienes sufren de insomnio pueden apoyarse en esta planta y lograr más rápidamente el vital descanso nocturno. De igual manera se considera que promueve un sueño de "buena calidad" porque evita sobresaltos mientras se duerme.

Otra característica importante de destacar es que, a diferencia de algunas drogas sintéticas, la valeriana no produce estados de "embotamiento" al despertar en la mañana. Es muy común que las pastillas convencionales, como los barbitúricos, induzcan a estados de baja concentración, pesadez y poca claridad en las ideas. De igual forma no interfiere con la fase del sueño REM (por sus siglas en inglés que significan Movimiento Ocular Rápido), etapa del descanso donde se sueña, aunque no siempre lo recordemos. Por último, hay que señalar que esta planta no crea hábito ni da una sensación de ansiedad cuando se descontinúa su uso.

EL SUEÑO

Cuando dormidos, pasamos en primer lugar a la fase NREM (sin sueños), período en el cual se cree que el cuerpo repara los tejidos, desarrolla los huesos y músculos y fortalece en sistema inmunológico. En la otra fase, conocida como REM (con sueños), el cuerpo queda inmóvil (con excepción de los rápidos movimientos oculares). Se piensa que esta fase actúa como una válvula de seguridad psicológica, que nos ayuda a resolver los acontecimientos inconscientes y los conflictos emocionales.

¡BUENA IDEA!

El sabor de la valeriana es realmente intenso. Por esa razón, la mayoría de las personas añaden azúcar o miel a la infusión para hacerla más agradable.

!Precaución

No es recomendable mezclar la valeriana con los tranquilizantes y sedantes convencionales ya que puede producir adicción; tampoco conviene mezclarla con excitantes como el café. Los efectos secundarios potenciales de esta planta son: dolores de cabeza, trastornos estomacales, desasosiego, náusea y visión borrosa (si se usa demasiada valeriana). Se debe tener precaución con su uso y limitar su consumo. Recurrir a un profesional en la materia es muy útil porque guiará sobre la correcta utilización de esta planta.

►recetas para la salud

Infusión básica

Un remedio útil para aquellos que se encuentran tensos, bajo estrés y les resulta esquivo un sueño tranquilo. Una taza antes de dormirse ayudará a lograr un descanso reparador.

INGREDIENTES

2	cucharaditas de raíz de valeriana
1	taza de agua muy caliente

PREPARACIÓN

- **Hay dos** formas de hacer este té. La primera consiste en cortar la raíz de valeriana y verterle encima el agua hirviendo. Se debe dejar reposar tapada por espacio de ocho a doce horas.
- **La segunda** manera es cocer a fuego lento y en olla tapada (la misma cantidad de raíz y de agua) durante diez minutos.
- **Cualquiera** que sea el método elegido, se bebe una taza de tisana antes de meterse en la cama.

"Valium" natural

La cualidad más conocida de la valeriana es su efecto tranquilizante. Por esa razón algunos la han bautizado como un "bálsamo" del sistema nervioso.

En algunos momentos de la vida nos enfrentamos a situaciones especialmente difíciles, estamos bajo estrés constante, sentimos los nervios "de punta", nos irritamos fácilmente o, quizás, desarrollemos temor, ansiedad e inseguridad. La valeriana es un remedio excelente en esos momentos porque ayuda a mirar más calmadamente las situaciones que nos abruman, pero sin aminorar nuestras capacidades mentales. En muchos países se recurre a los remedios a base de valeriana en lugar de los famosos *valium y ativan*; no sólo son más económicos sino que evitan los efectos secundarios de estas fuertes drogas.

Compresas de valeriana

Esta decocción es una forma práctica de usar esta poderosa raíz. Se trata de un remedio efectivo siempre que se haga con constancia porque el alivio comienza después de varias compresas.

INGREDIENTES

50 a 100g	de raíz seca de valeriana
1	litro de agua
	Un poco de aceite
	(de almendras, por ejemplo)
	Paños de algodón o gasa suave

PREPARACIÓN

- **Para una mayor** efectividad se recomienda remojar entre seis y doce horas las raíces de valeriana.
- **Después** se cambia el agua, se corta en pequeños trozos.
- **Ponga** la cantidad indicada de la planta en una olla junto con el agua. Caliente en fuego bajo para llevar el agua lentamente a punto de ebullición.
- **La decocción** se debe realizar con la olla tapada y removerse de vez en cuando. De esta manera se conservan los principios curativos. Deje reposar por un rato y filtre.
- **Caliente** un poco el agua de valeriana. Frote el área afectada con un poco de aceite para evitar que la compresa se adhiera a la piel.
- **Utilice** el agua de la cocción para humedecer el paño de algodón y gasa, escurra y aplique en la zona adolorida. Repita el procedimiento las veces que considere necesario.

Otras cualidades interesantes

Algunos textos especializados consideran la valeriana como un efectivo relajante. Gracias a su capacidad de aflojar los músculos excesivamente contraídos es una buena asistente de la espalda y cuello tensos, el asma, los cólicos, espasmos musculares, entre otros. Quienes trabajan bajo presión o frente a un computador suelen concentrar la tensión en ciertas áreas de la espalda, hombros y cuello. Todos ellos pueden contar con los efectos de la valeriana que ayudará no solo a calmar el sistema nervioso, sino que hará que las tensiones musculares se aminoren.

La medicina alternativa utiliza esta planta (a veces mezclada con otras) para tratar la presión arterial alta, especialmente en personas con una personalidad susceptible a la ansiedad y que viven en situaciones de tensión y estrés. Algunos libros de salud natural la recomiendan para niños hiperactivos y nerviosos (en dosis pequeñas y diluidas); sin embargo, conviene consul-

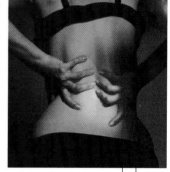

tar con el pediatra el uso de la raíz de valeriana. Por último hay que mencionar que la cocción de esta raíz se emplea externamente para aliviar zonas tensas y adoloridas.

Belleza
NATURAL

El cuidado personal —que busca no sólo mantener la salud sino conservar unos determinados parámetros de belleza—, se ha convertido en un modelo de vida que incluye a un mismo nivel de importancia la alimentación, el ejercicio y la cosmetología.

En este primer capítulo, dedicado precisamente al tema de la belleza, ofrecemos trucos y recetas elaborados con base en las frutas, los vegetales y las hierbas; es posible utilizar sus virtudes de forma que nos ayuden a cuidar nuestra apariencia física, todo ello enmarcado en ese estilo de vida que bien definió el célebre escritor Oscar Wilde: todos requerimos de ciertas dosis de belleza para sobrevivir.

Aguacate

En tiendas naturistas se encuentra disponible el aceite esencial de aguacate.

Este producto se obtiene de las semillas de la fruta y se emplea

para tratar manchas en la piel.

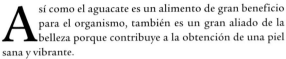

Así como el aguacate es un alimento de gran beneficio para el organismo, también es un gran aliado de la belleza porque contribuye a la obtención de una piel sana y vibrante.

Los aportes de esta fruta en la estética se obtienen tanto por su consumo a través de la alimentación, como en el empleo de sus principales nutrientes que entran en contacto con la piel. Uno de ellos, la vitamina B_6 o piridoxina, es de gran provecho para la salud: combate la depresión, la fatiga y apoya el sistema inmunológico; contribuye especialmente a equilibrar los niveles hormonales de las mujeres, sobre todo cuando se manifiesta el síndrome premenstrual. Al combatir la fatiga o la depresión, por ejemplo, se obtienen expresiones más relajadas, piel menos irritada, así como músculos más elásticos y tonificados.

El aguacate... ¿engorda?

No. Al contrario, esta fruta es utilizada con frecuencia por personas que sufren de sobrepeso, debido a que posee una elevada concentración de un tipo especial de azúcar o carbohidrato (llamado *manoheptulosa*) que no aumenta el azúcar en la sangre sino que la disminuye. El efecto es una sensación de energía, frescura y saciedad.

Si se encuentra trabajando por obtener un menor peso, confíe en esta fruta, eso sí, con moderación. Recuerde que un aguacate mediano contiene aproximadamente unas 300 calorías. ¡Déjese tentar por esta exuberante fruta y regálese unas porciones razonables algunos días en la semana!

Doblemente valioso

Como ya se mencionó, el aguacate se emplea tanto externa como internamente; recurrir a esta fruta le proveerá de una gran cantidad de beneficios. Sin embargo, vale la pena destacar, en la belleza, su gran acción sobre ciertos tipos de piel.

Las recetas de la página 13 son sencillas de preparar y muy efectivas. Aunque no suelen producir reacciones de tipo alérgico, si las va a ensayar por primera vez conviene hacer una pequeña prueba y aplicar las mascarillas unos minutos sobre la piel para descartar cualquier problema.

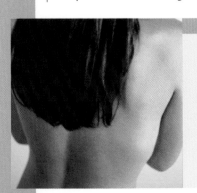

¡Buena idea!

Evite el exceso de sol sobre el cabello para impedir que éste que se vuelva quebradizo y sin brillo. En vacaciones, recuerde protegerse de los rayos solares.

►Recetas de belleza

Mascarilla facial para piel normal y seca

INGREDIENTES

1	huevo
$^1/_2$	aguacate maduro
1	cucharadita de mayonesa
1	cucharadita de miel
1	cucharadita de bicarbonato
2	gotas de aceite esencial de naranja

PREPARACIÓN

· **En una fuente** extraiga la pulpa del aguacate y tritúrela. Añada el huevo y la mayonesa y mezcle bien. Agregue los demás ingredientes dejando el bicarbonato para el final. Mezcle bien.

· **Aplique** la mascarilla toda de una vez. Si sobra un poco aprovéchela en el cuello y pecho. Deje actuar de 15 a 20 minutos y enjuague con abundante agua tibia.

Mascarilla para cabello normal

Gracias a sus aceites naturales el aguacate resulta maravilloso como humectante para todo tipo de cabello, por supuesto con excepción del grasoso.

INGREDIENTES

1	aguacate maduro

PREPARACIÓN

· **Con la ayuda** de una cuchara extraiga la pulpa de la fruta y tritúrela hasta convertirla en un puré.

· **Con esta pasta** hágase un masaje sobre el cuero cabelludo. Hágalo con las palmas de las manos y no con las puntas de los dedos. Cúbrase la cabeza con una gorra o bolsa plástica y deje actuar los aceites esenciales de 20 a 30 minutos.

· **Retire** la preparación con un champú y aplique acondicionador, si es necesario.

Las pieles secas y escamosas...

pueden beneficiarse del gran contenido de vitamina E que posee el aguacate. Una mascarilla grasa elaborada con la pulpa triturada actúa sobre el tejido conectivo y elimina los radicales libres. Las pieles secas y escamosas se tornarán mas flexibles.

La principal función de la piel es la de ser barrera física e inmunológica, porque protege al organismo de toxinas y bacterias. Su textura y estructura varían según la parte del cuerpo.

Interesante para la mujer...

Las necesidades de la famosa vitamina B_6 aumentan durante el embarazo, cuando se toman anticonceptivos orales así como con el uso de ciertos medicamentos. Si se encuentra atravesando la etapa de gestación o emplea cierto tipo de remedios recuerde incluir en su canasta familiar esta estupenda fruta y consumirla en porciones adecuadas a su organismo.

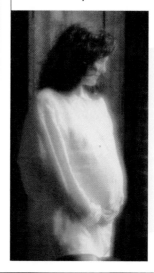

SI ESTÁ EMBARAZADA TENGA EN CUENTA QUE...

es fundamental un aumento de peso razonable. Este incremento oscila entre 9 y 13,5 kilogramos y se hace más acelerado entre las semanas 24 y 32.

Banano

La naturaleza cuenta con miles de ingredientes que contribuyen a mantener y mejorar la salud. Muchos de ellos, además, poseen un efecto cosmético y le permiten lucir una apariencia más vigorosa y lozana. Es muy sencillo recurrir a productos que se encuentran en los supermercados para darle a nuestro cuerpo un verdadero bálsamo de salud y belleza.

El banano es una fruta utilizada popularmente en muchas recetas de belleza, debido a su fácil consecución, precio razonable y visibles resultados, especialmente sobre la piel. Todas estas características la hacen una de las frutas más apetecidas en el mundo.

Ponga a funcionar la alegría

La alimentación influye en la química de todo nuestro cuerpo, inclusive en el cerebro. Existen alimentos que, sin darnos cuenta, producen sensación de bienestar mientras que otros ocasionan efectos de decaimiento y tristeza.

El banano ha sido llamado por algunos "fruta de la alegría" y esa calificación popular tiene una explicación científica. Este alimento estimula la absorción de una sustancia llamada triptófano (un aminoácido muy importante para el sistema nervioso central) que tiene la propiedad de levantar el ánimo. Incluir por lo menos un banano mediano en la alimentación diaria puede hacernos sentir más alegres, positivos, activos y menos tensos.

Aunque para algunos esta alegría puede resultar ajena a los efectos sobre la belleza, es claro que al lograr un estado anímico positivo los músculos están más relajados, la piel menos irritada y la actitud corporal en general, más atractiva.

¿Peso muy bajo?

Una figura delgada y en forma es hoy el ideal de belleza y salud, al menos en la cultura occidental. Sin embargo, estar delgado no debería ser sinónimo de raquitismo. La desmedida preocupación por el peso ha provocado que muchas personas se excedan en su dieta y no se alimenten de manera adecuada, lo que produce el efecto contrario: lucen desvaídas y macilentas.

Si usted está anormalmente delgado trate de ganar un poco de peso consumiendo alimentos que reconstruyan los tejidos, ricos en proteínas, calcio y vitaminas del grupo B. El banano es un alimento que, definitivamente, debería incluir en su dieta y que puede disfrutar en ensaladas, jugos, postres y compotas. Una excelente combinación para fortalecer su organismo es la mezcla de esta fruta con ejercicio porque contribuye a desarrollar los músculos.

Piernas y pies: soportes de la salud y la belleza

La longitud, forma, grosor, etcétera, de piernas y pies están determinados por factores genéticos y, por tanto, son inmodificables. A pesar de no poder cambiar su estructura de manera natural, se puede mejorar su forma y apariencia con dieta, ejercicios, masajes y ungüentos, entre otros.

El banano contribuye a tonificar la piel, la libera de tensiones y combate la flacidez de las piernas. Tenga en cuenta que las extremidades inferiores, tanto como las superiores, están conectadas con las restantes partes de su cuerpo a través de un abanico de fibras nerviosas, de manera que al cuidarlas y consentirlas está trabajando en un buen estado de salud general.

▶Recetas de belleza

Para los pies y las pantorrillas

Las zonas bajas de las piernas, como los pies y las pantorrillas, tienden a ser las más descuidadas de nuestro cuerpo. Consiéntalas con esta preparación que ayuda a liberar tensiones y a combatir la piel escamosa.

INGREDIENTES

1	banano, maduro
1	aguacate mediano, maduro
1	cucharada de crema de leche
1	cucharada de aceite de almendras

PREPARACIÓN

· **Triture** el banano y el aguacate hasta obtener una consistencia suave.

· **Mezcle** la crema y el aceite hasta que los dos ingredientes estén bien incorporados y añada la pasta de banano y aguacate.

· **En la ducha** o tina cubra los pies y pantorrillas con la mezcla. Busque un lugar donde recostarse y coloque las piernas levantadas durante 10 o 15 minutos antes de enjuagar.

Bálsamo para cabello seco y teñido

Para obtener un auténtico teñido es necesario recurrir a productos químicos. En ocasiones el resultado es un castigo para el pelo y cuero cabelludo. Esta preparación combate el maltrato y alivia los efectos producidos por los químicos que poseen las tinturas.

INGREDIENTES

1	banano maduro
1	cucharada de aceite de oliva

PREPARACIÓN

· **Triture** el banano hasta lograr una pasta suave y mézclelo con el aceite.

· **Aplique** el ungüento de la raíz a la punta. Haga un masaje en el cuero cabelludo y el cabello antes de cubrir la cabeza con una bolsa plástica o un gorro de baño. Una toalla caliente también puede resultar reconfortante.

· **Deje** que la mezcla actúe entre 10 y 15 minutos. Enjuague y lave con champú.

Síndrome premenstrual

Muchas mujeres en vísperas de menstruar aumentan los síntomas del acné, lo que puede deberse a un déficit de vitamina B_6. El consumo de frutas como el banano y el aguacate ayudan a controlar y disminuir notablemente este problema.

UN REGALO PARA SUS PIES

Al aplicar un masaje a sus pies usted logrará alejar la angustia y preocupación del día. Frote sus manos con algún aceite.
Haga el masaje en un lugar cálido y cómodo. Coloque una toalla bajo sus pies para que reciba cualquier exceso de aceite.

LA REFLEXOLOGÍA

Es una terapia que consiste en aplicar presión sobre puntos en los pies y las manos para estimular la autocuración del organismo. Los reflexólogos consideran que las distintas partes del cuerpo se "reflejan" en los pies y las manos. Al aplicar presión sobre los puntos reflejos se puede mejorar la salud física y mental.

BUENAS NOCHES...

Existen dos nutrientes que se relacionan con los problemas de sueño: el calcio y el magnesio. Cualquier insuficiencia de ambos minerales puede provocar insomnio. Consuma alimentos ricos en estos nutrientes como banano, brócoli, coliflor. Consuma pequeñas cantidades de cualquiera de ellos antes de ir a la cama.

Fresa

*La fresa es tan apreciada por su sabor y olor que la industria cosmética y farmacéutica
la ha utilizado como base para la elaboración de perfumes,
champús, jabones y productos especializados de belleza.*

Interna y externamente esta fruta hace maravillas por la belleza.
Al consumirla se obtienen gran cantidad de vitaminas y minerales que contribuyen especialmente a la salud de la piel y el cabello. Aunque existen diversos alimentos que la incluyen como ingrediente (por ejemplo las mermeladas), conviene comerla fresca y sin procesar. Gracias a su fácil combinación con otros alimentos, la fresa es deliciosa mezclada con otras frutas, yogurt y helados.

Sobre su uso se debe advertir que las fresas generan alergias en algunas personas. Si es del caso, ensaye el siguiente procedimiento que puede ayudarle a evitar reacciones fuertes del sistema inmunológico. Ponga la fruta bajo agua caliente corriente y a continuación báñelas con agua fría. Con esta técnica se les quita el vello que, se cree, produce la urticaria. También es conveniente, si la va a usar externamente, hacer una pequeña prueba sobre la piel para comprobar si existe algún tipo de reacción.

Alimento juvenil

Gracias a su contenido de vitamina C y azúcar de fruta (fructosa), la fresa ha sido considerada como tonificante para el organismo. Algunos autores la describen como un "tónico primaveral" porque brinda al organismo una sensación vigorizante que se asemeja a la actitud de las personas que, tras sufrir el invierno, reviven con la primavera. Si desea mantener un alto nivel de dinamismo en su vida recurra a las fresas siempre que pueda. Son en general económicas y en los mercados se encuentran de buena calidad.

Pero los efectos rejuvenecedores de la fresa no se limitan únicamente al vigor; también se manifiestan a través de la piel. Como posee efectos sobre el sistema circulatorio, esta fruta contribuye a fortalecer, nutrir y conservar la pigmentación de la piel. Algunos autores recomiendan la mascarilla de fresas para tonificar el cutis, aunque se debe tener cuidado (por las reacciones alérgicas ya mencionadas) y porque, si se deja mucho tiempo, puede teñir levemente la piel.

Otras aplicaciones curiosas

La fresa es una fruta que contiene poco azúcar (por eso es adecuada en las dietas de adelgazamiento) y rica en ácidos útiles; se suele recomendar contra el reuma y para combatir las enfermedades debidas a una mala circulación. Es una baya que se considera eliminadora del ácido úrico y fortalece las defensas naturales del organismo.

En algunos textos que resumen las experiencias de la medicina popular se señalan sus cualidades como dentífrico natural que previene el sarro y refuerza las encías (más adelante encontrará una buena idea para su aplicación). Por último cabe resaltar que así como favorece la piel, la fresa también ejerce un efecto de fortalecimiento de los folículos pilosos.

DESINTOXICAR

El jugo de fresa ayuda a eliminar las acumulaciones tóxicas y contribuye a mejorar la piel afectada por el acné, las espinillas, los forúnculos y otros problemas de la epidermis. Tómelo una o dos veces por semana.

SALUDABLE MERIENDA

Si tiene el firme propósito de bajar un poco de peso puede utilizar esta fruta como merienda entre comidas. Sola o mezclada con otras frutas, favorece la eliminación de líquidos.

Son bajas en calorías: 100 g proporcionan menos de treinta kilocalorías

FRUTAS ENERGÉTICAS

AGUACATE
MANZANA
NARANJA
PERA
PIÑA
BAYAS

(COMO FRESAS, CEREZAS Y MORAS)

►Recetas de belleza

Alivio para los pies

Esta loción se aplica externamente y ayuda a refrescar y aclarar la piel. Consienta un poco sus pies que reciben toda la carga de su peso corporal.

INGREDIENTES

225	gramos de fresas enteras
285	ml de vodka

PREPARACIÓN

- **Limpie** las fresas como se indicó en los párrafos anteriores.
- **Colóquelas** en un frasco de vidrio esterilizado, añada el vodka y tape, ojalá con un cierre hermético.
- **Almacene** la loción en un lugar fresco y oscuro durante tres días; diariamente sacuda el frasco en la mañana y en la tarde.
- **El cuarto día** cuele el contenido en otro frasco de tapa rosca, rotule con la fecha de la preparación y refrigere.

Remedio antisarro

Si la placa bacteriana no se retira adecuadamente de los dientes puede formarse el sarro, que es una sustancia amarillenta de naturaleza calcárea que se adhiere al esmalte. La siguiente receta ayudará a combatirlo.

INGREDIENTES

4	fresas

PREPARACIÓN

- **Retire** las hojas de las fresas y lávelas muy bien; córtelas por la mitad (a lo largo).
- **Frote** la parte interior de la fruta en las encías y dientes. Masajee con vigor y en forma circular.
- **Haga** este procedimiento tres veces por semana si es propenso a esta enfermedad.

Mascarilla de fresa

Se la considera excelente para la piel grasa y flácida. Posee la cualidad de reactivar y estimular el color de la piel. Se prepara con fresas maduras o mezclada con otras mascarillas cosméticas de venta común en el comercio.

Belleza en la circulación

El corazón y los vasos sanguíneos permiten que la sangre circule por todos los rincones del cuerpo y lleve de manera continua oxígeno y nutrientes a los tejidos y elimine los desechos. Si, por ejemplo, se le enfrían las manos y los pies, puede ser que tenga una mala circulación, quizá provocada por las mismas causas que producen las molestas várices. Factores como un sistema linfático lento, inclinación de manera excesiva por las grasas de origen animal, el cigarrillo, elevado consumo de sal y poco ejercicio, pueden contribuir a trastornar la circulación.

Podemos hacer muchas cosas para favorecer la circulación, prevenir las várices y apoyar la belleza general de nuestro cuerpo. Una de ellas es reforzar las comidas basadas en verduras, frutas y legumbres; las frutas ricas en vitamina C y bioflavonoides son las más recomendadas y, entre ellas se encuentran las fresas (y otras bayas como las moras y las frambuesas), el kiwi, la guayaba y cítricos que tienen un especial efecto en la circulación.

TEORÍAS DEL COLOR

Algunas personas han estudiado el efecto del color en la alimentación. Se sabe, por ejemplo, que el color rojo estimula el apetito, por esa razón muchos restaurantes visten las mesas con manteles de esa tonalidad. Al color rojo, además, le atribuyen ciertas cualidades como las de brindar fuerza, vigor, mejorar la salud y la función sexual. Dentro de las frutas a las que se le aplican tales virtudes están las fresas, por supuesto, la uva, la remolacha, el rábano, la manzana y el tomate, entre otras.

Limón

Imprescindible en la cocina y aliado de la salud, el limón es un ingrediente
que además podría sustituir a muchos productos de belleza.

El limón común posee insospechadas aplicaciones para la belleza. Las más conocidas son, por su-puesto, las relacionadas con la vitamina C y, por tanto, con su poder cicatrizante y curativo de la piel, con su valor como desintoxicante del organismo y con el apoyo al sistema inmunológico de este nutriente. Sin embargo existen otros sorprendentes usos en la belleza que tienen que ver con áreas como el cuero cabelludo, las uñas, el sobrepeso, y que no suelen ser mencionadas en los libros que tratan sobre los grandes poderes de esta fruta.

Del limón se emplea básicamente el jugo que, concentrado o diluido, se usa de manera externa e interna, es decir, sobre la piel o consumido por vía oral. La cáscara, aunque es rica en aceites esenciales y sustancias benéficas, se debe utilizar con precaución porque normalmente es tratada con algún conservante que la mantiene desde su lugar de origen hasta las góndolas de los supermercados.

Consienta su cabello

La famosa vitamina C, entre muchas otras cosas, ayuda a reconstruir los tejidos de los cuales se destacan el cabello y la piel. La forma como actúa es a través de la desintoxicación de la sangre y la salud de los vasos capilares; es con la ayuda de estos últimos como son enviadas las sustancias benéficas hacia los folículos del cabello.

Una buena cantidad de vitamina C de fuentes naturales como el limón y otras frutas y verduras asegura un sano crecimiento del pelo. Por el contrario, la falta de esta vitamina, afecta esta y otras zonas importantes en nuestra apariencia. Su deficiencia puede traducirse en hemorragias de las paredes capilares y la incorrecta nutrición de las papilas. Recuerde que el estrés, el cigarrillo, el alcohol y ciertas drogas agotan la vitamina C de nuestro organismo.

Fortalecer las uñas

Las uñas son uno de los termómetros de nuestro estado de salud; las que se encuentran escamosas o descascaradas, por ejemplo, pueden indicar deficiencia de algunos nutrientes o exceso de productos como esmaltes.

La manicura es una forma de mimarse y, realizada semanalmente, una manera como podemos proteger las uñas y realzar su belleza. Incluir el limón en la rutina del cuidado de las uñas, contribuye a fortalecerlas y reforzarlas. Más adelante daremos dos sencillas y prácticas ideas.

Algunas advertencias siempre que trabaje con limón: untado sobre la piel puede hacerla más vulnerable a los rayos del sol, por esa razón debe evitarse cuando se va a exponer al sol y, por tanto, conviene aplicar la fruta en las noches. Sobre la piel o ingerido en exceso, el limón puede traer complicaciones como acidez estomacal, sensibilidad al sol e irritaciones.

SECRETOS DE BELLEZA

El limón se utiliza en rodajas para retirar el maquillaje y algunas mujeres lo emplean como tónico facial para remover los residuos de jabón, hidratantes y aceites. Este uso cosmético debe realizarse siempre que no se vaya a estar en contacto con el sol.

►Recetas de belleza

Los descuidados codos y rodillas

Para estas partes del cuerpo, que tienden a ser un poco ásperas, pueden aplicar la siguiente receta.

INGREDIENTES

15 gotas de jugo de limón
1 cucharada de miel
1 cucharada de aceite

PREPARACIÓN

· **Limpie** la zona con agua antes de utilizar la mezcla de estos tres ingredientes.
· **Permita** que la preparación actúe sobre las zonas ásperas por 10 minutos.
· **Retire** con abundante agua.

Uñas más fuertes

Para hacer más resistentes las uñas incluimos dos ideas sencillas y que dan muy buenos resultados.

Receta 1

INGREDIENTES

Aceite esencial de limón

PREPARACIÓN

· **Extienda** este aceite sobre las uñas en las noches. Recuerde que este poderoso aceite no debe emplearse si se va a exponer a la luz solar.

Receta 2

INGREDIENTES

Limón

PREPARACIÓN

· **Corte** un limón por la mitad y frótelo enérgicamente sobre cada uña. Como en la receta anterior, conviene aplicarse en las noches.

Mascarilla orgánica para piel grasosa

Las mascarillas faciales son una delicia para la piel y nos hacen sentir bien.

INGREDIENTES

$^1/_4$ de cucharadita de zumo de limón
1 clara de huevo

PREPARACIÓN

· **Antes** de elaborar la mascarilla lave el rostro para liberarlo de impurezas.
· **Bata** la clara de huevo y añada el jugo de la fruta.
· **Aplique** inmediatamente después sobre la cara y permita que actúe entre 8 y 10 minutos. Enjuague con abundante agua.

Advertencia: no se preocupe si después de retirada la mascarilla siente un poco tensa la piel.

El aceite esencial

Es uno de los más populares y atractivos por sus propiedades, aroma y sensación refrescante. Para obtenerlo los especialistas prensan en frío la piel de la fruta. Resulta más práctico adquirir una buena marca de aceites esenciales que tratar de elaborarlo en casa.

Este poderoso aceite actúa como antidepresivo, antiséptico, desintoxicante, digestivo, bactericida, carminativo (que elimina gases del intestino), diurético, antirreumático, hepático, depurativo, estimulante y tónico.

Se emplea especialmente para el cuidado de la piel (en particular aquellas mixtas y grasosas), para atenuar pecas, revitalizar uñas débiles, apoyar el sistema nervioso, limpiar el organismo de toxinas, atenuar la celulitis, aliviar la retención de líquidos, la caspa y algunas infecciones. Se usa en aceites de masajes, durante el baño, en cremas, jabones, compresas, tónicos y sahumerios.

REFRESQUE SU ALIENTO

Muchos platos que utilizan condimentos fuertes dejan un sabor y olor penetrante en la boca. Perfume su aliento masticando la cáscara del limón.

AROMATERAPIA

El aceite esencial es de color amarillo pálido, aunque también se consigue de color verde. Se aplica externamente y se emplea en una amplia gama de desordenes de la piel, de la circulación y problemas respiratorios. Debe usarse con precaución pues puede irritar la piel; conviene diluirlo y *jamás* consumirse por vía oral.

Manzana

Calificada por algunos como la "reina de las frutas",
la manzana posee un excepcional balance de vitaminas y minerales.

Son innumerables los significados de la manzana a través de la historia. Desde pequeños hemos estamos familiarizados con su protagonismo en historias y leyendas que han exaltado la imaginación de narradores y poetas. Desde la bíblica manzana del paraíso, pasando por aquella que iluminó a Newton sobre la gravedad, hasta el logotipo de una empresa de informática, esta fruta es una constante fuente de inspiración para la humanidad.

Ha sido, además, una fruta empleada por las mujeres en la belleza. En los tiempos en que no existían productos cosméticos industriales, fue utilizada para el tratamiento de la piel en combinación con otros alimentos. La medicina popular la ha empleado por centurias en el tratamiento de la obesidad (probablemente por sus cualidades desintoxicantes) y como fruta con el poder de restaurar la juventud.

Luchar contra la celulitis

Conocida también como "piel de naranja" la celulitis es la apariencia que toman algunas zonas del cuerpo femenino, especialmente muslos y nalgas. Muchos médicos creen que se produce por factores como una vida sedentaria, el consumo de toxinas y la falta de ejercicio, entre otros. Se considera que entre el 90 y 98 por ciento de las mujeres (de todas las edades) presentan algún grado de celulitis.

Aunque es difícil erradicarla del todo, es posible detener su progreso. El primer paso es la desintoxicación. Además de un régimen temporal de eliminación de toxinas, es importante vigilar una alimentación adecuada y acompañarla con ejercicio y masajes en la zona afectada.

Una de las formas de lograr esa deseada desintoxicación es consumiendo durante dos días manzanas (si son de cultivo biológico con cáscara y corazón) de diferentes clases, todas las que desee, acompañadas de infusiones de hierbas endulzadas con miel de abejas. El agua de buena calidad es un ingrediente fundamental durante este proceso tanto para la elaboración de los tés como para su consumo directo. La manzana ayudará a restaurar el balance del organismo.

Maravilla externa

Además de los múltiples beneficios que reporta la manzana para la salud, tiene otras aplicaciones que se relacionan con su uso externo y no con su consumo. Quizás el más popular es el que se refiere a sus cualidades como ingrediente para el cuidado de la piel. Suelen usarse especialmente las distintas variedades de manzanas rojas como base para la elaboración de cataplasmas, mascarillas y jugos tonificantes.

Las pieles maduras, mixtas y con tendencia a ser grasosas, son las más beneficiadas con el uso de esta fruta. Rica fuente de vitaminas, betacaroteno, minerales (incluyendo el potasio, calcio y magnesio) y ácidos, la manzana contribuye a remover las células muertas de la piel y actúa como un tónico, especialmente en las personas con cutis graso y mixto. Los productos que se realicen a base de manzana deben consumirse inmediatamente porque al momento de rallarla o de preparar en jugo, empiezan a perder sus sustancias benéficas.

MANZANA EJERCITADA

El ejercicio será básico durante este proceso de tratamiento contra la celulitis y el masaje porque mejora la circulación linfática. Recuerde que la "piel de naranja" no se irá de la noche a la mañana. Es un proceso que requiere de voluntad, constancia y un cuidado permanente a favor de una alimentación saludable.

MANZANA "LIQUIDA"

LAS SIGUIENTES MEZCLAS DE FRUTAS Y VERDURAS NO SÓLO LE REPORTARÁN BENEFICIOS PARA LA SALUD, SINO QUE CONTRIBUIRÁN A MEJORAR PROBLEMAS CUTÁNEOS Y DE LOS OJOS.

1 PARTE DE MANZANA + 3 PARTES DE PEPINO COHOMBRO

3 PARTES DE MANZANA + 5 PARTES DE ZANAHORIA

4 PARTES DE MANZANA + 2 PARTES DE ZANAHORIA + 1 PARTE DE NARANJA

1 PARTE DE MANZANA + 1 PARTE DE APIO + 1 PARTE DE ZANAHORIA

frutas

▶Recetas de belleza

Fórmula rejuvenecedora

La cremosa textura de esta receta es un tratamiento especialmente efectivo para las personas de piel madura, marchita y que requieren algo de ayuda. La levadura de cerveza que incluye es una excelente fuente natural de vitaminas del grupo B que, según los estudios, contribuye a la regeneración de las células.

INGREDIENTES

- 25 g de levadura de cerveza en polvo
- 4 cucharadas de jugo de manzana recién hecho
- 2 cucharadas de yogur natural

PREPARACIÓN

- **La mejor** manera de elaborar el jugo de manzana es con un procesador que la exprima; sin embargo, si no lo posee, triture la fruta en la licuadora con muy poca agua y filtre.
- **Disuelva** la levadura de cerveza en el jugo (muy fresco) de manzana; una vez integrados agregue el yogur y vuelva a mezclar.
- **Aplique** esta fresca crema limpiadora sobre el rostro y cuello y permita que actúe durante 15 minutos. Retire la preparación con abundante agua tibia. Aplique una crema hidratante.

Adiós a las ojeras

Una preparación de rápida elaboración y muy efectiva para prevenir esas molestas sombras bajo los ojos. Una mezcla de ingredientes nutritivos y de fácil consecución.

INGREDIENTES

- 1 manzana roja, madura
- 2 vasos de leche

PREPARACIÓN

- **Lave** muy bien la manzana y retire la piel si la fruta no procede de un cultivo biológico; pártala en trozos grandes.
- **En una olla** pequeña disponga la manzana y la leche. Cocine a fuego lento hasta que la fruta tenga una textura suave. Haga un puré y aplique en compresas sobre los ojos.
- **Permita** que la compresa actúe durante unos minutos. Retire con abundante agua tibia.

Sonrisa perfecta

Cuando miramos el rostro de cualquier persona es probable que la boca sea uno de los puntos en que más fijamos la atención. Su forma, tamaño, aspecto de los dientes y encías, conforman un conjunto de elementos que hacen un rostro amable y atractivo. Aunque tendemos a resaltar la disposición y color de los dientes, la forma y tamaño de la boca, la verdad es que las encías también ocupan un papel importante para lograr una perfecta sonrisa.

Los problemas bucales suelen ser reflejo de deficiencias u otros problemas de salud. El sangrado en las encías, por ejemplo, puede deberse a una deficiencia de vitamina C; la resequedad y las grietas en las comisuras de la boca, a una baja asimilación de vitamina B_2, y ambos pueden estar manifestando una deficiencia nutricional. Durante el embarazo (cuando el estrógeno aumenta) es frecuente que las encías se hinchen, se vuelvan más blandas de lo normal y aumente su irrigación sanguínea.

Existen muchas cosas que podemos hacer para contribuir a la salud de las encías: aumentar el consumo de calcio y proteínas de alta calidad, de alimentos ricos en vitamina C y cepillar los dientes con frecuencia haciéndose un masaje en las encías. Por supuesto que la visita al odontólogo es fundamental para hacer un correcto seguimiento de la evolución de estos problemas de la boca. En todo este proceso la manzana puede jugar un papel importante en la recuperación y fortalecimiento de las encías. Una manzana (ojalá sin pelar) es muy beneficiosa para la zonas alrededor de los dientes; conviene consumirla entera, en grandes bocados, para que haga su trabajo de limpieza y masaje. Su consumo frecuente es, además, útil para reducir los efectos de la nicotina en las paredes de los dientes.

¡BUENA IDEA!

Para estimular la circulación en los labios pase de vez en cuando un cepillo de dientes seco sobre su superficie. Debe hacerse delicadamente para evitar cualquier maltrato. Para terminar, aplique algún producto que los humecte.

Receta para pieles grasas y mixtas

Limpie su piel con esta sencilla receta: ralle una manzana roja muy jugosa (para que sea más efectivo) y apliquela sobre la piel. Durante 15 minutos. Retire con abundante agua tibia.

BELLEZA

Naranja

Rica en vitaminas y minerales, las naranjas contribuyen a mantener
la salud integral y hacen maravillas por la belleza.

La naranja es una de las frutas que se encuentran disponibles en el mercado durante todo el año. Aunque los precios varían, siempre existe alguna variedad económica que puede sernos de utilidad en la elaboración de remedios y productos para la belleza. En general resultan de mejor sabor y efectividad cosmética aquellas que son dulces porque no producen ardor en la piel. Siempre que vaya a elegir naranjas, procure que estén en perfecto estado porque las que están magulladas sufren un proceso rápido de descomposición.

Como ya fue mencionado en el Tomo 1, esta fruta es rica en vitamina C, sustancia muy importante para gran cantidad de funciones corporales. Es ideal para el consumo de toda la familia, especialmente para los niños, adolescentes y ancianos. La vitamina C tiene, además, una función revitalizadora del organismo y nos ayuda a tener un mejor desempeño, rendimiento y concentración en las tareas cotidianas. Recurra a esta fruta en situaciones de tensión y estrés porque le ayudará a estar fuerte en momentos difíciles.

La biotina, vitamina de la belleza

Esta vitamina del complejo B se encuentra en todas la células aunque en concentraciones muy bajas. Interviene en el metabolismo de los azúcares y grasas, y desempeña un importante papel en la biosíntesis de los ácidos grasos. Refiriéndonos al tema de la belleza, hay que destacar que esta sustancia participa en el buen estado de la piel, el cabello (y su pigmentación) y las uñas.

Las personas con deficiencias de vitamina B_7 (biotina) tienden a lucir una piel seca, marchita y con eczemas; pierden el cabello con frecuencia, se mantienen inapetentes, nerviosas, sufren de náuseas, vómito y dolores musculares. Todos estos problemas se pueden prevenir vigilando el consumo de nutrientes y en especial de la biotina. Los médicos suelen prescribirla para tratar problemas del sistema inmunológico y algunas afecciones de la piel.

Naranjas para estar en forma

Además de sus propiedades como aliada del sistema inmunológico por su contenido de vitamina C, la naranja es provechosa para mantenernos en forma. Los investigadores han llamado la atención sobre el alto contenido de potasio de esta fruta, sustancia que favorece la eliminación de líquidos y liberara las grasas almacenadas en el tejido graso.

Las dietas de adelgazamiento suelen recomendar esta fruta dentro de su programa precisamente por estas dos últimas propiedades. Recurrir a la naranja fresca es mucho más efectivo que en jugo porque se aprovechan las membranas blancas que recubren los gajos. Consumirla en trozos también fortalece los huesos y dientes. De todas formas el zumo es una bebida aliada de la figura por ser bajo en calorías y rico en vitaminas y minerales.

LAS VITAMINAS Y LA BELLEZA

- *Vitamina A*: para la palidez, piel endurecida e impura (ver pág. 31) cabello deteriorado.
- *Vitamina B_1*: uñas y cabello frágiles.
- *Vitamina B_2*: piel impura y descolorida.
- *Vitamina C* : piel flácida, impura y marchita.
- *Vitamina D*: cabello quebradizo, piel con escamas.
- *Vitamina E*: cabello quebradizo, con tendencia a caerse; piel descolorida.

►Recetas de belleza

Baño sedante

Además del tradicional método del lavamanos y del guante de tocador, existen otras posibilidades para hacer del baño una terapia de belleza y salud. Una de las mayores cualidades de esta receta es su efecto relajante y como estimulador del riego sanguíneo.

INGREDIENTES
4 a 6 naranjas frescas
PREPARACIÓN
- **Para disfrutar** plenamente de los efectos de la naranja es conveniente contar con una tina. Si no dispone de una puede hacer baños por zonas, por ejemplo los pies y pantorillas. En tal caso necesitará menor cantidad de fruta.
- **Extraiga** el jugo de las naranjas e incorpórelo al agua caliente. Es importante no dejar transcurrir mucho tiempo entre la preparación del zumo y su utilización.
- **Disfrute** de los poderes de esta fruta por no más de 15 minutos. Descanse a continuación.

Mascarilla para después de la depilación

Existen muchos métodos para depilar los vellos del rostro como la cera y las cremas. En ocasiones estos productos irritan y causan pequeñas lesiones. La siguiente mascarilla ayuda a cicatrizar y refrescar.

INGREDIENTES
    Unas gotas de limón
2   cucharadas de panela rallada
PREPARACIÓN
- **Después** de depilar el rostro conviene limpiarlo un poco con algún tónico suave y aplicar la siguiente mascarilla.
- **En una fuente** mezcle la panela rallada con unas cuantas gotas de limón hasta obtener una textura suave y homogénea.
- **Aplíquela** sobre el rostro limpio y permita que actúe por unos 15 minutos. Esta preparación suele escurrirse un poco, por lo que conviene acostarse sobre un plástico para no ensuciar.
- **Retire** con abundante agua tibia.

LA DEPILACIÓN

El principal problema de las cremas depiladoras comerciales es que contienen gran cantidad de químicos. Por esa razón son recomendables otros métodos como la cera y las máquinas eléctricas que arrancan el vello de raíz y debilitan su crecimiento.

¡ATENCIÓN CABALLEROS!

La biotina es necesaria en buena cantidad para mantener saludables el cabello y la piel. Los expertos sugieren que tomar 100 miligramos de esta vitamina al día ayuda a prevenir la caída del cabello en algunos hombres.

! Precaución

Conviene aplicar la naranja en la piel sólo en las noches. La luz del sol y el ácido cítrico no son buenos compañeros. Si la fruta no proviene de cultivo biológico conviene evitar la cáscara en las recetas.

BAÑOS DE BELLEZA

El baño, especialmente en tina, es uno de los tratamientos de belleza más agradables. Los efectos relajantes de introducirse en la bañera nos hacen sentir más livianos y al dilatarse los capilares por el agua tibia, hacen que la presión sanguínea descienda. Si agregamos algunas sustancias podemos obtener fuerza, vigor, energía y tranquilidad.

¡BUENA IDEA!

Alternar los aceites de baño con infusiones o tés y sales enriquecerá la piel e incorporará sustancias benéficas al organismo.

Papaya

*El más importante principio activo de la papaya (la enzima papaína)
revitaliza a las células marchitas del organismo.*

Resulta muy agradable vivir en un país tropical donde la oferta de papaya es continua y donde se tienen al alcance diversas variedades, y a precios razonables. En los países con estaciones esta fruta es escasa, el comercio se limita a unas cuantas especies y es extremadamente costosa. Por todas estas razones se la emplea básicamente como alimento y se restringe su uso externo en la belleza.

La colorida piel de la papaya madura encierra una pulpa de un agradable sabor que la hace interesante para el paladar y muy nutritiva por la abundante presencia de vitaminas, minerales y aminoácidos. Pero además de su valor como alimento y las propiedades como "limpiadora" del organismo, esta fruta también cuida de nuestro aspecto externo. Utilizada con frecuencia en el cuidado de la piel brinda a quien la consume gran cantidad de enzimas.

Tratar las várices

Las venas varicosas son por supuesto un problema médico, pero para las personas que las sufren son, además, un problema estético. Por lo general se producen cuando las válvulas de las venas se debilitan, impidiendo que la sangre circule apropiadamente hacia el corazón y dejando que se estanque. Pueden aparecer en una pierna pero normalmente afectan las dos, y son cuatro veces más comunes en las mujeres que en los hombres. Contribuyen a su formación factores como la edad, la obesidad, la herencia, el embarazo, la inmovilidad (estar mucho tiempo de pie o sentado) y la vida sedentaria. En la mayoría de los casos las várices no representan un problema grave y pueden tomarse algunas medidas sencillas en el hogar.

Muchos de los problemas y dolencias que acompañan la aparición de las venas varicosas pueden ser atenuados eficazmente con las enzimas proteolíticas (la papaína, contenida en la papaya, la bromelina presente en la piña o ananá, la tripsina proveniente del páncreas del cerdo y la quimiotripsina que procede del páncreas de la vaca). Todas estas enzimas son consideradas buenas armas cuando se trata de combatir los edemas, mejorar el flujo sanguíneo y reforzar los capilares sanguíneos.

Algunos especialistas recomiendan en particular el tratamiento a base de tintura de papaya (ver receta en la página siguiente). Es importante acompañar cualquier tratamiento contra las várices con una alimentación balanceada, baja en grasas y carbohidratos refinados y rica en productos frescos como frutas y verduras. De igual forma es esencial mantener un peso saludable y hacer ejercicio con regularidad y moderación.

DÍA DE LA PAPAYA

Podemos lograr un gran beneficio para la salud y belleza si dedicamos un día a la papaya. Separar en el calendario una fecha en donde se consuma básicamente esta fruta (y, si lo desea, con su compañera enzimática la piña). Consuma la fruta en trozos y jugos o aplíquela externamente en mascarillas y baños. A la vez que depura su organismo por dentro, consiente su piel por fuera.

MASCARILLAS FACIALES

Las famosas mascarillas son una magnífica opción que contribuye al cuidado de la piel y, a la vez, nos proporcionan unos minutos para relajarnos y sentirnos bien. Lo mejor es que la mayor parte de los ingredientes los tenemos disponibles en la cocina.

frutas

►Recetas de belleza

Tintura de papaya

Esta receta ayuda a disminuir las dolencias que acompañan la presencia de las venas varicosas. Es una receta que no produce los temidos efectos secundarios en el organismo.

INGREDIENTES

1   papaya verde pequeña
      Alcohol de 40%
      (puede ser vodka de 35 a 40% de alcohol)
1   jarra de vidrio de bordes altos y boca ancha
1   gasa fina o muselina
1   embudo
      Frascos de vidrio oscuro para embotellar

PREPARACIÓN

· **Limpie** muy bien la piel de la papaya porque va a utilizar todas sus partes: cáscara, pulpa y semillas. Pártala en cuatro pedazos y colóquela en la jarra de vidrio.

· **Vierta** encima el vodka hasta que la fruta esté totalmente cubierta; agite un poco, tape el recipiente para evitar que le caigan impurezas y guárdelo en un lugar fresco y oscuro de cuatro a seis semanas. Recuerde agitar la preparación un poco todos los días.

· **Una vez cumplido** el tiempo de reposo, filtre la preparación. La manera más sencilla es colocando una gasa fina o muselina en la boca de una jarra y vertiendo el líquido encima.

· **Con la ayuda** del embudo embotelle la tintura en frascos de color oscuro; tape, rotule y almacene en un lugar oscuro.

· **Esta preparación** se puede beber en pequeñas gotas pura o diluida en agua. También se puede aplicar en forma de compresa sobre lesiones y várices.

Delicia sobre la piel

Una mascarilla básica que limpia, revive y rejuvenece la piel. La papaína presente en la papaya ayuda a ablandar y a remover la capa muerta de la piel sin dañar las capas siguientes.

INGREDIENTES

1   papaya madura mediana (de 1 y $^1/_2$ libras aproximadamente)

PREPARACIÓN

· **Limpie** la papaya y córtela en dos (sólo requiere la mitad). Pélala, retire la semillas y tritúrela hasta formar un puré fino.

· **Limpie** el rostro y cuello antes de aplicar esta mascarilla. Relájese y permita que las enzimas actúen de 10 a 15 minutos. Retire con abundante agua caliente.

Belleza enzimática

En las páginas correspondientes a la salud tratamos los principales aspectos de la papaya como agente curativo. En ellas resaltamos sus acciones en el organismo al ser consumida directamente. Incluirla en la alimentación tiene un doble beneficio: no sólo mejoramos y mantenemos el vigor corporal, sino que hacemos maravillas por nuestro aspecto exterior.

Quizás el principal beneficio del uso de la papaya se logra en la piel. Su consumo y aplicación externa no sólo actúa sobre el rostro sino que brinda apoyo a toda la capa externa de nuestro cuerpo. Con la ayuda de esta fruta es posible mejorar el aspecto cansado y marchito, eliminar las células epiteliales muertas y las escamas, y atenuar la arrugas. Además de la fruta fresca, conviene emplearla en jugos, baños y mascarillas para disfrutar de su efecto cosmético.

Muchos de los productos de belleza que se encuentran en el mercado buscan eliminar las células muertas que se concentran en la piel sin darnos cuenta. Ese mismo efecto lo podemos obtener con un producto natural y económico: las enzimas de la papaya. Pero este alimento ofrece más al brindarle a la piel la capacidad de formar nuevas células epiteliales. Incluso algunos afirman que la papaya puede retrasar el envejecimiento producido por la acumulación de células muertas gracias a esa capacidad regenerativa. Las mascarillas elaboradas con esta fruta realizan una limpieza profunda de la piel de forma natural.

PREVENIR LAS VÁRICES

Para estar seguro de evitar la aparición de venas varicosas tenga en cuenta:

· Seguir una alimentación rica en fibra y baja en carbohidratos refinados y grasas.
· Aumentar el consumo de productos ricos en vitamina C y E.
· Vigilar el peso.
· Hacer ejercicio (caminar, nadar y bailar fortalecen los músculos y mejoran la circulación) y no permanecer mucho tiempo de pie.

Piña

*Fresca en tajadas o jugos, la piña se destaca por su contenido de vitamina C
y de una enzima llamada bromelina. Existen diversos tipos de piñas
y su actividad enzimática varía de una a otra.*

Fueron los nativos habitantes de América quienes primero utilizaron esta fruta como alimento y por sus cualidades curativas; pero debieron pasar siglos para que se pudiera entender su pleno valor y se extendiera su uso a otros aspectos como la preparación de artículos cosméticos.

La poderosa enzima llamada bromelina, presente en la piña, además de ser valiosa para las funciones digestivas, es un excelente aliado para la salud de la piel; contribuye también al aprovechamiento proteínico de los alimentos, inhibe la coagulación, mejora la circulación, disminuye la presión arterial, posee efectos antiinflamatorios, relaja los músculos y frena los espasmos musculares.

DIETAS FAMOSAS

Antes de iniciar un régimen alimenticio consulte con su médico sobre la eficacia y los posibles efectos secundarios. Las siguientes son algunas de las dietas más recomendadas por expertos y que conviene investigar dependiendo de cada caso:

DIETA ATKINS
· RÉGIMEN SCHNITZER
DIETA BRIGITTE
MÉTODO MAYR (CURA)
MÉTODO SCHROTH (CURA)

Amiga dietética

Uno de los desórdenes nutricionales más frecuentes en Occidente es el sobre peso. Hoy algunos advierten que la obesidad se ha convertido en un problema de salud pública. Hay que entender que estar por encima del peso ideal no sólo afecta anímica y estéticamente a las personas sino que puede traer como consecuencia otros padecimientos como, por ejemplo, presión arterial alta, problemas cardíacos, diabetes y artritis, entre otros.

Quienes desean lograr un peso saludable deben gastar más energía de la que consumen. Por esa razón el dúo perfecto es una dieta balanceada, rica en nutrientes y baja en calorías, y la práctica de algún tipo de ejercicio con regularidad. Ahora bien, el objetivo debe ser habituarse a la actividad física, pero no sólo cuando se desea perder peso. De esa manera se logra un peso óptimo, se reducen las posibilidades de desarrollar ciertas enfermedades y mejora la autoestima.

La piña es una de las frutas que mejor acompaña un programa alimenticio de adelgazamiento. Sus cualidades enzimáticas y su contenido vitamínico y de minerales, es de gran utilidad durante todo el proceso. Conviene comerla fresca, en jugos o deshidratada; enlatada o cocida no es tan atractiva porque se pierden muchos nutrientes. Su consumo, además de contribuir a la pérdida de peso, brinda energía y apoya una buena función gastrointestinal.

IDEAS PARA PERDER PESO

Masticar con lentitud los alimentos.
Comer solamente si siente hambre
y no por "picar".
Empezar por comer las carnes y verduras;
es posible que al terminar ya no se deseen
el arroz, las papas, los plátanos.
Desayunar y almorzar lo suficiente.
La cena, en cambio, debe ser muy ligera.
Si desea comer algo a deshoras,
recurra a las frutas y verduras.
Acompañe el proceso con ejercicio.

! Precaución

Las personas que poseen piel sensible deben evitar el uso externo de esta fruta. No debe ser empleada en zonas delicadas como el contorno de los ojos y los labios. Las personas con tendencia a las úlceras estomacales deben evitar esta fruta. Tampoco es recomendable emplear la piña verde porque puede afectar los dientes.

►Recetas de belleza

Exfoliante tropical

Esta preparación es excelente para todos los tipos de piel porque conjuga dos frutas poderosas: la piña y la papaya. Su aplicación ayudará a eliminar las células muertas y revelará una piel joven y saludable.

INGREDIENTES

1	tajada gruesa de papaya pintona
1	rodaja gruesa de piña
1	cucharada de miel de abejas

PREPARACIÓN

- **Conviene** que la papaya esté empezando a madurar, es decir que la cáscara luzca pedazos verdes. Lávela, pélela y con la pulpa haga un puré hasta obtener 3 cucharadas.
- **Retire** la cáscara de la piña, corte una rodaja gruesa y llévela a la licuadora para procesarla hasta obtener una consistencia de papilla. A diferencia de la papaya, es importante que la piña esté bien madura.
- **Mezcle** los purés de frutas con la miel; integre muy bien los ingredientes.
- **Moje** la piel en la ducha y aplique la mascarilla con movimientos circulares sobre el cuerpo; permita que actúen los nutrientes por unos 5 minutos. Si siente un poco de irritación, conviene retirar antes la mascarilla.
- **Lave** la piel con abundante agua tibia y realice el resto del baño como normalmente lo hace. Por último, estimule la circulación con agua fría.

Cuando se encuentra fresca en la naturaleza, la piña ofrece enzimas valiosas pero que pueden ser destruidas mediante el proceso de cocción o pasteurización. Esta es la razón por la cual se recomienda consumirla fresca.

Jugo adelgazante

Esta receta conjuga dos plantas que son aliadas de las dietas de adelgazamiento. Por supuesto no se trata de una fórmula mágica que hace reducir el peso de la noche a la mañana. Es una bebida compañera de una dieta baja en calorías y ejercicio.

INGREDIENTES

$^1/_2$	piña madura
2	tallos de apio
2	tazas de agua

PREPARACIÓN

- **Procese** la piña junto con 1 vaso de agua hasta obtener un jugo concentrado. Filtre y deje aparte.
- **Haga** lo mismo con los tallos de apio que previamente debe haber lavado muy bien.
- **Mezcle** las dos bebidas y consuma recién hecho para disfrutar todos sus nutrientes. Beba este jugo con el desayuno y entre comidas.

Nota: *es una buena idea acompañar la dieta con tajadas de piña fresca. Recuerde no excederse en la cantidad porque puede resultar irritante.*

Suavizante de la cutícula

INGREDIENTES

2	cucharadas de jugo de piña
1	yema de huevo
5	gotas de zumo de limón

PREPARACIÓN

- **Se mezclan** todos los ingredientes. Se sumergen las uñas en esta preparación durante 10 minutos y se empujan las cutículas suavemente hacia atrás.

SUGERENCIA PARA LA PIEL SECA

Si está haciendo un trabajo que le obliga a pasar muchas horas frente al computador, utilice una crema humectante para el contorno de ojos también durante el día.

Belleza facial

La bromelina, que tanto hemos mencionado en los párrafos anteriores, es una excelente limpiadora de la piel, especialmente si se emplea fresca. Se incluye como ingrediente en mascarillas faciales para tratamientos contra las manchas, los barros y espinillas; de igual forma mantiene los poros limpios de impurezas y remueve las células muertas. Todos estos beneficios pueden ser disfrutados por personas que no poseen una piel extremadamente sensible.

Ajo

*Dentro de los muchos beneficios que para la belleza nos reporta el ajo,
uno merece especial atención: su capacidad de frenar los procesos de envejecimiento.*

El sabor y aroma del ajo son verdaderamente intensos y es de esa manera como este bulbo nos revela sus poderosos efectos para la salud y la belleza. Uno de sus principales componentes es la alicina, un aceite muy volátil que, entre otras cosas, tiene propiedades antibióticas. Además de aceites esenciales, el ajo es fuente de vitaminas, minerales y aminoácidos. Es un alimento antiséptico, balsámico, hipotensor y diurético. Se le reconocen propiedades como rejuvenecedor del organismo y restaurador arterial.

Los poderes curativos del ajo han ido cobrando importancia a lo largo del tiempo. Hoy es frecuente encontrar en droguerías y farmacias productos que emplean este ingrediente como base; pastillas, perlas, aceites, tinturas e, incluso, el ajo seco y pulverizado son algunas de las presentaciones más usuales.

De todo un poco

El ajo hace maravillas por la belleza. En primer lugar, mejora la circulación de la sangre y aumenta el flujo sanguíneo de la piel. Las personas demasiado pálidas son las más beneficiadas porque el ajo da color al rostro. Su efecto sobre la circulación es también interesante para aquellos que sufren de enfermedades de las venas (como las várices).

Otra magnífica acción del ajo consiste en desintoxicar el organismo. Quienes vivimos en ciudades estamos expuestos a gran cantidad de elementos tóxicos que es necesario eliminar. El ajo combate las toxinas y su consumo regular o el uso de remedios como, por ejemplo, las aguas y tinturas mejora el cutis y puede detener las infecciones.

El ajo se recomienda para apaciguar el dolor de muela. Es un remedio sencillo y que ofrece alivio mientras se visita al dentista: pele el ajo y tritúrelo. Tome una rodaja de pan pequeña, ponga allí el ajo e introdúzcalo en la boca. El jugo de este bulbo también ha sido empleado en la medicina popular para aplicar en quemaduras leves, como las que produce una exposición excesiva al sol. Se aplica el zumo con un algodón limpio o se coloca una cataplasma.

Belleza y salud

Utilizar el ajo crudo es la mejor manera de aprovechar sus benéficas sustancias, pero el intenso olor que deja en el aliento es para muchos una desventaja. Por esa razón algunos consideran que es mejor utilizarlo cocido como condimento. Siempre se puede recurrir a las cápsulas y pastillas si se quiere evitar el mal aliento.

Quien consume ajo disfruta de su poder vivificante, rejuvenecedor, desintoxicante del sistema circulatorio y adelgazante. Cuando lo utilice tenga en cuenta que si este bulbo se expone a altas temperaturas (por ejemplo si se fríe demasiado en aceite) se neutralizan su olor y sus componentes benéficos.

BUENOS OFICIOS DEL AJO

· **Mejora la circulación**
· **Previene enfermedades de las venas**
· **Alivia las hemorroides**
· **Fortalece el sistema circulatorio**
· **Elimina bacterias y hongos intestinales**
· **Disminuye la presión arterial**
· **Mejora la concentración**
· **Ayuda a combatir el estreñimiento**

►Recetas de belleza

Tintura de ajo contra el acné

Un remedio casero que ayuda a tratar el acné y otras dolencias como los mareos, palpitaciones, reumatismo, asma y los parásitos intestinales.

INGREDIENTES

- 1   taza ($^{1}/_{4}$ de litro) de vodka
- 3 a 4 dientes de ajo
- 1   jarra de vidrio
- 1   gasa fina o muselina
- 1   embudo
-     frascos de vidrio oscuro

PREPARACIÓN

- **Aliste** una jarra de vidrio de bordes altos y boca ancha. Recuerde que debe estar perfectamente desinfectada. Introduzca el ajo y vierta en ella el alcohol. Agite el recipiente por uno o dos minutos y déjelo reposar tapado entre diez y catorce días en un lugar oscuro. Agite el recipiente un poco diariamente sin dejar pasar más de dos días sin remover la mezcla.
- **Una vez** cumplido el tiempo indicado cuele el contenido de la jarra. Coloque la gasa fina o muselina sobre una jarra y vierta la tintura encima. Como último paso exprima la gasa para extraer todas las sustancias benéficas.
- **Utilice** un embudo para embotellar la tintura en recipientes de vidrio oscuro (ojalá un frasco cuentagotas). Tape, etiquete y almacene en un lugar fresco.
- **Utilice** la tintura así: 10 gotas diluidas en un poco de agua con cada comida. Utilice este remedio el tiempo que quiera, descansando 20 días cada tres meses.

Sueño y belleza

Dormir las horas necesarias es una manera de garantizar que la piel esté relajada y lozana. Si se sufre de insomnio es recomendable acudir a la siguiente receta.

INGREDIENTES

- 1   diente de ajo
- 1   taza de leche

PREPARACIÓN

- **Pele** el diente de ajo y tritúrelo ligeramente.
- **Aparte** caliente la leche e incorpore el ajo. Permita que hierva a fuego lento por unos cinco minutos.
- **Filtre** y beba en las noches antes de irse a la cama.
- **Este té** es muy suave y puede consumirse durante un buen tiempo.

JORNADA DE DESINTOXICACIÓN

Debido a diferentes procesos metabólicos el organismo, además de asimilar nutrientes vitales incorpora y produce residuos y toxinas. Desintoxicar el organismo significa no sólo liberarlo de sustancias perjudiciales sino darle relajación. Para hacer esta limpieza no es necesario pasar hambre sino optar por comer poco y de forma sencilla.

¡BUENA IDEA!

Si le molesta la sensación que deja el ajo en la boca y el mal aliento después de consumirlo, haga el ensayo de masticar hojas de perejil, menta, hierbabuena o cáscara de limón.

ENDURECEDOR DE UÑAS

Para obtener unas uñas más bonitas y resistentes, pruebe introducir un diente de ajo (partido o en trozos) en el esmalte endurecedor o base. Las sustancias contenidas en este bulbo pasarán al esmalte.

PIEL DE ENSUEÑO

Si quiere tener una piel de porcelana, aliméntese sanamente y beba mínimo 8 vasos de agua al día. Recuerde que puede enriquecer el agua con frutas y hierbas.

Calabaza

La calabaza pertenece a la gran familia de las cucurbitáceas,
que incluye los diversos tipos de calabazas, calabacines, pepinos cohombro, el melón y la sandía.

La calabaza es nativa de América y de allí pasó a Europa gracias a los conquistadores españoles. En Latinoamérica recibe nombres diversos; mientras que en Colombia y Venezuela se la conoce como auyama, en el sur del continente se la denomina zapallo, término que, según el investigador Leonardo Tascón, proviene de la voz quechua *sapallu* o *capallu*, que significa "calabaza de la tierra".

Existen muchos tipos de calabazas que básicamente difieren en su tamaño, forma y color. Las calabazas anuales se dividen, botánicamente, en tres: calabaza de estación fría, confitera o auyama, de frutos voluminosos, piel gruesa y carne tierna; calabaza de estación cálida o almizclera, muy extendida en las regiones tropicales; sus frutos poseen una corteza algo blanda; la calabaza común, condesa u ovífera de carne sabrosa, tallo robusto y acanalado, se da bien en las zonas tropicales y subtropicales. En estas páginas nos concentraremos en la primera por tratarse de una de las más conocidas.

Salud y bienestar

Este fruto ofrece grandes beneficios para la salud. Su pulpa de intenso color es abundante en fibra y agua y tiene una acción positiva sobre el sistema digestivo. Posee otra interesante cualidad, que trataremos más adelante, relacionada con su poder de captar toxinas y sustancias grasas. Las semillas son popularmente utilizadas para eliminar parásitos intestinales. El jugo ofrece vitaminas y minerales y aporta un gran apoyo al equilibrio metabólico.

La pulpa de la calabaza es rica en betacarotenos, alfacarotenos, vitamina E, C, algo de B$_1$, potasio y sodio. Las semillas, de apariencia tan simple, encierran una gran riqueza biológica. Poseen ácidos grasos insaturados y sustancias que ayudan a la vitamina D en el metabolismo del calcio; son además útiles para la transformación de los carotenos de su pulpa en vitamina A.

Se utiliza para fortalecer el sistema digestivo y eliminar toxinas del intestino. De igual manera es útil como diurético y para aliviar los trastornos en los procesos renales y prostáticos. Conviene a quienes necesitan reforzar su sistema inmunológico y como es un sedante leve ayuda también al sistema nervioso. El jugo, que es abundante en vitamina A, se utiliza para tratar alergias, problemas de la piel, trastornos de la visión, desequilibrios del azúcar, infecciones, articulaciones inflamadas, problemas pulmonares, niveles de colesterol alto y trastornos del hígado.

En cuanto a la belleza...

La calabaza reporta gran beneficio para las personas que desean perder peso. Como la pulpa facilita la eliminación de líquidos, ayuda a regular el equilibrio hídrico del organismo y adelgaza. Como ya fue mencionado, tiene una acción favorecedora de la digestión pero además capta las toxinas presentes en el cuerpo que, más tarde, son eliminadas como sales biliares y sustancias grasas.

En muchas tiendas naturistas y en algunos supermercados se encuentran las famosas semillas de calabaza. Además de estar repletas de ácidos nucleicos, sustancias semejantes a las proteínas que trabajan a para rejuvenecer y reparar las células del organismo, son deliciosas y de hecho se pueden convertir en una excelente golosina para los niños porque apoyan un crecimiento sano.

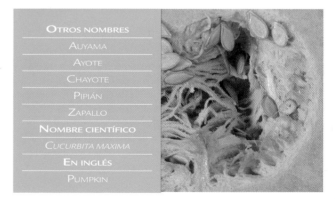

OTROS NOMBRES	
AUYAMA	
AYOTE	
CHAYOTE	
PIPIÁN	
ZAPALLO	
NOMBRE CIENTÍFICO	
CUCURBITA MAXIMA	
EN INGLÉS	
PUMPKIN	

►Recetas de belleza

Hidratante y purificante

Una fórmula atractiva para la piel seca, también útil para tratar inflamaciones y quemaduras superficiales.

INGREDIENTES

1 a 2 tazas de pulpa de calabaza
1 puñado de semillas
1 cucharada de miel

PREPARACIÓN

- **Cocine** al vapor por unos pocos minutos la pulpa de la calabaza hasta que esté un poco blanda.
- **Ponga** en el vaso de la licuadora la pulpa, las semillas y la miel. Procese hasta tener una consistencia de puré. Si necesita un poco de agua, utilice la de la cocción de la verdura.
- **Coloque** la mascarilla sobre la piel limpia. Para que las sustancias penetren a través de los poros, déjela entre 20 y 25 minutos. Retire con abundante agua tibia.

Batido de calabaza

Una bebida original que hace maravillas por el organismo. Se recomienda para personas que siguen un régimen de adelgazamiento o desean eliminar toxinas.

INGREDIENTES

$^{1}/_{2}$ taza de calabaza hervida
1 taza de leche descremada
1 pizca de nuez moscada

PREPARACIÓN

- **Cocine** un trozo de calabaza hasta que esté blanda; deje enfriar.
- **Vierta** la leche, la pulpa de verdura y la nuez moscada en la licuadora (en ese orden) y procese. Prepare el batido con la licuadora a velocidad máxima.
- **Sírvalo** inmediatamente para disfrutar todos sus beneficios.

Receta de belleza

Ideal para pieles normales y secas.

INGREDIENTES

2 cucharadas de pulpa de calabaza cocidas
1 huevo
1 cucharada de leche

PREPARACIÓN

- **Triture** la verdura y mezcle con los demás ingredientes hasta obtener una pasta suave. Limpie el rostro y aplique durante veinte minutos. Retire con abundante agua tibia y, si lo desea, use un tónico facial.

BENEFICIOS DEL JUGO

Esta bebida es abundante en vitamina A. El sabor puede resultar un tanto extraño al paladar, por lo que puede combinarse (una vez preparado) con zanahoria. Se deben tomar, como máximo dos tazas al día. Utilice la pulpa fresca y sin semillas y un poco de agua. El resto lo hará la licuadora.

VITAMINA A

Es clave para la visión en penumbra, el sistema inmunológico y un crecimiento saludable. Las siguientes son algunas frutas y verduras ricas en este nutriente:

ZANAHORIA
MELÓN
PIMENTÓN
PAPA
BERENJENA
CALABACÍN

!Precaución

Es posible que el jugo de calabaza dé a la piel un color ligeramente amarillo o anaranjado mientras el organismo procesa esta verdura.

PIEL IMPURA

Se denomina piel impura a aquella cuyas secreciones de las glándulas sebáceas son mucho más abundantes que lo normal, como la piel grasa. Por esa razón aparecen granos que, en ocasiones, se transforman en pústulas supurantes. Tiene como característica reaccionar con sensibilidad y, demanda un especial cuidado. En estos casos es importante mantener una dieta pobre en azúcares y grasas.

vegetales

Cebolla

*Los aceites esenciales que dan a la cebolla su olor penetrante
son también los responsables de sus efectos terapéuticos.*

El mundo ha acudido a esta planta desde tiempos remotos por sus grandes propiedades curativas. Se la ha utilizado tradicionalmente para curar gripas, resfriados y catarros y para expulsar del organismo fermentos e impurezas. Cruda, cocida, en jarabes, cataplasmas, aguas, ungüentos y tinturas, hoy se sabe que este bulbo posee sustancias poderosas que le confieren acciones medicinales; es diurética, antibiótica, antiinflamatoria, analgésica, expectorante y antirreumática. También beneficia el sistema circulatorio.

El gran herbolario británico Nicholas Culpeper (1616-1654) asociaba a la cebolla con el planeta Marte y, por esa razón, tenía el poder de atraer hacia ella la corrupción. En términos modernos la afirmación astrológica del investigador podría traducirse como la capacidad de este bulbo para purificar el organismo. En realidad no se trata de que exista una atracción de las impurezas hacia la verdura, es más bien que las sustancias presentes en ella contribuyen a eliminarlas.

¿Problemas capilares?

Una de las zonas que más cuidamos en nuestro cuerpo es el cuero cabelludo porque de él depende el lucir un cabello sano y hermoso. En la actualidad se han desarrollado una increíble cantidad de productos cosméticos que ofrecen la idea de revitalizar, restaurar, aliviar la resequedad, evitar la caída del cabello, entre otros. Algunos en verdad cumplen con lo que ofrecen pero por desgracia contienen numerosas sustancias químicas.

Aproveche los beneficios de la naturaleza y recurra a plantas como la cebolla. Sus componentes combaten la caspa y la caída del cabello. Esta cualidad puede resultar muy interesante para los hombres que tienen mayor propensión a la alopecia. Se calcula que al menos el 25% empieza a perder la cabellera alrededor de los 25 años. Las lociones capilares basadas en este producto natural estimulan el folículo piloso; el azufre presente en la pulpa ayuda a conservar el cabello. Una de las recetas más sencillas es la de friccionar una cebolla cruda diariamente. Otra preparación muy popular es un bálsamo intensivo cuya elaboración reseñamos en seguida.

Popular y maravillosa

La cebolla contribuye a prevenir los trastornos venosos que suelen producir las várices. De igual forma es útil para mejorar la circulación de los pies y las manos en personas que, por ejemplo, las mantienen frías.

Los personas de edad pueden sacar provecho del consumo de los componentes biológicos de la cebolla. Además de protegerlos frente a las infecciones, estimula el apetito. Al igual que los adolescentes con problemas alimenticios (como la anorexia) los ancianos tienden a descuidar su alimentación y muchos de ellos pierden el apetito.

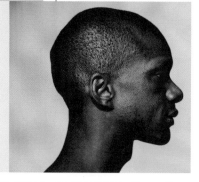

Gracias al contenido de ácido fólico de este bulbo, su consumo mejora el ánimo y apoya la regeneración celular. Quizás por ello se lo utiliza popularmente en masajes sobre el rostro para revivirlo y embellecerlo.

Bálsamo para la caída del cabello

INGREDIENTES
1 litro de agua
1 cebolla cabezona pelada
PREPARACIÓN
· **Ponga** a hervir el agua y añada la cebolla; cuando ésta se ablande y el agua se reduzca a la mitad retire del fuego.
· **Cuele** la preparación y embotelle en un frasco atomizador.
· **Aplique** en las noches durante 1 semana y descanse 20 días antes de repetir la operación

►Recetas de belleza

Adiós a los callos

Elimine la piel endurecida del pulgar o del talón con la siguiente receta. Complemente esta terapia con el uso de la piedra pómez humedecida para no hacerse daño.

INGREDIENTES

1	cebolla cabezona
1	taza de vinagre
	Pedazos de gasa limpia

PREPARACIÓN

- **Lave** la cebolla, retire su capa exterior y córtela en rodajas.
- **Ponga** a calentar a fuego moderado el vinagre y la cebolla; permita que la mezcla hierva entre 5 y 10 minutos. Deje reposar para que el líquido pierda temperatura y filtre procurando aplastar la cebolla en el colador para obtener el máximo de su jugo.
- **Humedezca** la gasa con el agua de cebolla y aplique sobre las callosidades.

Senos firmes

Cuidar los senos contribuye a mantener su forma y firmeza. La siguiente preparación ayuda a contrarrestar la flacidez producida por la maternidad o por pérdida de peso.

INGREDIENTES

1	cebolla cabezona pequeña
2	tazas de agua
1	clara de huevo

PREPARACIÓN

- **Lave** la cebolla y retire la capa exterior. Córtela en cuatro y reserve.
- **Ponga** a calentar el agua junto con la cebolla cortada. Permita que llegue a punto de ebullición y baje el fuego al mínimo. Cocine la verdura entre 8 y 10 minutos; filtre y deje reposar esta agua.
- **Bata** la clara de huevo a punto de nieve.
- **Con la ayuda** de un paño suave limpie los senos antes de aplicar la clara de huevo que debe actuar sobre la piel entre 25 y 30 minutos.
- **Retire** la mezcla con la ayuda del agua de cebolla.

¡BUENA IDEA!

El incómodo lagrimeo que produce la cebolla cuando se la pela o pica es, paradójicamente, un claro indicio de que las cualidades de la verdura están intactas. Una manera de evitar esta molestia es pelar la cebolla bajo el grifo del agua y cortar la base en primer lugar pues es allí donde se concentran las sustancias volátiles.

LAS MOLESTAS Y FEAS PICADURAS DE INSECTO...

pueden ser aliviadas con una receta muy simple. El jugo de cebolla cruda es alcalino y alivia los efectos de las mordeduras de abejas y avispas.

! Precaución

Algunas personas son altamente sensibles a los nutrientes de la cebolla y pueden sufrir irritaciones gástricas.

TRUCO DE BELLEZA

Para estimular el crecimiento del cabello y obtener un brillo espectacular, puede agregarle una cebolla cabezona pequeña al champú habitual. Conviene cortarla en pedazos antes de envasar y dejar reposar la preparación entre quince y veinte días. En ocasiones el cabello húmedo puede oler un poco a cebolla pero al secarse este aroma desaparecerá.

Papa

Fuente de energía y básica en la alimentación de los pueblos andinos, la papa es un ingrediente protagónico en remedios populares.

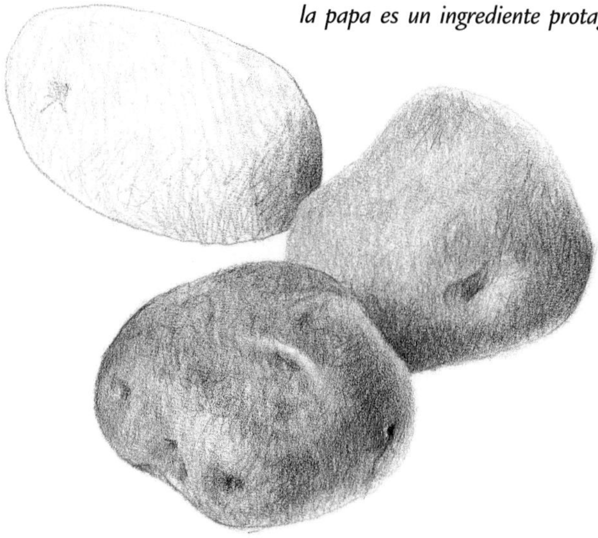

Seguramente los fanáticos de la papa, como yo, conocen diferentes maneras de aprovecharla en la cocina, pero es probable que desconozcan sus grandes beneficios y su versatilidad en la elaboración de remedios caseros que cuidan de la belleza. Básica en la dieta de muchos países, este modesto tubérculo es fuente de prácticamente todos los minerales y oligoelementos importantes para nuestro organismo; aportan, además, vitamina C, vitaminas del grupo B, ácido fólico y fibra.

Muchos de los valiosos nutrientes de la papa se encuentran directamente en su cáscara. Por esa razón los expertos en temas de alimentación recomiendan consumirlas sin pelar, siempre y cuando provengan de un cultivo biológico. Cuando se cocinan se debe tener la precaución de hacerlo con poca agua para evitar que se pierdan la vitamina C y los minerales. En la preparación de remedios caseros se suele aprovechar cruda, de manera que las sustancias naturales de la papa entren directamente por la piel.

Algunas personas consideran que la papa engorda, pero en realidad es un alimento bajo en calorías. Lo que sí incrementa su valor calórico son los productos con los cuales se suele acompañar como mantequilla, mayonesa o crema de leche. Es una buena fuente de energía por su contenido de magnesio, potasio y fosfatos, y encierra en su pulpa sodio y calcio. Todos estos minerales equilibran las comidas demasiado saladas o ricas en azúcares y grasas. La papa es un alimento muy provechoso para los niños y adolescentes.

Internamente positiva

Aunque muchos de los efectos la papa sobre la salud han sido ya mencionados en las páginas 178 y 179 del Tomo 1, vale la pena enumerar aquí algunas de sus ventajas curativas: estimula el transporte de nutrientes, favorece la masa ósea y los músculos, refuerza el sistema circulatorio, estimula el crecimiento, refuerza el tejido conectivo, aviva la producción hormonal, contribuye a la salud del sistema digestivo, alivia el estreñimiento y revitaliza.

El potasio presente en la papa es fuertemente alcalino y proporciona tejidos elásticos, músculos flexibles, activa el hígado y favorece la eliminación de líquidos. Es un mineral que, además, ayuda a mantener la figura y una buena disposición de ánimo. El magnesio, por su parte, imprime vitalidad a las células, mientras que el calcio y los fosfatos favorecen la formación de masa ósea.

Por último quisiera destacar su capacidad de saciar el hambre con facilidad. Quienes están pensando en bajar de peso pueden recurrir a la papa hervida o cocinada al vapor y disfrutar de su sabor sin añadir valor calórico; pueden condimentarse con un poco de aceite de oliva y sal.

! Precaución

Sólo consuma la cáscara si está seguro de que la papa proviene de un cultivo biológico. Evite el consumo de este tubérculo si no está maduro.

Una tradición popular

La papa es parte fundamental de la historia de América y no sólo por ser protagonista indiscutible de su cultura gastronómica sino como fuente de diversos remedios y tratamientos populares. Una de las prácticas más antiguas es aquella que emplea la papa en compresas para desinflamar zonas afectadas por contusiones y eliminar las toxinas propias de las congestiones.

De igual manera ha sido útil en el tratamiento de la piel. En tratamientos de belleza natural se emplea para blanquear y suavizar la epidermis. En cataplasma es especialmente útil en el tratamientos de problemas que afean la piel como las espinillas y los forúnculos (incluimos una receta). El alto contenido de almidones presente en el jugo y la pulpa ayuda a extraer y expulsar del cuerpo la materia purulenta. Por último hay que mencionar que el jugo de papa cruda y el agua en que se cocina se emplean en zonas adoloridas y para procurar un rápido alivio de hematomas y esguinces.

►Recetas de belleza

Manos en forma

Esta receta resulta efectiva para manos y brazos con tendencia a la resequedad.

INGREDIENTES

    2 a 4 **papas de consistencia harinosa**
    2   **cucharadas soperas de leche**

PREPARACIÓN

- **Lave** las papas muy bien; ayúdese de un cepillo con cerdas duras para retirar con facilidad las impurezas.
- **Hierva** las papas con cáscara para retener todos sus nutrientes en la pulpa. Cuando tengan una consistencia blanda, retire del fuego, escurra y pele.
- **Con la ayuda** de un tenedor o un prensapuré, elabore una masa. Para facilitar el trabajo, añada la leche y mezcle bien.
- **Aplique** la preparación en las manos y brazos y permita que actúe por unos 20 minutos. Enjuague con abundante agua tibia. Repita el procedimiento varias veces a la semana hasta humectar la zona y obtener una piel suave.

Loción para las mujeres

Alivia el dolor y la irritación que produce la depilación.

INGREDIENTES

    $^1/_2$ **papa cruda**
    $^1/_2$ **pepino (cohombro)**
    1   **cucahrada de miel**

PREPARACIÓN

- **Se ralla** la papa.
- **Se licua** el pepino y se mezcla con la papa rallada y la miel. La idea es obtener una masa homogénea.
- **Se aplica** la loción calmante por diez minutos.

PAPA MADURA

La papas que no están maduras o que lucen manchas verdes contienen una sustancia llamada *solanina* que puede resultar tóxica y provocar efectos negativos para la salud.

¿CON OJERAS?

Si siente que sus ojos están cansados y lucen unas horrendas ojeras, recurra a la papa. Aplíquese una rodaja fresca o una cucharada de pulpa rallada en forma de cataplasma sobre los ojos; cuando la papa se caliente, cámbiela por una más fría. Relájese y disfrute del remedio durante diez minutos

LA PAPA Y EL PAN

Si es amante del pan y enemigo de la papa, tenga en cuenta que el valor energético de ambos es más o menos el mismo, pero mucho más balanceado en la verdura, particularmente por su contenido de vitaminas y minerales; también es más baja en calorías.

LOS FORÚNCULOS

Este problema menor de la piel se debe a que algunos folículos pilosos se infectan y se llenan de materia o pus; en general pueden abrirse para que salga la materia purulenta (que brinda alivio al dolor) y cicatrice en pocos días.

vegetales

Pepino

Una verdura que aporta salud y belleza. Rica en agua y baja en calorías,
esta hortaliza se utiliza tanto interna como externamente.

Esta planta rastrera produce frutos alargados, tiernos, de forma cilíndrica y color verde oscuro. Posee muy pocas semillas y su piel es sumamente fina y tersa al tacto. Los más grandes, de la variedad llamada *zeppelín*, son firmes y jugosos y cuando están bien maduros se ponen de color amarillo pálido. El pepino es muy sensible a las heladas y es preferible limitar su cultivo a zonas que ofrecen una temperatura superior a los 10º C. Hoy en día esta verdura originaria de la India se cultiva en muchos países y se exporta prácticamente a todo el mundo.

Este fruto es una buena fuente de agua y por esa razón se emplea en las ensaladas; pero el pepino ofrece mucho más. Posee una sorprendente cantidad de vitamina E que tiene la cualidad de proteger el organismo frente a sustancias nocivas como, por ejemplo, los radicales libres. En cuanto a los minerales hay que mencionar al silicio, sustancia que después del oxígeno es la más abundante en la corteza terrestre, y que se encarga de reforzar la piel, el cabello y el tejido conectivo.

Verdura de fama mundial

Son muchas las cualidades del pepino pero, en especial, una llama poderosamente la atención; ofrece magníficos resultados en el tratamiento de problemas de la piel, razón por la cual es tan popular en la elaboración de productos cosméticos industriales y naturales. Aplicada externamente esta verdura trabaja como protectora, humectante, reafirmante, refrescante y desinflamante.

El pepino contiene una cantidad considerable de potasio, sustancia denominada por algunos como "mineral de la juventud", porque promueve la flexibilidad de los músculos y brinda elasticidad a las células que componen la piel; el resultado es un rostro que luce más joven y lozano. Su jugo también es un aliado de la belleza por que es fuente de minerales que contribuyen a la salud del cabello y las uñas.

Mantener la figura

La otra gran contribución del pepino a la belleza es la relacionada con la pérdida de peso. Quien esté interesado en perder unos cuantos kilos encontrará en esta verdura un valioso aliado porque 100 g de verdura contienen alrededor de 14 calorías. El pepino ofrece gran cantidad de vitaminas y minerales, así como sensación de llenura con un mínimo calórico. La mejor manera de emplearlo en los programas de adelgazamiento es tomando una ensalada de pepino al día y, entre comidas, rodajas sin ningún tipo de condimento. Puede mezclarse con un poco de queso (bajo en calorías) y requesón para complementar su sabor. En unos cuantos días se nota la diferencia no sólo en el peso sino en toda la piel. Además, el tiempo de permanencia en el estómago es corto lo que garantiza aprovechar rápidamente sus nutrientes y la pronta llegada a las mucosa intestinal.

TIPOS DE PIEL

Existen varios tipos de piel, cada cual con su características específicas:

· *Piel normal.* Luce pocas espinillas y textura relajada.
· *Seca-grasa.* Poros pequeños, pocas espinillas, sensación de tirantez.
· *Seca-húmeda.* Sensación tirante y espinillas en la nariz, barbilla y frente.

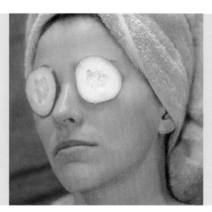

· *Grasa.* Espinillas en todo el rostro. Poros grandes, tacto grasiento.
· *Mixta.* Espinillas en nariz, barbilla y frente. Piel ligeramente seca en las mejillas.
· *Envejecida.* Piel gris, mate y con algunas arrugas. Sensación de sequedad.
· *Impura.* Espinillas y granos (a veces infectados) por todo el rostro. Aspecto aceitoso y sensación de tirantez.

▶Recetas de belleza

Una mascarilla clásica

Esta es quizás la mascarilla más popular y reconocida del mundo.
Es estupenda a la hora de limpiar profundamente el rostro; ayuda además a hidratar, reafirmar y cerrar los poros de la piel.

INGREDIENTES

1	pepino maduro mediano
2	rodajas de pepino fresco
1	clara de huevo
1	cucharada de leche en polvo

PREPARACIÓN

· **Lave** muy bien el pepino. Si la piel no está dañada, conviene utilizarla. Corte la verdura en grandes trozos y llévela a la licuadora. Procese hasta obtener una masa homogénea.

· **Mezcle** el pepino con los demás ingredientes; hágalo hasta que se integren todos los ingredientes.

· **Limpie** la piel (rostro y cuello) antes de colocar la mascarilla. Extienda la mezcla sobre el rostro y haga unos pequeños masajes circulares.

· **Permita** actuar la mascarilla de 20 a 25 minutos. Como complemento a este tratamiento ponga una rodaja de pepino fresco en cada párpado. Relájese.

· **Retire** la preparación con abundante agua tibia.

Tratamiento para los pies cansados

INGREDIENTES

| 1 | pepino mediano, maduro y con cáscara |
| 1 | recipiente grande |

PREPARACIÓN

· **Lave** muy bien el pepino, córtelo en pedazos y tritúrelo en la licuadora hasta obtener una pasta suave. Este puré lo debe llevar a la nevera para que adquiera una temperatura refrescante.

· **Vierta** la preparación en un recipiente en donde pueda introducir los pies cómodamente. Masajee un poco las plantas y los dedos y después deje actuar la crema por 30 minutos.

· **Retire** la preparación primero con agua tibia y luego con agua fría.

OTROS NOMBRES	! Precaución
PEPINO COHOMBRO	
COHOMBRO	Evite consumir la cásca-
CONCOMBRO	ra, especialmente si va a
NOMBRE CIENTÍFICO	utilizar el pepino en pre-
CUCUMIS SATIVUS	paraciones como jugos
EN INGLÉS	concentrados.
CUCUMBER	

ALGO DE HISTORIA

Se cree que el pepino es nativo de India y se sabe que ha sido cultivado en el oeste de Asia desde hace 3.000 años. Hay evidencias que confirman su uso como alimento en el antiguo Egipto; fue popular en las mesas de griegos y romanos. El pepino es una de las pocas hortalizas menciona- das en la Biblia.

SABER ELEGIR

Los pepinos están en su mejor momento cuando aparecen tiernos y dan la impresión de estar a pun- to de estallar. Se pueden guardar refrigerados du- rante una semana como máximo, aunque las tem- peraturas muy bajas no les resultan benéficas.

BELLEZA

Pimentón

El principio activo de esta verdura es la capsicina,
sustancia utilizada desde hace siglos como remedio de los trastornos circulatorios.

La dieta de los antiguos aborígenes americanos comprendía una amplia gama de productos vegetales que solían condimentar con tomate y variedades de pimentones. El ají o chili, uno de los más apreciados, fue una de las primeras plantas domesticadas de Mesoamérica. En el siglo XVI los conquistadores españoles la llevaron a Europa, de donde pasó a Asia. Se cultivó inicialmente como planta ornamental y tardó algún tiempo en ser aprovechada como hortaliza.

Este fruto, rico en vitamina C, es también una importante fuente de vitamina A (especialmente el rojo), caroteno, ácido fólico, algo de fibra y potasio. Se le califica como una planta estimulante, tónica, carminativa, relajante de espasmos musculares, antiséptica y analgésica. Se la utiliza en la salud para ayudar al sistema circulatorio, fortalecer el corazón y las membranas mucosas, mejorar la visión, activar el metabolismo celular y proteínico, reforzar el tejido conectivo, mejorar la concentración y obtener energía.

Belleza americana

El pimentón es uno de los grandes aportes del Nuevo Mundo a la gastronomía universal. Fue a través de su consumo como aprendimos otras aplicaciones tanto para la salud como para la belleza. Especialmente en la alimentación, consumirlo fresco, ligeramente cocido, asado o en jugos resulta además de gratificante un apoyo integral para el organismo.

De la amplia familia de los pimentones destacamos dos: la variedad dulce con la cual se hace la pimienta de Cayena, y los chilis o chiles, de sabor picante y estimulante. En ambos casos el ingrediente activo preponderante es la ya mencionada capsicina, sustancia sobre la cual han puesto su atención algunos investigadores. Estudios recientes sugieren que agregar pimienta de Cayena a las recetas incrementa los niveles de vitamina C y estimula el metabolismo del organismo; con esto se logra "quemar" más grasa a través de la combustión química en lugar de que ésta sea almacenada en los tejidos musculares, razón por la cual se considera al pimentón y al chili como aliados de la figura. Los amantes de estos sabores se favorecen porque tienden a conservarse delgados, siempre y cuando se trate de personas activas.

Fuente de bienestar

El pimentón se considera un alimento protector por la gran cantidad de nutrientes favorables para las defensas del organismo. Gracias a su riqueza en vitamina A (que brinda resistencia frente a virus e infecciones) este fruto estimula el crecimiento y produce una sensación de bienestar; dos buenas razones para introducir el pimentón en la dieta infantil. En cuanto a la vitamina C, hay que mencionar que estimula la buena salud y previene la acidosis. Asimismo el pimentón es rico en **silicio**, un elemento importante para mantener cabello, uñas y dientes hermosos.

La capsicina, el principio activo más importante del pimiento, ha sido utilizada popularmente en el tratamiento de los trastornos circulatorios. Esta sustancia trabaja en el mejoramiento de la fluidez de la sangre, lo que alivia síntomas como manos y pies fríos, mala circulación, enfermedades venosas (como várices y hemorroides), entre otros. Se emplea tanto internamente (en jugos, ensaladas, condimentos y otras preparaciones) como externamente en, por ejemplo, baños (incluimos un remedio fácil de preparar).

Por último hay que destacar que el consumo de esta verdura además de proteger las mucosas, mejora la agudeza visual.

EFECTOS DEL SILICIO

· Cabellos brillantes
· Uñas fuertes
· Defensa de la piel
· Firmeza del tejido conjuntivo

CUESTIÓN DE ZINC

Toda la familia del pimentón contiene zinc, un mineral importante en la sexualidad, la producción hormonal, el tejido conectivo y el cerebro.

►Recetas de belleza

Bebida para la piel

Este jugo ayuda a eliminar las manchas de la piel, la tonifica y la mantiene saludable; posee un alto contenido de betacaroteno, vitaminas C y E y minerales como el zinc y el potasio.

INGREDIENTES

1	pimentón verde
1	pimentón rojo
1	pepino (cohombro)
1	taza de agua

PREPARACIÓN

· **Lave** las verduras muy bien y retire la cáscara si éstas no provienen de cultivos biológicos. Si necesita retirar la piel de los pimentones, conviene asarlos ligeramente en el horno para que se ablanden y sean fáciles de pelar.

· **Ponga** el agua y todas las verduras en la licuadora y procese hasta obtener un jugo de consistencia fluida. Conviene consumirlo sin colar.

· **Recurra** a esta bebida unas dos veces al día.

Nota: si padece de hipoglucemia, diabetes o alguna condición que esté controlando con medicación, conviene consultar con su médico antes de ingerir este jugo.

! Precaución

Si es amante del chili y la pimienta de Cayena no se exceda en la dosis ni ingiera las semillas. Esta planta puede resultar un tanto irritante y producir acidez. Tampoco convienen estos condimentos a las mujeres embarazadas o que están amamantando. Evite tocarse los ojos o heridas al momento de trabajar con chili. En cuanto al pimentón dulce, utilice sólo los cultivados orgánicamente en tratamientos intensivos como, por ejemplo, los jugos.

Baño para los pies fríos

Si no consigue calentar sus pies, nada mejor que esta receta que activa la circulación sanguínea disminuida por las bajas temperaturas. Es una forma de prevenir enfermedades, como los resfriados, y consentir esa vital zona de nuestro cuerpo.

INGREDIENTES

2	cucharadas de pimentón en polvo
1	cucharadita de chili en polvo
2	litros de agua caliente

PREPARACIÓN

· **Caliente** el agua hasta punto de ebullición y mezcle el pimentón en polvo y el chili; revuelva. Permita que esta preparación hierva a fuego medio de 8 a 10 minutos.

· **Aliste** un recipiente donde pueda poner cómodamente los pies. Vierta allí el agua de pimentón e introduzca los pies. Permita que los ingredientes actúen unos diez minutos.

· **Enjuague** con abundante agua tibia y seque. Este tratamiento se puede hacer todos los días en tanto recupera la normal circulación de los pies.

OTROS NOMBRES	PRESENTACIÓN EN POLVO
PIMIENTO	
PIMIENTO MORRÓN	**Tanto el pimentón**
CHILE	**(neutro con tendencia**
CHILI	**a ser dulce) como el**
AJÍ	**chili (intenso y pican-**
CHILPETE	**te) se encuentran dis-**
GUINDILLA	**ponibles en polvo.**
NOMBRE CIENTÍFICO	**Para su elaboración**
CAPSICUM ANNUUM (DULCE)	**se secan los pimientos**
CAPSICUM FRUTESCENS (PICANTE)	**y se desmenuzan;** **algunas marcas**
EN INGLÉS	**emplean las semillas**
SWEET PEPPER	**para hacer el sabor**
HOT PEPPER	**más pronunciado.**

vegetales

Tomate

Un alimento hermoso a la vista, fascinante en sabor y valioso
para mantener la salud y el bienestar de toda la familia.

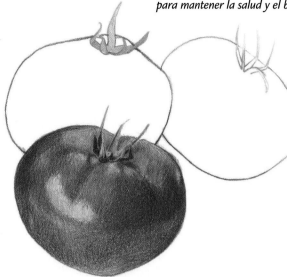

Existen diversas investigaciones que señalan las virtudes del tomate como protector del organismo en general y como alimento que brinda apoyo frente a distintas enfermedades. A pesar de tanto entusiasmo en el área de la nutrición, sus cualidades como agente embellecedor son menos conocidas y hasta ahora se están estudiando y aplicando en cosmética. Sin embargo, los nutrientes de este fruto son muy alentadores: rico en licopina (un tipo de antioxidante), vitamina C y del grupo B, aminoácidos vegetales, hierro, potasio, magnesio y fósforo.

Una de las cualidades más atractivas del tomate es su fácil preparación; en rodajas, puré o en jugo, es efectivo tanto interna como externamente. Como en la mayoría de las frutas y verduras, las sustancias benéficas del tomate se ven disminuidas al cocinarse. Por esa razón incluimos recetas que lo emplean crudo de manera que los nutrientes se incorporan al organismo directamente a través de la piel.

Además de protección... ¡belleza!

Emplear el tomate en la alimentación es altamente recomendable; no sólo aporta nutrientes sino que estimula el apetito (y en ese sentido combate la anorexia) pero, al mismo tiempo, brinda una sensación de satisfacción. Conviene a las dietas de adelgazamiento por su bajo contenido calórico y porque su sabor combina con gran cantidad de ingredientes.

Otra de las cualidades de esta prodigiosa esfera roja es que beneficia a las personas propensas a retener líquidos y que tienen problemas en la piel. En ambos casos se debe consumir el jugo fresco de esta verdura (o mezclada con otras frutas y hortalizas) que conserva intactas las vitaminas y minerales, suplementos nutritivos que no demandan energía para su digestión y entran al torrente sanguíneo con rapidez. Además ayuda a proteger el sistema cardiovascular, apoya el crecimiento infantil, vigoriza el organismo y contribuye a solucionar desórdenes de la vejiga, riñones e hígado.

GRAN PROTECTORA

La biotina (vitamina B) del tomate brinda salud al cabello, la piel y las uñas. La niacina (vitamina B_3) permite tener un sueño reparador y estimula un estado de ánimo positivo. El ácido fólico trabaja a favor de la alegría de vivir. La vitamina C es básica para el sistema inmunológico y la vitamina E se relaciona con las funciones del corazón y la inmunidad.

Fuente de juventud

Muchas de las preparaciones que realizamos a base de tomate son, además de apetitosas, una fuente de juventud. Gracias a la ya mencionada licopina del tomate, encontramos protección frente a los radicales libres y, por tanto, a ciertas enfermedades. Como esta valiosa sustancia se encuentra especialmente en la piel del tomate, la forma más fácil de obtenerla es triturando el fruto. Aunque algunos nutrientes se ven afectados con la cocción, este antioxidante —por el contrario— se concentra cuando es expuesto a las altas temperaturas, lo cual hace que preparaciones como la salsa de tomate sean especialmente atractivas.

En cuanto al mundo de la cosmética, existe una nueva generación de productos que está aprovechando el poder antioxidante (contra los radicales libres) de la licopina en forma de tónicos, cremas para el contorno de los ojos y pastillas que combaten el envejecimiento.

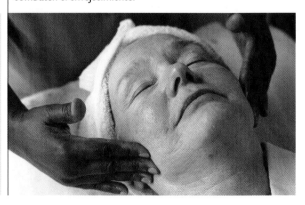

vegetales

▶Recetas de belleza

Mezcla "iluminadora"

Una manera sencilla de tonificar algunas zonas del cuerpo como manos y rostro. Conviene realizarse en la noche para proteger la piel de la luz solar.

INGREDIENTES

1	cucharada de pulpa de tomate
$^1/_2$	aguacate pequeño, maduro
1	cucharada de zumo de limón

PREPARACIÓN

- **Lave** el tomate muy bien, pélelo y triture la pulpa. Haga lo mismo con el aguacate.
- **En un recipiente** mezcle todos lo ingredientes hasta obtener una pasta homogénea y suave.
- **Limpie** el rostro, cuello y manos. Esparza la mezcla y quédese en reposo durante unos 15 o 20 minutos. Retire con abundante agua tibia y seque con una toalla suave estimulando la piel con pequeños golpeteos.

Receta limpiadora

¿Desea limpiar la piel a profundidad? Entonces esta receta es para usted. Las sustancias contenidas en el tomate actúan sobre la epidermis y remueven todo tipo de impurezas como las molestas espinillas.

INGREDIENTES

150 g de tomates maduros
30 g de glicerina

PREPARACIÓN

- **Lave** los tomates, pélelos y retire las partes duras o dañadas.
- **Con la ayuda** de la licuadora triture la verdura mezclada con la glicerina.
- **Esta receta** limpiadora conviene prepararla en pequeñas cantidades y al momento de usar, porque se estropea fácilmente y sólo resiste unas 24 horas en el refrigerador. Esta preparación puede reemplazar las cremas limpiadoras que ofrece el comercio.

Valioso aperitivo

Las siguientes son algunas de las mejores combinaciones para la elaboración de jugos ricos en vitaminas y minerales.

1 parte de tomate + 1 de apio + 1 de zanahoria.
1 parte de tomate + 1 de apio + $^1/_2$ de berros
1 parte de tomate + 3 de repollo.

SÓLO MADUROS

La licopina y sus cualidades protectoras son las que brindan al tomate su hermoso color rojo. Cuando se encuentran verdes son pobres en esta sustancia y otros nutrientes. Por ello el tomate maduro es más valioso.

ESPINILLAS Y BARROS EN LA ESPALDA

Elimine estos puntos que afectan su espalda con la siguiente receta: mezcle un vaso de jugo de tomate, 1 cucharada de limón y suficiente glicerina para hacer una emulsión muy fluida que aplicará después del baño.

¡ Precaución

Prefiera los tomates cultivados orgánicamente. Siempre que compre este fruto tenga en cuenta que es una de las hortalizas más tratadas con sustancias tóxicas.

¿PUNTOS NEGROS EN LA NARIZ?

Elimine las impurezas que afean el rostro con un truco sencillo: se corta un tomate maduro por la mitad y se frota en la zona que se desea sanar. Se deja actuar durante 10 a 15 minutos y se enjuaga con abundante agua tibia.

vegetales

Zanahoria

Esta crujiente raíz con su distintivo color naranja y dulzura natural
contiene sustancias con propiedades antioxidantes.

El agradable sabor de la zanahoria permite que este vegetal sea uno de los más apetecidos. Combina con gran cantidad de alimentos y brinda suavidad y dulzura a preparaciones de gusto fuerte como, por ejemplo, algunos jugos de verduras. Rica en betacaroteno (precursor de la vitamina A), esta planta apoya al sistema inmunológico y protege contra infecciones y otras enfermedades. Es ideal para consumir entre comidas y es un buen suplemento para la hora del almuerzo.

Una de las formas más sencillas de aprovechar los beneficios de la zanahoria es utilizándola en jugos. Los minerales alcalinos que se encuentran en esta bebida (especialmente calcio y magnesio) alivian y tonifican las paredes intestinales. Asimismo los minerales ayudan en la belleza porque benefician los dientes, la piel, el cabello y la uñas. De igual manera esta forma líquida de consumir la zanahoria estimula la digestión y posee un efecto medianamente diurético, característica interesante para aquellas personas propensas a retener líquidos.

Verdura integral

La riqueza de betacaroteno unida a los minerales (como el selenio) hacen de la zanahoria un alimento básico en cualquier hogar. Desde el punto de vista de la salud, es útil para combatir los radicales libres y otras sustancias perjudiciales, fortalece las mucosas de todo el organismo, refuerza el sistema inmunológico y el sistema cardiovascular, activa el metabolismo celular, mantiene fuerte el sistema digestivo y estimula la formación de esperma.

Desde el punto de vista de la belleza posee una acción rejuvenecedora y retarda el envejecimiento, favorece el crecimiento de las uñas y el cabello, brinda un aspecto lozano a la piel y mejora la visión y la ceguera nocturna. Protege la piel contra las radiaciones ultravioleta, el deterioro, las arrugas y ayuda a refrescarla y recuperarla cuando hay quemaduras por exposición al sol, al fuego o alguna sustancia líquida hirviente. Es muy popular en mascarillas, cataplasmas, aceites y jugos. Debe consumirse fresca y recién cortada o preparada porque las vitaminas presentes en su pulpa son sensibles al oxígeno.

! Precaución

La zanahoria suele cultivarse con la ayuda de algunos productos químicos. Por esa razón conviene retirar la piel si la verdura no proviene de un cultivo biológico. Excederse en la bebida del jugo puede tornar la piel amarilla o naranja temporalmente.

Aprovechar al máximo sus nutrientes

La mejor manera de usar las zanahorias en el cuidado de la piel es remojando la verdura rallada en un aceite vegetal de buena calidad durante algunos días. Este procedimiento hará que las sustancias benéficas contenidas en la raíz pasen al aceite. Esta preparación es útil para realizar masajes o puede añadirse a otros mezclas para el cuidado de la piel. Este aceite, sin embargo, debe usarse con precaución porque el color del líquido es muy fuerte y puede teñir temporalmente la piel.

►Recetas de belleza

Mascarilla cinco estrellas

Esta preparación utiliza dos de las verduras más populares en el mundo de la belleza. Además de tonificar la piel, la relaja y nutre. Está recomendada para todo tipo de piel.

INGREDIENTES

3 a 4 zanahorias

1 pepino (cohombro) maduro

PREPARACIÓN

- **Lave** muy bien las verduras. En el caso de la zanahoria ayúdese con un cepillo de cerdas duras para retirar las impurezas.
- **Ponga** las zanahorias y el pepino con piel en la licuadora. Procese hasta obtener un puré espeso. Si le resulta un tanto difícil añada un poco de agua.
- **Lávese** la cara y aplique la mascarilla. Deje que actúe por lo menos 20 minutos antes de enjuagar con abundante agua tibia. Recurra a esta preparación una vez por semana para mantener la piel nutrida.

FORTALEZCA LOS DIENTES DE SUS HIJOS

Algunas verduras crudas (como la zanahoria) ayudan a estimular el crecimiento apropiado de los huesos y dientes. Los niños que están "estrenando" dentadura pueden mantenerla en forma si se les ofrecen palitos de zanahoria a lo largo del día.

Adelgazante especial

Una magnífica opción para las dietas de adelgazamiento. Por ser líquido es fácil de digerir. Brinda gran cantidad de vitaminas y minerales y ayuda a mantener la energía que suele perderse con las dietas.

INGREDIENTES

6	**partes de zanahoria**
5	**partes de repollo o col**
5	**partes de manzana**
	Un poco de agua

PREPARACIÓN

- **Las cantidades** de esta receta están dadas en partes o porciones lo que permite calcular la cantidad de jugo según sus necesidades. Conviene prepararlo y consumirlo inmediatamente para aprovechar todos sus nutrientes; algunos de ellos son muy volátiles y se pierden al contacto con el medio ambiente.
- **Lave** la verdura muy bien. Si las hortalizas y la fruta provienen de cultivo biológico utilice la cáscara; en caso contrario conviene pelarlas.
- **Ponga** todos lo ingredientes en la licuadora y cúbralos con agua. Procese hasta obtener un jugo de consistencia fluida.
- **Beba** inmediatamente. Esta bebida puede tomarse entre comidas o como acompañamiento de las recetas bajas en calorías que deben constituir su alimentación.

ACELERE EL BRONCEADO

Utilice el siguiente truco para acelerar el bronceado de la piel durante las vacaciones; beba un jugo de zanahoria al día durante las dos semanas anteriores. La zanahoria además de facilitar el bronceado protegerá la epidermis.

"MAQUILLAR" LAS ESTRÍAS

En lugar de recurrir a una cirugía plástica "disfrace" las estrías con un poco de jugo de zanahoria. Aplíquelo sobre las estrías para teñirlas y disimularlas.

EL SOL Y LA PIEL

La luz solar contiene rayos invisibles, infrarrojos y ultravioleta. Estos últimos son responsables tanto del bronceado como de daños en la piel. La exposición al sol es un asunto delicado y debe realizarse teniendo en cuenta la hora del día. Entre las 11 de la mañana y las 4 de la tarde la radiación es intensa y conviene evitarla. Incorpore protectores solares y cremas humectantes durante el día para evitar daños en la piel.

hierbas

Caléndula

Hermosa en los jardines por su aspecto alegre y colorido,
esta planta es fácil de cultivar y de emplear en productos de belleza caseros.

Esta es una de las flores preferidas por los naturópatas y se emplea como base para la elaboración de muchos productos naturales e industriales. Se cultiva con facilidad en jardines y materas por lo cual es recomendable sembrarla y cuidarla para tener a mano una planta de buena calidad. Si la riega con agua pura, sin acudir a fertilizantes químicos, y la ubica en un lugar soleado, seguramente crecerá bien.

La caléndula tiene muchas propiedades y actúa sobre el organismo tanto interna como externamente. Aunque ya mencionamos sus cualidades para la salud en el Tomo 1, vale la pena recordarlas aquí: es antiinflamatoria, astringente, antiséptica, fungicida y desintoxicante; además cicatriza las heridas, regula la menstruación y estimula la producción de bilis. Las partes empleadas en la elaboración de remedios y productos de belleza son las hojas y pétalos que suelen ser la base de infusiones, decocciones, cataplasmas, aceite esencial, cremas, pomadas, ungüentos, aceites de extracción fría, entre otros.

El aceite esencial y la infusión de aceite

Famoso por ser un fungicida para las infecciones vaginales, el aceite esencial de caléndula también es un ingrediente básico para la preparación de remedios que trabajan sobre la piel. Este maravilloso aceite es a veces difícil de encontrar —incluso en tiendas especializadas— por lo cual puede ser buena idea elaborar un aceite por infusión en frío como sustituto. Si tiene suerte y consigue el aceite esencial, utilícelo en la bañera; entre cinco y diez gotas es una buena cantidad para calmar la tensión nerviosa. La infusión de aceite, en cambio, se emplea para tratar la piel inflamada; aplíquelo con un suave masaje 2 o 3 veces por día.

Para elaborar el aceite por infusión en frío siga las siguientes instrucciones: llene un frasco grande con las flores de caléndula y vierta el aceite (puede ser de oliva) hasta que cubra por completo el material vegetal. Tape muy bien y ponga la preparación en una ventana soleada de 2 a 3 semanas. Agite la preparación dos veces por semana. Transcurrido este tiempo pase la mezcla por un filtro de tela, una gasa o muselina para separar el aceite de la planta; retuerza la tela para extraer hasta la última gota. Envase en recipientes de color oscuro.

Consentir la piel

Si tiene la paciencia de sembrar y cuidar plantas de caléndula no se arrepentirá. No sólo es una flor decorativa sino que brinda gran cantidad de beneficios. En primer lugar hay que referirse a la infusión porque es la preparación más sencilla; se emplea para aliviar distintos padecimientos y resulta efectiva para el tratamiento de problemas menores de la piel y como ingrediente de ciertos tratamientos para el cabello. Las compresas que emplean el agua de caléndula son apropiadas para estimular la cicatrización de las heridas o las úlceras varicosas. Como enjuague bucal las sustancias de esta flor trabajan para combatir las úlceras y las enfermedades de las encías.

Otras preparaciones como las cremas se emplean especialmente para aliviar las inflamaciones o la resequedad de la piel; cortadas, heridas, eczema seco, irritaciones en los pezones durante la lactancia, quemaduras por líquidos hirvientes y solares, son algunos de los usos más frecuentes. La tintura, en cambio, es más apropiada para problemas como la digestión lenta y lo trastornos menstruales, especialmente si se trata de irregularidades o cólicos molestos. La infusión en aceite de esta flor es útil para aquellos que tienen el cabello maltratado.

PEZONES HERIDOS

Las grietas y el dolor en los pezones pueden hacer de la lactancia una experiencia dolorosa. Una de las recetas que recomiendan los naturistas es un bálsamo a base de caléndula. Antes de utilizarlo consulte a su médico.

hierbas

►Recetas de belleza

Crema de caléndula

Receta útil para muchas afecciones de la piel. Ayuda a cicatrizar heridas, alivia quemaduras leves, eczemas, grietas en la piel (manos, pies, pezones), combate los hongos, el pie de atleta, los sabañones y escamas o áreas rojas en las piernas, rodillas, brazos, codos, cuero cabelludo y espalda (psoriasis).

INGREDIENTES

5	puñados de pétalos de caléndula secos
3	tazas de aceite de oliva
200 g	de cera virgen de abejas
1	colador fino
	Envases pequeños

PREPARACIÓN

· **Ponga** a calentar en una olla todos los ingredientes a fuego lento. Cuando empiece a hervir, retire del fuego. Deje reposar en un lugar fresco y oscuro durante toda la noche. Conviene tapar el recipiente para evitar que le caiga polvo.

· **Al día siguiente** vuelva a calentar a fuego mínimo (no permita que hierva de nuevo) para que la preparación se vuelva líquida. Filtre con la ayuda de un colador fino y envase. Marque con la fecha de preparación. Almacene en un lugar oscuro y fresco.

· **Cuando utilice** esta crema hágalo en capas gruesas. Rejuvenece la cara y brinda una gran hidratación en las zonas muy resecas.

! Precaución

Algunas pieles sensibles reaccionan frente a esta flor. Por esa razón conviene hacerse una prueba de tolerancia antes de usarla externa o internamente. No es recomendable usarla durante el período de gestación.

Loción para el color del cabello

Si desea resaltar el color natural del cabello pruebe hacerlo con esta receta. Es una fórmula apropiada para cualquier tono. Es, además, útil para nutrir el cuero cabelludo y prevenir la caspa.

INGREDIENTES

1 y $^1/_2$	tazas de pétalos de caléndula secos
3	tazas de agua
	Frascos de vidrio

PREPARACIÓN

· **En una olla** ponga a calentar el agua y antes de que hierva retire del fuego.

· **Agregue** los pétalos de caléndula, revuelta y tape. Permita que se infunda y enfríe en el recipiente tapado. Es importante cubrir la olla con la tapa para que se conserven los aceites volátiles de la flor.

· **Por último** filtre y embotelle. Conserve refrigerado por máximo 10 días. Para utilizar esta loción, lave el cabello normalmente y aplique después de lavado.

Receta de belleza

Tónico que refresca la piel, cierra los poros y la libera del exceso de grasa.

INGREDIENTES

| 1 | taza de agua |
| 4 | cucharadas de pétalos de caléndula secos |

PREPARACIÓN

· **Caliente** el agua y cuando esté a punto de hervir retírela del fuego.

· **Vierta** el agua caliente sobre los pétalos y deje infundir en un recipiente tapado por cuatro horas aproximadamente. Filtre la infusión y aplique con una mota de algodón en la mañana y en la noche.

Masaje

Este método sencillo y eficaz de conservar una buena salud ha sido aplicado durante siglos con buenos resultados. El masaje ayuda a relajarse porque incide directamente en los sistemas corporales que rigen el corazón, la presión arterial, la respiración y la digestión. Favorece la eliminación de sustancias de desecho del organismo que pueden producir dolor y rigidez. Suele aplicarse con un aceite vegetal ligero (a veces mezclado con aceites esenciales) o talco para que las manos se deslicen con facilidad. Brinda notables efectos fisiológicos y emocionales.

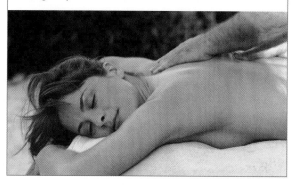

Lavanda

Gran restauradora del cuerpo y de la mente,
la lavanda resulta imprescindible para los naturópatas.

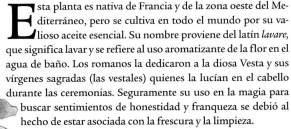

Esta planta es nativa de Francia y de la zona oeste del Mediterráneo, pero se cultiva en todo el mundo por su valioso aceite esencial. Su nombre proviene del latín *lavare*, que significa lavar y se refiere al uso aromatizante de la flor en el agua de baño. Los romanos la dedicaron a la diosa Vesta y sus vírgenes sagradas (las vestales) quienes la lucían en el cabello durante las ceremonias. Seguramente su uso en la magia para buscar sentimientos de honestidad y franqueza se debió al hecho de estar asociada con la frescura y la limpieza.

Se trata de una planta perenne, frondosa y muy ramificada, que crece en lugares arenosos y áridos de montaña. Sus hojas son lanceoladas y están cubiertas de pelusa. Las flores crecen en espigas de un hermoso color azul y desprenden un perfume muy agradable. Constituyen la parte más utilizada medicinalmente, para lo cual se secan en lugares ventilados y sombreados.

La lavanda contiene aceites esenciales, flavonoides, triterpenoides, taninos y cumarinas. Estas sustancias la hacen relajante, antiespasmódica, estimulante circulatorio, tónico del sistema nervioso, antibacteriana, analgésica, carminativa, favorecedora del flujo biliar y antiséptica. De la planta se utilizan las flores secas y frescas en infusiones, tinturas, cremas y para la elaboración del aceite esencial.

Reina de las fragancias

La lavanda añade un toque especial a todo tipo de perfumes y colonias y es muy apreciada en la industria cosmética. Es el ingrediente herbal por excelencia en los baños porque tiene el poder de estimular la piel y relajar.

El aceite esencial de lavanda posee cualidades antisépticas que se emplean para aliviar diferentes tipos de enfermedades de origen bacteriano; los herbolarios gustan de esta flor por sus buenos resultados en el tratamiento de problemas menores de la piel como hongos, heridas, quemaduras, eczemas y acné, cuando se aplica externamente. Los siguientes son los usos más comunes:

- Unas pocas gotas de aceite de lavanda en una crema de manzanilla alivian el eczema.
- Diluir en agua unas gotas de aceite es un buen remedio para las quemaduras solares y las escaldaduras.
- En fricciones se emplean 1 ml ($^1/_4$ de cucharadita) de aceite de lavanda, 5 gotas de aceite de manzanilla y 10 ml (2 cucharaditas) de aceite base (por ejemplo de almendras) para el tratamiento del asma y la bronquitis.
- Para dar una tonalidad más clara al cabello o eliminar los piojos, se diluyen 5 a 10 gotas del aceite esencial en agua y se aplica. También da buen resultado poner unas pocas gotas en una peinilla o peine, desenredar el pelo y erradicar los ácaros.
- Una de las aplicaciones más populares es el masaje con aceite de lavanda. Se debe diluir 1 ml de aceite de lavanda en 25 ml (1,5 cucharadas aproximadamente) de aceite base y masajear los músculos adoloridos. Para el dolor de cabeza, especialmente si éste es producto de la tensión nerviosa, se puede aplicar un masaje en las sienes y la base del cuello con una mezcla de 10 gotas de aceite esencial de lavanda disueltas en 27 ml (un poco menos de 2 cucharadas) de aceite base.
- El aceite puro también es provechoso para mitigar los efectos de las picaduras de los insectos.

OTROS NOMBRES

ESPLIEGO COMÚN

ALHUCEMA

NOMBRE CIENTÍFICO

LAVANDULA SPP.

EN INGLÉS

LAVANDER

BAÑO ESENCIAL

Alivie los músculos adoloridos por la tensión, tonifique el sistema nervioso y regálese un sueño tranquilo con un baño de lavanda; bastarán 5 gotas de aceite esencial mezcladas en el agua de la bañera.

►Recetas de belleza

Tónico corporal

Aproveche el maravilloso aroma de esta planta y sus cualidades antisépticas, relajantes y tonificantes del sistema nervioso. Recuerde que la relajación embellece y es saludable. Si lo desea puede perfumar la ropa o un pañuelo con esta deliciosa planta.

TERAPIAS ALTERNATIVAS

Esta planta es muy utilizada en aromaterapia por su capacidad de equilibrar emocionalmente, levantar el ánimo, sosegar el espíritu y restaurar la vitalidad.

INFUSIÓN MEDICINAL

La infusión caliente de lavanda promueve la sudoración y baja la fiebre. Ayuda, además, a desintoxicar el organismo al promover la eliminación de toxinas a través de la piel y la orina. Para prepararla calcule 1 cucharadita de flores por 1 taza de agua.

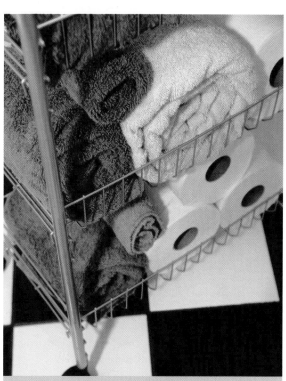

¡BUENA IDEA!

Brinde un aroma especial a su ropa, cajones y armarios con lavanda. Utilice tela de algodón para hacer bolsitas con la hierba seca que colocará en lugares estratégicos. Recuerde que es importante que el tramado de la tela permita que pase el exquisito aroma.

INGREDIENTES

1   taza de flores secas de lavanda
2   cucharadas de pétalos de rosa secos (opcional)
2   tazas de agua destilada
1   cucharada de vodka

PREPARACIÓN

· **Con estas** proporciones alcanza para $1/2$ litro de agua de lavanda, más o menos; si requiere más puede aumentar las cantidades proporcionalmente.

· **Ponga** a calentar el agua hasta que esté a punto de hervir. Aparte, en una fuente, disponga la lavanda y las rosas.

· **Vierta** el agua muy caliente sobre las flores, mezcle y cubra. Permita que las plantas se infundan en un lugar fresco durante unas 48 horas. Remueva de tanto en tanto.

· **Filtre** la preparación procurando exprimir al final las plantas contra el colador para obtener toda su fragancia. Por último añada el vodka y vuelva a mezclar.

· **El último** paso será envasar, rotular y almacenar en un lugar fresco y oscuro. Antes de aplicar sobre la piel haga una prueba de tolerancia extendiendo un poco de este tónico sobre el antebrazo. Vigile si hay reacciones alérgicas.

! Precaución

El aceite esencial no debe ser usado internamente. Deben evitarse dosis altas durante la gestación porque la lavanda es un estimulante uterino.

Manzanilla

Esta hermosa flor es una de las hierbas más usadas en los hogares gracias
a su aromática fragancia, sabor y poderosas propiedades.

También conocida como camomila es una hierba silvestre que ha sido adaptada para el cultivo en jardines e invernaderos por medio de semillas. Puede ser una de las plantas seleccionadas para su herbario particular si tiene en cuenta que crece en terrenos frescos, abonados y soleados; se deben evitar los extremos: el sol directo y fuerte en la estación seca y demasiada lluvia en el invierno. De tamaño modesto, no demanda un jardín o terreno muy grande.

La manzanilla se emplea de muchas maneras interna y externamente; las flores secas, frescas, en tisanas, tinturas, ungüentos, tabletas y aceite esencial son las presentaciones más comunes. Las flores se pueden secar en casa y obtener mejores beneficios que al adquirir las bolsitas que promocionan en los supermercados; es una forma de garantizar una correcta conservación del material vegetal.

En cuanto las tisanas son especialmente utilizadas como remedio de diferentes padecimientos como, por ejemplo, indigestión, insomnio, ansiedad y estrés. Las tinturas, por su alta concentración, resultan más apropiadas para baños de ojos y tratamientos de colon irritable, insomnio y tensión. Las pomadas y ungüentos se usan en las picaduras de insectos, heridas, eczemas e irritaciones. Las tabletas se emplean en homeopatía para las menstruaciones dolorosas y el aceite esencial para uso médico en el tratamiento de catarros, asma y tos ferina, principalmente.

Aceite esencial

Como es una preparación muy popular es fácil conseguirla en tiendas naturistas o especializadas en el tema de la aromaterapia. Gracias a su acción sedante se lo usa muy diluido para "bajarle las revoluciones" a los niños hiperactivos. Unas cuantas gotas de este aceite esencial mezclado con aceite vegetal (por ejemplo de almendras) suele emplearse para hacer masajes corporales e invitar a la relajación. Las personas sometidas a situaciones de estrés pueden recurrir a esta esencia y disfrutar su efecto calmante y sedante.

Este aceite es además descongestionante porque activa la circulación linfática y desinflama por relajación al tiempo que alivia la retención de líquidos. Se emplea especialmente mezclado en productos como lociones y en el tratamiento de eczemas. Pueden verterse unas cuantas gotas en las vaporizaciones (2 a 3 son suficientes) para los catarros y el asma. Diluido en el agua de la bañera es sumamente relajante y combate la ansiedad y el insomnio.

! Precaución

Recurra a esta planta pero con mesura. Evite el aceite esencial durante el embarazo porque es un estimulante uterino. Como se trata de una flor perteneciente a la familia de las compuestas puede causar irritaciones en la piel por contacto directo. El aceite esencial solamente debe usarse en los niños bajo supervisión médica.

Agente de belleza

Es una de las plantas más populares por sus posibilidades en el uso cosmético y medicinal. En cuanto al primero, que es el que más nos interesa en esta sección, podemos destacar sus bondades sobre la piel y su contribución a aliviar ciertos problemas cutáneos. Lavar varias veces a la semana el rostro con agua de manzanilla contribuye a limpiarla profundamente y la hace lucir saludable y juvenil.

Las pieles que desarrollan con frecuencia barros y espinillas pueden recibir un tratamiento a base de manzanilla para liberarse de impurezas y combatir las bacterias. Se emplea especialmente la infusión que se aplica en el rostro y el cuello con la ayuda de una mota de algodón. También resultan muy efectivas las vaporizaciones con esta hierba porque, además de trabajar sobre la superficie externa de la piel, limpian los poros y contribuyen a la eliminación de toxinas.

Sobre el pelo, especialmente si es rubio, tiene la propiedad de intensificar el color y lo hace dócil y manejable.

Es utilizada en gargarismos para tratar las infecciones bucales y faríngeas. En forma de compresa es útil para aliviar los ojos enrojecidos y cansados. Como ingrediente en los baños de inmersión combate las bacterias, desodoriza y brinda relajación.

►Recetas de belleza

Agua de manzanilla

Una receta que limpia la piel y deja una sensación de frescura. Es muy buena para aquellos que sufren de barros y espinillas. Es además una excelente opción para cuidar de la piel en las noches y consentirla después de retirar el maquillaje.

INGREDIENTES

1 cucharada sopera de flores de manzanilla secas
2 tazas de agua

PREPARACIÓN

· **Es importante** hacer esta receta pocos minutos antes de utilizarla porque es muy sensible y se puede oxidar.
· **Ponga** a calentar el agua y cuando esté a punto de hervir, viértala sobre las flores secas de manzanilla.
· **Deje infundir** alrededor de 5 minutos y cuele. Utilice esta agua aún caliente; empape una mota de algodón y limpie el cuello y el rostro. Para terminar aplique su crema nocturna favorita.

Manzanilla y romero "al vapor"

Un terapia efectiva para eliminar las impurezas de la piel y ayudarla a "respirar" mejor.

INGREDIENTES

2 cucharadas de flores de manzanilla secas
1 cucharada de romero seco
4 tazas de agua
1 recipiente de boca ancha
2 toallas

PREPARACIÓN

· **Caliente** el agua y, antes de que rompa el hervor, retire del fuego.
· **Aliste** un recipiente de boca ancha y ponga allí las hierbas. Vierta encima el agua caliente y revuelva.
· **Utilice** una toalla para tapar la cabeza y otra para el recipiente. Conviene cerrar los ojos mientras expone el líquido al vapor durante unos diez minutos.
· **Después** del anterior procedimiento conviene evitar cambios bruscos de temperatura. El último paso será secar el rostro.

Mezcla de hierbas para los pies cansados

5 cucharadas de manzanilla seca
7 cucharadas de menta o hierbabuena seca
5 cucharadas de orégano seco
4 cucharadas de romero seco
3 cucharadas de tomillo seco

Mézclelas muy bien y almacene en un recipiente de vidrio. Cuando las vaya a utilizar calcule la siguiente proporción: 3 cucharadas por 2 litros de agua. Caliente el líquido y cuando vaya a hervir agregue la hierba. Cocine a fuego lento por cinco minutos. Deje reposar por media hora y cuele. Utilice el agua tibia para sumergir los pies.

TRUCO DE BELLEZA

Muchas personas con pieles sensibles deben recurrir a los productos naturales para evitar las reacciones de ciertos compuestos de los productos y cosméticos industriales. En el caso de observar una alergia en la piel apliquese cataplasmas de manzanilla y descubrirá su maravilloso efecto.

COJÍN DE LA ABUELA

Una forma de tratar neuralgias y reumas. Llene un cojín de algodón con unos 100 a 120 g de manzanilla seca. Caliente esta pequeña almohada en el horno a unos 40° C o colóquela en el lugar del dolor y encima una bolsa de agua caliente.

CABELLO RUBIO

Una forma de revitalizar el cabello rubio es aclarándolo un poco con la infusión de manzanilla (pueden añadírsele unas gotas de limón) beneficia tanto el cabello como el cuero cabelludo.

¡BUENA IDEA!

Un rostro tranquilo y relajado es necesariamente más agradable y bello. Si es usted una persona hipersensible, irritable y que se enoja con facilidad, ensaye los masajes con aceite esencial (mezclado con otro de base como por ejemplo el de almendras) en la espalda, estómago y ciertos puntos de los pies y logre un efecto calmante y sedativo.

Romero

La palabra romero proviene del latín rosmarinus y significa
"rocío del mar" llamada así por los romanos seguramente por crecer
esta planta en zonas costeras o cercanas al mar.

Tan importante era el romero para los antiguos griegos que sus hojas eran quemadas en los templos como ofrenda a sus dioses. El romero fue incluido en la tradición popular como un elemento mágico que invitaba al amor, razón por la cual las coronas de las novias se tejían con romero fresco y se empleaban en rituales que pretendían estimular el amor, así como recordar la aspiración de los seres humanos por la inmortalidad.

Pero dejando a un lado estas evocaciones amorosas, el romero es una planta que ofrece grandes beneficios para la salud, la belleza y la cocina. En la salud contribuye a solucionar problemas de los sistemas nervioso y circulatorio, posee cualidades antisépticas y antibacteriales, es diurética, antiespasmódica, calma los cólicos menstruales, los calambres, el asma y los dolores reumáticos, entre otros. En cuanto a la belleza podemos decir que este arbusto se emplea especialmente para tratar algunos problemas del cabello y la piel.

Amable con el cabello

Tres de las virtudes del romero llaman poderosamente la atención: en primer lugar su positivo efecto en el tratamiento de esas escamas que se desprenden del cuero cabelludo conocidas como caspa; cuando ésta se presenta, además de ser muy incómoda, le da al cabello un aspecto quebradizo y sin brillo. El romero es un remedio natural contra este mal porque estimula la raíz del pelo y lo mantiene libre de escamas. A la vez tiene la cualidad de darle cuerpo y brillo, elementos necesarios para lucir un cabello sano y atractivo. En general se recomienda en el tratamiento contra la caspa un champú muy suave y el recurrir a menudo a preparaciones para humectar tanto el cuero cabelludo como el pelo. Una infusión de cuatro cucharadas de hojas de romero en un litro (cuatro tazas) de agua da muy buenos resultados.

La segunda virtud de esta hierba es sobre el tono del cabello. Sin importar si se trata de un cabello oscuro o claro, las diferentes preparaciones a base de romero tienden a aclararlo. Esta cualidad es atractiva para realzar la coloración natural sin necesidad de recurrir a la tintura. Por supuesto que como se trata de una preparación que emplea sustancias vegetales no ofrece la misma duración e intensidad que cuando se aclara con químicos; sin embargo sus efectos son amables y cuidan la salud del cabello.

La tercera virtud es la de tratar suavemente el cuero cabelludo, fortalecerlo y combatir su caída. De igual forma lo limpia profundamente no sólo del polvo y otras partículas que están presentes en el medio ambiente, sino de parásitos como las liendres. En las temporadas donde los piojos están "alborotados" se puede recurrir a lavados con agua de romero para eliminar estos molestos insectos. Recuerde que es importante desenredar el cabello con una peinilla de dientes finos.

Cuestión de piel

Menos famosas que su acción sobre el cabello son sus virtudes sobre la piel. En primer lugar hay que mencionar sus usos en la medicina natural: se la emplea especialmente para lavar y limpiar heridas y llagas, tanto interna como externamente; por lo general se acude a las tisanas de romero por vía oral mientras que el aceite esencial se diluye en otro aceite y se aplica sobre la piel.

La infusión de romero contribuye a mantener en buen estado la piel y actúa como un tónico para el agotamiento. Las sustancias diluidas en el agua del baño así como los aceites transportados por el vapor en el agua caliente desodorizan la piel y a la vez despejan la mente. Todas estas cualidades hacen de esta planta un buen ingrediente para tener en cuenta cuando se quiere hacer un baño restaurador.

Por último hay que resaltar que popularmente esta hierba se emplea para curar las heridas y golpes. La siguiente mezcla es muy efectiva, fácil de preparar y clave para tener en el botiquín natural del hogar: necesita dos cucharadas soperas de romero, toronjil, orégano, salvia y tomillo. Triture las plantas para que afloren sus sustancias curativas. Póngalas a remojar en un litro de alcohol unos quince días. Agite el recipiente de tanto en tanto y almacénelo en un lugar fresco y oscuro. Filtre y embotelle. Utilícelo para empapar paños de algodón y aplicar en la zona afectada.

! Precaución

El aceite esencial debe ser evitado durante el embarazo y la lactancia y por personas con problemas gástricos y otras enfermedades que hemos mencionado en la sección de salud. En altas dosis o uso prolongado esta hierba puede llegar a ser tóxica.

►Recetas de belleza

Tinte para cabello oscuro

Este enjuague es útil para realzar el color oscuro y natural del cabello; para las canas es magnífico porque aunque no las esconde sí las disimula.

INGREDIENTES

3	cucharadas de romero seco
5	cucharadas de salvia seca
3	tazas de agua
1	cucharadita de vinagre (opcional)

PREPARACIÓN

· **Ponga** todos lo ingredientes en una olla y llévela al fuego. La temperatura debe ser baja para llevar lentamente la preparación a punto de ebullición.

· **Cocine** entre 25 y 30 minutos. Retire del fuego, cuele y deje reposar para que se enfríe.

· **Después** del champú utilice esta agua de hierbas; desenrede y deje secar el cabello un poco antes de peinar.

Preparación especial

¿Tiene el cabello reseco y rígido? Ensaye esta receta, muy útil para suavizar el folículo piloso y hacerlo más manejable.

INGREDIENTES

4	gotas de aceite esencial de romero
1	huevo
2	cucharaditas de alcohol etílico 90%

PREPARACIÓN

· **Esta receta** conviene prepararla justo antes de utilizarla.

· **En una fuente** mezcle los ingredientes y, con la ayuda de un tenedor o batidor manual, revuelva hasta obtener una consistencia cremosa.

· **Después** del champú utilice esta crema espesa para realizar un masaje suave, relajante y que contribuya a penetrar los ingredientes en el cuero cabelludo y el pelo. Después de cinco minutos retire con abundante agua.

¿QUÉ ORIGINA LA CASPA?

Una producción excesiva de células del cuero cabelludo y un mal funcionamiento de las glándulas cebáceas que trae como consecuencia la sequedad capilar.

ENJUAGUE BUCAL

Una forma natural de refrescar la boca y eliminar el mal aliento. Necesita 2 tazas de agua muy caliente y 3 cucharaditas de hojas secas de romero. Se vierte el agua sobre las hojas y se deja en infusión media hora. Se cuela y refrigera. Se puede utilizar varias veces al día.

IDEA PARA EL HOGAR

Limpie el ambiente de su casa quemando romero; no sólo purifica el aire sino que, según algunos, aleja las malas energías. De igual forma se puede aprovechar su perfume para matar y ahuyentar las polillas de los armarios; ponga ramitas de romero en zonas estratégicas y manténgalos libres de estos insectos.

Champú de romero

Una fórmula para el cabello graso

INGREDIENTES

4	gotas de aceite esencial de romero
3	cucharadas (30 ml) de champú suave
1	yema de huevo

PREPARACIÓN

· **Mezcle** muy bien los tres ingredientes hasta obtener una consistencia espesa.

· **Aplique** sobre el cuero cabelludo masajeando ligeramente. Enjuague con agua tibia.

Baño de romero

Purifique su piel y estimule sus sentidos.

INGREDIENTES

10 a 15	cucharadas de hojas (50 g)
1	litro de agua

PREPARACIÓN

· **Ponga** los dos ingredientes en una olla y caliente lentamente hasta que hierva. Permita que esta agua cocine unos 10 minutos con la olla tapada. Deje reposar media hora y filtre.

· **Este líquido** se añade al agua de la bañera.

Rosa

De acuerdo con un famoso dicho, las rosas son buenas para "la piel y el alma"
y tienen una larga historia en la medicina herbal.

Nativas de Irán, las rosas han sido cultivadas a lo largo de miles de años. En el siglo VI a.C., Safo, la conocida poetisa griega, la describió como "la reina de las flores". Siglos más tarde, en tiempos del imperio romano, aparecía con frecuencia en las festividades y en la mesa, como alimento. La famosa "agua de rosas" es una creación del médico persa Avicena (980-1037 d.C.) y su fórmula aún se usa. En tiempos de los romanos la rosa silvestre se recomendaba contra las mordeduras de perros rabiosos. Hoy las rosas siguen siendo muy estimadas; su aceite es extremadamente caro y es uno de los más importantes en el campo de la aromaterapia.

El aspecto físico de la rosa es tan familiar que no requiere de mayores descripciones. En su afán por preservar las flores de parásitos y plagas los cultivadores fumigan la planta con toda clase de agentes químicos que afectan sus delicadas sustancias, lo cual obliga a tomar precauciones pues éstas afectan a las personas que la utilizan no sólo como decoración.

Productos como las aguas y aceites de rosa son deliciosamente perfumados y buenos astringentes. Se emplean como base para la elaboración de gran cantidad de productos como esencias, perfumes, jabones, champú, aceite esencial, entre otros. Conviene hacer una aclaración: siempre que realice un remedio en casa, tenga en cuenta que no se trata de los híbridos de jardín, sino de especies como *Rosa canina, R. centifolia, R. rugosa, R. gallica, R. damascena.*

Además de bella, medicinal

La rosa contiene vitaminas C, B; E, K, taninos, pectina, caroteno, ácidos frutales, aceite graso, nicotinamida y flavonoides (sustancias que ayudan al organismo a utilizar las vitaminas). En medicina natural se emplean los pétalos, las hojas y los frutos (escaramujos); las primeras se consideran tónicas del sistema circulatorio, las segundas energéticas y los terceros antidiarreicos.

La variedad más utilizada en la preparación de remedios y productos de belleza es la denominada rosa silvestre. La rosa es antidepresiva, afrodisíaca, astringente, sedante y estimulante digestivo; también aumenta la producción de la bilis, es limpiadora, expectorante, antibacteriana, antiviral, antiséptica, tónico renal y sanguíneo, regulador menstrual y antiinflamatoria.

PRODUCTOS PARA CUIDAR LA PIEL

Algunos productos cosméticos ayudan a relajar la piel. Los siguientes son los más reconocidos:

· *Cremas limpiadoras.* Por lo general aflojan la suciedad y las capas de maquillaje.
· *Tónicos.* Lociones refrescantes y tonificantes que producen una agradable sensación de cosquilleo y cierran los poros.
· *Humectantes.* Dejan sustancias que humectan la superficie de la piel y la hacen sentir lisa y suave.

Piel de rosa

Cuando se habla de la rosa se la relaciona de inmediato con la perfumería; el alto costo de su aceite esencial se debe a que se necesitan cerca de 110 kg de pétalos para producir una onza de aceite concentrado. Su cultivo también está limitado a ciertas áreas como el sur de Francia y demanda un dispendioso trabajo de recolección manual. El aceite de rosa es magnífico para el cuidado de la piel y se suele asociar con fórmulas para las pieles secas, irritadas o que sufren algún tipo de inflamación.

El agua de rosa es un producto que se logra a través de la destilación. Es uno de los ingredientes más comunes en los productos relacionados con el cuidado de la piel y se puede preparar una versión casera (ver la página siguiente). El reconocido herbolario francés Maurice Mességué recomienda esta agua para el cuidado diario de la piel, la limpieza del rostro, prevenir arrugas y tratar algunos tipos de acné y espinillas. Es igualmente valiosa para cortadas superficiales, hematomas y contusiones.

▶Recetas de belleza

Agua de rosas clásica

Famosa, aromática y especialmente recomendada para el uso diario, el agua de rosas es una preparación que brinda belleza a la piel. Es útil para las jovencitas que comienzan a prestar atención al cuidado personal. La receta que incluimos es de Maurice Mességué.

INGREDIENTES

1 puñado de pétalos de rosa secos

1 litro de agua

1 jarra de vidrio con tapa

1 frasco de vidrio con tapa

PREPARACIÓN

· **Para la elaboración** de esta receta se pueden emplear rosas frescas; sin embargo Mességué recomienda las deshidratadas porque las considera más poderosas. Conviene cosechar las rosas en un día seco y en las horas de la mañana. Se cortan los capullos por la base y se separan los pétalos de los estambres y se secan. Más tarde se guardan en un lugar seco o se deshidratan con la ayuda del horno.

· **Ponga** un puñado de pétalos secos en una jarra grande y vierta encima el agua muy caliente, casi hirviendo. Tape el recipiente y deje reposar hasta que se enfríe. Filtre la preparación sobre un frasco de vidrio. Utilice el agua de rosas para limpiar y mimar el rostro.

> **Nota:** *conviene conservar el agua de rosas en la nevera y preparar poca cantidad para que siempre esté fresca.*

❗ Precaución

Debido al elevado precio del aceite esencial de rosa es muy frecuente su adulteración. Sólo debe usarse medicinalmente aquel que provenga de una fuente confiable que asegure su óptima calidad.

Bolsa de baño

Una forma de disfrutar los beneficios renovadores de las sales y las hierbas es durante el baño. Esta preparación es aromática y vigorizante.

INGREDIENTES

1 cuadrado de muselina de 20 cm

25 g de pétalos de rosa

25 g de capullos de lavanda

$^1/_2$ taza de avena cruda

PREPARACIÓN

· **En el trozo** de muselina se colocan las hierbas y la avena. Junte las puntas del cuadrado de tela y haga una bolsita que atará con un trozo de hilo resistente.

· **Coloque** la bolsa debajo de la salida del agua caliente de la tina para hacer una especie de infusión.

Té de rosas

Un remedio que ayuda a combatir los enfriamientos, gripas o resfriados.

INGREDIENTES

1 taza de agua muy caliente

2 ó 3 cucharaditas de pétalos de rosa secos y desmenuzados.

PREPARACIÓN

· **Deje** infundir los pétalos en un recipiente tapado durante diez minutos. Beba la infusión caliente o tibia.

ACEITE ESENCIAL

Las principales virtudes de este aceite son:
ANTIDEPRESIVO
ANTIESPASMÓDICO
SEDANTE

Este aceite no debe ingerirse excepto cuando un profesional lo indique.

AROMATERAPIA

El aceite de rosa es importante en la aromaterapia como tónico para la matriz y los órganos sexuales y los sistemas circulatorio y digestivo. Posee efectos sedantes, antidepresivos y, por supuesto, afrodisíacos.

¡BUENA IDEA!

Perfume su hogar y, a la vez, disfrute de las propiedades del aceite de rosa. Puede atomizarlo en una habitación o colocar unas gotas en un pañuelo. También puede diluirse en el agua del baño; 3 a 5 gotas bastarán.

BELLEZA

Salvia

*Una hierba común que contiene antioxidantes. Los aceites volátiles presentes en
en la salvia son además de fuerte antiséptico, antiinflamatorios y astringentes.*

La salvia debe su nombre a sus extraordinarias propiedades medicinales; procede del latín *salvare*, que significa estar en buena salud. En la Edad media alcanzó alta estima y se llegó a creer que incluso era capaz de vencer a la muerte, al parecer gracias a sus cualidades antisépticas que evitaron el contagio de la peste a quienes se frotaron la piel con esta planta. Según antiguas creencias, la salvia sólo florecía en el exterior de una casa cuando en ella mandaba el hombre. Queda claro que la salvia no se cultivaba únicamente con fines culinarios, sino por sus variadas y extraordinarias propiedades terapéuticas y mágicas; esta planta podía, por ejemplo, romper maleficios y encantamientos. En la antigüedad la apreciaban también en la belleza y acostumbran a frotar sus vellosas hojas en los dientes para hacerlos más blancos y relucientes.

Existen alrededor de 500 especies de salvia, siendo la más conocida la *officinalis*. Es una hierba perenne, de hojas ovaladas, vellosas y aromáticas. Sus flores crecen en espigas y son de color rosa, blanco, azul y violeta. Esta planta crece en climas templados y suelos ligeros y secos. Entre sus propiedades se destacan su poder astringente, antiséptico, antiinflamatorio, digestivo, carminativo, estrógeno y antisudoral. Contiene aceite esencial, flavonoides, ácidos fenólicos, principios amargos y taninos.

Apoyo a la boca y garganta

Una planta muy apreciada por los herboristas para el tratamiento de diversos problemas relacionados con la boca y garganta como llagas, heridas, encías débiles y propensas a sangrar, dolor de muelas e irritaciones de la garganta, entre otros.

La mejor forma de utilizar la salvia para estos propósitos es en tisanas; remoje unas dos cucharaditas de la hoja fresca y picada e infúndala en 1 y $^1/_2$ tazas de agua. Debe dejarse en reposo una media hora. Por último se filtra y se endulza con un poco de miel de abejas y se bebe a razón de $^1/_2$ taza tres o cuatro veces por día. Si a esta misma preparación se le añade $^1/_4$ de cucharadita de limón, se obtiene un remedio para aliviar las gargantas irritadas. Es importante hacer gárgaras antes de tragar el líquido.

La salvia también se emplea como blanqueador dental. Las hojas frescas de esta hierba se trituran hasta extraer su jugo y ablandar la hoja. Frotando este jugo ayudará a retirar las manchas de los dientes y a endurecer las encías. Como la preparación es completamente natural no se altera el esmalte dental ni se producen otros efectos secundarios en el organismo.

! Precaución

Conviene evitar esta planta (fresca, seca o en aceite esencial) durante el embarazo y la lactancia. Aunque el agua aromática es útil para el tratamiento de ciertas condiciones infantiles, debe emplearse con precaución y muy diluida en niños menores de doce años y en adultos mayores de 65. Los tratamientos infantiles que duren más de siete días deben efectuarse con la asistencia de un pediatra. El aceite esencial tampoco se recomienda en casos de insuficiencia renal y se advierte que puede producir irritaciones sobre la piel.

Beneficios aquí y allá

Una de las cualidades de la salvia que más se destacan en la cosmética es su efecto sobre el cabello; la infusión de esta planta sirve tanto para aclarar los diferentes tonos (rubios, morenos o pelirrojos) y para librarlo de la caspa. Una tisana al final del lavado hará que el cabello adquiera visos más claros.

La salvia también puede ayudar a las personas que tienden a sudar en exceso. Los fitonutrientes presentes en sus hojas tienen acción antisudoral. Ensaye la siguiente preparación para evitar los sudores de manos y pies: realice baños calientes de agua de salvia muy concentrada; se prepara igual que las demás tisanas sólo que debe ponerse una buena cantidad de hojas para que la preparación salga concentrada; algunos proponen reforzar el efecto con un poco de vinagre y sal. Sumerja las manos en el agua y espere a que se enfríe.

Estudios recientes han ratificado que la salvia es un antibiótico natural y que contiene componentes vegetales similares al estrógeno. Por esta razón los médicos naturistas la usan en el tratamiento de desórdenes menstruales, la infertilidad y problemas asociados a la menopausia. El aceite esencial de esta planta es también recomendado por los naturópatas; ha demostrado ser efectivo como ingrediente de masajes, especialmente si estos se concentran en el cuello (para la tortícolis, por ejemplo).

▶Recetas de belleza

Encías fuertes

Esta decocción fortalece las encías propensas a sufrir heridas y sangrados. De igual forma protege contra la caries y desinfecta la boca.

INGREDIENTES

4 a 7 cucharadas de hojas secas de salvia
4 a 6 tazas de agua
Vinagre (opcional)

PREPARACIÓN

· **Caliente** el agua y cuando empiece a hervir agregue las hojas de salvia. Tape, reduzca el fuego y permita que se cocinen de 2 a 3 minutos. Filtre y, si lo desea, añada $1/2$ cucharadita de vinagre.
· **Esta decocción** sirve para realizar enjuagues; se recomienda desinfectar la boca por lo menos tres veces por día.

Rutina de belleza capilar

· El champú suave es el más conveniente para el cuero cabelludo. Busque productos con pH entre 5 y 7.
· Consienta su cabello con una preparación natural una vez por semana.
· No lo lave con agua muy caliente.
· Mientras el cabello está húmedo conviene desenredarlo con una peinilla de dientes gruesos y no cepillar.
· Evite los excesos de sol y elimine el polvo y suciedad con un cepillado en las noches.
· Antes de dormir hágase un masaje con las yemas de los dedos.

Desodorante natural

Una opción para aquellos que desean evitar los productos industriales y sus fuertes sustancias químicas.

INGREDIENTES

2	**cucharaditas de hojas de salvia secas**
2	**cucharaditas de hojas de romero secas**
1	**cucharadita de pétalos de rosa secos**
2	**cucharadas de alcohol etílico**
1	**gota de aceite esencial de limón**
3	**gotas de aceite esencial de salvia**
5	**cucharadas de agua**

PREPARACIÓN

· **Caliente** el agua; disponga las plantas en un recipiente de vidrio. Vierta el agua caliente encima y deje reposar entre 8 y 10 minutos.
· **Filtre** la preparación en un colador; presione las plantas contra el filtro para extraer todos sus jugos. Utilice este extracto recién hecho.
· **Una vez** la preparación se enfríe añada el alcohol y revuelva. Mezcle los aceites esenciales mientras remueve el concentrado.
· **Con la ayuda** de un embudo vierta el líquido en recipientes que tengan tapa con sistema de vaporización. Recomendamos preparar poca cantidad y utilizar en el menor tiempo posible.

Infusión básica

Una preparación útil para la digestión y el sistema nervioso; es además útil para lavar heridas: deje reposar por diez minutos de 2 a 3 cucharaditas de hojas de salvia en 1 taza de agua muy caliente.

OTROS NOMBRES

SALVIA REAL
SELIMA
SALVIA DEL MONCAYO
HIERBA SAGRADA
CALIMA FINA

NOMBRE CIENTÍFICO

SALVIA OFFICINALIS

EN INGLÉS

SAGE

CHICLE HERBAL

Purifique su aliento después de comer alimentos muy condimentados o fuertes con hojas de salvia. Mastique la hoja lentamente y durante un buen rato. Al igual que la goma de mascar, debe tirarse cuando pierde su sabor.

MÁS BENEFICIOS NATURALES

La salvia es un buen tónico digestivo y nervioso y se recomienda para aquellos que tienen digestiones lentas y difíciles y para relajar los estados de mucha tensión. Es, además un reconstituyente del organismo y se aconseja para ayudar a reponerse tras una larga enfermedad.

Té

Una bebida aromática, fácil de preparar e interesante para la belleza por su contenido de flúor.

El té negro suelto y en bolsitas individuales es algo tan común y familiar que olvidamos que es también una poderosa hierba medicinal que hace mucho por la belleza. Es utilizada por culturas como la china desde alrededor del 3.000 a.C. y se la considera un remedio estimulante, astringente y digestivo. Hoy todavía se usa en Oriente como medicina mientras que en Occidente se está empezando a estudiar su acción sobre la prevención y reducción de ciertas enfermedades (como el cáncer).

Existen muchos tipos de té cada cual con distinto aroma y sabor. Los especialistas de países tradicionalmente consumidores de esta bebida como Inglaterra, India, China y Japón, son verdaderos *gourmets* que pueden detectar sutilezas en la forma de preparación, la calidad del agua y el proceso de fermentación, entre otras cosas. En cuanto a la belleza las investigaciones son limitadas y sus usos pertenecen más a la cultura popular que a la científica. Es una hierba que favorece la piel, la boca, el cabello, los ojos y se emplea en infusiones, cataplasmas, baños, tónicos, etcétera. Siempre que recurra al té recuerde emplear la hierba lo más fresca posible y de la mejor calidad.

Té de té

La preparación más sencilla es aquella que utiliza la hierba en infusión. Para garantizar su calidad es indispensable emplear agua pura y caliente sin excederse en la temperatura porque puede quemar la planta y, con ello, eliminar las sustancias benéficas. También es importante que la infusión (es decir el tiempo de reposo del té en agua) se haga en un recipiente tapado para conservar los aceites esenciales.

¿Cuáles son las aplicaciones de esta agua aromática? Una de las más comunes es en el cuidado de la boca y prevención de la caries. El té negro tiene el poder de inhibir el desarrollo de las bacterias que causan la caries y que forman una masa viscosa llamada placa que se adhiere a la superficie de los dientes. Esto se debe muy probablemente al contenido de flúor natural de la hierba que se encuentra tanto en la variedad negra como en la verde. La próxima vez que, por ejemplo, se le acabe el enjuague bucal, piense en sustituirlo por un producto natural como la infusión de té que se utiliza de la misma manera.

La infusión de té negro también ayuda a eliminar el enrojecimiento, la inflamación y el cansancio que producen situaciones como, por ejemplo, los resfriados; para ello empape dos motas de algodón en una infusión de té tibio y aplíquela sobre los ojos. Esta planta inhibe las inflamaciones y proporciona una terapia ideal para las inflamaciones de los ojos. Las personas que trabajan frente a un computador durante todo el día pueden relajar sus ojos colocando bolsitas de té en los párpados. En casos como la conjuntivitis conviene colocar una gota de té en cada ojo además de la bolsita en el párpado.

En cuanto a sus aplicaciones en la piel hay que mencionar en primer lugar su efecto limpiador y rejuvenecedor. Quienes tengan eczemas pueden recurrir a baños de té para disminuir la inflamación. Sobre este punto hay que advertir que el uso excesivo de té negro puede teñir ligeramente la piel.

COLORES Y APLICACIONES DEL TÉ EN INFUSIÓN

Negro. Diarrea, intoxicaciones por alimentos, disentería. Es también un remedio cantonés para la resaca o guayabo.

Verde. Después de las comidas previene la caries. En compresa la infusión es un tratamiento de emergencia para parar la hemorragia de cortadas y arañazos.

Oolong. Después de las comidas grasas ayuda a reducir los niveles de colesterol. Previene las enfermedades arteriales.

! Precaución

El exceso del consumo de té negro puede contribuir a manchar los dientes. Las personas que padezcan irregularidades en el ritmo cardíaco, las mujeres embarazadas y las madres lactantes deben limitar su consumo a no más de dos tazas al día porque su alto nivel de alcaloides pueden producir un aumento en el ritmo cardíaco. Quienes sufran de úlceras estomacales deben evitar su consumo.

►Recetas de belleza

Enjuague rojo para el cabello

Esta tintura natural brinda muchos beneficios al cabello y cuero cabelludo aunque no tiñe tan intensamente como los colorantes químicos.

INGREDIENTES

1	bolsa de té negro
$^1/_2$	taza de polvo de *henna* rojo
1	cucharada de aceite de oliva
1	taza de agua
1	toalla caliente
	Guantes plásticos
	Vaselina

PREPARACIÓN

· Como la *henna* es un tinte natural permanente se debe estar seguro del cambio de color. Conviene hacer una prueba en un mechón para establecer el tono deseado.

· Aplique un poco de vaselina en torno a la línea del cabello para evitar manchar la parte superior de la frente.

· Prepare un té fuerte con el agua, deje reposar y filtre.

· En una fuente coloque el té, la *henna* y el aceite. Mezcle muy bien hasta obtener una pasta suave. Si lo considera necesario, añada un poco más de agua.

· Esta preparación se debe aplicar inmediatamente sobre el cabello. Una vez puesta se debe cubrir con plástico adherente y una toalla caliente.

· Deje actuar el tinte de dos a tres horas y enjuague con abundante agua. Por último lave con champú y, si lo usa, aplique acondicionador.

¡BUENA IDEA!

Recurra a una infusión suave de té negro para refrescar la piel si siente que se ha excedido un poco en el bronceado. Aplique hojas de té negro húmedas para aliviar las molestias que producen las picaduras de insectos.

Tónico verde

Como este producto no contiene alcohol es ideal para la piel reseca o sensible. El té verde es rico en antioxidantes, sustancias que sobre la piel tienen un efecto protector frente al envejecimiento.

INGREDIENTES

4	cucharaditas de té verde
1	taza de agua (si le es posible, mineral)
1	cucharadita de hojas de menta o hierbabuena

PREPARACIÓN

· **Ponga** a calentar el agua y cuando esté bien caliente (no hirviendo) retírela del fuego. Disponga el té en una taza y vierta el agua caliente encima. Tape y deje reposar unos 10 o 15 minutos.

· **Guarde** el líquido frío en una botella de vidrio muy limpia. Este tónico puede aplicarse a la piel con una mota de algodón o con un recipiente atomizador.

· **El tónico** de té verde sobrante debe guardarse refrigerado por máximo 2 semanas. Como es fácil de elaborar se recomienda preparar una pequeña cantidad.

Nota: el té verde es menos común que el negro; si no lo encuentra en los supermercados acuda a las tiendas naturistas porque bien vale la pena usarlo.

COMPRESAS OCULARES

Para mantener los ojos "en forma" y el contorno de la piel sin arrugas prematuras utilice esta sencilla receta. Dos bolsitas de té negro remojadas en agua caliente se aplican tibias en los párpados y se dejan allí hasta que estén frías.

BELLEZA

Toronjil

Los aceites esenciales de esta planta son famosos por su acción sobre el sistema nervioso.
Recurra a ella cuando desea tranquilidad y relajación durante la jornada.

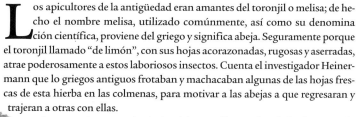

Los apicultores de la antigüedad eran amantes del toronjil o melisa; de hecho el nombre melisa, utilizado comúnmente, así como su denominación científica, proviene del griego y significa abeja. Seguramente porque el toronjil llamado "de limón", con sus hojas acorazonadas, rugosas y aserradas, atrae poderosamente a estos laboriosos insectos. Cuenta el investigador Heinermann que lo griegos antiguos frotaban y machacaban algunas de las hojas frescas de esta hierba en las colmenas, para motivar a las abejas a que regresaran y trajeran a otras con ellas.

Amasar o jugar con las hojas del toronjil entre los dedos hace que la hierba libere su agradable perfume que recuerda al limón y al cedro. La presencia de ese fuerte aroma es una prueba de sus constituyentes curativos; las hojas contienen resina, mucílagos, glucósido y saponinas. El aceite esencial es rico en linalol, citral, geraniol y citronelal que le da su característico sabor. Todos estos componentes hacen que esta planta sea indicada para estados nerviosos, ansiedad, depresión, taquicardia, insomnio, dolor de cabeza, inapetencia, indigestión, acidez estomacal, náuseas, cólicos menstruales, diarreas, calambres musculares, heridas y picaduras de insectos.

Una de las preparaciones más famosas a base de toronjil es la célebre "agua del Carmen" o "alcohol de melisa compuesta" que se encuentra usualmente en farmacias y tiendas naturistas especializadas. La receta proviene de unos monjes carmelitas franceses y ha sido empleada como antiespasmódico, calmante y para los estados nerviosos extremos.

Medicina para la mujer

Esta planta es muy útil en el hogar porque ayuda en diferentes situaciones. Es empleada en el tratamiento de las paperas, los resfríos y otros males. Sus cualidades antihistamínicas y antivirales la hacen recomendable para el tratamiento de la gripa. Sus propiedades antidepresivas y el efecto sedante de sus aceites la hacen una planta ideal para solucionar problemas el dolor de cabeza y las palpitaciones.

Es carminativa y antiespasmódica y por ello se usa para regular la digestión. Parece que también contiene agentes antibacteriales y antioxidantes. Relaja los espasmos que causan los dolores menstruales y mitiga la irritabilidad asociada al síndrome premenstrual. También regula los períodos y relaja y fortalece a la mujer durante el parto y posparto. Externamente es muy efectiva para ciertos problemas de la piel como el acné.

Efectos perfumados

Los aceites esenciales de esta planta son perfumados, agradables y antibacteriales. Por esa razón es una planta utilizada para combatir el mal aliento. Se usa en enjuagues durante el día, preparados con $^1/_2$ litro de vodka y 100 g de la hierba.

Los baños con toronjil también son deliciosos por su aroma, su efecto relajante y por sus bondades en la piel. Se pueden preparar con la hierba o apoyándose en el aceite esencial, de acción más poderosa. Si opta por este último tenga en cuenta que deben utilizarse unas cuantas gotas diluidas en el agua del baño. Una forma fácil de disfrutar un baño herbal es vertiendo en un litro de agua un puñado generoso de las hojas frescas del toronjil; para lograr un efecto más fuerte puede machacarlas. Deje que la mezcla se macere durante unas dos horas, filtre, añada a la bañera y disfrute su acción calmante.

¡BUENA IDEA!

Prolongue la frescura de esta hierba con el siguiente método.

- Lave las hojas y píquelas.
- Llene un cubeta de hielo hasta la mitad con la planta y complete el resto con agua.
- Congele y, cuando estén sólidas, pase a bolsas de plástico aptas para este tipo de procesos.
- Recuerde marcar la fecha de la preparación.

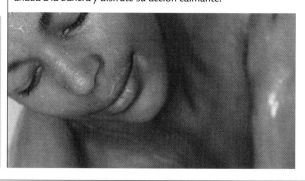

►Recetas de belleza

Infusión básica

Una taza de té de toronjil al desayuno es útil para relajarse y pasar un día sin estrés; es un magnífico tónico calmante que no induce al sueño. Esta agua aromática también es útil sobre la piel, los ojos enrojecidos, para aliviar los cólicos menstruales y molestias digestivas.

INGREDIENTES

    4 a 6 cucharaditas de hojas frescas
    1   taza de agua

PREPARACIÓN

- **Caliente** el agua y antes de que empiece a hervir, retire del fuego.
- **Ponga** en una taza la hierba y vierta encima el agua. Tape y deje reposar diez minutos. Cuele y sirva.
- **Conviene** utilizar las hojas del toronjil frescas o las que se guardan congeladas. Secas pierden algo de sus aceites esenciales.

Loción mixta para el rostro

Una mezcla de hierbas aromáticas que van muy bien con pieles que tienen problemas como el acné. Limpia y libera el cutis de suciedades y toxinas.

INGREDIENTES

    1   **cucharadita de hojas de toronjil**
    1   **cucharadita de romero**
    1   **cucharadita de salvia**
    $^1/_2$ **taza de agua**
    3   **cucharaditas de alcohol etílico al 90%**

PREPARACIÓN

- **Limpie** las hierbas frescas y póngalas en una fuente.
- **Caliente** agua pero no permita que hierva. Viértala sobre las hojas e infunda entre ocho y diez minutos. La preparación debe verse turbia; filtre y utilice.
- **Una vez** fría la preparación añada el alcohol y revuelva. Embotelle y guarde refrigerada. Use este tónico sobre el rostro para limpiar y tratar las zonas afectadas por acné.

ACEITE ESENCIAL

Un producto poderoso muy empleado para procurar relajación, calmar el sistema nervioso y tratar problemas de la piel. Se puede utilizar para aliviar las zonas afectadas por el herpes. Mezcle 5 gotas de este aceite con 1 cucharadita de aceite de olivas (o almendras). El siguiente paso es un masaje reparador. Recuerde hacer una prueba de tolerancia antes de aplicar.

SÍNDROME PREMENSTRUAL

Se conoce con este nombre a un grupo de síntomas físicos, emocionales y mentales que afectan a algunas mujeres durante los días que preceden al período. Se desconocen sus causas exactas pero se cree que tienen que ver con los cambios hormonales. La retención de líquidos, cambios de humor, piel con problemas como granos e irritaciones, dolor de cabeza y aumento de peso, son algunos síntomas.

! Precaución

Las personas que sufren afecciones de la tiroides deben utilizar el toronjil bajo supervisión profesional. La tintura de esta planta, aplicada externamente para los padecimientos de la piel, puede llegar a quemar la zona, por lo que se recomienda utilizar únicamente en infusión.

OTROS NOMBRES
MELISA
CIDRONELLA ABEJERA
HIERBA LUISA
HIERBA BERGAMOTA
TORONGINA

NOMBRE CIENTÍFICO
MELISSA OFFICINALIS

EN INGLÉS
LEMON BALM
BALM

¿Con cortadas y raspones?

Aplíquese esta sencilla preparación: haga un jugo concentrado con las hojas del toronjil y filtre. Conviene hacerse una pequeña prueba de tolerancia antes de aplicar.

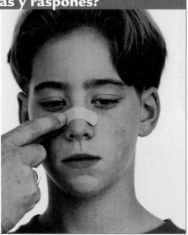

Cocina
para
DISFRUTAR

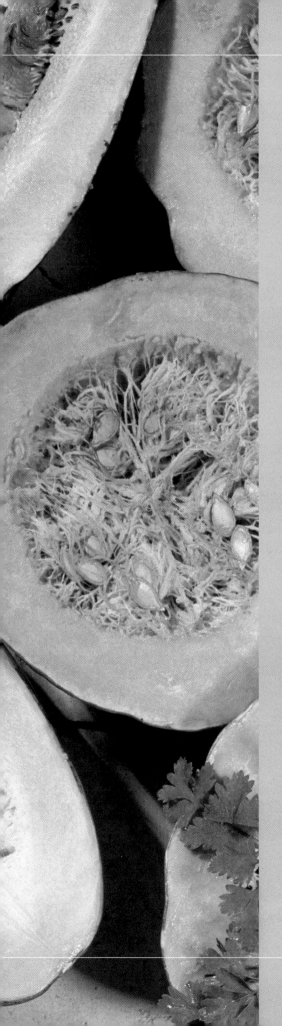

Para muchas personas el acto de comer se reduce a saciar el hambre, a cumplir con el instintivo propósito de mantenerse con vida; aunque por desgracia en ocasiones las circunstancias no lo permiten, el tiempo que se destina para cumplir con esa exigencia biológica debería ser mucho más enriquecedor. Estudios serios han demostrado, por ejemplo, que las personas acostumbradas a comer en familia son emocionalmente más estables y manejan mejor su entorno social. Quien dijo que *una buena comida en tiempos difíciles es siempre algo que lo salva a uno del desastre* estaba en lo cierto. En torno a una buena comida —el término no hace referencia a costosa o elegante— determinamos de muchas maneras nuestro sentido de pertenencia a un grupo social o, más extensamente, a una determinada región del planeta; por ello se puede afirmar que la gastronomía es un bien cultural, es un patrimonio que se atesora y se ofrece con orgullo.

Este capítulo, dedicado a preparar sencillas, nutritivas y apetitosas recetas culinarias con frutas, hierbas y vegetales, invita no sólo a disfrutar del saludable acto de alimentarse, sino a gozar con su preparación y todo lo demás que esa suerte de alquimia nos depara.

Aguacate

El aguacate puede ser utilizado como sustituto de productos como la mantequilla, margarina, crema de leche o queso crema. Cambie estos productos por la pulpa de la fruta triturada y úntela, por ejemplo, sobre el pan.

En salsas, sopas y ensaladas, el aguacate siempre resulta delicioso. Existen diversas variedades cada cual con características propias en cuanto a tamaño, forma, color y sabor. Sin embargo, la variedad más conocida es aquella donde la fruta tiene forma de pera, con la piel lisa, delgada y delicada que envuelve una pulpa color verde amarillento, aceitosa y sensual, comparable con la mantequilla.

Saber comprar

Los aguacates están disponibles durante todo el año, aunque durante algunos meses su producción se incrementa y, por tanto, disminuye su precio. En el momento de adquirir un aguacate conviene fijarse en que su piel esté ligeramente blanda al tacto y libre de magulladuras; también puede introducir un palillo en el ápice y si éste penetra con facilidad la cáscara, entonces estará a punto. El aguacate puede comprarse un poco verde ya que se madura con facilidad envolviéndolo en papel periódico por unos pocos días. Cuando lo haga tenga en cuenta almacenarlo en un lugar fresco y ventilado.

TÉCNICAS CULINARIAS

Deshuesar

Corte el aguacate a lo largo en dos partes. Gire las mitades hasta que se separen. Con cuidado, golpee la semilla con el filo de un cuchillo y gírelo levemente para separar la semilla de la pulpa.

Pelar

Haga unos cortes longitudinales en la cáscara de la fruta, levante la piel por un extremo y estírela procurando no extraer mucha pulpa.

Preparaciones deliciosas y diferentes

Por lo general a los amantes de la cocina y de esta fruta les agrada resaltar su bonita forma y color. Por tal razón se suele cortar longitudinalmente, retirar la semilla y utilizar las mitades rellenas. Es también cortada en mitades como se facilita la labor de retirar la pulpa para recetas como salsas y purés. Algunos cocineros también disponen el aguacate en los platos cortado en tajadas delgadas, rociadas de limón y combinadas con otras verduras que contrasten su maravilloso color. Este alimento combina con diversos alimentos no sólo desde el punto de vista estético sino gastronómico.

Ideas para conservar

Puede conservar los sobrantes de esta fruta si se tiene la precaución de rociar la pulpa con jugo de limón o llevarlo a la nevera en una fuente junto con la semilla para evitar que se negree. Como el aguacate pierde con rapidez su intenso color una vez cortado, conviene consumirlo en el menor tiempo posible. Por el contrario, si se mantiene entero y está aún verde, puede almacenarse hasta por una semana mientras madura.

¡BUENA IDEA!

Haga más sabrosas y nutritivas sus sopas y ensaladas: ¡añada un aguacate cortado en cubos!

APETITOSA PROTEÍNA

Unas de las propiedades más destacadas de esta fruta es su enorme riqueza proteínica. Se calcula que medio aguacate aporta al organismo cuatro veces más proteínas que un trozo de carne de cerdo de igual tamaño.

Ensalada de aguacate y espinaca   PORCIONES: 4 A 6

Esta mezcla de verduras le va a encantar. Posee gran cantidad de vitaminas, minerales y proteínas y es ideal como plato fuerte especialmente en las noches.

INGREDIENTES

1	atado de espinacas frescas
	Zumo de limón
1	aguacate maduro
1	tomate maduro
2	remolachas pequeñas, cocidas
	Aceite de oliva o girasol
	Vinagre de frutas
1	cucharadita de miel

PREPARACIÓN

- **Lave** muy bien las espinacas y separe las hojas de la raíz; con las manos pártalas en trozos medianos y colóquelas en una fuente.
- **Pele** el aguacate, retire la semilla y córtelo en cubos o tajadas, según su preferencia; báñelo con el zumo de limón.
- **Corte** las remolachas cocidas en tajadas al igual que el tomate. Por último mezcle todas las verduras y báñelas con una salsa elaborada con 3 a 4 partes de aceite de oliva o girasol y 1 parte de vinagre. Coloque la miel y mezcle hasta integrar todos los elementos.

Salsa de aguacate multiusos

INGREDIENTES

1	aguacate
1	cucharada de zumo de limón
$^3/_4$	de taza de yogur
	Ralladura de limón
1	pizca de azúcar
	Sal y pimienta al gusto

PREPARACIÓN

- **Separe** la pulpa de la fruta y tritúrela. Añada el zumo de limón.
- **Mezcle** muy bien con el yogur.
- **Sazone** con los restantes ingredientes.

Explore las posibilidades de esta fruta

Existen preparaciones que utilizan este fruto de manera diferente —no sólo como ensalada o acompañamiento— y que puede seducir a los paladares más exigentes. El aguacate soporta muy bien la cocción y es verdaderamente delicioso en la elaboración de recetas calientes como sopas, bolitas blandas, tartas, rollos de hojaldre, crepes, etcétera.

Algunos cocineros van más allá y aprovechan su textura lisa y cremosa para la elaboración de recetas dulces. El ejemplo más sencillo para aprovechar el neutro sabor del aguacate es cortarlo en cubos y mezclarlo con otras frutas. Ensaye esta combinación e incorpore a su receta los sabores que prefieran usted y su familia. También es una buena idea emplear el aguacate como aderezo e incorporarlo a una salsa destinada a cubrir otras frutas; los expertos en cocina recomiendan especialmente la mezcla de salsa de aguacate con bananos maduros. También puede reducirlo a puré, mezclarlo con otros ingredientes para formar la base de una tarta o pastel.

►Recetas culinarias

Guacamole

Una receta ideal para pasabocas nutritivos y exquisitos.

INGREDIENTES

2	aguacates medianos, maduros
2	cucharadas de cebolla cabezona, picada
1	tomate mediano, maduro
$^1/_4$	de cucharadita de pimienta negra
	Zumo de 1 limón
$^1/_4$	de cucharadita de ají en polvo
	Sal al gusto

PREPARACIÓN

- **Parta** los aguacates transversalmente en dos, retire la pulpa y tritúrela con la ayuda de un tenedor. Reserve las semillas. Bañe la preparación con el zumo de limón y mezcle bien.
- **Aparte** pique la cebolla. Pele el tomate, pártalo y retire las semillas; píquelo en cubos pequeños.
- **Mezcle** el aguacate, la cebolla y el tomate. Añada los restantes ingredientes y verifique su sabor. Si lo desea añada más ají para hacer la salsa más picante y procure, por el contrario, hacer la preparación baja en sal.
- **Conserve** el guacamole en una fuente con las semillas para evitar que se torne negruzco. Refrigere hasta el momento de servir. Acompañe esta salsa con galletas o tajadas de pan integral; una cucharada sobre las sopas las hace más apetitosas.

Espumoso de aguacate y naranja

INGREDIENTES

1	aguacate
2	naranjas
1	cucharada de miel
2	cucharadas de yogur

PARA SERVIR

- Hielo triturado (*frappé*)
- Rodajas finas de naranja

PREPARACIÓN

- **Corte** la pulpa del aguacate (sin cáscara) en cubos, exprima las naranjas y cuele el jugo.
- **Licue** todos los ingredientes hasta obtener una pasta suave.
- **Reparta** el jugo en dos vasos, añada el hielo y adorne con las rodajas de naranja.

¿Aguacate líquido?

Otra de las posibilidades (poco exploradas) que nos ofrece esta fruta es en la preparación de bebidas. Aunque es novedoso, cada vez existen más fanáticos de estas preparaciones porque reportan una nueva experiencia en cuanto al sabor. Por lo general se emplean como un elemento del desayuno porque ofrecen energía, y apoyan el organismo en las primeras horas de la mañana. Sin embargo, los jugos también se pueden disfrutar a otras horas. Incluso existen recetas de cócteles que emplean esta fruta como ingrediente principal.

Banano

Aproveche el valor nutritivo de las frutas frescas.
Estimule a los pequeños para que coman un banano o una manzana
para calmar el hambre entre comidas, en lugar de acudir a las golosinas.

Aunque ya hemos hablado de un tipo específico de plátano, el banano, bien vale la pena hacer una pequeña mención a la gran variedad de sabores, tamaños y colores de esta gran familia (*Musa*). Son numerosas las variedades que se cultivan en las zonas tropicales y que comprenden desde pequeños plátanos (como el guineo o colicero) hasta las de gran tamaño, como el verde o hartón. Todos ellos muy atractivos por su sabor y versatilidad en la cocina, así como por sus cualidades nutritivas. Sus usos culinarios son espléndidos especialmente en sopas y cremas, aunque igualmente sabrosos como acompañamientos, postres y jugos.

De cualquier forma es el banano el más célebre de los plátanos y como suele ser un ingrediente en sí mismo, no se le cocina, mezcla o procesa con mucha frecuencia.

Simplemente versátil

Gracias a su sabor dulce y delicado, esta fruta goza de gran fama como complemento de muchas comidas. Al desayuno, por ejemplo, es muy apetecido en compañía de cereales, en jugo y compota. Es una de las frutas favoritas de los niños y suele recomendarse para los bebés en etapa de destete.

Tanto en el almuerzo como a la hora de la comida, el banano tiene muchas aplicaciones. Crudo, cortado en trozos y agregado sobre las sopas, por ejemplo, enriquece los sabores y atrae a los miembros más pequeños de la familia. También resulta agradable en tortillas, tortas y postres. Suele fritarse, aunque esta forma de cocción limita sus propiedades nutritivas, asarse (lo que resulta nutricionalmente más atractivo) o cocerse en leche, jarabes o mieles.

En las mezclas de frutas su sabor levemente perfumado resalta y complementa otros ingredientes más crujientes y jugosos como las naranjas y manzanas. También son un atractivo toque decorativo sobre los pudines.

Ideas para conservar

Almacene los bananos en un lugar fresco y ventilado. Procure no guardarlos en la nevera porque así pierde algo de su sabor y la piel se ennegrece. Colóquelo en un frutero, si lo prefiere con otras frutas (el banano produce cierto tipo de gas que acelera la maduración de otras frutas en su presencia).

Es posible encontrar en el comercio banano deshidratado. El secado intensifica su dulce sabor y le confiere con color marrón oscuro y una consistencia pegajosa. Para su conservación mantenga cerrado el empaque hasta el momento de consumir.

Saber comprar

Los grandes productores de banano acostumbran cosecharlo verde y lo almacenan en lugares húmedos. También es frecuente que lo refrigeren para hacer más lenta su maduración y lograr que llegue en óptimas condiciones al consumidor final. Vale la pena repetir que la fruta verde no ofrece todos los nutrientes que sí brinda la fruta madura.

Al momento de comprar la fruta tenga en mente cuándo la va a consumir. Como el banano madura fácilmente en casa, bien puede seleccionarlo un tanto verde y permitir que lentamente adquiera el tono amarillo uniforme característico de su etapa madura; con el pasar de los días se va tiñendo de pequeñas motas o pecas que terminan por cubrirlo completamente. Consuma, entonces, la fruta cuando el color luzca uniforme, se palpe tierna al tacto y ofrezca un agradable olor. Es mejor comprar los bananos en pequeños racimos y no sueltos porque la cáscara puede estar desgarrada y dejar al descubierto la pulpa.

▶Recetas culinarias

Torta de banano
PORCIONES: **6 A 8**

Esta receta resulta muy atractiva como fuente de energía.

INGREDIENTES

- $^1/_2$ taza de mantequilla
- 1 $^1/_2$ tazas de azúcar
- 1 taza de puré de banano
- 2 huevos
- 1 cucharadita de vainilla natural
- 2 tazas de harina, ojalá integral
- 1 cucharadita de levadura o bicarbonato de soda
- $^1/_2$ taza de kumis
- $^1/_2$ cucharadita de sal

PREPARACIÓN

- **Precaliente** el horno a 350° C y aliste un molde engrasado y enharinado.
- **Bata** la mantequilla hasta que esté blanda y agregue lentamente el azúcar. Bata constantemente hasta lograr una consistencia cremosa y uniforme.
- **Añada** el puré de banano, los huevos y la vainilla hasta que se incorporen todos los ingredientes.
- **En un recipiente** aparte mezcle la harina, la levadura o bicarbonato. Una vez combinados estos dos ingredientes añádalos a la preparación anterior. Revuelva muy bien.
- **Poco a poco** agregue el kumis e integre todos los ingredientes. Vierta la preparación sobre el molde y hornee por unos 45 minutos o hasta que al introducir un cuchillo, éste salga limpio. Cuando retire la torta del horno permita que se enfríe entre 5 y 10 minutos y, entonces, desmolde. Sirva cuando este fría.

Coctel antioxidante

- 1 banano grande, cortado en tajadas
- 2 kiwis pelados y en rodajas
- $^1/_2$ taza de pulpa de mango, cortada en cubos
- $^1/_2$ taza de pulpa de papaya, cortada en cubos
- 1 taza de jugo de naranja recién exprimido
- 3 cubos de hielo

PREPARACIÓN

- **Ponga** todos los ingredientes en la licuadora y procese hasta obtener un batido suave.

TÉCNICA BANANERA

La forma más sencilla de obtener un puré de banano es trabajando la fruta con cáscara. Sobre una superficie o entre las manos, haga girar la fruta como un rodillo. Este masaje hará que la pulpa se suavice.

CURIOSO PARA ALGUNOS... COMÚN PARA OTROS

Las hojas de ciertos tipos de plátanos son utilizadas como envolturas en muchas recetas latinoamericanas; ellas brindan a los platos un aromático y único sabor.

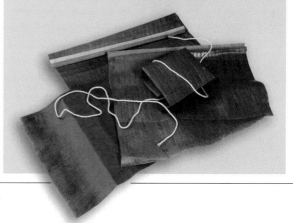

TRUCO CULINARIO

Si por cualquier circunstancia debe demorarse en la preparación y ya ha retirado la cáscara de la fruta, conserve su color rociando sobre la pulpa unas gotas de limón.

¡BUENA IDEA!

Si en alguna receta sólo va a utilizar un pedazo de la fruta, corte el trozo de banano que le interesa y guarde el sobrante con cáscara; de esa manera protegerá y conservará más tiempo la fruta.

Acompañamiento de bananos
PORCIONES: 4

Esta receta puede utilizarse como acompañamiento de un plato principal o como postre. Es rica en minerales y medianamente calórica lo que la hace ideal para niños y personas con un estilo de vida muy activo.

INGREDIENTES

2	bananos medianos, maduros
1 y $^1/_2$	cucharadas de azúcar morena
1	cucharada de mantequilla
$^1/_4$	taza de leche (puede sustituirla por crema de leche)

PREPARACIÓN

- **Pele** los bananos y córtelos por la mitad.
- **Ponga** la fruta en una olla y añada los restantes ingredientes.
- **Cocine** a fuego moderado hasta que la fruta esté blanda y la leche reducida. Este procedimiento tomará aproximadamente 10 minutos.
- **Sirva** bien caliente.

Coco

*Todas las partes de esta palma son útiles; quizás por ello está presente
en las tradiciones y la cultura de las costas sudamericanas.*

Con el árbol de pan, el trigo, el maíz, la yuca, el plátano, el fríjol y la papa, el cocotero ha sido considerado uno de los principales recursos de la humanidad. Aunque no se sabe con precisión su origen, se cree que esta palma es oriunda del Pacífico americano y que de allí se dispersó a través de las corrientes marinas hasta las lejanas islas de Oceanía y el Asia. Existen alrededor de 40 variedades de palma de coco, que crecen desde el nivel del mar hasta los 1.500 metros de altura.

El coco es utilizado en muchas cocinas regionales a lo largo y ancho del mundo. América tropical, el Caribe, ciertos países africanos y algunos asiáticos han empleado esta nuez como ingrediente en gran variedad de platos dulces y salados. Es un alimento con una buena porción de calorías y atractivo para aquellas personas que realizan trabajos que requieren altas dosis de energía. Se calcula que casi el 70 % de esta nuez es grasa, razón por la cual es muy apreciada en la industria de los aceites. La leche del coco, es decir la que se obtiene al triturar la pulpa, es una proteína muy completa y se la ha comparado con la leche materna por su equilibrio químico. La mejor manera de aprovechar el valor nutritivo de este alimento es consumirlo en pequeñas cantidades o utilizarse rallado para darle un sabor especial a ciertos platos.

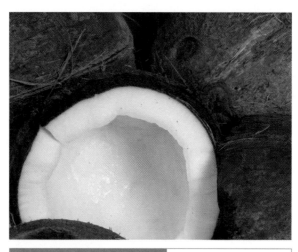

Ideas para conservar

Son pocas las personas que requieren almacenar el coco por mucho tiempo. En general se adquiere para realizar alguna receta específica. Sin embargo es un alimento que resiste muy bien el almacenamiento durante semanas en lugares frescos y ventilados o, mejor aún, refrigerado. Para disfrutar todo el sabor y nutrientes de esta nuez, es necesario no dejar pasar mucho tiempo entre su apertura y el momento de consumirla.

Saber comprar

Los cocos varían mucho de tamaño de manera que es útil tener en cuenta la cantidad requerida en una receta determinada antes de lanzarse al supermercado a elegir uno. A la hora de calcular las cantidades tenga en cuenta que uno de tamaño mediano, de una libra de peso (unos 500 g) produce aproximadamente dos y media tazas de pulpa rallada.

Al seleccionar un coco, observe que el exterior esté maduro, la corteza firme y con su característico color marrón. Fíjese en que no haya moho alrededor de los ojos (una especie de puntos negros cerca del ápice). La fruta de calidad será aquella que, además, se sienta pesada para su tamaño. De igual forma es básico comprobar que cuando se lo sacuda se sienta el líquido dentro. Si el coco no contiene líquido es de mala calidad o está viejo.

En los mercados es frecuente encontrar productos a base de coco como leche enlatada, pulpa deshidratada y pasta concentrada. Seguramente son útiles a la hora de preparar recetas porque ahorran tiempo, pero no poseen las mismas cualidades nutritivas que la fruta fresca y preparada en casa.

NUTRIENTES
(por 100 g)

CALORÍAS	351
PROTEÍNAS (G)	320
GRASAS (G)	36
CARBOHIDRATOS (G)	3,71
FIBRA (G)	13,60
CALCIO (MG)	13
HIERRO (MG)	2,10
POTASIO (MG)	440
FÓSFORO (MG)	94
MAGNESIO (MG)	52
VITAMINA B$_6$ (MG)	0,04
VITAMINA E (MG)	0,70
VITAMINA C (MG)	2,0
ACIDO FÓLICO (MG)	26,0

FORMAS DE CONSUMIR EL COCO

- *Pulpa madura.* Fresca o cocida, en trozos o rallada.

- *Pulpa verde.* Se consume con cuchara porque la pulpa tiene consistencia gelatinosa. Posee los mismos nutrientes que el coco maduro pero en menor proporción.

- *Agua de coco.* Ideal para personas que realizan actividades físicas intensas.

OTROS NOMBRES

LA PALMA SE CONOCE COMO COCOTERO.

NOMBRE CIENTÍFICO

COCOS NUCIFERA

EN INGLÉS

COCONUT

Arroz con coco

PORCIONES: 4

Esta receta, famosa entre los vegetarianos, proviene de la India.
Es de agradable sabor y fuente de calorías, proteínas y minerales.

INGREDIENTES

1	taza de arroz integral
1	coco pequeño
1	cucharada de aceite de cocina
2	cucharadas de cebolla cabezona, picada
1	diente de ajo
2	hojas de laurel
6	clavos de olor
1	astilla de canela
$^1/_2$	taza de maní
$^1/_4$	cucharadita de anís (opcional)

PREPARACIÓN

· **En una fuente** ponga a remojar el arroz en agua caliente durante 30 minutos.

· **Parta** el coco, extraiga la pulpa y pásela por un rallador. Cubra la ralladura con agua hirviendo, revuelva y deje en remojo por media hora o hasta que la pulpa absorba el agua. Utilice una gasa de algodón o tamiz para colar la pulpa remojada y el agua. Escurra muy bien y apriete la gasa para extraer toda la leche del coco. Debe obtener 3 tazas; si ve que la leche de coco no llega a esta cantidad, entonces complete con agua.

· **Ponga** la leche de coco en una olla y lleve a punto de ebullición; escurra el arroz y, poco a poco, échelo en la leche hirviendo. Es importante mantener la temperatura constante para que el agua de coco no deje de hervir. Tape y cocine a fuego lento.

· **En una sartén** ponga a calentar el aceite y sofría ligeramente la cebolla, el ajo, las especias y el maní.

· **Poco antes** de terminar la cocción del arroz, rocíe la anterior mezcla. Para que el sabor de los condimentos penetre un poco en el arroz remueva ligeramente el cereal con un cuchillo, procurando no remover demasiado.

►Recetas culinarias

Golosinas de coco

Una receta ideal para los niños, adolescentes y personas que requieren energía o levantar el ánimo, dado que posee un alto contenido de grasa.

INGREDIENTES

1 y $^1/_2$	tazas de harina
$^1/_2$	taza de coco rallado
1	taza de fécula de maíz (maicena)
$^1/_2$	taza de miel
$^1/_4$	de taza de aceite vegetal
1	huevo, batido
	Agua

PREPARACIÓN

· **En una fuente** amplia mezcle la harina, el coco y la fécula de maíz.

· **Cuando los tres** ingredientes se encuentren unidos, entonces se añade primero el aceite, se revuelve, y luego la miel, el huevo batido y suficiente agua para lograr una masa suave y homogénea.

· **Una vez** la masa está lista se extiende y estira. Córtela en cuadrados, círculos o la forma que desee y lleve al horno a temperatura moderada hasta que dore.

Información nutricional

La composición nutricional del coco varía a medida que madura. La pulpa contiene poca cantidad de agua pero, en cambio, es rica en grasa vegetal (especialmente saturada) que lo convierte en un fruto muy calórico. Aporta una buena cantidad de carbohidratos y proteínas. De igual forma es rico en sales que participan en la mineralización de los huesos (magnesio, fósforo y calcio); por esa razón se lo recomienda para prevenir la osteoporosis y los problemas dentales. Es, además, una fruta destacada por su contenido de fibra lo que la hace ideal para quienes tienen problemas de estreñimiento. El agua de coco contiene elementos interesantes para la buena nutrición y la salud. Se la recomienda a personas que se encuentran en circunstancias de tensiones y estrés y para rehidratar el organismo con rapidez y eficacia.

Este delicioso manjar conviene consumirlo en pequeñas cantidades, de manera que podamos beneficiarnos de su contenido de grasa. Aquellos que estén buscando más energía, vigor o requieran de mayor cantidad de calorías para el desarrollo de sus actividades cotidianas, pueden apoyarse en esta fruta.

Frutas enriquecidas
PORCIONES: 4

INGREDIENTES

3	manzanas
3	peras
2	bananos
1	melón pequeño
$^1/_2$	papaya
	Jugo de 2 limones
	Jugo de 2 naranjas
$^1/_4$	taza de miel
6 a 8	cucharadas de coco rallado
	Germen de trigo

PREPARACIÓN

· **Pele** y corte las frutas, báñelas con el jugo de limón y revuelva.

· **Mezcle** el jugo de naranja y la miel hasta que se disuelva. Bañe las frutas con esta salsa y vuelva a mezclar.

· **Sirva** las porciones espolvoreadas con el coco y el germen de trigo.

NOTICIAS HIDRATANTES

En septiembre del 2002 la FAO (Organización de las Naciones Unidas para la Agricultura y la Alimentación) emitió una declaración en donde afirma que el agua de coco podrá comercializarse como una bebida energética natural para deportistas. Esta organización solicitó una patente para la nueva tecnología que permitirá embotellar el agua de coco que es biológicamente pura, sabrosa y que aporta sales, azúcares y vitaminas necesarias para los deportistas.

Fresa

*Esta bella fruta es una excelente fuente de vitamina C,
nutriente que nos fortalece y ayuda al metabolismo en general.
Es muy apreciada por su sabor y poder de desintoxicación.*

Estas frutas maravillosas y sensuales hacen de un plato simple y monocromático, una fiesta visual. Se prestan a gran cantidad de usos y mezclan sus sabores con preparaciones dulces e inclusive picantes. Especialmente frescas y en conserva, las fresas provocan con sólo mirarlas. Una tentación en el frutero y acompañamiento de gran cantidad de postres, son también deliciosas en jugos y salsas.

Cuando las fresas están maduras ofrecen un agradable sabor y no requieren de ningún acompañamiento. Sin embargo, una pizca de pimienta o de vinagre balsámico contribuyen a enriquecer su gusto. Con respecto a tartas y bizcochos es recomendable usarlas en trozos y en su estado natural. Esta fruta suele servirse bañada con chocolate fundido o con una capa sólida de este provocativo ingrediente.

¡Manos a la obra!

Bien sea que se adquieran empacadas en cajas o sueltas, las fresas requieren un mínimo de aseo y preparación antes de consumirlas.

- El primer paso es seleccionar la fruta, desechando la que presente alguna señal de descomposición.
- Luego debe lavarse para lo cual un paño húmedo es una buena herramienta. Las fresas deben ser limpiadas una por una para retirar cualquier rastro de impureza. Los expertos recomiendan no lavar las fresas con mucha agua porque absorben el líquido con facilidad.
- El siguiente paso es retirar el cáliz (las hojitas verdes) y el tallo.

Saber comprar

La forma y el color nos indican la calidad de la fruta, aunque el sabor es difícil de evaluar en las tiendas o supermercados y puede cambiar de una variedad a otra. Siempre que vaya a comprar fresas busque las variedades más comunes en su zona y compruebe que la fruta esté bien empacada. Observe la base del recipiente y si está húmeda con el jugo de la fruta descártelo. La presencia de magulladuras y mohos son una señal clara de que la fruta está empezando su proceso de descomposición.

Ideas para conservar

Para obtener todas las estupendas cualidades de la fresa conviene consumirla el mismo día de la compra. Si esto no es posible, lo más recomendable es refrigerarlas por un período no mayor a dos días. Es mejor almacenarlas en la parte baja del refrigerador, envueltas en una capa de papel transparente para mantenerlas húmedas y evitar que se impregnen con aromas de otros alimentos. Cuando las vaya a utilizar, déjelas reposar a temperatura ambiente por una hora antes de servirlas.

Se consiguen en el comercio las fresas congeladas aunque su sabor no es igual al de la fruta fresca. Es preferible congelarlas en casa, lo que seguramente se hará con mayor cuidado y manteniendo sus propiedades. Congele la fruta entera y, si lo desea, espolvoréela con un poco de azúcar. Coloque la fresa en un recipiente plástico, procurando formar una sola capa repartida de manera uniforme. Tape y lleve al congelador.

▶Recetas culinarias

Mermelada de fresa

Disfrute de los magníficos nutrientes de esta fruta elaborando una deliciosa mermelada casera. La ventajas son que podemos graduar la cantidad de azúcar, evitamos el uso de conservantes y colorantes y ahorramos dinero.

INGREDIENTES

250 g	de fresas
200 g	de azúcar
	Zumo de 1/2 limón
1	taza de agua

PREPARACIÓN

· **Lave** muy bien las fresas, retire las hojas y tritúrelas con la ayuda de un tenedor.

· **En una olla** mezcle 100 g de azúcar y el agua. Ponga la olla al fuego, añada el puré de fresas y el zumo de limón (el limón se encarga de que la mermelada no se oxide). Cocine unos minutos y agregue el azúcar restante.

· **Debe tener** paciencia y cocinar lentamente; de igual forma debe estar pendiente de la cocción y revolver constantemente para evitar que la preparación se queme o pegue al fondo de la olla. Cuando se vea el fondo de la olla porque la mermelada ha tomado consistencia, retire del fuego. Este proceso toma, aproximadamente, 20 minutos. Deje enfriar.

· **Vierta** la preparación en frascos esterilizados de vidrio, tape y refrigere.

Puré de fresa

La fresa queda estupenda en puré al concentrar su sabor.
Esta preparación enriquece cualquier postre, helado o batido.

INGREDIENTES

250 de fruta para obtener 250 de puré.

PREPARACIÓN

· **Lave** las fresas, retire los cálices y córtelas por la mitad.

· **Con la ayuda** de una batidora redúzcalas a puré.

· **Pase** el puré por un colador para separar el líquido de las semillas.

· **Si lo desea** puede añadir azúcar pulverizada o impalpable. Mezcle bien.

APROVECHAR SUS VIRTUDES

Sana, deliciosa y atractiva, la fresa es una fruta ideal para las temporadas de calor por su alto contenido de agua. Su sabor armoniza con muchos tipos de ensalada (no sólo de frutas) así como con productos lácteos como leche, yogur, queso, requesón.

Coctel especial de fresa

Además de deliciosa esta bebida aporta minerales y vitaminas A y C. Ideal para personas decaídas, cansadas o con desánimo.

INGREDIENTES

2	tazas de fruta fresca y madura
2	cucharadas de azúcar morena
$^1/_2$	taza de crema de leche baja en calorías
1	cucharada de vainilla
	Hielo

PREPARACIÓN

· **Limpie** la fruta, retire el cáliz y córtela por la mitad.

· **Ponga** en la licuadora todos los ingredientes y agregue hielo al gusto. Mezcle hasta que el hielo haga un granizado y tenga una consistencia uniforme.

· **Sirva** decorado con una ramita de menta o hierbabuena.

TÉCNICA CULINARIA

Para limpiar la fruta sin perder sus cualidades alimenticias siga los siguientes pasos.

· Seleccione la fruta.

· Lávela con la ayuda de un paño húmedo y limpio.

· Tome las hojas con una mano y la fruta con el otro. Arranque la parte verde con un movimiento circular, de torsión.

Delicia láctea

PORCIONES: 2

Rica en calcio y vitamina C, esta bebida resulta agradable no sólo para el paladar sino para la vista. Aporta energía y calma la sed.

INGREDIENTES

2	vasos de yogur natural descremado
250 g	de fresas maduras
$^1/_2$	taza de azúcar
1	limón y su ralladura

PREPARACIÓN

· **Lave** muy bien las fresas, retire las hojas y licue ligeramente la fruta para que quede en trozos.

· **En una sartén** derrita el azúcar y añada las fresas troceadas y el jugo de limón al gusto. Revuelva hasta mezclar los ingredientes y obtener una consistencia de salsa espesa. Retire del fuego.

· **En una copa** alta sirva una franja de la preparación de fresas y encima una de yogur. Repita el procedimiento sucesivamente hasta llenar la copa. Decore por encima con la ralladura de limón.

COCINA

Granadilla

Una fruta familiar para los habitantes del trópico que ha ganado terreno en las mesas de todo el mundo.
Especialmente sabrosa en jugos y postres, es una aliada de la salud y la digestión.

Deliciosa, nutritiva, fácil de preparar y almacenar, la granadilla ofrece grandes ventajas. Su cáscara conserva muy bien sus nutrientes y hace que su manipulación y almacenamiento sean sencillos e higiénicos. Posee gran versatilidad en la preparación de postres y bebidas, razón por la cual es muy apreciada por la gastronomía de todo el mundo.

Descubrimiento gastronómico

Hasta hace relativamente poco esta fruta era desconocida en los países de estaciones. Gracias a sus cualidades gastronómicas, fácil transporte y conservación, ha ido ganando terreno en esos mercados y hoy se emplea en gran cantidad de recetas, especialmente postres. Su sabor dulce y suave combina muy bien con salsas dulces y sutiles que armonicen con el gusto delicado de la fruta.

Quizás los postres más famosos de granadilla son el esponjado y la *mousse*. Se trata de platos ligeros, refrescantes (tras una comida pesada o muy condimentada) y fáciles de preparar. Ambas recetas son convenientes para niños y adolescentes que necesitan energía para crecer y desarrollar plenamente sus capacidades. En cuanto a los adultos hay que decir que estos postres son muy digestivos y medianamente calóricos.

Para los niños que empiezan a consumir alimentos diferentes a la leche materna es una opción muy atractiva porque en general resulta muy suave para su estómago. La granadilla también es propicia para las mujeres en estado de embarazo por su riqueza en vitaminas, fibra y calcio. Si está siguiendo una dieta de adelgazamiento, recurra a esta fruta como postre y en jugos porque es baja en calorías.

Ideas para conservar

Como se dijo más arriba, el "empaque" natural de la granadilla conserva perfectamente sus nutrientes, aunque también es una planta que se puede congelar si se guardan algunas precauciones. En primer lugar debe limpiarse la cáscara con un trapo para eliminar cualquier impureza y evitar que "ensucie" su contenido.

Retirar el contenido es muy sencillo: basta quebrar la cáscara y con una cuchara retirar la masa gelatinosa y las semillas.

El último paso será introducirla en bolsas plásticas y llevar al congelador. Recuerde marcar con la fecha de preparación y nombre de la fruta.

►Recetas culinarias

Mousse clásica de granadilla   PORCIONES: 6 A 8

Un postre ideal para aquellos que desarrollan actividades físicas intensas.

INGREDIENTES

3	tazas de jugo de granadilla, colado
1 $^1/_2$	tazas de crema de leche (si lo desea puede utilizar crema de leche baja en calorías)
1	sobre de gelatina sin sabor
6	cucharadas de agua caliente
2	tazas de azúcar en polvo
3	huevos, separada la clara de la yema

¿QUÉ ES UNA *MOUSSE*?

Esta palabra de origen francés hace referencia a una preparación cuya consistencia es ligera, y donde los ingredientes son batidos y mezclados. Las *mousses* pueden ser saladas o dulces, se ponen en moldes de formas sugerentes y se sirven tanto frías como calientes.

PREPARACIÓN

· **Prepare** un jugo concentrado de granadilla para lo cual utilizará una mínima cantidad de agua. Utilice la licuadora durante pocos segundos para no triturar las semillas.

· **Cuele** el jugo procurando presionar la pulpa contra el cedazo y extraer toda su sustancia y sabor. Agregue el azúcar y revuelva.

· **Bata** las yemas un poco e intégrelas al jugo azucarado.

· **Aparte** debe batir la crema de leche hasta que haga picos; añada el jugo lentamente y en pequeños chorros.

· **En otra fuente** disuelva la gelatina en el agua caliente. Una vez disuelta mezcle con la crema de granadilla y vuelva a batir.

· **Las claras** deben ser batidas a "punto de nieve"; luego se incorporan, sin batir. Cuando la mezcla esté homogénea vierta la preparación en recipientes individuales y refrigere hasta que cuaje. La *mousse* debe estar refrigerada por lo menos dos horas antes de pasar a la mesa. Adorne con ramitas de hierbabuena.

Nuestra sugerencia...

*Acompañe la deliciosa mousse de granadilla de la página anterior con esta **salsa de moras**.*

INGREDIENTES

1	taza de moras
2	tazas de agua
6	cucharadas de azúcar

PREPARACIÓN

· **Lave** muy bien la fruta y deje aparte.

· **Disuelva** el azúcar en el agua y caliente la mezcla a fuego medio.

· **Cuando esté** hirviendo el agua azucarada, añada las moras.

· **Cocine** hasta que se deshaga la fruta y el agua se reduzca a la mitad.

· **Lleve** a la licuadora, procese y cuele.

El jugo: suave y sabroso

Para aprovechar al máximo el contenido de la fruta, conviene beber el jugo fresco. Por esa razón es recomendable no dejar pasar mucho tiempo entre la preparación y el consumo. Siempre que se realice tenga en cuenta que la pulpa no debe ser licuada en exceso porque las semillas se rompen con facilidad.

· Limpie la cáscara con un trapo y rómpala para extraer la pulpa de la fruta.

· Vierta el arilo* incoloro y las semillas en la licuadora y añada un poco de agua.

· Procese unos segundos y apague la licuadora; vuelva a licuar y apague de nuevo. Repita el procedimiento tantas veces como sea necesario hasta separar el arilo incoloro de las semillas. Recuerde no procesar demasiado para no triturar en exceso las semillas.

· Pase el jugo por el colador, añada el azúcar al gusto y sirva.

****Nota:** *Para definir términos poco frecuentes recuerde consultar los glosarios que se encuentran en las páginas finales.*

►Recetas culinarias

Salsa de granadilla

Una opción diferente para darle un toque verdaderamente original a postres, frutas, crepes, jugos y helados. Tenga en cuenta que por lo general estos acompañamientos son los que aportan más calorías.

INGREDIENTES

5	**granadillas medianas**
2	**cucharadas de vino blanco** (evite el vino blanco si va a utilizar esta receta en platos infantiles. También la pimienta puede ser un ingrediente muy fuerte para los niños)
2	**cucharadas de jugo de naranja**
1	**cucharada de azúcar**
1	**cucharada de mantequilla**
	Pimienta negra (opcional)

PREPARACIÓN

· **Limpie** la fruta con un paño de algodón. Rompa la cáscara y retire el contenido.

· **Mezcle** la fruta con el vino, el jugo de naranja y el azúcar; póngalos en una olla y cocine a fuego lento de 15 a 20 minutos.

· **Cuele** la preparación e inmediatamente añada la mantequilla y la pimienta.

· **Sirva caliente** sobre la fruta, el helado, las crepes o el ingrediente que desee acompañar. Nuestra recomendación cinco estrellas son las crepes.

VENTAJAS ALIMENTICIAS

La granadilla contiene vitamina C, calcio y ácido ascórbico, entre otros. Es útil en las dietas de adelgazamiento, para combatir la acidez durante el embarazo y el estreñimiento. Puede ser utilizada por aquellos que tienen la presión alta o deben vigilar sus niveles de colesterol.

POSTRE AL INSTANTE

La mejor manera de disfrutar esta fruta es consumiéndola cruda y con semillas. Antes de comerla límpiela muy bien con la ayuda de un paño húmedo. Rompa la cáscara y sírvala. Tiente a los niños con esta fruta porque les ayudará a crecer fuertes y sanos. También puede ser un postre original y ciento por ciento natural.

COCINA

Guayaba

Según estudios recientes esta fruta contiene quince vitaminas, entre las cuales destaca la vitamina C. La mejor manera de aprovechar sus cualidades es consumirla sin cocinar porque durante este proceso pierde casi el 50% de su valor vitamínico

Una fruta reina en los países tropicales de América que ha ganado terreno en las mesas de todo el mundo. Su sabor particular, aroma intenso y dulzura le confieren grandes cualidades para la elaboración de postres, jaleas, mermeladas y jugos. Existen diversas variedades siendo la más común la de cáscara verde o teñida de amarillo y rosado y pulpa de color rojizo.

La guayaba es una fruta rica en nutrientes dentro de los cuales destaca la vitamina C. Para beneficiarse con esta importante vitamina hay que consumir la fruta fresca y madura; de igual forma vale la pena destacar que las variedades de pulpa roja son más ricas en vitaminas y minerales que las de carne blanca. Durante la cocción, como en la mayoría de las frutas, se pierden muchas de sus cualidades; por esa razón lo más recomendable es consumirla entera, en tajadas y jugos. De todas maneras, desde un punto de vista gastronómico, muchos platos que utilizan esta fruta cocida, son una verdadera delicia.

BUENAS COMBINACIONES

El particular sabor de la guayaba combina muy bien con:
Leche, yogur, quesos, cremas, helados.
Otras frutas como *naranja, kiwi, papaya,* verduras (en jugos) como la *zanahoria.*

Ideas para conservar

La guayaba es muy versátil y permite la congelación, la conservación en frascos de vidrio y otras preparaciones como jaleas, bocadillos o pastas y mermeladas. Cualquiera que sea su elección culinaria tenga en cuenta que si vive en un lugar de clima cálido, conviene refrigerarla.

Prolongue la vida de la guayaba a través de la congelación; recuerde que la mayoría de las frutas son más nutritivas durante la madurez y por lo tanto se deben seleccionar los ejemplares que se palpen tiernos y luzcan color intenso. Cuando vaya a congelar esta fruta lávela muy bien, píquela (si la deja entera será más difícil de almacenar) y guárdela en bolsas plásticas.

Quienes tengan poco tiempo en las mañanas pueden disfrutar de un jugo sano y fresco si tienen la precaución de prepararlo con anticipación (con o sin azúcar) y congelarlo. Conviene hacer el jugo bien concentrado, servirlo en cubetas de hielo, dejar que cuajen y pasarlas a una bolsa plástica. Este mismo procedimiento se puede hacer con la jalea. Tenga en cuenta que en ambos casos deben consumirse en los quince o veinte días siguientes.

La guayaba también se puede preparar en conserva para alargar su vida. Una receta fácil, los famosos "cascos de guayaba", está incluida en la página 79. Otra de las clásicas recetas de guayaba es la jalea. Su preparación se basa en un jugo muy concentrado al que se le añade azúcar. Se cocina a fuego lento y se revuelve hasta obtener una consistencia cremosa. Ambas preparaciones deben conservarse en la nevera y consumirse durante la semana. Por último hay que mencionar la pasta de guayaba o "bocadillo", una jalea muy concentrada y espesa que se deja enfriar en fuentes planas y se cortan en pedazos. Todas estas preparaciones son adecuadas para los niños y personas que siguen un estilo de vida activo por su contenido importante calorías.

Saber comprar

Aunque siempre es posible encontrar esta fruta en los supermercados, suele tener dos cosechas importantes al año. Compre la guayaba verde o ligeramente madura y déjela que alcance su punto en la casa. Cada vez que seleccione la fruta verifique el estado de la piel; no debe tener magulladuras ni señales de que se ha empezado a descomponer. Otra forma de garantizar la frescura y el sabor es confiando en el olfato; la ausencia de olor es síntoma de poco sabor.

FRUTAS PEDIÁTRICAS

De los seis meses en adelante los pediatras recomiendan agregar a la leche materna un suplemento lácteo externo, así como algunas frutas que tengan bajo contenido de carbohidratos. Las siguientes son las más populares:

GRANADILLA
PAPAYA
MANGO
GUAYABA

►Recetas culinarias

Cóctel de guayaba
PORCIONES: **3** A **4**

Esta receta utiliza dos alimentos poderosos: la guayaba (rica en provitamina A, vitamina C y del grupo B y minerales como el hierro), y la zanahoria (vitamina E, potasio y selenio). Una bebida apropiada para mantener arriba las defensas, protegerse de virus, combatir la gripa y los resfriados.

INGREDIENTES

3	guayabas maduras
1	taza de zanahoria rallada
	Miel de abejas o azúcar al gusto
3	tazas de agua
12	cubos de hielo

PREPARACIÓN

· **Lave** la guayaba y retire los puntos negros o las magulladuras; parta cada una a la mitad y lleve al vaso de la licuadora junto con el agua. Procese y cuele.

· **Ralle** la zanahoria utilizando la parte del rallador que tenga los agujeros más grandes. Añada la guayaba y licue a alta velocidad por unos 3 a 5 minutos. Agregue el azúcar y los cubos de hielo y vuelva a procesar por 5 minutos más. Sirva inmediatamente.

Puré para bebés

Consulte al pediatra antes de incorporar nuevos alimentos en la dieta de su bebé. Esta receta es sabrosa, nutritiva y fácil de elaborar.

INGREDIENTES

2	guayabas
1	pera
	Azúcar, al gusto
	Leche, al gusto

PREPARACIÓN

· **En una olla** esmaltada cocine las frutas muy bien lavadas y con cáscara, en $1/4$ de taza de agua.

· **Añada** el azúcar, triture y sirva con un poco de la leche que esté tomando el pequeño.

Nota: Como en algunos bebés esta fruta puede producir estreñimiento utilícela con precaución.

PARA ENSAYAR...

Algunos cocineros reconocidos han experimentado con esta fruta en platos salados. Por lo general elaboran una salsa espesa que utilizan con alimentos como carne de pato y aves de caza. La idea podría ser adaptada a nuestras costumbres y reemplazar estos costosos ingredientes por otros como el pollo y el pavo.

NOTICIAS FRESCAS

En los mercados se ve con mayor frecuencia una variedad diferente de fruta: la guayaba manzana. Esta se caracteriza por su tamaño, alto contenido de pulpa, agradable sabor y resistencia a la madurez. El híbrido proviene de dos especies vietnamitas que se autofecundaron por generaciones antes de ser cruzadas técnicamente para empezar a producir la nueva fruta. Este trabajo fue realizado por la Universidad de Kassetsart, en Tailandia. Es rica en vitaminas, proteínas, sales minerales y oligoelementos.

Postre tradicional de guayaba   PORCIONES: 6 A 8

Delicioso, suave y rico en vitaminas, este postre ayuda a restaurar las ener-
gías perdidas por el cansancio, el exceso de trabajo o por decaimientos.

INGREDIENTES

15	guayabas medianas, maduras
2	limones grandes
2 y $^1/_2$	tazas de azúcar (o menos si prefiere reducir las calorías)
3	tazas de agua

PREPARACIÓN

· **Lave** las guayabas, pélelas con cuidado y pártalas en dos. Con la ayuda de una cucharita retire las semillas (y guárde-las) procurando no perforar la parte exterior de la fruta.

· **Ponga** la fruta en un recipiente plástico o de otro material diferente al aluminio y cúbralas con el agua. Añada el jugo de limón y deje reposar de 1 y $^1/_2$ a 2 horas.

· **Las semillas** que están reservadas contienen un poco de pul-pa de la fruta; páselas por un colador con muy poca agua para facilitar la labor. Reserve este jugo.

· **Mezcle** el jugo de las semillas con el agua y el azúcar. Lleve a fuego medio y cocine hasta obtener un almíbar liviano; re-vuelva constantemente.

· **Añada** los cascos de guayaba y cocine a fuego lento hasta que ablanden y el almíbar tome una consistencia espesa.

COCINA

Kiwi

De sabor delicado, intenso y refrescante, esta fruta ofrece todo su potencial
cuando se consume fresca y madura. Es, además, un elemento decorativo que utilizan
los cocineros para darle vida a muchos platos.

Este "patito feo" por fuera y "cisne" por dentro, es una fruta que ha enriquecido nuestra cocina desde el punto de vista del sabor y de la presentación. Armoniza con muchas otras frutas, entre las cuales podemos destacar la papaya y el mango; con bebidas, como el yogur y otros productos lácteos; con postres, como helados y tortas, y otras preparaciones como jugos, batidos y granizados.

Si tiene la oportunidad no dude en incluir el kiwi dentro de las compras semanales, una de las maneras como podemos contribuir a tener un buen nivel de vitamina C entre los miembros de la familia. Se calcula que un solo kiwi ofrece más cantidad de esta vitamina de la requerida por un adulto en el día.

Además de la vitamina C este alimento es rico en betacarotenos y, por lo tanto, ayuda a combatir los radicales libres. Su pulpa contiene potasio, un mineral muy importante para el organismo. El consumo del kiwi está recomendado para prevenir enfermedades como presión arterial alta, desórdenes digestivos, cansancio, estrés y fatiga excesiva. El kiwi resulta particularmente atractivo para los abuelos por su acción sobre la digestión y su apoyo al estreñimiento.

Ideas para conservar

Para lograr una maduración exitosa del kiwi en casa debe ser almacenado en un lugar fresco y sombreado, a temperatura ambiente (no refrigerado). Si lo que prefiere es guardarlo por más tiempo y hacer muy lenta su maduración, entonces llévelo a la nevera o refrigerador.

Con el kiwi sucede lo mismo que con el tomate o el banano: afecta a sus vecinas cuando se colocan juntas en una fuente. El kiwi posee unas sustancias poderosas que provocan la rápida maduración de las demás frutas. Esta característica puede "jugar" en su favor si desea madurar con rapidez algún ejemplar demasiado verde que se coló en sus compras; de igual forma puede resultar inconveniente si, por el contrario, almacena una fruta muy madura junto con los kiwis porque se echará a perder con rapidez.

Saber comprar

Dos cosas hay que tener en cuenta cuando se compran kiwis. En primer lugar debe observarse la cáscara porque las magulladuras, arrugas o señales de manchas en la piel son indicativos de que se ha empezado el proceso de descomposición. En segundo término es importante palpar la fruta. Si ésta se siente ligeramente blanda es porque ya está en un punto adecuado de maduración. La fruta, además, debe lucir regordeta, llena de pulpa.

Si piensa que va a utilizar la fruta a lo largo de la semana y no el mismo día de la compra, puede optar por ejemplares que se palpen más firmes al tacto.

En la cocina...

La mejor manera de aprovechar los nutrientes presentes en el kiwi es consumiéndolo fresco, partido en dos y sacando la pulpa con una cucharita. Sin embargo esta fruta también es útil en tajadas para decorar diversos platos y dar un toque sofisticado a jugos, batidos y cócteles (alcohólicos o no).

La fruta también puede convertirse en puré. Se emplea básicamente como una salsa, es decir, añadiendo color y sabor a otras preparaciones. Resulta muy atractivo sobre otras frutas porque impregna su sabor ligeramente ácido a sus compañeras. Una macedonia, una ensalada de frutas o verduras se enriquecerá con este sencillo puré verde.

Quienes gustan de hacer experimentos en la cocina pueden mezclar esta fruta con platos salados. Una entrada, por ejemplo, de jamón crudo con kiwi, puede resultar interesante y novedosa para sus comensales. También puede acompañar el cerdo con una salsa a base de esta fruta en lugar de la tradicional salsa de ciruelas. A la hora del desayuno el kiwi resulta estupendo por que es fuente de energía; los cereales o el famoso *müesli* se pueden mezclar con la fruta en rodajas.

▶Recetas culinarias

Ensalada enzimática
PORCIONES: 4

Utilice las frutas como entradas de platos fuertes pesados y de lenta diges-
tión. Las enzimas contenidas en las siguientes frutas son claves para aquellos
que requieren un apoyo al sistema digestivo. Es un plato sencillo, delicioso y
de gran colorido.

INGREDIENTES

3 a 4	**kiwis, maduros**
2	**papayas hawaianas o 1 papaya mediana, maduras**
1	**mango, maduro**
1	**vaso de yogur natural**
1	**ramita de hiebabuena**

PREPARACIÓN

· **Pele** los kiwis y córtelos en rodajas. Limpie las papayas, retire la cáscara y semillas y pique en cuadritos. Lave el mango, pé-lelo, corte en tajadas la pulpa y deseche la semilla.

· **En una fuente** ponga toda la fruta y añada el yogur. Mezcle bien y, si lo desea, refrigere por máximo 15 minutos.

· **Sirva** en porciones individuales y adorne con unas hojitas de hierbabuena.

► Recetas culinarias

Batido especial

Esta bebida es ideal para niños porque les brinda energía para crecer, jugar, estudiar. Los adultos también pueden consumirla pero variando los ingredientes por productos descremados.

INGREDIENTES

5	kiwis maduros
5	bolas de helado de vainilla
1	taza de leche, bien fría
2	cucharadas de miel de abejas
	Rama de hierbabuena

PREPARACIÓN

· **Limpie** y pele los kiwis y corte al medio.

· **Ponga** en el vaso de la licuadora la fruta, los lácteos y la miel. Procese por poco tiempo hasta que los ingredientes se integren.

· **Sirva** en copas o vasos y adorne con unas hojas de hierbabuena.

Puré especial de frutas para bebés

Una receta que disfrutarán pequeños entre los 6 y 9 meses.

INGREDIENTES

1	kiwi maduro, pelado y picado
1	manzana pequeña, pelada, sin corazón y picada.
3	cucharadas de jugo (o puré) de manzana
1	pera madura, pelada, sin corazón y picada
2	cucharadas de fórmula de arroz para bebés.

PREPARACIÓN

· **En una olla** cocine la manzana y el jugo o puré. Hágalo a fuego lento de 8 a 10 minutos. Añada la pera y el kiwi y cocine 3 minutos más.

· **Procese** en la licuadora hasta obtener un puré. Cuele y sin dejar enfriar, agregue el arroz.

Delicia de kiwi

Un cóctel sin alcohol beneficioso para la piel.

INGREDIENTES

3	kiwis
1	racimo de uvas pequeño
1	manzana
1	banano

PREPARACIÓN

· **Pele** los kiwis, lave las uvas y la manzana. Pele el plátano.

· **Licue** el banano con la ayuda de un poco de agua. Agregue la uvas, la manzana sin cáscara ni corazón y los kiwis. Procese. Si lo considera necesario añada más agua. Beba inmediatamente.

SI ALMUERZA FUERA DE CASA...

puede poner algunos kiwis en su cartera o maletín y disfrutar de un alimento rico en vitamina C y magnesio. Parta la fruta a la mitad y consúmala con la ayuda de una cucharita. Quienes están sometidos a tensiones, estrés o expuestos al frío encontrarán en el kiwi un gran apoyo.

EXPERIMENTOS CULINARIOS

Esta fruta es, en realidad, nueva para muchos países del mundo. Por esa razón no está presente en las recetas tradicionales; cosa diferente sucede con algunas corrientes gastronómicas que la emplean acompañando platos salados y no sólo en postres y bebidas. Algunos combinan el kiwi con jamón de Parma, carne blanca, pescados y mariscos.

CURIOSIDADES

La gran enciclopedia de las frutas escrita por Whiteman y Mayhew señala lo siguiente: "Los kiwis contienen enzimas que hacen de esta fruta un excelente suavizador para la carne. Frote la piel o unas rodajas de kiwi por ambos lados de un trozo de carne y déjelo unos 20 minutos; la carne se volverá lo suficientemente tierna como para asarla."

C O C I N A

Limón

El limón es una fruta básica en cualquier cocina. Aporta su excelente sabor tanto a platos dulces como salados. Rica en vitamina C y baja en calorías, esta fruta puede mejorar cualquier plato.

Abundantes en el mercado, fáciles de conservar y versátiles por su sabor, del limón se puede utilizar todo, aunque por lo general retiramos las semillas. La cáscara, la pulpa y el jugo se emplean para condimentar, conservar, marinar, adornar o dar su sabor característico a un plato específico. Es un alimento tan poderoso que sirve, inclusive para "cocinar" como es el caso del famoso ceviche peruano.

Los limones deben gran parte de su aroma y sabor al aceite esencial (muy aromático) de su piel exterior. El problema, como siempre, es que la cáscara se expone a agentes químicos conservantes y, por tanto, concentra los elementos tóxicos que son utilizados para su cultivo. Si no dispone de limones orgánicos o ignora la procedencia de la fruta y, de todas maneras, desea utilizarla, debe lavar muy bien el limón antes de rallarlo, cortarlo o picarlo.

UN TRUCO

Para obtener la mayor cantidad del jugo de esta fruta puede rodarse sobre una superficie para ablandarla. Otro método consiste en sumergir los limones en agua caliente por unos minutos antes de exprimirlos.

Ideas para conservar

Siempre que el limón esté fresco y bien conservado, su cáscara preservará los valiosos nutrientes. Almacenarlo en un lugar frío o en la nevera (en los gabinetes de frutas y verduras o dentro de una bolsa plástica) es la manera como podemos ayudar a su conservación.

Es inútil extraer el jugo y guardarlo en recipientes o frascos de vidrio. En primer lugar los aceites esenciales son muy frágiles y no se conservarán y, en segundo término, exprimir un limón es una tarea tan sencilla que, realmente, no vale la pena "adelantar trabajo". Recurrir a la fruta entera es más sabroso y nutritivo que recurrir a las botellas de zumo de limón que ofrece la industria de alimentos y cuyo valor nutricional es dudoso.

MÁS CUALIDADES...

· Si va a cocinar una fruta, para evitar que se rompa y pierda su forma vierta en el agua de la cocción 1 cucharadita de jugo de limón por cada 1,5 dl ($^2/_3$ de taza).

· El arroz hervido conservará su bonito color si le agrega unas gotas de limón.

· Recuerde que el limón es un buen sustituto de la sal a la hora de cocinar.

¡BUENA IDEA!

El zumo de limón es un excelente sustituto del vinagre y brinda un agradable sabor a las ensaladas. Utilícelo para atenuar el dulce de algunos jugos de frutas muy "azucaradas".

Saber comprar

Para seleccionar buenos limones, pálpelos y sienta si están llenos de jugo. Personalmente creo que los mejores ejemplares son los que presentan una cáscara lisa. Evite los que presenten arrugas y aquellos que no despidan ninguna fragancia. También es importante tener en mente el destino de la fruta en la cocina antes de comprarla. Si desea obtener jugo, las variedades verdes, de tamaño mediano y pequeño y de piel lisa, son buenas; pero si el objetivo es rallar la cáscara, prefiera aquellas variedades de piel tosca y gruesa.

Como todas las frutas los limones cambian su aspecto y color con la maduración; con el paso de los días también pierden aroma y jugosidad. Tenga en cuenta que esta fruta no madura más después de cortada; simplemente empieza su proceso de descomposición. Por todo lo anterior prefiera las variedades de colores brillantes y no muy claros, fíjese en el estado de la cáscara que debe estar libre de picaduras, magulladuras y puntos negruzcos. Conviene refrigerar la fruta por, máximo, diez días. Guardar esta fruta por más tiempo es inútil, pues pierde gran parte de sus cualidades.

►Recetas culinarias

Pollo al limón PORCIONES: 4 A 6

El pollo es una fuente de proteínas, vitaminas, minerales y otros nutrientes. Es un ingrediente especialmente atractivo para los niños y ancianos porque les brinda energía; las personas que se sienten fatigadas y decaídas también pueden recurrir a este sencillo y apetitoso plato.

INGREDIENTES

6	presas de pollo (pechuga y patas)
1 kg	de limón común
2	dientes de ajo, finamente picados
	Pimienta al gusto
	Pimienta roja (o ají molido)
	Aceite de oliva
1	hoja de laurel
	Sal al gusto

PREPARACIÓN

· **Haga** una salsa utilizando un poco de limón, el ajo, las pimientas, el aceite, el laurel y la sal. Mezcle muy bien y agregue las presas de pollo. Permita que el ave se condimente durante unas dos horas.

· **Ponga** el pollo y la salsa en una olla y caliente a fuego lento. Mientras se va cocinando agregue el jugo de limón y revuelva. Debe tener un poco de paciencia para que el ave vaya adquiriendo sabor.

· **Retire** del fuego cuando la carne del pollo esté tierna. Sirva inmediatamente.

Caldo básico de pollo

Una receta útil para la elaboración de sopas, cremas y salsas.

INGREDIENTES

1 y $^1/_2$	libras de huesos de pollo
1	cebolla cabezona mediana, cortada en cuatro
1	tallo de apio
1	zanahoria, picada
1	ramillete de hierbas
2	dientes de ajo picados
$^1/_2$	cucharadita de pimienta negra
6	tazas de agua

PREPARACIÓN

· **Blanquee** los huesos, escúrralos y enjuáguelos.

· **En una olla** ponga los huesos y el resto de los ingredientes.

· **Cocine** a fuego lento entre 2 y 3 horas. Cuele y deje enfriar. Desgrase la preparación cuando el caldo esté tibio utilizando una servilleta de papel doblada.

RALLADURA DE LIMÓN

Seleccione un limón de piel gruesa. Lávelo, séquelo y frótelo contra la cara más fina del rallador, procurando no extraer la parte blanca amarillenta de la piel. Hágalo colocando el rallador sobre una fuente o una servilleta de papel.

Ayudante de cocina

Gracias al contenido de vitamina C, el limón y otros cítricos son un conservante natural de otras plantas que tienden a ennegrecerse en contacto con el oxígeno. Esta es, quizás, una de las aplicaciones que primero aprendemos de este valioso ayudante en la cocina.

Tanto la cáscara como el jugo se utilizan en recetas dulces y saladas. Son, además, un buen ingrediente para la decoración de platos que requieren un "toque" de color para resaltar su aspecto. Los gajos, por ejemplo, son empleados como acompañamiento de pescados, empanadas y ciertas verduras (como es el caso del aguacate). La cáscara rallada, cortada en juliana o tiritas, suele ser un resalte cromático y de sabor de gran cantidad de preparaciones.

En cuanto al zumo es un ingrediente que, como ya lo mencionamos, conserva el color de ciertos alimentos y evita, además, que se rompan algunas frutas durante el proceso de cocción. El jugo también es empleado como refresco, sustituto de la sal, para salsas y vinagretas y para marinar. Otro de sus prácticos usos es en las carnes que tienden a ablandarse en contacto con el zumo.

Ceviche de pescado

Este plato merece un mención de honor porque es sabroso, fácil de preparar e involucra ingredientes muy positivos para el organismo. Es, además, bajo en calorías y cuida la salud de aquellos que tiene que estar atentos a los niveles de colesterol "malo".

INGREDIENTES

2	libras (1 kilo) de filete de róbalo o corvina
1 y $^1/_2$	tazas de jugo de limón dulce o mandarina
1	taza de limón común
2	cebollas cabezonas, en tajadas delgadas
1	pimentón grande y rojo, en tiritas
	Ají picante al gusto (opcional)
1	cucharada de puré de tomate
	Sal y pimienta al gusto

PREPARACIÓN

· **Corte** el pescado en cubos, ponga los trozos en un colador y vierta encima agua hirviendo. Escurra y condimente con sal al gusto.

· **Lleve** el pescado a una fuente de vidrio y añada el jugo de limón común y la mitad del jugo de limón dulce o mandarina. El líquido debe cubrir completamente el pescado y si es necesario, agregue más limón.

· **Ponga** la cebolla, el pimentón, el ají (si lo va a utilizar) y la pimienta. Tape el recipiente y refrigere por una hora. Revuelva de tanto en tanto.

· **Escurra** el pescado y la verdura y sirva en fuentes individuales. Condimente con el resto del jugo del limón y el puré de tomate. Sugerimos decorar con hojas de lechuga y acompañar con pan tostado o galletas saladas.

Mango

Esta fruta, amiga de la digestión y del metabolismo en general,
es estupenda en jugos y postres. Un sabor muy apreciado entre los comensales de todas las edades.

De esta deliciosa y sofisticada fruta tropical existen muchas variedades que se diferencian entre sí por su tamaño, forma, color y sabor. En general poseen una piel más bien gruesa, de color rojo amarillento, forma ovalada y pulpa muy perfumada de un intenso color amarillo o anaranjado. Ciertas especies se emplean en la elaboración de jugos como, por ejemplo, el llamado mango de azúcar, de tamaño pequeño y de un sabor dulcísimo. Otros mangos, de pulpa más consistente, se prefieren para ensaladas y postres. En ese sentido la preferencia de la especie se relaciona con el gusto personal porque esta fruta en cualquier caso es irresistible.

¡BUENAS PREPARACIONES, BUENAS COMBINACIONES!

El mango se reseña en los libros de cocina como un ingrediente para la preparación de jugos, postres, mermeladas, pasteles, ensaladas de frutas.
Sin embargo, existen otros platos interesantes de preparar y acompañar con mango como jamones curados, carnes ahumadas (como el pollo), platos especiados con *curries* y platos con arroz.

Ideas para conservar

Los mangos se pueden comprar verdes o "biches" y dejar madurar en casa. Aunque dependiendo de la variedad este proceso será más o menos rápido, es una buena opción porque, además, la fruta inmadura suele ser más barata. Recurra siempre a la fruta fresca si quiere disfrutar de todos sus nutrientes; el mango enlatado o conservado en almíbar posee menos cualidades nutricionales. Almacene la fruta en un lugar más bien cálido porque la temperatura hará que se maduren con mayor rapidez. Si desea acelerar este proceso puede envolverlos en una bolsa de papel crudo o estraza junto con un kiwi.

La pulpa del mango se conserva muy bien en el congelador; lo mismo sucede con los jugos elaborados con esta fruta. Este procedimiento es muy sencillo: lave y pele la fruta; separe la carne del hueso, vierta en bolsas de plástico y congele. En cuanto al jugo es una buena idea preparar las porciones deseadas con anticipación (con o sin azúcar) y verter el líquido en recipientes como, por ejemplo, las cubetas de hielo y llevar al congelador. Una vez cuaje se harán las porciones según las necesidades y se pasarán a bolsas plásticas. Bien sea que congele la pulpa o el jugo, recuerde utilizar siempre mangos maduros.

TRUCO DE COCINEROS

Los postres helados siempre resultan exitosos como "broche de oro" de cualquier comida. Sin embargo, en ciertas ocasiones nos excedemos en el grado de congelación. Antes de servir helados o cualquier postre que haya sido congelado déjelo reposar en la parte baja de la nevera o refrigerador 1 ó 2 horas. Siempre es mejor que no estén demasiado duros.

Saber comprar

El sentido del olfato es una de las grandes herramientas con que contamos para la selección de los alimentos; en el caso de las frutas es básico porque nos guía en la elección de las mejores opciones disponibles en las estanterías de tiendas y mercados. El mango es una fruta que posee un perfume muy especial, de manera que siempre que lo compre tenga la precaución de confirmar su calidad a través del aroma.

Observe el estado de la piel, independientemente de la tonalidad porque esta fruta ofrece muchos colores que no necesariamente indican su estado de maduración. La cáscara del mango no debe lucir magulladuras ni manchas; de igual forma no debe tener cortes ni puntos demasiado blandos, indicativos de su próxima descomposición. Palpe la fruta y presione ligeramente; si ésta cede un poco es porque está en un buen momento.

►Recetas culinarias

Postre helado de mango
PORCIONES: 6

Una delicia refrescante, digestiva y provocativa, perfecta para los niños.
Un plato para disfrutar después de una comida condimentada.

INGREDIENTES

4	**tazas de pulpa de mango maduro**
4	**yemas de huevo**
$^1/_2$	**taza de azúcar en polvo**
$^1/_2$	**taza de crema de leche baja en grasa, batida**
1	**pizca de sal**
	Azúcar al gusto
	Unas ramitas de hierbabuena

PREPARACIÓN

· **Con la ayuda** de la licuadora haga un puré espeso con la pulpa de mango. La preparación debe tener una consistencia suave para que mezcle bien con el resto de los ingredientes. Deje aparte.

· **En una fuente** mezcle muy bien las yemas de huevo y lentamente añada el azúcar en polvo. Continúe revolviendo y coloque el recipiente sobre otro con agua hirviendo a fuego bajo. El vapor hará que la mezcla se cocine un poco.

· **Cuando** el huevo y el azúcar mezclados estén tibios se deben retirar del fuego y continuar batiendo hasta que se enfríen.

· **Aparte** bata la crema de leche y mezcle con el puré de mango. Añada la sal y el azúcar al gusto. Mezcle bien.

· **Integre** la preparación de mango con la mezcla de huevo y azúcar que cocinó.

· **Engrase** un molde y vierta el postre. Refrigere hasta que cuaje y sirva adornado con unas ramitas de hierbabuena.

¡Sáquele provecho!

El mango es una fruta que armoniza con muchas preparaciones dulces y saladas. A las primeras les aporta su dulzura y aroma, mientras que a las segundas les brinda un toque refrescante. Una de las preparaciones más interesantes y originales basadas en el mango es la famosa salsa *chutney* que acompaña a muchas recetas de la lejana y misteriosa India.

Cuando utilice en un plato fuerte o en una entrada, carnes frías de sabor intenso (jamón crudo, por ejemplo) recurra al mango como compañía. Bien sea que lo sirva de entrada y en tajadas o en forma de salsa acompañante, siempre hará un buen contrapunto con este tipo de platos. También resulta delicioso con pescados aromatizados con hierbas.

En cuanto a los platos dulces el puré de mango puede hacer una gran diferencia entre una receta simple y un verdadero manjar. *Mousses*, sorbetes y tortas son unas de las preparaciones que agradecen una cucharada de salsa de mango dulce al momento de servir.

Los cocineros expertos utilizan mucho esta fruta en encurtidos de diversos tipos. Brinda un toque dulce a ingredientes salados y, en ocasiones, ácidos. Bien vale la pena investigar un poco más sobre este universo de sabores y nuevas combinaciones.

►Recetas culinarias

Salsa *chutney*

El sabor agridulce de esta salsa combina muy bien con el pollo y el cerdo. Es una preparación que se debe hacer con antelación y conservar refrigerada.

INGREDIENTES

1	mango mediano, cortado en juliana
100 g	de ciruelas pasas, sin semilla
1	pimentón rojo, sin semillas ni nervaduras, picado
1	cebolla cabezona, picada
150 g	de mantequilla
1	cucharadita (50 cc) de vinagre
1	cucharadita (5 g) de azúcar morena
100 cc (poco menos de 1/2 taza) de oporto	

PREPARACIÓN

- **En una fuente** de vidrio ponga a remojar las ciruelas con el oporto y el azúcar.
- **En una sartén** vierta la mantequilla y saltee la cebolla y el pimentón. Una vez estén cocinados añada el mango y continúe la cocción de 5 a 10 minutos; revuelva constantemente con una cuchara de madera. El mango debe adquirir una consistencia suave.
- **Añada** la mezcla de oporto, ciruelas y azúcar. Cocine un poco más mezclando continuamente; la preparación debe reducirse y adquirir una consistencia espesa.
- **Deje enfriar** y vierta la salsa en frascos de vidrio muy limpios. Almacene en la nevera.

MANGO "BICHE"

El mango verde es uno de los majares de ciertas regiones de la América andina. Se emplea como golosina mezclada con sal. Su sabor es ácido porque la fruta aún está inmadura al consumirse. El mango verde también se usa en polvo para la elaboración de una especia india. Se obtiene al secar y moler los trozos de la fruta verde; se emplea para añadir un sabor agrio a tortas, vegetales fritos, sofritos chinos y bebidas.

PRESENTACIÓN ORIGINAL

Sirva el mango cortado en forma de erizo. Para hacerlo siga estos pasos:

- Corte la fruta en sentido longitudinal lo más cerca posible de la semilla.
- Haga lo mismo del otro lado, así obtendrá dos tajadas gruesas.
- Haga cortes a lo largo sin perforar la cáscara. Deje un espacio de un centímetro entre corte y corte. Haga lo mismo a lo ancho dejando el mismo espacio. La pulpa lucirá con una especie de enrejado.
- Doble las tajadas del mango hacia fuera y sírvalas.

C O C I N A

Manzana

*La manzana es considerada como la más común, adaptable y útil de las frutas
por su posibilidad de consumo en cualquier momento del día y su versatilidad en la cocina.*

La manzana es una de las frutas "estrella" en la cocina. Su maravilloso sabor, disponibilidad en los mercados y utilización en gran variedad de platos, la hacen imprescindible como ingrediente. Sus variedades son numerosas (se calcula que existen unas 7.000) y se clasifican en dos grupos: las apropiadas para comer crudas y las que se utilizan para cocinar. Por supuesto que esta división es más apropiada para los países productores de la fruta que para los dependientes de las importaciones, países en los cuales se suele destinar la manzana de comer como ingrediente en las cocciones.

De los muchos tipos de manzanas que se encuentran disponibles en las tiendas y supermercados podemos destacar la *golden*, de gran tamaño, forma cónica, verde inicialmente y amarilla al madurar; *Belleza de Roma,* de color rojo brillante, grande, alargada y de piel gruesa; *Granny Smith,* mediana a grande, cónica, de color verde con manchitas blancas; *Delicia roja,* grande, alargada, de piel gruesa y color rojo brillante; *Worcester pearmain,* de tamaño mediano, cónica, firme y de dos tonos: verde y rojo; y finalmente la *Macintosh,* pequeña o mediana, de forma redonda, firme y verde o roja.

Ideas para conservar

Al igual que otras frutas la manzana continúa su proceso de maduración aun después de haber sido arrancadas del árbol. Este factor debe tenerse en cuenta para almacenarlas adecuadamente. Si la fruta es de buena calidad y se encuentra en estado óptimo se puede guardar durante un tiempo en casa. Guardarlas en bolsas plásticas en la nevera o refrigerador ayuda a mantenerlas en buen estado. Si, por el contrario desea exhibir su belleza en un frutero tenga la precaución de colocarlas en un lugar fresco, oscuro y seco para prolongar su vida. Cuando detecte que una manzana ha empezado su proceso de descomposición aléjela porque puede estropear a las demás.

Una de las virtudes de esta fruta es que es posible secarla. La manzana deshidratada puede ser una buena golosina o merienda aunque durante el proceso pierda algunos nutrientes, como la vitamina C. Es un ingrediente útil para mezclar con los cereales del desayuno o hidratarse y emplear en recetas como compotas, purés, cremas o aderezo de ciertos cocidos. Conviene comprarlas secas en los almacenes especializados y tiendas naturistas. El procedimiento de deshidratación se explica paso a paso en el recuadro de la página siguiente.

RECUERDE

La cáscara de la manzana concentra gran cantidad de nutrientes, aunque es preferible pelarla si no proviene de un cultivo biológico. Si de todas formas desea utilizar la piel, lávela concienzudamente con agua caliente primero y luego fría.

Saber comprar

Como se trata de una fruta apetecida suele ser uno de los productos perecederos de más alta rotación. Esta circunstancia obliga al comerciante a renovar con cierta frecuencia la fruta lo que puede ser aprovechado por los compradores. La próxima vez que vaya de compras fíjese en la cantidad de manzanas expuestas; si hay suficientes ejemplares es porque está recién exhibida, en caso contrario espere a que sea nuevamente abastecida para llevar una fruta fresca.

La manzanas disponibles en los países andinos suelen ser importadas de países como Chile, Argentina y Estados Unidos, lo cual significa que la fruta ha sido congelada o tratada con algún preservativo; ya hemos dicho que estas acciones hacen que la fruta pierda muchos de sus nutrientes. Por lo anterior es necesario elegir manzanas que luzcan una piel saludable y de textura firme. De igual forma se deben desechar aquellas que no expidan su característico olor. No se deje tentar por el color de la piel porque, en ocasiones, una cáscara brillante no es sinónimo de pulpa firme y apetitosa. Algunos comerciantes aplican ceras para que luzcan espectaculares pero su interior es arenoso e insípido.

►Recetas culinarias

Delicia de pollo y manzanas
PORCIONES: 4

Aquellos que deben vigilar los niveles del colesterol "malo" pueden ensayar esta receta que es baja en grasa. Recuerde que el ejercicio es importante para controlar y bajar los niveles del colesterol.

INGREDIENTES

1	pollo entero y sin piel
2	manzanas verdes
1	cucharada de aceite de oliva extra virgen
1	vaso de vino blanco
	Canela (opcional)
	Sal y pimienta al gusto

PREPARACIÓN

· **Limpie** muy bien el pollo y condiméntelo con sal y pimienta al gusto por dentro y por fuera. Lave y pele las manzanas y córtelas en gajos o medialunas. Espolvoree la fruta con la canela, si decide utilizarla.

· **Rellene** el pollo con las manzanas y cierre la abertura con la ayuda de un palillo. Ate las patas del ave para que mantenga la forma durante la cocción. Por último, pinche la carne con la ayuda de un tenedor. Precaliente el horno a 200° C.

· **Disponga** el pollo en una fuente para hornear. Báñelo con el aceite y el vino blanco, y cocínelo por aproximadamente 40 minutos. Baje la temperatura a 160° C y continúe horneando por 15 minutos más. Lleve el pollo a una fuente para pasar a la mesa y acompáñelo con una guarnición de manzanas.

MANZANAS CON COLOR

Para evitar que la pulpa de la manzana pierda color una vez cortada conviene bañarla con un jugo ácido que contrarreste la oxidación de la fruta. Con la ayuda de un pincel o simplemente exprimiendo el zumo de un limón, lima, toronja o naranja se puede mantener su color original.

COCINAR MANZANAS

La correcta selección de las manzanas es la clave para lograr que las tortas, pasteles, compotas y otras preparaciones resulten exitosas. Una pulpa de mala calidad produce postres aguados o sin consistencia. Las manzanas verdes (tipo *Granny Smith*), duras y crujientes son las más indicadas para los platos con manzanas cocidas.

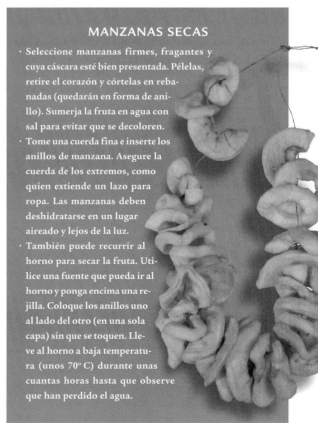

MANZANAS SECAS

· Seleccione manzanas firmes, fragantes y cuya cáscara esté bien presentada. Pélelas, retire el corazón y córtelas en rebanadas (quedarán en forma de anillo). Sumerja la fruta en agua con sal para evitar que se decoloren.

· Tome una cuerda fina e inserte los anillos de manzana. Asegure la cuerda de los extremos, como quien extiende un lazo para ropa. Las manzanas deben deshidratarse en un lugar aireado y lejos de la luz.

· También puede recurrir al horno para secar la fruta. Utilice una fuente que pueda ir al horno y ponga encima una rejilla. Coloque los anillos uno al lado del otro (en una sola capa) sin que se toquen. Lleve al horno a baja temperatura (unos 70° C) durante unas cuantas horas hasta que observe que han perdido el agua.

Torta de manzana

PORCIONES: 8 A 10

Rica en vitaminas y minerales, la manzana es un ingrediente amigo de la salud. La siguiente receta ayuda a levantar el ánimo, aleja el estrés y brinda energía. Un plato dulce especialmente adecuado para los niños y abuelos.

INGREDIENTES

PARA LA MASA

1 y $^1/_2$ tazas de harina (ojalá integral)
4   cucharadas de azúcar
1   cucharadita de polvo de hornear
$^1/_4$ de cucharada de sal
1   huevo
$^1/_4$ de taza de aceite de maíz o girasol
    Agua

PARA EL RELLENO

3   manzanas verdes grandes
5   cucharadas de azúcar
2   cucharaditas de canela en polvo
1   yema de huevo
2   cucharadas de miel de abejas

PREPARACIÓN

· **En una fuente** grande mezcle todos los ingredientes secos. Una vez integrados, haga un agujero en el medio y añada el huevo. Mezcle nuevamente.

· **Cuando** el huevo desaparezca entre los demás ingredientes agregue poco a poco el aceite y el agua. Debe calcular la cantidad de este último ingrediente para obtener una masa suave pero consistente, es decir que no se adhiera a las manos.

· **Continúe** amasando. Cuando adquiera la consistencia deseada, ayúdese de un rodillo y estire la masa. Forre un molde para tortas previamente engrasado y enharinado. Deje aparte.

· **Lave** las manzanas, pélelas, retire el corazón y córtelas en rodajas finas. Mezcle la fruta con 4 cucharadas de azúcar y 1 cucharadita de canela. Revuelva bien.

· **Aparte** mezcle la yema, la miel, 1 cucharadita de canela y 1 cucharada de azúcar. Deje aparte esta especie de salsa con la que bañará la torta.

· **Vierta** el relleno de fruta, azúcar y canela en el molde forrado con la masa. Lleve al horno a 180° C hasta que esté un poco dorado; aunque el tiempo puede variar según la región, tenga como referencia unos 25 minutos.

· **Retire** la torta del horno y báñela con la salsa. Lleve otra vez al horno durante unos minutos más o hasta que se dore. Retire del horno y deje enfriar antes de cortar.

Maracuyá

El sabor ácido, intenso y refrescante del maracuyá
es apropiado para la elaboración de recetas tanto dulces como saladas.

Seguramente si los lectores que viven en países con estaciones leen la palabra maracuyá se despistarán un poco; si en cambio leen "fruta de la pasión" es probable que identifiquen esta planta o alguna de sus parientes: curuba, badea y granadilla. Para ayudarlos a reconocer esta delicia tropical incluimos (además de las fotografías) una breve descripción botánica: planta trepadora, vigorosa y perenne cuya fruta es de tamaño variable pero que en promedio tiene entre 4 y 6 cm de diámetro. La más común es la variedad cuya cáscara es de color amarillo y su interior posee una masa traslúcida de color anaranjado que contiene semillas de color grisáceo.

A diferencia de los países de estaciones, el maracuyá o parchita es una fruta abundante y económica en los mercados del trópico. Suele ser muy apetecida para la elaboración de jugos por su alto contenido de vitamina C. Desde la década de los sesenta se empezó a popularizar en algunos países de Europa y se convirtió en un ingrediente novedoso para la elaboración de *mousses*.

Trabajar con maracuyás

Para preparar cualquier plato es conveniente que la fruta se encuentre madura, lo que es sinónimo de riqueza en nutrientes. La forma más fácil de manipularla es rompiendo la cáscara y extrayendo su pulpa transparente con una cuchara.

El jugo también puede ser tratado con este procedimiento. Tenga en cuenta cuando elabore jugos y batidos con esta fruta de la pasión que no debe triturarse en exceso o utilizarse la licuadora a máxima velocidad, para evitar que las semillas se muelan demasiado. Los jugos que contienen las semillas pulverizadas de maracuyá tienden a descomponerse con facilidad y poseen un gusto más amargo. La forma más práctica de congelar el jugo es hacerlo en cubetas para hielo. Este método ayuda, además, a dosificar las cantidades de manera más razonable. Para que ocupen menos lugar en el congelador, conviene pasar los cubos de jugo a bolsas plásticas una vez cuajen.

Saber comprar

Para seleccionar buenos maracuyás, compare el peso y el tamaño de los frutos, porque puede pasar que un ejemplar voluminoso sea pobre de contenido. De igual forma es importante observar su apariencia externa: los mejores no deben tener la cáscara lisa; por el contrario, se conoce su madurez si ésta se encuentra arrugada. El fruto también debe estar libre de manchas y golpes que afecten su intenso sabor.

Si por alguna razón tiene la oportunidad de sembrar y cosechar esta fruta, debe saber que ella no se corta de la planta, sino que cae espontáneamente al piso en el momento adecuado. Dicen los que saben que "esta fruta no se coge sino que se recoge".

Ideas para conservar

Esta fruta debe guardarse en un lugar fresco o en la nevera. Su naturaleza amable y duradera hace que el maracuyá resista un largo almacenamiento (comparando con otras frutas). Siempre que lo seleccione con la cáscara lisa y libre de picaduras, usted puede mantenerlo en casa hasta que la piel se arrugue, unos diez o quince días.

El maracuyá se puede congelar. Seleccione la fruta, quiebre la cáscara, retire la pulpa, guárdela en una bolsa plástica y congele.

BUENAS COMBINACIONES

El sabor del maracuyá combina muy bien con otras frutas y carnes, especialmente de pollo y ternera. Es un ingrediente interesante en las salsas como la vinagreta para ensaladas.

DISPONIBLE EN

Jugos
Concentrados
Licores
Dulces
Helados
Mermeladas
Jaleas
Pulpas
y jugos congelados

▶Recetas culinarias

Pollo en salsa de maracuyá   PORCIONES: 4

Una receta original y sabrosa que cuida la figura. Estupenda para toda la familia o para una ocasión especial.

INGREDIENTES

6	perniles de pollo, sin piel
1	taza de jugo de maracuyá, concentrado
1	taza de caldo de pollo
2	cucharadas de harina de trigo
2	cucharadas de azúcar
2	zanahorias cortadas en rodajas
$^1/_2$	pimentón
1	cebolla cabezona mediana
1	tallo de apio
1	ajo, machacado
	Sal y pimienta al gusto

PREPARACIÓN

· **En una olla** mediana cocine los perniles de pollo junto el pimentón, la cebolla, el apio y el ajo. Condimente con sal al gusto. Cuando la carne del pollo esté blanda, retire los perniles y cuele el caldo de la cocción (debe obtener una taza).

· **Utilice** este caldo para elaborar una deliciosa salsa. Adicione el jugo de maracuyá, la harina disuelta, las zanahorias y el azúcar. Permita que esta mezcla hierva durante unos diez minutos; revuelva constantemente.

· **Agregue** los perniles de pollo, tape y cocine a fuego lento durante veinte minutos. Rectifique la sazón, añada la pimienta y adicione más sal si lo considera necesario. Sirva bien caliente.

▶Recetas culinarias

Mousse de maracuyá

PORCIONES: **6** A **8**

Este postre es muy atractivo y refrescante, sobre todo después de una comida muy condimentada.

INGREDIENTES

3	tazas de jugo concentrado de maracuyá
1 y $^1/_2$	tazas de crema de leche
1	sobre de gelatina sin sabor
6	cucharadas de agua caliente
2	tazas de azúcar en polvo
3	huevos separados

PREPARACIÓN

· **Para elaborar** un jugo concentrado de maracuyá debe colocar la pulpa de la fruta en la licuadora con un mínimo de agua y procesar. Cuele y añada el azúcar en polvo hasta que se disuelva.

· **Bata** las yemas e intégrelas al jugo.

· **Bata** la crema hasta que haga picos y agregue, poco a poco y en pequeños chorros, el jugo.

· **Disuelva** la gelatina en el agua caliente y mézclela con la crema de maracuyá. Bata hasta que estén bien mezcladas.

· **Lleve** las claras a "punto de nieve" e incorpórelas (sin batir). Cuando la crema luzca homogénea viértala en un molde o en copas y refrigere por dos horas antes de servir.

· **Reduzca** las calorías de este postre utilizando crema de leche descremada o baja en grasa.

Crepes con salsa de maracuyá

Una receta para el desayuno o la merienda. Atractiva para niños, adolescentes y abuelos.

INGREDIENTES

30 g	de mantequilla
2	maracuyás
7	cucharadas de azúcar
1	naranja (jugo y ralladura)
8	crepes

PREPARACIÓN

· **En una sartén** derrita la mantequilla.

· **Parta la fruta** y extraiga la pulpa. Mezcle lentamente junto con el azúcar. Revuelva hasta obtener una mezcla homogénea.

· **Permita** que hierva 2 a 3 minutos mientras le añade el jugo de naranja y la ralladura. Bañe los crepes con esta salsa.

CURIOSIDADES

La cáscara de esta fruta es rica en pectina, una sustancia básica en la elaboración de las mermeladas y jaleas. Las semillas contienen alto porcentaje de aceite, carbohidratos y proteínas y se emplean para la alimentación animal. Al aceite de la semilla, de color amarillo, se le considera nutritivo y de alta digestibilidad.

RECUERDE

El maracuyá es una fruta rica en vitamina C lo que la hace ideal para los niños y abuelos. Durante las temporadas de lluvias su uso ayuda a prevenir gripas y resfriados y apoya el sistema inmunológico.

frutas

COCINA

Naranja

Útil para las personas que sufren de cansancio crónico o que desean estar en forma, la naranja nos protege por su gran cantidad de vitamina C.

Con hermosos colores que van del anaranjado intenso al verde, cáscara de sabor penetrante y gajos llenos de jugos, la naranja es, sin lugar a dudas, una de las frutas más apetecidas en el mundo. Fuente de la valiosa vitamina C es un alimento clásico a la hora del desayuno y un ingrediente atractivo para platos dulces y salados.

Existen diversas clases de naranjas que varían en color, tamaño y sabor (que puede oscilar de muy dulce hasta intensamente ácida). Esta última característica hace que se clasifiquen en dos grandes grupos: dulces, que se comen frescas, y amargas, más apropiadas para cocinar. Las primeras no requieren mayor ampliación, mientras que de las segundas es importante resaltar sus cualidades para la elaboración de mermeladas, jaleas, dulces y como condimento; la corteza es, además, básica para aromatizar licores como el *Grand Marnier y el Cointreau*.

¿QUIERE APROVECHAR AL MÁXIMO ESTA FRUTA?

Consúmala fresca, con las membranas que separan los gajos (contienen sustancias benéficas para el organismo) y tan pronto la corte para evitar la pérdida de la vitamina C.

Ideas para conservar

Las naranjas, al igual que los demás cítricos, maduran mientras se encuentran en el árbol. Una vez cosechadas se interrumpe su desarrollo lo que significa que con el paso del tiempo no ganará mayor dulzura o sabor. Sin embargo, esta fruta resiste con dignidad el transporte y se mantiene en buenas condiciones durante semanas en un ambiente adecuado.

Este cítrico conserva bastante bien sus propiedades a temperatura ambiente o refrigerada, siempre que el almacenamiento no supere las dos semanas. Si las coloca en un frutero, tenga la precaución de ubicarlo en un lugar fresco y alejado de la luz. Para aprovechar al máximo su valor nutricional, recuerde que la fruta una vez cortada empieza a perder sus vitaminas y minerales. Por esa razón es recomendable consumir la pulpa o el jugo dentro de los siguientes veinte minutos después del corte.

Saber comprar

De las muchas variedades de naranjas que existen es mejor concentrar la atención en las que resultan más apropiadas para una determinada receta. Si desea utilizarlas como aderezo o condimento, por ejemplo, las ácidas brindan un sabor más intenso; por supuesto si las quiere para jugo debería buscar las más dulces.

Cualquiera que sea su elección, es importante palpar la fruta para verificar que su peso y tamaño correspondan porque son las más jugosas. El estado de la piel también nos indica su calidad de manera que siempre es preferible optar por los ejemplares con cáscara lisa, libre de magulladuras y sin señales de moho. El color de esta fruta debe ser uniforme y de aspecto brillante, casi húmedo. En pocas palabras siga esta idea: cuanto más lisa la piel, más fina la naranja.

►Recetas culinarias

Lomo con naranja
PORCIONES: 6 A 8

Fuente de proteínas y vitaminas del grupo B, selenio, zinc y hierro, esta receta será del gusto de toda la familia. Recuerde seleccionar un lomo magro para controlar mejor el porcentaje de grasa.

INGREDIENTES

1	lomo de cerdo de 4 a 5 libras
2	cebollas cabezonas, en rodajas
3	tazas de jugo de naranja agria
1 y $^1/_2$	cucharaditas de sal
1	cucharadita de pimienta negra, recién molida
1	ají o chile (opcional)
3	cucharadas de aceite

PREPARACIÓN

- **En una fuente grande** caliente el aceite y ponga el lomo para sellarlo por todos los lados.
- **Aparte**, en una fuente que pueda tapar, coloque el lomo y una mezcla de todos los ingredientes restantes. Tape el recipiente.
- **Lleve al horno** precalentado a 175° C de 40 a 50 minutos como máximo. El punto de la carne dependerá de su gusto; sin embargo recomendamos no excederse en la cocción porque se pierden los nutrientes de la carne.
- **Retire** la tapa de la fuente, lleve al horno de nuevo y permita que la carne tome un color dorado. Cumplido este paso corte la carne en tajadas.
- **Utilice** los jugos de la cocción para darle más sabor a la carne. Cuélelos y desgráselos antes de bañar el lomo.

JUGOS PODEROSOS

Enriquezca el jugo de naranja a la hora del desayuno con frutas, verduras y suplementos; estas son nuestras sugerencias:

GUAYABA
BANANO
ZANAHORIA
PIÑA
MORA
UVAS
MANZANA
GERMEN DE TRIGO
JALEA REAL
MIEL
POLEN
PROPÓLEO
SALVADO

BUENAS COMBINACIONES

La naranja armoniza con gran cantidad de frutas y por eso se emplea en la elaboración de ensaladas, macedonias, salpicones, etcétera. También es atractiva mezclada con especias como la canela, el jengibre y el cardamomo. En cuanto a su combinación con las verduras las posibilidades son muy amplias pero destaquemos la lechuga, los berros, espinacas y demás hortalizas de hojas verdes. El jugo y la ralladura de su cáscara combina con las sopas, salsas, pescados y aves.

LA CÁSCARA MARAVILLOSA

Idealmente se debería consumir la cáscara de naranja por su alto contenido de nutrientes, pero por desgracia allí se concentran la mayor cantidad de químicos utilizados en su cultivo. Si tiene la fortuna de conseguir fruta cultivada biológicamente utilícela para condimentar, espolvorear encima de diferentes platos y elaborar postres y bizcochos.

La cáscara se corta de diversas maneras: en tiritas muy finas para lo cual se necesita un rallador o pelador especial; se ralla frotando la fruta sobre los agujeros finos del rallador; y se corta en juliana para lo cual lo más práctico es retirar primero la piel de la fruta y luego cortar con un cuchillo.

Pan de naranja

PORCIONES: 6

Esta receta es una buena fuente de vitaminas A, C y E, elementos que nos hacen más fuertes y resistentes.

INGREDIENTES

3	naranjas
1	limón
3	tazas de harina integral
2	cucharadas de polvo de hornear
$^1/_2$	taza de germen de trigo
250 g	de mantequilla
1 y $^1/_2$	tazas de azúcar
6	huevos
100 g	de semillas de girasol, peladas
2	cucharadas de vainilla

PREPARACIÓN

· **Deje reposar** la mantequilla a temperatura ambiente para que sea más fácil de trabajar. Ablándela con las manos y añada el azúcar, la vainilla, las semillas de girasol, el limón y el germen de trigo.

· **Cuando todos** estos ingredientes estén unidos, vierta uno a uno los huevos, alternando con la harina, el polvo de hornear y el jugo de naranja. Continúe batiendo hasta que la masa adquiera una consistencia suave y homogénea.

· **Vierta** la masa en una fuente o molde engrasado y enharinado previamente y lleve al horno precalentado a 300° C de 4 a 5 minutos. Transcurrido este tiempo baje la temperatura a 200° C y continúe la cocción por 30 minutos más. Antes de sacar del horno introduzca un cuchillo en la masa para comprobar que está perfectamente cocida.

Pera

Una fruta de fácil digestión que se puede disfrutar en cualquier momento del día.
Comerla de vez en cuando ayuda a conservar el buen humor.

Existen muchas varieda-des de peras en las regio-nes en donde la produc-ción de esta fruta es intensa; al igual que con la manzana, en la zona andina se consiguen con mayor frecuencia las que provienen de países como Chi-le, Argentina y Estados Unidos y, por ello es una fruta relativa-mente costosa.

Las peras poseen una pul-pa blanca que sostiene unos fi-nos granos y un corazón central que guarda las semillas. Casi todas las peras son anchas y regordetas en la base y alar-gadas y más finas en su cuello. En cuanto al color hay que se-ñalar que las más frecuentes son las verdes y amarillas; sin embargo algunas especies po-seen un bonito color rojizo o bronce dorado.

Ideas para conservar

Cuando la pera está madura debe consumirse con rapidez; es una buena idea almacenarlas en la nevera para prolongar un poco su corta vida. Si, por el contrario, sólo encuentra dispo-nibles ejemplares que se palpen muy firmes al tacto, puede al-macenarlos en un frutero y esperar su maduración. Otra ma-nera de ayudarles a alcanzar la madurez es introducirlos en una bolsa de papel crudo de color marrón. En pocos días las peras estarán más blandas y apetitosas.

Saber comprar

La pera es una fruta esta-cional, lo que significa que no todas sus variedades están disponibles al mis-mo tiempo; por esa razón la oferta en nuestros paí-ses varía siguiendo el rit-mo de las cosechas en sus lugares de producción. Es-tar atentos a las estante-rías de frutas y aprovechar la variedad abundante es la mejor forma de obtener una pera de buena calidad.

Un aspecto básico para evaluar la calidad de la fruta es fijarse que su piel se encuentre en per-fectas condiciones porque la pera tiende a deteriorar-se con rapidez. Cuando ha pasado su mejor momen-to se vuelve harinosa, exce-sivamente blanda y desa-brida. Para comprobar su estado de maduración se debe presionar el extremo del tallo; si la fruta está a punto la pulpa debe ceder ligeramente pero mante-nerse firme.

Crudas y cocidas

En los países productores clasifican las peras en aque-llas aptas para cocinar (las que no pueden comerse crudas) y las que pueden consumirse frescas. En nues-tro caso la mayoría de las frutas que se importan son útiles para ambos usos y, más bien, es una cuestión de preferencias. Lo importante es que las peras sean sabrosas, tiernas y jugosas; si se ha cometido el error de comprar peras de calidad dudosa, conviene cocer-las y mejorar su gusto.

En general podemos comerlas frescas y disfrutar su valor nutritivo y gastronómico. Es un ingrediente amable y apetitoso en compañía de otras frutas, que-sos y un magnífico acompañamiento para las ensala-das. Quienes tienen la posibilidad de conseguir peras que no han sido congeladas ni tratadas con produc-tos químicos para su conservación, pueden utilizar la piel en las diferentes preparaciones; en países que no son productores es mejor no hacerlo.

Dulce acompañamiento

PORCIONES: 4

Un plato sencillo que puede contrastar con recetas de sabores más fuertes. Una receta baja en calorías y que refuerza nuestras necesidades de productos lácteos al día.

INGREDIENTES

4	peras medianas, maduras
280 g	de queso blanco (puede ser *mozzarella*)
1	taza de aceite (ojalá de oliva)
1	cucharada de mostaza
2	cucharadas de miel
$^1/_4$	de taza de vinagre
	Hojas de albahaca, cortadas en tiras
	Sal y pimienta al gusto

PREPARACIÓN

· **Lave** las peras y córtelas en sentido transversal, unos centímetros abajo del ápice. Con la ayuda de una cuchara retire el corazón y la pulpa procurando que no pierdan su forma.

· **Vierta** en un frasco limpio el aceite, la mostaza, la miel, el vinagre, la albahaca, la sal y pimienta. Agite para que los ingredientes se mezclen muy bien.

· **Rellene** la cavidad con el queso y bañe las peras con la vinagreta.

►Recetas culinarias

Peras en dulce

Un postre interesante para los hombres que deben vigilar la cantidad de sodio de los alimentos y cuidar los niveles de colesterol.

INGREDIENTES

6	peras firmes y maduras
1	taza de azúcar
1	ramita de canela
	Agua

PREPARACIÓN

· **Lave** muy bien las peras, pélelas y córtelas en trozos medianos o cubos.

· **En una olla** grande vierta una buena cantidad de agua, el azúcar y la canela. Cuando esta mezcla empiece a hervir, añada la fruta.

· **Tape** y deje cocinar a fuego lento entre 15 y 20 minutos hasta que el almíbar reduzca a la mitad o las peras estén blandas.

· **Deje enfriar** y sirva.

Receta básica y saludable

INGREDIENTES

4	peras maduras
2	cucharadas de jugo de limón
2	cucharadas de miel
	Hojas de hierbabuena o menta

PREPARACIÓN

· **Lave** la fruta, córtela en tajadas, retire el corazón y rállelas.

· **Mezcle** los demás ingredientes y cubra las peras con la salsa.

CONSERVAR EL COLOR

Al igual que muchas otras frutas la pera tiende a decolorarse una vez pelada. La forma más sencilla de conservar el tono blanco de la pulpa es untando la parte cortada con un poco de jugo de limón.

TÉCNICAS DE COCINA

Debido a que esta fruta suele ser tratada y cultivada con la ayuda de productos químicos, conviene lavarlas con cuidado. Cuando lo haga, primero páselas por el agua caliente y luego la fría. Lávelas únicamente cuando las vaya a usar.

CORTES DECORATIVOS

Al igual que la manzana, la pera puede cortarse de diversas maneras para dar la impresión profesional:

· En abanico. Pele la fruta, pártala por la mitad y retire el corazón. Córtela desde el tallo (sin retirarlo) hasta la base en tajadas delgadas. Separe las tajadas (que estarán unidas al tallo) y obtendrá un abanico.

· En anillos. Pele la fruta, retire el corazón por un extremo y corte en anillos.

· En trozos parejos. Corte las tajadas en forma de anillos gruesos y luego pique para obtener cubos o dados de similar tamaño.

Piña

La piña es considerada como la fruta de la hospitalidad.
Deliciosa y aromática combina muy bien en todo tipo de platos dulces y salados.

La piña es una fruta muy familiar para los habitantes del trópico. Aromática, sabrosa y económica, es un alimento versátil en la cocina gracias a su sabor ácido y dulce a la vez, que armoniza muy bien con todo tipo de platos dulces y salados. Existen muchas variedades de piñas que se diferencian por su tamaño, forma y sabor. La más común es de color naranja amarillento cuando está madura, de tamaño grande y pesada.

Esta fruta se caracteriza por su gran concentración de azúcar, su riqueza en vitaminas (especialmente C) y porque ofrece bromelina, una enzima muy valiosa que favorece la digestión. Utilizarla cruda favorece especialmente la salud y resulta un excelente complemento de comidas a base de carnes (la enzima se encarga de romper las estructuras proteicas de la carne y ayuda a hacer más liviano el proceso digestivo).

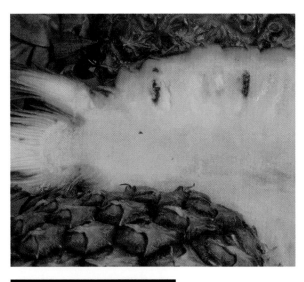

Presentación *gourmet*

La belleza de la piña es utilizada por muchos cocineros expertos para presentar diversos platos dulces y salados. Suele usarse con el penacho, cortada a lo largo y sin pulpa. La cavidad interior de la fruta se rellena con alimentos como frutos del mar, otras frutas, verduras y helados.

Las piñas más pequeñas quedan mejor si se cortan (al través) unos centímetros abajo del penacho. Después de retirada la pulpa, la parte superior donde se exhiben las hojas se utiliza de tapa. Se rellenan con frutas de colores vistosos y helados de tonalidades contrastantes.

Saber comprar

Para seleccionar la mejor fruta, fíjese en que la apariencia externa esté intacta; una magulladura puede ser razón suficiente para descartarla. El color debe ser amarillo o naranja, y su aroma perceptible al olfato. De igual forma, los "ojos" deben ser grandes.

La piña debe verse regordeta y al tomarla en las manos, sentirse pesada. El penacho será rígido y verde si la fruta está fresca. Evite las piñas que tengan manchas y marchitas las hojas del penacho.

Ideas para conservar

Tenga en cuenta que la piña no debe guardarse por mucho tiempo porque es delicada y se echa a perder con cierta facilidad. Sin embargo, si compró un ejemplar un tanto verde, puede esperar un tiempo mientras se madura. Por último, tenga en cuenta que esta fruta no soporta las bajas temperaturas y, por tanto, no debe refrigerarse entera.

Para congelar la piña debe hacerlo pelándola, retirándole el corazón y las partes que tengan signos de descomposición. Píquela y almacénela en recipientes plásticos que pueda tapar herméticamente o en una bolsa de plástico apta para la congelación. Algunos cocineros prefieren precocer la fruta picada con azúcar antes de congelarla; de esta manera tienen a mano la pulpa. Si opta por este último método de conservación, tenga en cuenta que la fruta al cocinarse pierde una porción de sus nutrientes.

▶Recetas culinarias

Bocaditos dulces de piña y zanahoria

Esta receta resulta muy atractiva para quienes están buscando incorporar mayor cantidad de fibra a su alimentación.

INGREDIENTES

500 g	de piña, en trozos pequeños
100 g	(4 onzas) de almendras molidas
1 kg	de zanahorias frescas, ralladas
2	latas de leche condensada
250 g	(9 onzas) de nueces, picadas
	Un poco de harina integral

PREPARACIÓN

· **Ponga** en una olla grande la piña, la zanahoria, las almendras y la leche condensada. Cocine a fuego lento hasta que la preparación se evapore un poco y al revolver se vea el fondo del recipiente. Continúe removiendo hasta que la mezcla pierda temperatura y esté tibia.

· **En una mesa** de trabajo espolvoree un poco de harina, ponga la masa y extiéndala con la ayuda del rodillo hasta que tenga más o menos un centímetro de espesor.

· **Cubra** la masa con las nueces y almendras, enrolle y envuelva con papel encerado.

· **Lleve** al refrigerador para que tome dureza. Sirva la masa fría y cortada en rodajas.

Especial de piña y pollo   PORCIONES: 4

¿Busca recetas con pocas calorías? Ensaye esta ensalada.

INGREDIENTES

3	rodajas de piña
¼	de pollo cocido
5	hojas de lechuga
2	cucharadas de aceite
1	cucharadita de vinagre
	Sal y pimienta al gusto

PREPARACIÓN

· **Retire** los huesos y piel del pollo y córtelo en trozos medianos.

· **Aparte** escurra la piña y córtela en cubos.

· **Lave** las hojas de lechuga y píquelas en trozos pequeños.

· **En una fuente** mezcle el pollo, la piña y la lechuga.

· **En el momento** de servir condimente con el aceite, el vinagre, la sal y la pimienta.

PIÑA DESHIDRATADA

Al igual que otras frutas la piña soporta muy bien el proceso de deshidratación. Si desea conservarla seca tenga en cuenta utilizarla bien madura. Debe pelarla y cortarla en rodajas delgadas. Utilice una fuente que pueda ir al horno y coloque encima una parrilla. Disponga las tajadas de piña una al lado de la otra sin que se toquen y lleve al horno a temperatura baja (unos 70° C) durante unas cuantas horas o hasta que estén secas.

TÉCNICA CULINARIA

Siempre que no necesite la cáscara de la piña como recipiente, este rápido método le ayudará a sacar el máximo provecho.

· Limpie la fruta, corte el penacho de hojas y la base. Pare la fruta en la mesa de trabajo y corte la cáscara de arriba abajo.

· Con la punta de un cuchillo pequeño retire los puntos marrones que hallan quedado en la pulpa. Corte rodajas en sentido transversal.

· Retire de cada rodaja el corazón con la ayuda de un cortador redondo.

RECUERDE

Por tratarse de una fruta baja en calorías resulta muy adecuada para las dietas de adelgazamiento. Una tajada de piña fresca antes de las comidas ayuda a realizar la digestión. Es ligeramente laxante y normaliza las funciones intestinales y pancreáticas. Una rodaja de piña al día brinda la mitad del magnesio que necesitamos diariamente.

BUENA ARMONÍA

El sabor ácido y dulce a la vez de esta fruta va muy bien con sabores especiados como el del jengibre, el curry, la canela, la pimienta y la vainilla. En cuanto a las frutas resulta agradable especialmente con el coco, el mango y el tamarindo. La sensación refrescante de la piña la hace una buena compañera de carnes como la de cerdo, cordero, aves y pescados.

Ensalada de piña, manzana y repollo   PORCIONES: 4 A 6

La piña posee grandes cualidades para la salud y brinda un sabor exótico a esta ensalada. Acompañe sus recetas de carne con esta ensalada y ayude a su digestión.

INGREDIENTES

- 2 tazas de piña cortada en cubos pequeños
- 2 tazas de manzana picada en cubos pequeños
- 2 tazas de repollo, picado
- 6 tazas de agua
- 1 y $^1/_2$ cucharaditas de sal

PARA LA VINAGRETA

- $^1/_3$ de taza de vinagre
- 1 cucharadita de sal
- $^1/_4$ de cucharadita de pimienta negra, molida
- $^1/_2$ cucharadita de mostaza
- 1 cucharada de azúcar

PREPARACIÓN

- **Parta** en dos el repollo y elimine las hojas exteriores. Elimine las venas gruesas de las hojas y córtelas en tiras delgadas. Llévelas a un colador y lávelas bajo el chorro de agua.
- **En una olla** ponga las 6 tazas de agua y la sal. Lleve a punto de ebullición y agregue el repollo; esto bajará la temperatura del líquido, así que mantenga la olla en el fuego para que hierva nuevamente. Cocine unos 4 a 5 minutos hasta que las hojas se ablanden y escúrralas.
- **En un frasco** de vidrio prepare la vinagreta. Ponga todos los ingredientes de la salsa y bata vigorosamente.
- **Mezcle** el repollo cocido con las frutas y la vinagreta. Refrigere entre 2 y 3 horas. Cuando vaya a servir deje la ensalada a temperatura ambiente y revuélvala antes de pasar a la mesa.

Uva

De colores que van desde el dorado y ambarino, pasando por el verde hasta el rosado, escarlata y negro, la uva identifica a una de las invenciones humanas más atractivas: el vino.

El racimo de uvas, con sus granos ordenados y armoniosos, es un espectáculo visual que ha inspirado a poetas, pintores, escultores y otros grandes artistas (un tanto anónimos porque se encontraban aplicando sus artes en la cocina). Seguramente debemos a estos últimos las maravillosas combinaciones y preparaciones con esta fruta y que se expresan en jugos, tortas, salsas, jarabes, ensaladas y maceradas en licor.

En los países productores de uva existen muchos tipos, tanto con semillas como sin ellas; de esta diversidad se destacan las moscatel, por su sabor perfumado y su néctar delicioso. Los libros especializados en la materia clasifican a esta legendaria fruta en tres clases:

Uvas blancas. Las hay de diversos tamaños y son de color amarillo y dorado verdoso. Sus formas son diferentes (redondas y alargadas) así como sus tamaños (pequeñas y medianas).

Uvas negras. Poseen distintas tonalidades que van del morado oscuro al carmesí. Las hay grandes y pequeñas, con y sin semillas y generalmente con piel más bien gruesa.

Uvas moscatel. Todas las variedades son de fruto grande y pueden ser de color verde claro o dorado, negras o rojas. La mejor de todas las uvas moscatel es la uva blanca.

Ideas para conservar

Las uvas en racimos son bastante delicadas y no resisten un largo almacenamiento. Conviene colocarlas en un frutero ubicado en un sitio fresco y seco; de esa manera durarán, como máximo, una semana. Si desea almacenarlas por más tiempo, entonces recurra a bolsas plásticas con cierre y guárdelas en el cajón de las verduras en la nevera o refrigerador (así durarán un máximo de dos semanas).

Las uvas pasas son una opción fácil de conservar en casa y que brindan un atractivo sabor a los platos donde se utilizan. Como se encuentran en los mercados muchas marcas de buena calidad y precio, no vale la pena tratar de secar la fruta en casa. Sin embargo les informamos a los curiosos que las uvas se secan en racimos colgados a la inversa (con el tallo para abajo) para que los granos queden aislados unos de otros.

SALSA DE UVAS PASAS

Una salsa que acompaña diversos platos dulces y salados.

Ponga a remojar 1 taza de uvas pasas en 2 tazas de agua durante 24 horas. Llévelas a la licuadora con $1/2$ taza del agua del remojo y procese hasta que la salsa quede cremosa.

Saber comprar

Las diferentes clases de uvas suelen llegar a nosotros de países como Chile, Argentina y Estados Unidos. La distancia geográfica, la época del año y las posibilidades que ofrece el mercado afectan su abundancia o escasez en los supermercados y tiendas de frutas y verduras.

Pero dejando de lado estos factores hay que concentrarse en la calidad de la fruta y fijarse en ciertos aspectos básicos. La mejor manera de valorar un racimo es probando alguna uva; su sabor y textura nos indica la calidad del resto. Quienes son conocedores de esta fruta señalan que un racimo perfecto es aquel que posee los granos de la misma forma y tamaño y conservan una cierta pelusilla. De igual forma observan que las uvas blancas deben lucir un tono un poco dorado (y no un verde parejo) y las negras una tonalidad libre de partes verdes.

Cuando compre uvas es importante observar que el racimo no posea ejemplares demasiado maduros; antes de pesar y de pagar, desprenda las que tengan manchas, estén blandas, ligeramente arrugadas o presenten moho. Evite los racimos con uvas muy pequeñas porque seguramente saldrán ácidas.

►Recetas culinarias

Galletas deliciosas   PORCIONES: 30 A 40 GALLETAS

Mantenga arriba la energía de niños y adultos activos con esta receta que aporta vitaminas, minerales y carbohidratos.

INGREDIENTES

1 $^1/_2$	tazas de harina integral (también puede emplear harina blanca)
$^1/_2$	taza de uvas pasas
1	cucharada de polvo de hornear
$^1/_2$	taza de aceite de girasol
2	cucharadas de azúcar morena
1	huevo
1	pizca de sal
	Cáscara de limón, rallada
	Azúcar en polvo

PREPARACIÓN

· **En un recipiente** grande mezcle poco a poco y amasando constantemente, todos lo ingredientes hasta formar una masa suave.

· **Extienda** la masa sobre una superficie enharinada y córtela de diversas formas. Puede utilizar los moldes de metal para hacer figuras interesantes para los niños.

· **Acomode** las galletas en una lata previamente engrasada y enharinada. Tenga en cuenta dejar un espacio entre una y otra para que no se peguen.

· **Hornee** a 180° C entre 15 y 20 minutos. Cuando las galletas estén frías puede espolvorear un poco de azúcar en polvo y darles un bonito aspecto.

▶Recetas culinarias

SERVIR LAS UVAS

En muchos países europeos se suelen servir al final de una comida solas o acompañadas con quesos blancos. También son ofrecidas en grandes recipientes con agua helada con algunos cubitos de hielo flotando; esta es una buena idea porque la baja temperatura acentúa el sabor refrescante de la fruta. Algunas preparaciones comunes donde se utilizan las uvas son los helados, mermeladas, jarabes y jugos. Como acompañamiento o guarnición es ideal para combinar con cierto tipos de pescados y patés. Combinan, además, con ensaladas, requesón, yogur y otras frutas.

PELAR Y RETIRAR LAS SEMILLAS

En caso de que quiera pelar fácilmente las uvas y retirarles las semillas siga los siguientes pasos.
· Retire las uvas del racimo y lávelas. Escurra y colóquelas en una fuente. Cúbralas con agua hirviendo y deje reposar unos 20 segundos. Escurra el agua caliente, enjuague con fría y pélelas.
· Las semillas se pueden retirar con un clip esterilizado que introducirá por el extremo de cada uva.

EL VINO

De todos los productos elaborados con esta fruta, el vino es el que se lleva la mención de honor. Las universidades, agencias de la salud y centros que cuidan de la nutrición señalan que el consumo regular y moderado de vino tinto beneficia la salud. Indican que dos copas para los hombres y una para las mujeres (si no están embarazadas) al día protegen el organismo y lo ayudan a estar en buenas condiciones. Señalan, además, que no se trata de cualquier vino sino de vino tinto fino, con alta presencia de polifenoles naturales (compuestos cuya estructura química los hace ser poderosos antioxidantes).

Ensalada tres sabores   PORCIONES: 2

Fácil de preparar, esta ensalada es baja en calorías, rica en nutrientes y agradable al paladar. Combina ingredientes interesantes y que renuevan el sabor de las ensaladas.

INGREDIENTES

1	pechuga de pollo grande, sin huesos ni piel
	Jugo de limón
1	taza de uvas rosadas
2	cucharadas de perejil, finamente picado
4	hojas de lechuga, en trozos

PARA LA SALSA

1	yogur descremado
2	cucharadas de jugo de naranja
2	cucharadas de apio, finamente picado
1 y$^1/_2$	cucharadas de nueces, picadas
	Sal al gusto

PREPARACIÓN

· **En una olla** grande ponga las pechugas de pollo y condimente con el jugo de limón y un poco de sal. Añada suficiente agua y cocine en olla tapada a fuego lento hasta que la carne esté tierna. Retire el pollo del caldo (que puede utilizar para alguna sopa, crema o salsa), deje enfriar y pique en cubos medianos.
· **En la fuente** de servir ponga el pollo y añada las uvas y el perejil. Coloque todo encima de las hojas de lechuga cortadas.
· **En un recipiente** aparte prepare la salsa. Mezcle el yogur, el jugo de naranja, el apio y la sal. Mezcle bien. Bañe el pollo con esta salsa o, si lo prefiere, llévela en una salsera para que cada quien aderece según su gusto. El último toque serán las nueces que deben espolvorearse por encima.

Ajo

En las culturas antiguas tanto el ajo, como la cebolla, fueron muy estimados por sus cualidades curativas, mágicas y culinarias. Hoy prevalece la idea de ser un condimento excepcional.

¿Qué sería de la cocina sin el ajo? Probablemente debería recurrir a una mezcla de diversos tipos de alimentos para obtener el gusto que nos ofrece el humilde diente de ajo. Su poderoso sabor enriquece el plato más sencillo y le confiere gran valor nutritivo y culinario. Las atractivas sustancias contenidas en este bulbo lo hacen un ingrediente primordial a la hora de preparar ensaladas, platos fuertes, salsas, sopas, huevos y pasabocas.

Son innumerables las posibilidades del ajo en materia culinaria. Muy por el contrario de lo que suele pensarse, su sabor y aroma no son siempre protagónicos en los platos donde se le utiliza; todo depende de la cantidad y forma de empleo. Las cocinas tradicionales de todo el mundo se benefician de las virtudes del ajo; la comida china no sería la misma sin la fragancia del jengibre y el ajo; y qué decir de la cocina india, sutil en mezclas y condimentos, o la de Europa meridional, famosa por la mezcla perfecta del aceite de oliva y el ajo. Los platos mexicanos también aprovechan las virtudes del ajo, al igual que muchas sabrosas preparaciones de toda América Latina.

¡Con ajo todo sabe mejor!

Las cualidades del ajo como condimento en la cocina han sido reconocidas desde tiempos remotos. En épocas donde se desconocían muchas de las especies que hoy tenemos instaladas en la despensa, se recurría al ajo para hacer más tentadores los menús de los antiguos. Hoy en día se le emplea cotidianamente en la mayoría de las preparaciones básicas de cualquier hogar. El arroz blanco tan apetecido en los países andinos, por ejemplo, suele llevar un diente de ajo; y si ampliáramos la lista, tendríamos que repasar millones de recetas sencillas donde un simple ajo es elemento fundamental en el gran arte de la culinaria.

Dentro de las muchas preparaciones que llevan ajo debemos destacar los aceites aromatizados; su elaboración es muy sencilla porque basta con añadir al aceite (de oliva, por ejemplo) unos dientes de ajo enteros o finamente picados y dejar reposar unos cuantos días. Si además desea enriquecer con otros aromas, se le puede añadir hierbas como el perfumado tomillo. Esta sencilla combinación armoniza con ensaladas, panes y se le puede agregar a otras preparaciones como pizzas, pastas y carnes.

Untado, cortado, machacado, infundido en aceite o simplemente picado sobre los platos, el ajo es un condimento fácil de utilizar, económico, sabroso y benéfico para la salud.

Saber comprar

Al comprar ajo prefiera las ristras, los saquitos de red o el bulbo completo, antes que su presentación en polvo o en pasta porque estos últimos no ofrecen los nutrientes valiosos de este gran condimento. Como es una verdura bastante apetecida, los comerciantes suelen abastecerla con bastante frecuencia lo que es una ventaja para quienes disfrutamos usándolo en la cocina. La alta rotación es sinónimo de frescura y, por tanto, es muy raro encontrar ajos marchitos y viejos.

Cuando compre ajo fíjese que el color sea blanco, gris, púrpura o rosado, los principales colores de este bulbo y que cambian según la variedad. Los dientes que conforman la cabeza del ajo deben palparse gruesos, regordetes y duros. El aroma es también una buena señal de su frescura; aquellos ejemplares que no exhalen ninguna fragancia no valen la pena.

Ideas para conservar

Cuando llegue del mercado con su suministro de ajos debe cuidarlos para que entreguen todos sus beneficios. Almacénelos en un lugar seco y aireado, pues con demasiada humedad empezarán a retoñar, es decir, le saldrán brotes; si además deben soportar mucho calor, el interior se convertirá en un polvo negro. Al igual que la cebolla, el ajo no resiste bien las bajas temperaturas y por consiguiente no conviene guardarlo refrigerado. En condiciones como las descritas el ajo blanco se conserva alrededor de seis meses.

▶Recetas culinarias

Filete de pescado al ajo

El sabor del pescado se ve enriquecido con los dientes de ajo. Este sencillo plato es delicioso y contribuye a controlar el colesterol "malo".

INGREDIENTES

500 g	de filete de congrio, mero o merluza
5	dientes de ajo, machacados
$\frac{1}{4}$	de taza de zumo de limón
	Cebolla cabezona picada, al gusto
	Perejil, al gusto
2	cucharadas de aceite de oliva
	Sal al gusto

PREPARACIÓN

- **Precaliente** el horno a 180° C.
- **En una fuente** mezcle el ajo, el limón, la cebolla, el perejil y la sal. Deje aparte.
- **Sobre un trozo** de papel aluminio coloque un filete de pescado y condiméntelo con la mezcla de ajos. Por último añada un poco de aceite de oliva. Repita la operación con los demás filetes. Envuelva el pescado con el papel aluminio para que no se salgan los jugos.
- **Disponga** los filetes en una fuente refractaria y lleve al horno de 15 a 20 minutos. Retire el papel antes de servir y aproveche los jugos para bañar el pescado antes de pasar a la mesa.

Otra salsa para pastas

Este plato utiliza camarones, ingrediente con buen contenido de vitamina A y D y minerales como el calcio, hierro, yodo y fósforo.

INGREDIENTES

4	dientes de ajo, picados
4	cucharadas de aceite de oliva
1	taza de crema de leche descremada
12	camarones limpios y hervidos
	Sal y pimienta al gusto
	Queso parmesano

PREPARACIÓN

- **En una sartén** sofría los ajos en el aceite. Añada la crema de leche, la sal y la pimienta y revuelva.
- **Vierta** sobre la preparación los camarones y cocine unos 3 a 4 minutos. Retire del fuego y bañe la pasta con esta salsa. Por último rocíe con queso parmesano.

Aderezo para ensaladas

Una salsa sencilla que combina muy bien con todo tipo de ensaladas de verduras. Es una preparación que conjuga las cualidades adelgazantes e hipotensoras del vinagre con el ajo y el aceite de oliva, dos grandes benefactores de las arterias.

INGREDIENTES

3	dientes de ajo
$\frac{1}{2}$	taza de aceite de oliva
$\frac{1}{2}$	taza de vinagre (ojalá de manzana)
$\frac{1}{2}$	taza de agua
4	hojas de albahaca
1	ramita de orégano
	Sal y pimienta al gusto

PREPARACIÓN

- **En un frasco** de vidrio ponga todos los ingredientes y bata con energía. Refrigere esta salsa hasta el momento de utilizarla.

TRUCOS CON AJO

¿Este bulbo le produce indigestión?
- Entonces retírele el germen verde de su interior y evitará esas molestias.

- Haga cualquier ensalada más atractiva y úntele ajo a la ensaladera donde la va a servir.

¿Desea intensificar el sabor del ajo?
- Córtelo en rodajas finas para se exhale con facilidad sus aceites aromáticos.

TRUCO DE COCINEROS

Normalmente pelar los ajos es un poco dispendioso. Para facilitar esta tarea ponga el ajo sobre un superficie sólida y plana; apoye encima del ajo la parte ancha de un cuchillo y dele un golpe seco.

Espaguetis con atún y ajo

PORCIONES: 4

Sugerimos espaguetis en esta receta pero se puede emplear cualquier tipo de pasta. Un plato nutritivo, con un elevado valor de proteínas, vitaminas y minerales que puede resultar interesante para aquellos que atraviesan un período de convalecencia.

INGREDIENTES

$^1/_2$ kilo (500 g) de espaguetis
4   dientes de ajo, machacados
6   cucharadas de aceite de oliva
4   cucharadas de vino blanco
1   lata de atún, en agua
15   aceitunas negras, picadas
    Jugo de limón
    Queso parmesano, rallado
    Sal y pimienta, al gusto

PREPARACIÓN

- **La pasta** se debe preparar siguiendo las instrucciones del fabricante.

- **Para elaborar** la salsa debe utilizar una sartén grande en donde pondrá el aceite. Dore los ajos y mezcle los demás ingredientes (con excepción del jugo de limón y el queso parmesano). Tenga en cuenta que el atún se debe escurrir y desechar el agua de la lata.

- **Una recomendación**: no cocine esta salsa en exceso; más bien se trata de calentar los ingredientes.

- **Cuando la pasta** esté lista escúrrala y luego vuélquela en la sartén donde elaboró la salsa y revuelva. Añada el jugo de limón, el queso y sirva inmediatamente.

Apio

Toda la familia se puede beneficiar de los nutrientes y el poderoso sabor del apio.
Un alimento para quienes se encuentran bajo estrés,
desean tener más energía o requieren mejorar la concentración.

Cocido, en ensalada, en sopa o puré, el apio es una verdura muy útil en la cocina. Su principal atractivo está en el delicado aroma que transmite a los platos donde se lo utiliza. En ensaladas es un ingrediente destacado porque mejora el sabor de ciertas hortalizas de gusto más simple. Combina bien con ciertas frutas de sabores delicados y suaves como, por ejemplo, la manzana.

El apio puede tener una coloración blanca lo que significa que ha sido blanqueado durante su proceso de crecimiento en el cultivo o que pertenece a una variedad que tiene naturalmente ese color. Las variedades blancas son apreciadas por su sabor menos amargo y textura tierna. Sin embargo, es más usual encontrar en los mercados apios de tallos y hojas verdes, sabor aromático y textura crujiente.

Ideas para conservar

Cuando llegue a casa con un apio verde, sano y firme, conserve sus propiedades colocándolo en el cajón de las verduras dentro del refrigerador. Es mejor envolverlo en una bolsa plástica para que su fragante olor no pase a otros alimentos. El tiempo máximo de conservación de esta verdura en las condiciones ya mencionadas es de ocho días; sin embargo, desde el punto de vista de los nutrientes, conviene comerlo antes de ese tiempo.

Antes de almacenarlo límpielo un poco con un cepillo firme para retirar la tierra que suele adherirse a los tallos.

Si por alguna razón el apio se marchitó ligeramente puede intentar revitalizarlo envolviéndolo en papel (blanco, sin impresión de ningún tipo) y sumergiéndolo en un recipiente con agua bien fría. Esta hortaliza también es susceptible de congelar; el primer paso para hacerlo es limpiar los tallos muy bien, retirar las hojas, cortar la punta y la base y sumergirlo en agua caliente unos 5 minutos. Una vez frío se coloca en bolsas plásticas y se congela.

Sabor y armonía

El sabor tan especial del apio es muy apetecido en diversas preparaciones. Solo y aderezado con alguna salsa (por ejemplo con mayonesa cuya receta incluimos en la página 112) es delicioso para cualquier momento del día. Quienes desean conservar la línea e incluso bajar unos kilos, pueden aficionarse a esta verdura y aprovechar su efecto adelgazante.

El jugo de apio es también nutritivo y saludable. Combina muy bien con otras verduras y frutas y su preparación es muy sencilla. El apio crudo, además, se integra bien con el queso; picado muy fino y mezclado con requesón brinda un sabor especial a los sánduches. También interviene en preparaciones más elaboradas como sopas, cremas y cocidos de aves y carnes rojas.

PREPARAR EL APIO

· Separe los tallos uno a uno hasta obtener la cantidad deseada.
· Corte el extremo que lleva las hojas y utilícelas para dar sabor a caldos y sopas.
· Retire los hilos duros de los tallos con la ayuda de un cuchillo; empiece por la base para facilitar el trabajo.
· Por último, lávelos y córtelos en trozos.

Saber comprar

Esta verdura se encuentra disponible prácticamente durante todo el año lo que es una ventaja en cuanto a precio y calidad. Prefiera siempre los tallos cortos (entre 20 y 25 cm de largo), de color verde pálido, textura firme y carnosa. Las hojas también nos indican la frescura de la hortaliza; los ejemplares de hojas marchitas y que tienden a ser amarillentas no deben elegirse porque, probablemente, están un poco viejos. Cuando un apio está verdaderamente fresco, al cortarlo debe de gotear un poco.

En algunos mercados ofrecen bandejas con tallos de apio cortados, lavados y envueltos en papel plástico transparente. Aunque pueden tener una bonita presentación conviene más buscar los apios con hojas y tallos exteriores porque indican la calidad y frescura del producto.

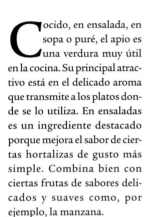

▶Recetas culinarias

Crema de apio
PORCIONES: 4 a 6

Una crema deliciosa, que contribuye a relajar el sistema nervioso. Una receta ideal para confortarnos y vigorizarnos.

INGREDIENTES

4	tazas de apio limpio y cortado en trozos
2	tazas de arvejas verdes, lavadas *(si no tiene disponible la arveja, puede sustituirla por 1 taza de papa)*
2	dientes de ajo
1	rama de cebolla larga
8	tazas de agua
1	rama de cilantro (opcional)
	Sal y pimienta al gusto

PREPARACIÓN

· **Ponga** a calentar el agua junto con la cebolla, la rama de cilantro y los ajos. Cuando el agua llegue a punto de ebullición agregue la arveja y el apio.

· **Deje** cocinar entre 15 y 20 minutos a fuego medio. Unos 10 minutos después agregue la sal y la pimienta al gusto. Cuando la verdura esté tierna, retire del fuego y deje enfriar.

· **Lleve** a la licuadora y procese. Cuele antes de volver a calentar y sirva. Si lo desea puede decorar con cubitos de pan tostado o crema de leche baja en grasa.

▶Recetas culinarias

Arroz al apio y curry

PORCIONES: 4

El apio regala su sabor a este plato de inspiración oriental bajo en calorías. Una receta diferente para variar el menú de toda la familia o para acompañar algún plato en ocasiones especiales.

INGREDIENTES

2	cucharadas de aceite
3	tazas de apio, picado
1	cebolla mediana
1	cucharadita de polvo curry
1	cucharadita de comino
1	cucharadita de jengibre fresco, rallado
$^1/_2$	cucharadita de polvo de mostaza
1	taza de arroz integral (ojalá de grano largo), lavado y seco
1 y $^3/_4$	de taza de agua hirviendo
$^1/_3$	de taza de nueces
$^1/_3$	de taza de uvas pasas

PREPARACIÓN

· **En una sartén** grande caliente el aceite y añada el apio, la cebolla y las especias. Cocine a fuego medio de 2 a 3 minutos. Añada el arroz y revuelva durante un minuto.

· **En una olla** aparte mezcle el agua y la sal; agregue los vegetales y el arroz, mezcle bien y tape. Cocine a fuego lento entre 40 y 50 minutos o hasta que el agua sea absorbida. Recuerde que el arroz no debe revolverse una vez se ha tapado y empieza a secarse.

· **Las nueces** las puede tostar un poco en el horno (200° C durante 10 minutos) hasta que comiencen a oscurecer. Cuando el arroz esté a punto, añada las nueces y las uvas pasas. Integre estos ingredientes al arroz con la ayuda de un tenedor; cubra la olla y deje al vapor durante 5 minutos antes de pasar a la mesa.

Mayonesa baja en grasa

INGREDIENTES

2	cucharadas de queso blanco descremado
1	cucharada de yogur natural
1	cucharada de jugo de limón
1	huevo duro
1	cucharada de cebolla larga, finamente picada
	Unas gotas de salsa de ají
	Sal y pimienta al gusto

PREPARACIÓN

· **Lleve** a la licuadora todos lo ingredientes y procese hasta obtener una crema suave y homogénea.

· **Refrigere** unas dos horas antes de servir.

¡BUENA IDEA!

Utilice las hojas del apio para darle un sabor más sabroso a las sopas y cremas. En el momento de la preparación del caldo básico agregue estas hojas y deje hervir hasta que estén tiernas. Si las emplea en crema lícuelas junto con los demás ingredientes; si se trata de una sopa, puede retirarlas al momento de servir.

IDEAS PARA COMBINAR

El sabor del apio armoniza muy bien con ciertas frutas y verduras. Nuestras sugerencias son:

MANZANA
PAPAYA
TORONJA
NARANJA
UVAS PASAS
ACELGA
TOMATE
PIMENTÓN

COCINAR EL APIO

Si desea cocinar el apio conservando al máximo sus nutrientes, hágalo al vapor y sólo durante el tiempo suficiente para romper las fibras. Utilice muy poca agua para evitar que las sustancias benéficas y el sabor se pierdan en el líquido.

COCINA

Berenjena

La berenjena llegó hace relativamente poco a los mercados andinos y lentamente ha ido ganando terreno en nuestras mesas. Esta exótica hortaliza es un ingrediente ideal para incluir en recetas reservadas para ocasiones especiales.

Aún hoy sigue siendo un misterio cuál es el verdadero origen de la berenjena; lo más cercano que han llegado los investigadores es a señalar que ésta se encuentra en el sur de Asia. Sin embargo se sabe que esta verdura desciende de formas silvestres muy frecuentes hoy en países como India y China y que tenía la forma y el color de un huevo de gallina, como se refleja en su denominación inglesa (*eggplant*). Llevada a Europa en el siglo XIII por mercaderes árabes, al principio no fue muy bien recibida, y sólo hacia finales del siglo XIV se empezó a utilizar como planta ornamental y como ingrediente de cocina.

La berenjena puede lucir colores diversos, como rojo, amarillo e incluso blanco, pero la clase más popular en todo el mundo es la que ofrece un brillante color negro o violeta oscuro. Puede ser alargada y gruesa como un dirigible o de forma ovalada, casi redonda. El sabor de este fruto es ligeramente acre y por esa razón suele desamargarse antes de emplearlo en las diferentes recetas. Aunque no existe una tradición en la preparación y consumo de la berenjena en la región andina, vale la pena explorar las cualidades de este fruto que algunos han llamado "el caviar de los pobres" (refiriéndose al puré).

Algunas técnicas culinarias

Las berenjenas de tamaño promedio suelen ser un tanto amargas. Por esa razón se les hace un sencillo tratamiento que consiste en tajarlas, salarlas y dejarlas reposar en un colador durante media hora para que salgan sus líquidos de gusto acre. Posteriormente se deben lavar para retirar el exceso de sal y secar.

En general no se acostumbra pelarlas porque la piel contribuye a darles su gusto característico y brinda un toque de color. Además, si se desean rellenar, la piel evita que pierdan la forma. En los platos en que se emplea en puré la manera más fácil de pelarlas es cocinarlas con la cáscara sobre el fuego o en el horno hasta que ésta se rompa; más tarde se retira la pulpa con una cuchara.

Ideas para conservar

Conviene comprar las berenjenas que se van a consumir con rapidez porque no es un fruto que resista demasiado tiempo el almacenamiento. Cuando llegue a casa guarde la berenjena refrigerada en los cajones de la nevera para que el frío le llegue más atenuado.

Saber comprar

Si no está familiarizado con esta bonita verdura, aquí le damos algunas indicaciones básicas. Lo primero que debe observar (como en las demás verduras) es su aspecto y calidad de la piel. Esta debe ser suave lisa y sana, sin zonas ásperas o esponjosas y libre de manchas marrones. Llévese a casa las más pesadas con relación a su tamaño que suelen tener, además, los canales de semillas más pequeños. Asimismo descarte las demasiado maduras, pues su sabor se vuelve picante, y las de tamaño excesivo porque son más secas.

NUTRIENTES
(por 100 g de pulpa)

CALORÍAS	16,56
PROTEÍNAS (G)	1,24
CARBOHIDRATOS (G)	2,66
FIBRA (G)	1,37
POTASIO (MG)	210
CALCIO (MG)	13,1
FÓSFORO (MG)	21,4
VITAMINA C (MG)	5
FOLATOS (MCG)	16
PROVITAMINA A (MCG)	5,17

▶Recetas culinarias

Caviar de berenjena   PORCIONES: 10 A 15

De textura suave, sabor intenso y elaboración sencilla, este caviar se verá estupendo en pasabocas o como entrada. Puede servirse con pan tostado, galletas o canapés. Bajo en grasa, es un plato apropiado para quienes vigilan el colesterol y la línea.

INGREDIENTES

- 3   **berenjenas medianas**
- 4   **cucharadas de aceite de oliva**
- 3   **cucharadas de aceitunas negras, deshuesadas y picadas**
- 1   **diente de ajo, machacado**
- 2   **cucharaditas de cebollina fresca, picada**
- $^1/_2$ **cucharadita de polvo de pimentón**

PREPARACIÓN

- **Limpie** las berenjenas, córtelas por la mitad a lo largo y unte la parte del corte con un poco de aceite; condimente con sal y pimienta.
- **Ponga** la verdura en una fuente y lleve al horno a temperatura media durante unos 30 minutos o hasta que estén tiernas. Retire del horno, séquelas un poco y separe la pulpa.
- **Corte** la pulpa en trozos y mézclela con las aceitunas, el ajo y la cebollina (guardando un poco de ésta última para decorar). Integre los ingredientes y, con la ayuda de un tenedor, trate de triturar la pulpa de la berenjena para que adquiera una consistencia de puré.
- **Añada** el aceite restante poco a poco y continúe batiendo; agregue el polvo de pimentón y verifique el gusto. Si lo considera necesario añada más sal y pimienta.
- **Refrigere** por una hora antes de servir.

Técnica para hornear

La forma de la berenjena afecta su forma de cocción. Para asegurar un horneado parejo de la pulpa, haga unos cortes a lo largo y otros a lo ancho (en forma de cruz) antes de introducir al horno. También puede aromatizarla introduciendo unas rebanadas finas de ajo entre los cortes de la pulpa.

BUENAS COMBINACIONES

La delicada y suave pulpa de la berenjena absorbe muy bien los sabores de otros ingredientes, especialmente si se cocina a fuego lento y en cocciones largas. Armoniza estupendamente con el aceite de oliva, las aceitunas, el tomate, el calabacín, el ajo, el pimentón, la cebolla y el queso. Es importante recordar que esta hortaliza se debe consumir en su estado óptimo de maduración.

OTROS NOMBRES
PEPINO MORADO
MANZANA DE AMOR
NOMBRE CIENTÍFICO
SOLANUM MELONGENA
EN INGLÉS
EGGPLANT
AUBERGINE

Ratatouille

PORCIONES: 6 A 8

Este guiso es un plato típico de la ciudad mediterránea de Niza, Francia, y se le considera una de las grandes recetas de esa región. Es un plato saludable que mezcla sabor y color perfectamente.

INGREDIENTES

1	berenjena grande
³/₄	de taza de aceite (ojalá de oliva)
8	tomates (para salsa), maduros
2	cebollas cabezonas
3	dientes de ajo
2	pimentones (de distintos colores)
2	tazas de calabacines
	Pimienta, recién molida
	Sal al gusto

PREPARACIÓN

· **En una olla,** caliente la mitad del aceite. Pele y corte los tomates en cubos y cocínelos lentamente.

· **Aparte,** pele las cebollas y córtelas en rodajas gruesas; pele y pique el ajo en rodajas; corte los pimentones en tiras o cubos (desechando el corazón y las semillas). Pique los calabacines en rodajas de unos 5 mm de espesor. Por último, corte la berenjena en rodajas y luego cada una en cuartos.

· **Caliente** el aceite restante en una olla de fondo grueso y añada las cebollas y el ajo; fría lentamente. Cuando las cebollas estén blandas incorpore los pimentones, luego los calabacines y, por último, la berenjena. Condimente con sal y pimienta y continúe la cocción (siempre a fuego lento).

· **Cuando** las verduras empiecen a ablandar y luzcan brillantes agregue los tomates que a esta altura de la cocción tendrán una textura de salsa. Mezcle muy bien y constantemente para evitar que la *ratatouille* se pegue.

· **Esta receta** estará a punto cuando todas las verduras estén blandas y tiernas; el plato final debe lucir suculento y algo líquido.

C O C I N A

Brócoli

Considerado un alimento perfecto, el brócoli ofrece gran cantidad de nutrientes
que se pueden conservar mediante una adecuada cocción.

Se puede creer que el brócoli es un vegetal de co-
lor verde únicamente,
porque es la variedad que más
aceptación ha tenido en las cocinas de todo el mundo y, por
lo tanto, la más común en tiendas y supermercados. Sin embargo, aunque más raras y
menos apetitosas, existen otras
clases de coloraciones moradas
y blancas.

El brócoli morado, que parece tan extraño, era un plato
frecuente en las mesas de los
antiguos romanos quienes lo
consumían cocido en vino y
aderezado con aceite y otros
condimentos. Hoy en día esta
clase de brócoli aún se encuentra en las mesas italianas, donde una vez cocinados se sirven
enteros, con los ramilletes sueltos y rociados con mantequilla.
En cuanto al blanco, aún más
raro, se prepara de la misma
manera.

Con el brócoli verde o ca-
labrés la cosa es diferente. Es
una verdura muy apreciada en
la cocina de los países andinos,
que ha sabido mezclarla con ingredientes autóctonos como,
por ejemplo, las diversas clases
de papas. El brócoli tiene un
bonito color verde azulado que
no pierde durante la cocción
(caso contrario al brócoli morado que tiende a ponerse verde); los ramilletes son grandes
y se unen en los tallos gruesos
y suculentos.

El sabor de esta planta es
muy particular y sensible a los
elementos químicos con que
suelen cultivarla. Para compro-
barlo cocine un brócoli orgánico y uno tratado con sustancias
químicos y es seguro que nota-
rá la diferencia. La verdadera
naturaleza de esta plata y su riqueza gastronómica y nutritiva se pierden cuando no es
cultivada adecuadamente.

Ideas para conservar

Compre sólo la cantidad que necesite porque esta verdura no
resiste bien los largos almacenamientos (cuatro a cinco días
como máximo). Cuando la lleve a casa guárdela en la bandeja
de las verduras de su nevera o refrigerador para que no esté
expuesta de forma directa a las bajas temperaturas; también
puede guardar el brócoli en una bolsa plástica y refrigerar.
Tenga en cuenta que, como máximo, esta hortaliza se conserva perfecta por una semana; trascurrido este tiempo los brotes pueden marchitarse y lucir puntas amarillas. Además, pierde gran parte de su sabor y valor nutritivo.

El brócoli es perfectamente congelable; si lo hace tenga en
cuenta que conviene escaldar la verdura durante tres minutos,
pasarla por agua fría inmediatamente, guardarla en bolsas
plásticas y después congelar. El brócoli que se encuentra en el
comercio con el rótulo de "ultracongelado" casi siempre mantiene intactos sus importantes nutrientes.

Saber comprar

Hace algunos años era
muy difícil encontrar esta
verdura en los supermer-
cados. Hoy, gracias a la
tenacidad de los cultiva-
dores, está disponible
todo el año. Siempre que
tenga la oportunidad, llévese a casa un tallo de
brócoli y disfrute de sus
innumerables cualidades.
Prefiera el brócoli de ramilletes firmes y compac-
tos, con flores pequeñas
de tono verde oscuro y
hojas frescas.

Evite adquirir los que
estén descoloridos o
amarillentos, los que presenten flores entre los ramilletes o tengan el tallo
blando porque significa
que tienen muchos días o
han sido cose-
chados muy
tarde.

Alimento estrella

Esta verdura es muy útil para enriquecer el sabor de las ensaladas
y los diferentes platos principales del menú semanal. Su gusto,
que recuerda al del espárrago, es aceptado por la mayoría de las
personas. Crudo o cocido es un bocadillo muy saludable para los
pequeños que pueden tomar la verdura con facilidad y explorar
su sabor mientras juegan.

Siempre que se consuma crudo o cocido al vapor, el brócoli
nos ayuda a mantener el organismo saludable. Se considera un
alimento estrella por su contenido de vitaminas (como la C que
es un poderoso antioxidante) y minerales, y por sus efectos positivos y protectores. Recuerde que cocinarlo por demasiado tiempo hace que se pierda sus cualidades nutritivas.

►Recetas culinarias

Crema de brócoli

PORCIONES: 6

Un plato liviano donde se concentran las esencias de verduras y hierbas y que conviene especialmente a los abuelos por su fácil digestión.

INGREDIENTES

2	tazas de brócoli
$^1/_2$	cebolla cabezona
1	zanahoria pequeña
1	rama mediana de apio con sus hojas
1	diente de ajo
1	taza de salsa bechamel
2	tazas de caldo de pollo
$^1/_2$	cucharadita de pimienta roja o de Cayena
	Sal al gusto

PREPARACIÓN

· **Limpie** las verduras, córtelas en trozos medianos y cocínelas en el caldo de pollo hasta que estén tiernas, unos 10 minutos aproximadamente.

· **Terminada** la cocción, vierta la verdura con un poco del caldo a la licuadora y procese. Lleve la preparación de nuevo a la olla que contiene el caldo y agregue la salsa bechamel. Revuelva y sirva bien caliente.

Nota: si lo desea puede poner un poco de crema de leche descremada para adornar la preparación.

►Recetas culinarias

La mezcla de la pasta con las verduras vibrantes y crujientes hacen de esta receta una opción sabrosa y nutritiva. Un plato adecuado para toda la familia porque brinda energía, vitaminas y minerales y es bajo en calorías.

INGREDIENTES

1	brócoli grande
3	cucharadas de aceite vegetal (ojalá de oliva)
2	calabacines, en rodajas
3	dientes de ajo, picados
2	cucharadas de mantequilla
$^1/_2$	taza de caldo de pollo
	Sal y pimienta al gusto
1	paquete de fetuccine, cocidos y escurridos

PREPARACIÓN

- **Lave** y corte el brócoli en ramilletes pequeños (tamaño bocado). Cocínelo al vapor durante unos minutos hasta que esté un poco tierno. Escúrralo, enjuáguelo en agua corriente fría y resérvelo.
- **En una sartén** grande caliente el aceite a temperatura media. Sofría los calabacines cortados durante unos 4 minutos.
- **Agregue** el ajo y la mantequilla. Revuelva los ingredientes y cocine durante 2 minutos más.
- **Incorpore** el brócoli y el caldo de pollo; mezcle bien y sazone con sal y pimienta. Deje que la mezcla se cocine a fuego lento 3 minutos más y tiene lista la salsa.
- **Conviene** cocinar la pasta siguiendo las instrucciones del fabricante. El último paso será incorporar las verduras a los fettucinis y pasar a la mesa.

USOS COMUNES

Las ramitas pequeñas del brócoli puede utilizarse como acompañamiento o guarnición. Su sabor característico hacen que sea una verdura consumida cocida y condimentada con aceite y vinagre. Rehogado junto con algunos mariscos es delicioso; en forma de pastel o como crema bien caliente.

Este acompañamiento es bajo en calorías y rico en vitaminas A, del grupo B y C; minerales como el magnesio, fósforo, hierro y potasio. Es un plato que apoya el metabolismo y cuida de la salud del corazón y los riñones.

INGREDIENTES

1	brócoli pequeño
2	papas grandes
12	aceitunas negras, sin semilla
2	zanahorias
	Vinagreta casera

PREPARACIÓN

- **Para hacer** verdaderamente nutritivo y sabroso este plano es importante tener en cuenta que el brócoli debe cocerse adecuadamente. Siga las instrucciones del recuadro.
- **Aparte cocine** las papas con piel para evitar que sus nutrientes queden en el agua de la cocción. Una vez blandas, pélelas y córtelas en cubos. Lave y pele las zanahorias y rállelas.
- **En una fuente** grande mezcle las verduras con las aceitunas. Condimente con sal y pimienta. Por último bañe la ensalada con la vinagreta casera.

IDEAL PARA SOPA

Una de las preparaciones que quedan más sabrosas con brócoli son las sopas y cremas. Se emplean especialmente los ramilletes, aunque los tallos (leñosos de sabor menos atractivo) le dan más cuerpo a la crema. Una comida apropiada para días fríos porque ayuda a prevenir gripas y resfriados.

COCINA PARA NIÑOS

El brócoli es un vegetal saludable y apropiado para el consumo infantil. El puré de brócoli, solo o acompañado de otro ingrediente (por ejemplo papa), es un plato que puede ofrecer al bebé que está empezando a ingerir nuevos alimentos en su dienta. Más grandecitos disfrutarán de esta hortaliza mezclada con pasta, pollo, sopas y otras verduras.

COCINA

Calabaza

Una planta que enriquece el sabor de las comidas y brinda color a cualquier preparación.

El tono naranja de su pulpa nos indica su riqueza en carotenos,

un ingrediente que apoya el sistema inmunológico.

La familia de la calabaza es tan extensa y útil en la cocina que podría escribirse un libro entero sobre sus virtudes culinarias y para la salud. Es un fruto disponible en diversos tamaños, colores y grados de sabor. Algunas variedades de piel blanda se consumen cuando están tiernas; otras, las favoritas de la región andina, poseen mejor sabor cuando se han dejado madurar lentamente hasta obtener una pulpa consistente, dulce y de acentuado color.

La calabaza común es de gran tamaño, pulpa anaranjada, piel gruesa de color naranja con manchas verdes y suele venderse en porciones. Es un ingrediente ampliamente utilizado en la cocina y existen tantas recetas como países productores de este fruto. Sopas, cremas, purés, pasta rellena (ravioles y canelones, por ejemplo), guisos, pasteles y dulces, son algunos de los platos más frecuentes.

Las semillas de calabaza también son un plato apreciado por los naturistas y vegetarianos, pues se las considera un bocado ideal entre comidas que no crea problemas con el peso. Contienen vitaminas y minerales que ayudan a la obtención de energía. También se pueden utilizar mezcladas con otros frutos secos o triturarlas para darles un toque especial a las ensaladas.

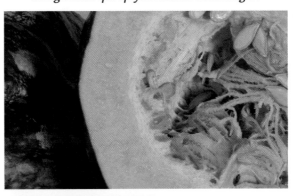

Trabajar con auyama

Siempre que vaya a trabajar con una calabaza entera conviene limpiar la cáscara con un trapo húmedo antes de cortarla. Es necesario pelarla y retirarle filamentos y semillas. Para cocerla es más práctico cortar la pulpa en trozos de igual tamaño para que se ablanden al mismo tiempo. Se debe cocer en agua hirviendo con un poco de sal durante unos diez o veinte minutos. Luego se escurre y se trabaja según lo indique la receta.

La auyama también se puede asar al horno, siempre que su tamaño lo permita. La mejor manera de lograr un cocimiento parejo es partiéndola por la mitad (transversalmente), sin pelarla y a temperatura más bien alta; se puede tomar alrededor de una hora en ablandar. Para emplearla en las recetas se debe separar la cáscara de la pulpa.

Ideas para conservar

Una calabaza entera está protegida por su gruesa cáscara de los elementos externos y hace que dure meses en perfectas condiciones; deben almacenarse en un lugar fresco y oscuro y algunos autores recomiendan colgarlas del techo.

Los pedazos que se adquieren en los supermercados, en cambio, deben refrigerarse y consumirse con prontitud. Primero por la pérdida de nutrientes y, segundo por que es un fruto que se deshidrata con cierta rapidez y pierde con facilidad su sabor y textura firme.

Saber comprar

La mejor forma de asegurar que una calabaza contenga todos sus nutrientes es comprándola entera. Esto puede ser un poco exagerado para algunos porque la cantidad de pulpa excede las necesidades del hogar; sería una buena idea compartir la compra con alguien más y utilizar la verdura el mismo día en que es partida. La piel de la auyama debe ser gruesa y dura; libre de golpes y puntos blandos. La carne debe ser de color anaranjado y firme al tacto. Por último, fíjese si el tamaño corresponde al peso. De todas maneras comprarla por pedazos, como suele ofrecerse en tiendas y supermercados, supone un ahorro de dinero y una ventaja para quienes requieren una menor cantidad del fruto, si bien no ofrece la misma cantidad de vitaminas, minerales y otros nutrientes.

▶Recetas culinarias

Puré de calabaza
PORCIONES: 4 A 6

Un acompañamiento lleno de vitaminas y minerales que va muy bien en recetas que incluyan carnes o platos de verduras.

INGREDIENTES

2	tazas de pulpa de calabaza común (unos 750 gramos)
1	taza de arvejas verdes
1	taza de agua
	Sal y pimienta al gusto

PREPARACIÓN

· **En una olla** ponga el agua y una canastilla perforada (puede ser la de escurrir pasta). Cocine al vapor la pulpa de calabaza a fuego medio durante 15 minutos o hasta que ablande.

· **Aparte** cocine también al vapor las arvejas hasta que estén tiernas.

· **Escurra** ambas verduras por separado. Con la ayuda de un tenedor triture la calabaza cocida hasta que quede con una consistencia de puré.

· **En otro recipiente** mezcle el puré de calabaza con la arveja cocida. Añada sal y pimienta al gusto.

· **Al momento** de servir, caliente este delicioso puré a fuego bajo.

Papilla de calabaza para bebés
RACIONES: 8

Esta receta es muy utilizada para los pequeños de seis meses en adelante por ser fuente de betacaroteno. Combina muy bien con el puré de manzana y de pera.

INGREDIENTES

500 g de calabaza

PREPARACIÓN

· **Cocine** la pulpa de calabaza al vapor hasta que esté muy tierna.

· **Aplaste** la carne con la ayuda de un tenedor. Si lo necesita, puede añadir un poco de agua de la cocción.

· **Ofrezca** la papilla tibia sola o mezclada con otros purés.

· **Ponga** el resto de las raciones en cubetas para hielo y congele.

PREPARAR CALABAZA

Cuando trabajamos con calabaza de piel y carne tiernas, lo más sencillo es cortarla longitudinalmente por la mitad y retirar con una cuchara semillas y pulpa.
Si, por el contrario adquirimos una de piel y carne firmes, conviene partirla por la mitad, extraer las semillas y cortarla en trozos con la ayuda de un cuchillo.

SOPAS Y CREMAS MÁS PROVOCATIVAS

Las sopas y cremas densas y nutritivas pueden enriquecerse con distintas semillas y frutos secos como semillas de girasol, almendras, nueces, maní o avellanas. El plato lucirá diferente y el sabor será más original.

Postre de calabaza

INGREDIENTES

1	calabaza mediana
2	cucharadas de aceite
2	cucharadas de miel
1	pizca de canela

PREPARACIÓN

· **Limpie** la calabaza, córtela al medio (transversalmente), retire la semillas y los filamentos.

· **Unte** el aceite en la pulpa y vierta la miel en la cavidad. Rocíe con canela.

· **Lleve** al horno sobre una fuente para hornear y cocine a 200° C, hasta que la calabaza esté tierna (más o menos durante una hora). Añada de tanto en tanto más miel mientras esta verdura está en el horno.

¿CALABAZA CRUDA?

Siempre que encuentre una variedad de calabaza bien madura y de color intenso, puede utilizarla para hacer una ensalada de verduras crudas mixtas. Sugerimos rallarla junto con zanahorias, tomates, cebolla y ajo. Esta mezcla combina bien con hierbas como el romero (pulverizado para que las hojas no molesten) y aderezada con aceite vegetal.

Crema de calabaza o auyama   PORCIONES: 4 A 6

Apetitosa, provocativa por su color y suave al paladar, esta crema es una de las favoritas en la región andina. La calabaza es un fruto que conviene a personas con algunos problemas gástricos.

INGREDIENTES

2	tazas de pulpa de calabaza común (unos 750 gramos)
2	papas medianas, peladas
2	dientes de ajo
1	rama de cebolla larga
8	tazas de agua
250 g	($^1/_2$ libra) de costilla de res, muy magra
	Sal y pimienta al gusto

PREPARACIÓN

· **En una olla** grande ponga a calentar el agua junto la costilla, el ajo y la cebolla. Cocine a fuego medio entre 25 y 30 minutos. Trate de retirar la grasa, si ésta aparece en la superficie del caldo.

· **Añada** la papa y la calabaza cortadas en trozos. Condimente con sal y pimienta. Cocine durante 10 minutos o hasta que la auyama esté tierna.

· **Deje** enfriar y retire la costilla. Los restantes ingredientes se licuan en el caldo hasta obtener una crema homogénea y espesa. Vuelva a calentar y sirva decorada con trozos de pan tostado o con un chorrito de crema de leche baja en grasa.

Cebolla

Imprescindibles en cualquier cocina, la familia de las cebollas enriquece
desde el plato más sencillo hasta el más sofisticado

Condimento y verdura a la vez, la familia de las cebollas ocupo un lugar destacado en las cocinas del mundo. Son muy pocos los platos verdaderamente sabrosos que no se conciben con una base de cebollas picadas o cortadas, y escasas las recetas saladas donde en algún momento de su elaboración el sabor único de la cebolla no les brinda un gusto encantador.

Existen diversas clases de cebollas que intentaremos resumir para facilitar la labor de compra, selección y conservación. En líneas generales podemos decir que esta planta se califica como una hierba no muy alta, de pocas hojas y con un olor intenso y característico. Las más populares y comunes en los mercados son las siguientes.

· *Cebolla cabezona, amarilla o arbórea.* Es la más común y constituye aproximadamente el 75% de la producción mundial. Ha sido calificada como la "excéntrica" de la familia, por sus bulbos subterráneos y aéreos (posee bulbos en lugar de flores).

· *Cebolla roja o italiana.* También se conoce popularmente como cebolla morada. Luce diferentes formas (redondeadas y oblongas) y tiene un sabor algo dulce. Su piel es fina y su carne rojiza y suave.

· *Cebolla larga, junca, de verdeo o tierna.* Se destaca por no producir un bulbo puesto que todo el cuerpo de la planta o pie es de igual diámetro. Posee un sabor suave y delicado.

· *Cebolla puerro o ajo porro.* Sus hojas son planas y posee un sabor más delicado que las demás cebollas. En cocina se utiliza especialmente en la preparación de sopas, caldos y guisos.

· *Cebollino, cebolleta o cebollín.* Puede ser la más pequeña de la familia, pero su tamaño no impide que sea calificada como la de mejor sabor. Se emplea picado o cortado muy fino en ensaladas, papas cocidas, queso blanco, huevos, pescados, cremas o como hierba aromática.

Ideas para conservar

Las cebollas redondas se deben guardar en un lugar fresco y seco. También pueden introducirse (bien secas) en bolsas de papel en la nevera. Las bolsas plásticas no resultan muy adecuadas pues tienden a ponerlas blandas.

En cuanto a la cebolla larga, se pueden dejar secar un poco en algún lugar ventilado y fresco del hogar, cortar las hojas y guardar los tallos en frascos de vidrio; una vez tapado el recipiente se puede almacenar en el refrigerador. Conviene no refrigerar la cebolla picada porque en el momento en que se corta ésta empieza a perder sabor y nutrientes.

Saber comprar

Para escoger las cebollas redondas tenga en cuenta que deben sentirse firmes al tacto. También es importante que la piel se vea sin magulladuras o manchas. Una garantía de frescura es un intenso olor.

Cuando compre la cebolla larga o junca, fíjese que presente un color blanco y que sus hojas se vean muy verdes. Evite comprar cebollas que posean el tallo de color rosado, síntoma de que están pasadas; observe las raíces: si no están amarillas y se ven secas, es porque no están muy frescas. Los puerros deben ser gruesos, firmes y con hojas rectas y duras; al igual que la cebolla larga, el tallo debe estar impecable y sin señales de deterioro. Por último, los cebollinos o cebollín deben seleccionarse por su aspecto sano, su color verde oscuro y su agradable olor.

UN TOQUE DE SABOR

El cebollino, cebolleta o cebollín brinda un sabor suave y delicado a muchas salsas, quesos y *dips*. Es un ingrediente que se puede mezclar con facilidad con estas preparaciones. Acompañe sus entremeses (palitos de apio, zanahoria, galletas integrales o tostadas) con, por ejemplo, un queso blando bajo en grasa mezclado con cebollinos picados.

Hígado con cebollas

PORCIONES: 4

Dos ingredientes que armonizan perfectamente y ayudan a las personas que padecen decaimiento y anemia. El hígado es rico en nutrientes esenciales y la cebolla brinda sabor, aceites y azufre.

INGREDIENTES

- 4 **filetes de hígado de res (unos 500 g)**
- 1 **taza de cebolla cabezona, cortada en trozos**
  Aceite vegetal
  Perejil (opcional)
  Pimienta (opcional)

PREPARACIÓN

· **Lave** bien los filetes de hígado y retíreles la tela que los cubre. Seque con un paño de cocina.

· **Corte** la cebolla cabezona en trozos más bien grandes.

· **En una sartén** vierta un poco de aceite y caliente a fuego medio. Agregue los trozos de cebolla y cocine unos minutos hasta que empiecen a dorar.

· **Añada** el hígado y remuévalo mientras va cambiando de color. Tape la preparación, baje el fuego al mínimo y cocine hasta que la carne esté lista. Si lo desea puede añadir un poco de sal y al momento de servir rociar un poco de perejil picado finamente.

►Recetas culinarias

Filetes de res en salsa de cebolla   PORCIONES: 4

*La carne de res es un alimento rico en hierro, proteínas, zinc
y vitaminas del grupo B.*

INGREDIENTES

8	filetes o medallones de res de 2,5 cm de grueso
2	cebollas cabezonas medianas, en tajadas delgadas
$^1/_2$	taza de vino blanco seco (puede sustituirlo por vinagre)
200ml	(un poco menos de una taza) de caldo de res o de verduras
	Sal y pimienta al gusto
1	cucharada de aceite vegetal
2	dientes de ajo, machacados
1	cucharadita de salsa de soya

PREPARACIÓN

· **Es importante** que la carne utilizada sea lo más magra posible, de modo que lo primero para hacer en esta receta es eliminar la grasa que pueda traer el filete. Condimente con la pimienta y un ajo. Caliente una plancha metálica y ponga los medallones de carne. Deje que se sellen primero de un lado y —agregue la sal cuando les de vuelta— luego del otro. Coloque en una fuente refractaria.

· **En una sartén** ponga el aceite a calentar y añada la cebolla; condimente con un poco de sal, pimienta y ajo. Cocine ligeramente, lleve los ingredientes al vaso de la licuadora y procese. Añada el caldo de res tibio, el vino y la salsa de soya. Continúe batiendo. Una vez se obtiene una salsa homogénea, llévela a la sartén y cocine un poco. Verifique la sazón y si lo cree necesario, condimente un poco más.

· **Bañe** los filetes colocados en la refractaria con esta salsa; tape o cubra con papel de aluminio. Lleve al horno precalentado a 200° C durante unos 10 minutos. Se puede alargar o acortar este tiempo, dependiendo de su gusto. La carne no debe cocerse en exceso porque pierde jugosidad y nutrientes.

Caldo básico de res

INGREDIENTES

1 y $^1/_2$	kilos de huesos de ternera o res
1	cebolla cortada en cuatro
1	cebolla puerro, picada
1	tallo de apio con hojas, picado
2	zanahorias, cortada en trozos
12	tazas (3 litros) de agua
1	ramillete de hierbas (tomillo, laurel, perejil)
1	cucharadita de granos de pimienta

PREPARACIÓN

· **En una fuente** para hornear coloque los huesos y áselos a 230° C durante 20 minutos. Añada las verduras y continúe la cocción por 20 minutos más. Retire la grasa que pudo haber salido y reemplácela por un poco de agua.

· **Ponga** los huesos y verduras en una olla y agregue los restantes ingredientes. Cocine a fuego lento entre 2 y 3 horas. De tanto en tanto retire el exceso de grasa. Por último cuele el caldo presionando los ingredientes sólidos contra el colador para extraer todas las sustancias.

· **Si lo desea**, puede congelar este caldo en cubetas para hielo de manera que pueda calcular más fácil las cantidades.

Sopa de cebolla   PORCIONES: 4

Un magnífico plato para la buena salud del sistema digestivo.

INGREDIENTES

3	cebollas cabezonas medianas
3	cucharadas de aceite de oliva
4	tazas de caldo vegetal
2	cucharaditas de soya
25 g	de harina de trigo

PREPARACIÓN

· **Corte** las cebollas en tajadas delgadas. Caliente el aceite y rehogue por 10 minutos revolviendo para que no se peguen. Deben quedar transparentes.

· **Agregue** el caldo y la salsa de soya; revuelva. Cocine entre 15 y 20 minutos a fuego lento. Cuele el caldo y añada la harina. Mezcle bien y vuelva a juntar las cebollas y el caldo. Revuelva y cocine 5 minutos más.

RECUERDE

Las cebollas son un gran aliado de la salud y una fuente de sabor en la cocina. Cuando se emplea cocida pierde alrededor de un 27% de ácido ascórbico original (vitamina C) después de pasados cinco minutos de hervor. Por esa razón si desea aprovechar sus nutrientes e intenso gusto consúmalas crudas en platos como ensaladas.

COCINA

Espinaca

Una verdura que acompaña bien casi cualquier alimento.

Sus cualidades nutritivas la hacen atractiva para todos los miembros de la familia

Existen muchas variedades que pueden diferenciarse por el tamaño y textura de sus hojas. La más común en nuestros mercados es la tipo *savoy*, de hojas muy crujientes. La espinaca y otras crucíferas (como la coliflor, la col o repollo, el brócoli, etcétera) son verduras muy nutritivas, que contienen gran cantidad de vitaminas y minerales y también aportan proteínas a la dieta.

Esta verdura se presta para la elaboración de muchos platos. Las hojas muy tiernas son apropiadas para la elaboración de ensaladas y resultan deliciosas mezcladas con frutas. También son estupendas cocidas y sirven de acompañamiento suave y delicioso de platos más sustanciosos como, por ejemplo, las carnes. Pueden, además, constituir un plato principal si se las prepara en tortillas, como relleno de ciertas pastas (ravioles, canelones, crepes, pasteles y tartas, entre otros). La sopas y cremas a base de espinaca son agradables al paladar y amables con el estómago.

Ideas para conservar

Como ya hemos mencionado anteriormente esta hortaliza es muy delicada y resiste muy poco tiempo el almacenamiento. Siempre que llegue con ella a su casa guárdela refrigerada en una bolsa plástica perforada. No la conserve en la nevera o refrigerador más de cuatro días pues pierde sabor y, al contrario, tiende a volverse ácida.

Las preparaciones elaboradas con espinaca deben consumirse el mismo día. De manera que si le sobró alguna porción a lo largo de día aprovéchela antes de que empiece su descomposición. En ese sentido es recomendable no recalentar ni guardar los "sobrados" que contienen espinaca.

EL ABECÉ DE LA PASTA

El atractivo de la pasta alimenticia radica en la materia prima porque se elabora a partir del tamizado de las sémolas de trigo duro, rico en sales minerales, proteínas y vitaminas. Aquellas que se preparan a base de trigo blando no poseen las mismas cualidades. Por lo anterior es necesario fijarse en el empaque; las de calidad superior se elaboran exclusivamente con sémola de trigo duro.

¡BUENA IDEA!

Bríndele a sus ensaladas un acabado más atractivo. Lave las hojas, enróllelas y corte en tiras delgadas. Mezcle con otras verduras de hojas verdes o con frutas como la piña, la pera, la naranja, el mango, las uvas.

Saber comprar

Prefiera siempre las espinacas que luzcan un bonito color verde en sus hojas y que, al tocarlas, se sientan crujientes. Los tallos, sólidos al tacto, no deben ser excesivamente largos. La planta debe estar libre de picaduras, magulladuras, hojas marchitas o con señales de descomposición.

Esta verdura suele venderse en atados o manojos que varían de uno a otro. Es preferible adquirir la espinaca en esta presentación por la simple razón de que es fácil observar su estado general. Aquellas que se ofrecen en bolsas plásticas son más difíciles de evaluar aunque, en ocasiones, son de buena calidad. En algunas tiendas se ofrecen las espinacas congeladas lo que puede resultar muy práctico pero poco nutritivo.

Curiosamente esta verdura tiene grandes defensores pero también acérrimos detractores. El punto de discusión no son los contenidos nutricionales de la planta sino su rápido deterioro. La espinaca es una verdura muy delicada y con el tiempo afloran el ácido oxálico, sustancia que inhibe la absorción del calcio en el intestino. Sin embargo hay que decir que siempre que encuentre una espinaca fresca y ojalá cultivada orgánicamente, puede aprovechar su sabor y propiedades.

▶Recetas culinarias

Torta de pescado y espinacas
PORCIONES: 4

Proteínas, vitaminas y minerales es lo que vamos a encontrar en este plato. Una opción para toda la familia y una forma distinta de aprovechar estos magníficos ingredientes.

INGREDIENTES

500 g	de pescado, picado en trozos
2	tazas de espinacas cocidas al vapor y picadas
3	zanahorias, en puré
1	cebolla mediana, picada finamente
1	diente de ajo, machacado
4	claras de huevo
	Nuez moscada en polvo
	Un poco de aceite vegetal
1	cucharada de perejil
	Sal y pimienta al gusto

PREPARACIÓN

- **En una sartén** ponga un poco de aceite, caliente a fuego medio y agregue la cebolla. Deje aparte.
- **En una fuente** coloque el pescado, la mitad de la cebolla rehogada, el ajo, el perejil y mezcle bien a la vez que condimenta con sal y pimienta.
- **En un recipiente** diferente ponga las espinacas, la otra mitad de las cebollas y el puré de zanahorias. Aliñe con sal, pimienta y nuez moscada.
- **Bata** las claras de huevo a punto de nieve; la mitad de las claras se deben mezclar con la preparación de pescado y la otra mitad con la de espinaca. Integre suavemente (con movimientos envolventes) para no perder el aire de las claras batidas.
- **Engrase** un molde cuadrado y estrecho con aceite. Vierta primero el pescado y encima la espinaca. Lleve al horno y cocine a fuego lento o moderado y al baño María por unos 50 minutos. Antes de retirar del horno compruebe la cocción introduciendo un cuchillo (debe salir limpio). Sirva bien caliente.

Tortilla de espinacas para niños

INGREDIENTES

1	taza de espinacas hervidas al vapor
6	huevos
$^1/_2$	cebolla cabezona, picada
	Aceite
	Sal
	Pimienta

PREPARACIÓN

- **Dore** la cebolla picada en un poco de aceite; cuando esté transparente agregue las espinacas escurridas y picadas; cocine durante 1 minuto.
- **Aparte** bata los huevos y condimente con sal y pimienta.
- **Mezcle** la preparación de espinacas y la de huevos.
- **Vierta** la mezcla en una sartén untada con aceite. Cocine a fuego lento y con tapa. Cuando empiece a dorar de un lado, dele vuelta a la tortilla para que cocine del otro.

TRABAJAR CON ESPINACAS

Esta verdura tiende a perder mucho líquido en la cocción. Una buena guía para todo cocinero es calcular unos 225 g de la verdura cruda por persona. Cuando se trabaja con espinacas lo usual es retirar los tallos y, si están duros, las nervaduras centrales de cada hoja. Después se lavan muy bien procurando sumergirlas en un recipiente con agua y cambiando el líquido varias veces. La mejor forma de cocerlas es al vapor y por poco tiempo

CONSERVAR EL COLOR

Obtenga espinacas brillantes y coloridas. Cocínelas al vapor en poca agua durante unos 8 o 10 minutos. Después páselas por agua muy fría, con cubos de hielo y, por último, escurra.

¡BUENA IDEA!

Bríndele a sus ensaladas un acabado más atractivo. Lave las hojas, enróllelas y corte en tiras delgadas. Mezcle con otras verduras de hojas verdes o con frutas como la piña, la pera, la naranja, el mango, las uvas.

Pasta con salsa de espinacas   PORCIONES: 4

*Una receta interesante por su contenido de vitaminas (A y C) y minerales
(como el hierro y el calcio) para personas anémicas o con problemas
de artritis y osteoporosis.*

INGREDIENTES

500g (1 paquete) de espaguetis o la pasta que prefiera
$^1/_2$ **cebolla cabezona, picada**
4   **dientes de ajo**
2   **tazas de espinacas, hervidas al vapor y picadas**
1   **ramita de perejil (opcional)**
        Queso rallado
        Queso *mozzarella*
        Sal y pimienta al gusto

PREPARACIÓN

·   **Lo más atractivo** de la receta es, por supuesto, la salsa. Para
    hacerla tome una sartén y caliente a fuego medio el aceite.
    Añada la cebolla, el ajo, la espinaca y el perejil, si lo va a utili-
    zar. Rehogue brevemente, unos 10 minutos como máximo.
·   **Cocine** la pasta según las instrucciones de fabricante. Re-
    cuerde que según sea su elección, ésta tiene diferentes tiem-
    pos de cocción. Una vez logre una consistencia "al dente"
    escurra el agua salada.
·   **Condimente** con la salsa de espinacas y agregue un poco de
    sal y pimienta si lo desea. Mezcle bien y añada el queso ralla-
    do y la *mozzarella*.
·   **Lleve** al horno a temperatura media durante 5 minutos para
    que los quesos se derritan y sirva.

C O C I N A

Lechuga

La lechuga estimula el apetito y por eso se le considera ideal como entrada.

Posee, además, un 95% de agua lo que explica esa sensación refrescante que nos deja en la boca.

La lechuga es la reina de las ensaladas porque es allí, cruda y fresca, donde despliega sus excelentes cualidades gastronómicas y luce sus hermosos colores. Esta es la razón por la cual incluimos en esta sección dos ensaladas imaginativas, delicadas y sabrosas. Para los curiosos debemos hacer una aclaración y es que esta verdura se puede cocinar, brasear o utilizar como envoltorio para rellenos de carnes y otras verduras.

Las lechugas varían muchísimo en cuanto a tamaño y consistencia, y aunque hay diversos tipos de lechuga arrepollada, desde las blandas hasta las muy crujientes, las más frecuentes para nosotros son:

· *Variedad de cabeza blanda*, cuyas hojas son más bien flojas, no muy apretadas y delicadas.

· *Lechuga común, de cabeza, batavia o iceberg*, que posee una consistencia crujiente y tiene el aspecto de un cogollo de repollo o de col muy apretado.

· *La lechuga de cabeza suelta*, cuyas hojas tienen la misma forma de un repollo pero sin el núcleo central. Las hojas suelen ser crespas y en lugar de hacerse más compactas hacia el centro, parten de éste, abriéndose hacia afuera.

Trabajar con lechugas

Las diferentes variedades de lechugas son muy apreciadas por su frescura, alto contenido de agua y bajo valor energético. La mejor forma de aprovechar sus cualidades es consumiéndola fresca para lo cual es importante una adecuada limpieza, lavando hoja por hoja. También se pueden poner a remojar en un litro de agua con cinco gotas de cloro durante una hora y después enjuagar muy bien.

Después del baño, viene el secado; escurra las hojas de lechuga en un colador o utilice el método de las abuelas, que consiste en secarlas con un paño o limpión de cocina y darles pequeños golpes. Recuerde que la lechuga debe estar perfectamente seca en el momento de preparar cualquier ensalada.

Ideas para conservar

Cuando llegue con una lechuga fresca a su hogar es útil cortarle un poco del tallo y ponerla en una fuente con un poco de agua. Si dispone de espacio suficiente, puede conservar la planta refrigerada con ese poco de agua; esta es la manera como conservan las verduras en las estanterías de algunas tiendas de comestibles.

Si no tiene espacio, lo mejor es envolver la verdura con plástico o introducirla en una bolsa del mismo material. Como se trata de una planta delicada, conviene comprar poca cantidad y utilizarla lo más rápido posible; una lechuga se conserva entre 4 y 5 días en la nevera.

Saber comprar

Los tonos de las lechugas frescas cambian según la variedad y pueden ir desde el verde muy pálido al verde intenso; incluso hay algunas que lucen colores más fuertes como los tonos del morado. Más que el porcentaje del color, lo importante al momento de elegir una lechuga es observar que se encuentre tersa, con las hojas sin marchitar y con el cogollo apretado. Las hojas deben estar crujientes, libres de picaduras de insectos o de puntos negros que señalen una cierta descomposición.

En algunos lugares brindan al comprador la oportunidad de adquirir verduras cultivadas orgánicamente. La lechuga es una verdura apetecida por una serie de plagas y, por tanto, una de las hortalizas más fumigadas con elementos químicos.

¡BUENA IDEA!

En ocasiones encontramos que las hojas de la lechuga no están tan crujientes como deseamos. Devuélvales su consistencia dejándolas un buen rato en agua con cubos de hielo para que las hojas recuperen su firmeza.

ENRIQUEZCA SU ENSALADA DE LECHUGA CON

SEMILLAS DE AJONJOLÍ · CUBOS DE PAN INTEGRAL TOSTADO · FRUTOS SECOS COMO NUECES, MANÍ, ALMENDRAS · CUBOS DE QUESO · TAJADAS DE CARNES FRÍAS · MANOJOS DE HIERBAS (COMO CEBOLLINA PICADA, ALBAHACA, HIERBABUENA O MENTA) · FLORES COMESTIBLES

Ensalada sorpresa

PORCIONES: 4

Quienes deseen reforzar la cantidad de calcio (892.95 mg por porción)
pueden apoyarse en esta sencilla y deliciosa ensalada.

INGREDIENTES

2	tazas de lechuga romana, picada
2	tazas de lechuga común o batavia, picada
2	tazas de lechuga morada (u otra variedad)
200 g	de queso manchego o parmesano (en tajada)
200 g	de queso campesino, en cubos
200 g	de queso amarillo blando, en cubos
2	cucharadas de cebollino
1	taza de yogur natural bajo en grasa
$^1/_2$	cucharada de estragón seco
3	cucharadas de perejil, finamente picado
	Sal al gusto

PREPARACIÓN

· **Lave** muy bien las lechugas antes de escurrir y cortar en trozos o tiras. Acomódelas en una ensaladera grande.

· **El queso manchego** lo puede cortar en cubos pero si elige el
parmesano será más fácil cortarlo en tajadas delgadas. Mezcle los quesos y las lechugas.

· **Vierta** el yogur en el vaso de la licuadora y añada un chorro
de vinagre. Procese a baja velocidad y mezcle los restantes
ingredientes. Bañe la ensalada con esta salsa al momento de
servir.

▶Recetas culinarias

Ensalada con manzana

Un acompañamiento refrescante y sabroso para quienes desean bajar de peso sin sacrificar el sabor.

INGREDIENTES

2	**tazas de hojas de lechuga**
2	**tazas de hojas de espinaca**
2	**manzanas verdes**
1	**taza de uvas pasas**
1	**taza de uchuvas**

PARA LA SALSA

2	**manzanas verdes**
	Limón al gusto
2	**cucharadas de azúcar**
1	**taza de agua**
$^1/_2$	**taza de crema de leche baja en grasa**
	Sal y pimienta al gusto

PREPARACIÓN

· **Lave** muy bien las hojas de las verduras, escúrralas y córtelas en trozos medianos. Limpie la manzana y córtela en cascos delgados; si lo desea incluya la piel. Lave y escurra las uchuvas.

· **En una ensaladera** mezcle la lechuga, la espinaca, las manzanas, las uchuvas y las uvas pasas.

· **Prepare** la salsa: lleve al vaso de la licuadora las manzanas (previamente lavadas y cortadas en trozos), un poco de jugo de limón, el azúcar y el agua. Procese hasta obtener una salsa homogénea. Caliente esta salsa a fuego bajo; permita que hierva unos 6 u 8 minutos, revolviendo de tanto en tanto. Retire del fuego y deje enfriar. Por último incorpore los restantes ingredientes. Sirva la ensalada bañada con esta salsa o, si lo desea, en una salsera para que cada quien ajuste la cantidad a sus preferencias.

LA ENSALADERA

Por lo general se trata de un recipiente hondo, ligeramente acampanado que se acompaña con cubiertos de madera, de plata o elementos rústicos como el cacho. Debe seleccionarse dependiendo del tipo de ensalada, rústica o más refinada; los recipientes de madera van muy bien con las ensaladas verdes muy sazonadas porque permiten que los ingredientes se remuevan con facilidad. Los de vidrio son más adecuados para ensaladas compuestas donde se resalten los colores de los ingredientes.

BUENAS COMBINACIONES

ENSALADA MIXTA
Lechuga, tomate y cebolla.

ENSALADA CAMPESTRE
Lechuga morada crespa, pepino cohombro, tomate y champiñones.

ENSALADA PRIMAVERA
Lechuga verde crespa, aguacate, manzana o pera, uvas pasas, fresas.

ENSALADA CÉSAR
Lechuga romana, queso parmesano, cubos de pan tostado, salsa de anchoas, huevo, aceite y condimentos.

ENSALADA *NIÇOISE*
Lechuga, tomate, cebolla, habichuela, pimentón, anchoas, atún, huevo duro, aceitunas negras.

Maíz

Toda América es rica en variedades de maíz que van desde las de gran tamaño con suculentos granos, hasta las pequeñas mazorcas de colores maravillosos.

El maíz es una planta anual de gran tamaño que produce unas largas y angostas hojas que crecen de forma opuesta, desde el tallo. Las variedades de maíz generalmente se asocian con su uso culinario pero la clasificación más precisa es aquella que analiza la forma del tejido que recubre los granos. Este concepto se aclara cuando se enumeran los cinco grandes tipos:

· *Maíz reventador (pop corn,* en inglés). El grano, pequeño y de forma esférica, presenta un centro harinoso, mientras el tejido que lo recubre es duro.

· *Maíz duro.* Similar al anterior pero con grano de mayor tamaño. Se produce en áreas donde se requiere tolerancia al frío o donde las condiciones de germinación resultan pobres.

· *Maíz blando.* La harina de este maíz, forma preferida para el consumo humano, consiste en una fécula ligera con la cual se preparan diversas comidas: directa (o entera) o en arepas, tortillas, tamales y bebidas.

· *Maíz dentado.* Es el más utilizado como materia básica para la elaboración de aceite, alcohol y miel, entre otros productos.

· *Maíz dulce.* Variedad originaria de Estados Unidos de composición diferente a la de los anteriores, más parecido a algunas plantas como la papa.

Ideas para conservar

Cuando lleve a casa unas mazorcas de granos tiernos y frescos utilícelas con rapidez: cuanto más pronto las consuma después de haber sido cosechadas, tanto mas tiernas y sabrosas. Si desea aprovechar su sabor unos días después, tenga la precaución de guardarlas refrigeradas; esta verdura resiste dos o tres días en la nevera sin perder sus cualidades esenciales.

Cuando ponga las mazorcas en el refrigerador procure darles espacio y no apilarlas unas encima de las otras porque se deterioran con más rapidez. También puede retirar las hojas que la cubren y envolverlas en una bolsa plástica.

Más usos culinarios

Los maíces tiernos saben mejor y conservan sus nutrientes si se cocinan en agua con un poco de sal. El maíz duro nace, en realidad, tierno y se deja secar para más tarde moler y obtener una harina. Esta es la base para la elaboración de sopas, arepas, tortillas, tamales, pan de maíz, chicha y mute (un plato regional de la zona cundiboyacense de Colombia pero que también es popular en otras áreas de la región andina).

Una mención especial merece la mazamorra. En algunas regiones consiste en el grano amarillo cocido y escurrido que se mezcla con leche y se acompaña con panela. Otro tipo de mazamorra es la famosa mazamorra "chiquita" que emplea en su elaboración el maíz molido mezclado con habas, arveja, fríjol rojo, vísceras de res, cebolla, hierbas y ajo.

Existen tantas recetas que involucran el maíz como regiones hay en América. Cada pueblo ha desarrollado diversas técnicas y preparaciones, algunas de ellas muy antiguas, incluso de la época precolombina. Tratar de enumerarlas es imposible así como muy difícil describir su sabor y composición nutricional. De todas maneras debemos resaltar que este es uno de los grandes tesoros de nuestra América.

Saber comprar

Si tiene la oportunidad de comprar las mazorcas envueltas en las hojas donde nacieron hágalo porque este "envase natural" hace que se conserven muy bien. Compruebe que los granos estén bien formados, rechonchos y llenos de jugo. Esto es más fácil saberlo si se pellizca un grano. Las mazorcas que ofrecen granos arrugados no están frescas y hay que evitarlas. Las barbas que cuelgan de la envoltura del maíz deben estar sedosas y brillantes, de un color marrón dorado; no deben estar enredadas ni mostrar rastros de humedad.

Es frecuente encontrar el maíz desgranado en bandejas dispuestas en los supermercados. Siempre que esté tierno y su empaque haya sido reciente, es una buena opción. De todas formas la mejor manera de obtener los nutrientes es comprando la mazorca entera.

►Recetas culinarias

Sopa vigorosa
PORCIONES: 4 A 6

Una sabrosa comida en un solo plato. Buena fuente de carbohidratos, vitaminas y minerales ideales para los adolescentes y abuelos que no deben vigilar los niveles de sodio.

INGREDIENTES

2	cucharadas de aceite vegetal (ojalá de oliva)
1	zanahoria mediana, pelada y picada
1	tallo de apio, picado
1	cebolla mediana, picada
1	diente de ajo, picado finamente
1	hoja de laurel
1	pizca de hebras de azafrán (opcional)
1	taza generosa de maíz en grano entero cocido y escurrido
4	tazas de caldo de pollo
1	cucharadita de sal
$^1/_2$	cucharadita de pimienta blanca
$^1/_2$	cucharadita de pimienta de cayena
4	cucharadas de perejil fresco, picado (opcional)

PREPARACIÓN

· **En una olla** grande caliente el aceite a temperatura media y agregue la zanahoria, el apio, la cebolla, el ajo, el laurel y el azafrán. Cocine durante unos 10 minutos (revolviendo de tanto en tanto) hasta que las verduras se ablanden un poco.

· **Vierta** en la olla el caldo de pollo y el maíz; mezcle muy bien. Lleve a punto de ebullición y después reduzca la temperatura al mínimo. Cocine esta sopa durante 5 a 7 minutos o hasta que note que los ingredientes están suaves.

· **Retire** la hoja de laurel y ponga la sopa en el vaso de la licuadora o procesador. Licue hasta notar que los ingredientes adquieren una consistencia cremosa.

· **Lleve** la crema de nuevo a la olla y continúe la cocción a fuego medio hasta que la sopa se caliente uniformemente.

· **Añada** los condimentos y revuelva. Sirva en los platos y esparza en perejil por encima antes de pasar a la mesa.

Envueltos de maíz
PORCIONES: 8 A 10 ENVUELTOS

INGREDIENTES

15	mazorcas medianas tiernas
$^1/_2$	libra (250 g) de queso blanco
$^1/_2$	taza de azúcar
$^1/_4$	de libra (125 g) de mantequilla

PREPARACIÓN

· **Muela** la mazorca utilizando el molino o la licuadora (debe quedar muy cremosa); ponga esta masa cremosa en un recipiente y agregue el azúcar, la mantequilla y el queso rallado. Revuelva muy bien los ingredientes.

· **En las hojas** de maíz coloque dos cucharadas de la masa. Dóblela cuidadosamente.

· **Cocine** al vapor en una olla con agua caliente durante 1 hora. Se pueden comer calientes o fríos.

HOJAS DE MAÍZ

Las hojas que envuelven la mazorca son utilizadas en muchos platos regionales de gran sabor y originalidad. Algunos de los más famosos son los envueltos; se emplean las hojas secas, se rellenan con masa de maíz y se atan con cordeles o se doblan cuidadosamente. Este ropaje le brinda un sabor más intenso y delicioso.

Delicia de maíz y atún

PORCIONES: 4 a 6

Considerado como un gran alimento, el maíz aporta muchas vitaminas
y minerales como hierro, potasio y calcio.

INGREDIENTES

1	taza de harina de maíz
¹/₂	taza de atún en lata (en agua)
¹/₂	taza de queso *mozarella*
¹/₄	taza de queso parmesano
2	tazas de agua
1	cucharadita de sal
2	cucharadas de aceite de girasol

PREPARACIÓN

· **Aliste** todos los ingredientes; escurra el atún del líquido de la conserva y desmenúcelo. Corte el queso *mozarella* en tajadas delgadas.

· **En una olla** ponga a calentar el agua con la sal y 1 cucharada de aceite. Cuando el líquido empiece a hervir agregue poco a poco la harina de maíz revolviendo constantemente hasta que quede bien mezclada y luzca homogénea y suave. Tape y continúe la cocción a fuego muy lento durante unos 15 minutos.

· **Pasado** este tiempo destape la olla y vierta la mezcla en una fuente mediana que pueda ir al horno. Extienda la masa de maíz en una capa uniforme.

· **Ponga** el atún sobre la capa de maíz y sobre éste la restante harina de maíz. Cubra con las tajadas de queso *mozzarella* y espolvoree el queso parmesano.

· **Lleve** al horno precalentado a 180° C durante 10 minutos aproximadamente o hasta que la superficie empiece a dorar. Retire del horno y sirva caliente.

COCINA

Papa

Un alimento básico de los pobladores de los Andes desde tiempos inmemoriales.
Forma parte de nuestra cultura gastronómica por lo cual ha sido utilizada
en múltiples recetas originales y deliciosas.

Aunque es muy discutible que la papa sea una hortaliza, porque en estricto sentido forma parte de los cultivos, su forma de consumo, su enorme importancia y aplicaciones la acercan al universo de los vegetales. Existen muchas clases y formas (redondas, ovaladas o arriñonadas), colores (rosadas, rojo, amarillo, marrón o blanco) y texturas (harinosas, cerosas, de textura firme, etcétera); en la mayoría de las ocasiones la selección de un tipo de papa se relaciona con su uso culinario.

En toda la región andina, cuna de este tubérculo, se cultivan distintas variedades de papa e intentar una síntesis de todas y cada una de ellas es una tarea que desborda los límites de estas páginas; por esa razón debemos limitarnos a reseñar algunas de las más útiles en la cocina. Vale la pena señalar que las distintas variedades reciben muchos nombres, tanto en la región andina como en el resto del mundo. A quienes les resulten extraños lo siguientes nombres les ofrecemos una breve descripción para que identifiquen su denominación local.

· *Chugaua o chugua.* Su tamaño es más bien pequeño, tiene piel morada clara y la carne blanca y cerosa.

· *Paramuna o papa rosada.* Crece en alturas que corresponden al ecosistema de alta montaña o páramo en la mayoría de los países de la región andina. Posee piel marrón claro y carne ligeramente amarillenta.

· *Tuquerrea o tocarreña.* Se caracteriza por su carne harinosa y su cáscara color marrón oscuro con manchas más claras de tonos amarillentos. Es una papa de carne más bien seca.

· *Pastusa.* Es una variedad de carne color amarillo oscuro y piel rojiza. Esta variedad es de consistencia harinosa y por tal razón se usa con mucha frecuencia para caldos, sopas y purés.

· *Capiro.* Esta variedad se destaca por su carne muy jugosa, por ser resistente al agua hirviendo y por su piel, ligeramente rojiza.

· *Ica Huila o guantiva.* Es un cultivo desarrollado en Colombia por el Instituto Colombiano Agropecuario. Es estupenda para elaborar papas fritas.

· *Sabanera.* Se cultiva en regiones de sabana de la cordillera de los Andes. Su piel es marrón oscuro moteada de manchas amarillas; su carne es blanca y de consistencia harinosa.

· *Criolla.* Esta variedad se desarrolla a 2.000 metros de altura sobre el nivel del mar. Se come asada o cocida con piel. Su piel posee un hermoso color amarillo y constituye una verdadera joya para cualquier *gourmet*.

Ideas para conservar

Salvo las papas criollas, la mayoría de las papas se conservan por bastante tiempo. En cuanto a las primeras conviene comprar poca cantidad y mantenerlas refrigeradas dentro de una bolsa plástica. Para las segundas es recomendable colocarlas en un lugar fresco, oscuro y seco. Durarán meses si se han elegido ejemplares sin humedad, con un poco de tierra, sin brotes ni manchas verdes.

Las papas que comercialmente se venden empacadas en bolsas plásticas conviene sacarlas para que se ventilen. Como son papas que ya han sido lavadas, es posible que alguna no se halla secado correctamente; observe si hay algún signo de condensación de agua porque pueden tener un sabor mohoso. De igual forma hay que revisar que no venga alguna con signos de descomposición porque puede afectar a sus compañeras.

Saber comprar

Las papas se venden empacadas en bolsas plásticas o sueltas. Quizá es mejor elegir una por una y en las cantidades que se deseen. Se deben seleccionar las más firmes, sin defectos ni magulladuras, con piel lisa y sin brotes.

También se ofrecen paquetes con papas cortadas para hacerlas fritas y al horno. Aunque no son las más nutritivas, pueden ser una opción para aquellos que cuentan con poco tiempo. Si selecciona estos paquetes fíjese que al sacudir la bolsa las papas estén sueltas y no en bloque. El paquete no debe tener escarcha. Una última recomendación: estas papas al horno quedarán crujientes y apetitosas.

Los purés de papa se ofrecen, asimismo, en los supermercados pero aunque ahorran mucho tiempo no poseen las cualidades alimenticias de un plato preparado en casa, y además suelen tener preservativos y colorantes artificiales.

►Recetas culinarias

Pollo estofado

El pollo es una buena fuente de proteínas, muy importantes para la regeneración celular. Las papas y demás vegetales ofrecen provitamina A y antioxidantes. Un plato perfecto para estresados, decaídos y cansados.

INGREDIENTES

$^1/_2$ kilo de pollo, en trozos pequeños
$^1/_2$ kilo de papas peladas, cortadas en cubos
$^1/_2$ taza de aceite de oliva u otro aceite vegetal
4   dientes de ajo, finamente picados
2   tazas de arveja tierna
3   zanahorias medianas, en rodajas
1   pimentón rojo, cortado en cubitos
$^1/_2$ taza de vino blanco
      (puede sustituirlo por vinagre de buena calidad)
      Sal y pimienta al gusto

PREPARACIÓN

· **En una olla** grande y profunda caliente a fuego medio el aceite y añada la cebolla y el ajo; mezcle bien y, cuando estén ligeramente cocidos, añada primero la papa, las arvejas y luego el resto de los ingredientes (con excepción del pollo).

· **Agregue** el pollo cortado y el vino y revuelva. Permita que hierva unos pocos minutos y condimente con sal y pimienta. Debe cocinar a fuego lento para que las verduras suelten todas sus sustancias.

· **Cocine** entre 20 y 30 minutos a fuego bajo y con la olla tapada. Compruebe que tanto el pollo como las verduras están tiernas antes de servir.

▶ Recetas culinarias

Puerros y papas al horno
PORCIONES: **4 A 6**

Un acompañamiento que ofrece dos sabores interesantes.

INGREDIENTES

5	puerros, sólo la parte blanca
$^1/_4$	cucharadita de pimienta negra
1	cucharada de perejil fresco, picado
5	papas grandes, cocidas y en puré
3	cucharadas de mantequilla o margarina
	Queso parmesano
	Jugo de $^1/_2$ limón
	Sal y pimienta al gusto

PREPARACIÓN

· **Con las papas** haga un puré suave y deje aparte.
· **Retire** las hojas verdes del puerro y utilice sólo la parte blanca. Corte el tallo a la mitad a lo largo dejando sin cortar 2 cm de la base. Gire la cebolla puerro y corte de nuevo. Lave con abundante agua.
· **Cocine** los puerros en una olla con agua hirviendo, un poco de sal y jugo de limón durante 30 minutos, a fuego medio.
· **Retire** la olla del fuego, escurra y lave los puerros con agua fría para detener el proceso de cocción. Escúrralos y séquelos con toallas de papel.
· **Corte** los puerros y acomódelos en una fuente para hornear, previamente engrasada con la mantequilla o margarina.
· **Espolvoree** el perejil y sazone con sal y pimienta.
· **Extienda** el puré de papas sobre los puerros y esparza por encima un poco de queso parmesano.
· **Precaliente** el horno a 190° C. Lleve el molde al horno hasta que dore. Sirva caliente.

LA PAPA, UN INGREDIENTE SIN IGUAL

Las papas poseen grandes virtudes: son un alimento económico, simples de cocinar, satisfacen fácilmente y están disponibles todo el año. Se pueden preparar hervidas, asadas, horneadas, en puré, en ensalada, en sopas y cremas, salteadas, fritas.

DE SOPAS Y CREMAS

Las papas son excelentes en sopas y cremas porque además de dar un sabor extraordinario contribuyen a que la preparación espese. Una de las más apreciadas es la papa criolla que se deshace al momento de la cocción.

CUESTIÓN DE PIEL

La piel de las papas es muy rica en nutrientes y sabor y, si ésta proviene de un cultivo biológico, debe ser consumida. Lave correctamente esta raíz colocándola bajo el chorro de agua del grifo y restregando la piel con la ayuda de un cepillo duro. Para terminar, retire los ojos con la punta de un cuchillo. Para conservar las sustancias de las papas cocínelas con piel y, si lo desea, pélelas después.

Pimentón

Los distintos pimentones agregan gusto y belleza a todo tipo de ensaladas.
Cortados en tiras o rellenos con otros ingredientes son un espectáculo visual y nutritivo.

La familia de los pimientos es muy amplia y variada y pueden ser dulces y suaves o rabiosamente picantes. Los más grandes, comúnmente llamados pimientos o pimentones, pueden ser de color verde, rojo o amarillo. Los chilis, ajíes o guindillas, tan usados como condimento en platos de comida mexicana, pueden ser de tonos verdes, amarillos, rojos o negros.

El pimentón tiene muchísimas aplicaciones en la cocina. Crudo es un ingrediente sabroso de ensaladas y aporta todas sus vitaminas (especialmente la C); combina muy bien con manzanas, ensaladas de hojas verdes, queso, nueces y frutas secas.

Cuando el pimentón se cocina adquiere un gusto sabroso, aunque pierde parte de la vitamina C; por esa razón es una buena idea cocinarlo al vapor o hervirlo a fuego lento para conservar sus grandes beneficios nutricionales. Este enorme fruto también puede ser llevado al horno donde desprende un atractivo aroma y un sabor delicado que puede ser utilizado en numerosas ensaladas. Los pimentones también pueden rellenarse con diversos productos, conservarse en salmuera, utilizarse para un gran número de salsas, para aromatizar vinagres y aceites y muchas otras opciones.

Ideas para conservar

Los pimentones que llevamos a casa deben ser refrigerados y es una de las verduras que mejor se conservan en la nevera, sin perder prácticamente ninguna de sus propiedades. Pueden mantenerse entre 5 y 7 días en el cajón de las verduras del refrigerador o envueltas en una bolsa plástica. Aunque admiten la congelación, esta práctica no es muy recomendable porque el frío intenso hace que pierda sabor y nutrientes.

Una forma interesante de conservar los sabores y propiedades de este fruto es elaborando una conserva artesanal con aceite. Vale la pena señalar que el aceite impregnado con las sustancias del pimentón es también delicioso y puede utilizarse para aderezar ensaladas o untar simplemente sobre el pan.

Saber comprar

Cuando se compran frescos los pimentones son muy ligeros con respecto a su tamaño. Los rojos se consideran más dulces que los verdes y los amarillos, aunque de manera muy sutil.

Los mejores pimentones son aquellos que resaltan por su intenso color, limpio y brillante, con la piel tersa y sin arrugas, sin manchas, la carne firme y el tallo verde y rígido. Algunos tienen una forma un poco más retorcida que los demás y esto no tiene ninguna importancia en cuanto a su sabor o su valor nutricional.

TRABAJAR CON PIMENTONES

Estos frutos deben lavarse muy bien antes de utilizarlos porque suelen tener restos de tierra, ceras o insecticidas. Si los va a meter al horno déjelos enteros y cocine a temperatura más bien alta (200º C) de 30 a 45 minutos y recordando darles vuelta cada 15 minutos. Se sacan y se dejan en una fuente tapada hasta que estén tibios; así es más fácil pelarlos. Si va a utilizarlos de otra manera recuerde que hay que abrirlos por la mitad y retirar el tallo, las semillas y nervaduras.

▶Recetas culinarias

Pimentones rellenos

PORCIONES: **4**

Buena fuente de vitaminas, minerales y proteínas, esta receta sirve de entrada, acompañamiento e, incluso plato fuerte.

INGREDIENTES

4	**pimentones rojos**
6	**cucharadas de pechuga de pollo desmenuzada**
4	**papas medianas**
	Mayonesa
	Sal y pimienta al gusto

PREPARACIÓN

· **Engrase** un molde que pueda ir al horno. Precaliente el mismo a 200° C.
· **El pollo** se debe cocinar previamente en un poco de agua con condimentos; cuando esté frío desmenúcelo.
· Lave muy bien los pimentones, córtelos por la mitad a lo largo y retire las semillas.
· **En una fuente** mezcle el pollo, la papa cocida (sin piel) y cortada en cubos y la mayonesa. Condimente con sal y pimienta.
· **Rellene** los pimentones con la mezcla de pollo y papa y lleve al horno. Cocine durante 20 minutos o hasta que la superficie del pimentón esté blanda. Sirva bien caliente.

Nota: esta receta puede variarse con distintos rellenos: papa, arveja, atún, arroz, huevo duro, entre otros.

Pimentones asados

Una receta exquisita para ofrecer a los invitados acompañada con tajadas de pan tostado.

INGREDIENTES

5 a 6	**pimentones rojos**
	Aceite de oliva o girasol
3	**dientes de ajo, pelados y picados**

PREPARACIÓN

· **Lave** los pimentones, séquelos y colóquelos en una fuente para asar.
· **Llévelos** al horno hasta que la piel se ponga oscura y la carne esté blanda. Retire del horno y pélelos.
· **Corte** la carne tierna en tiras delgadas y agregue el ajo picado. Vierta encima el aceite que sea suficiente para cubrirlos. El aceite de encargará de conservarlos.

CHILES, CHILIS O AJÍES

Estos apreciados frutos se destacan por su poderoso e intenso sabor. Se encuentran en los mercados tanto frescos como secos y deben ser manejados con precaución a fin de evitar irritaciones.

· *Frescos.* Lávelos y córtelos por la mitad a lo largo; corte el tallo, retire las semillas y membranas. Aplánelos con la mano y corte en tiras o dados pequeños.

· *Secos.* Se pueden machacar y utilizar directamente en cualquier plato; también se pueden hidratar y elaborar una pasta. Remójelos durante 1 hora, escúrralos y macháquelos con el mortero.

Salsa de pimentón y tomates para pasta

Contiene provitamina A, vitamina C, zinc, potasio y magnesio.
(PARA 500 G DE PASTA)

INGREDIENTES

5	**cucharadas de aceite de oliva**
1	**pimentón rojo sin semillas, picado**
4	**tomates rojos, pelados y picados**
$^1/_2$	**cebolla cabezona, cortada y picada**
4	**dientes de ajo, picados**
	Perejil, picado
	Queso rallado
	Pasta al gusto

PREPARACIÓN

· **En una sartén** caliente el aceite y añada el pimentón, los tomates y el ajo. Sofría ligeramente.
· **Añada** $^1/_2$ cucharón de agua caliente y permita que se evapore en la sartén.
· **Utilice** esta salsa para bañar la pasta y acompáñela con el perejil y el queso rallado.

PIMIENTA DE CAYENA

Es una pimienta de color entre rojo y anaranjado brillante, de sabor picante. Se elabora a base de semillas y vainas molidas de una variedad de chili. Su uso en la cocina es básicamente como especia. Debe almacenarse en un lugar oscuro y seco para preservar su color, aroma y gusto.

Guiso de carne al pimentón
PORCIONES: 4

Regálese este plato apetitoso y rico en proteínas. Acompáñelo con una ensalada de hojas verdes.

INGREDIENTES

$^1/_2$ kilo de carne de res pulpa y magra
1   pimentón rojo, sin semillas
1   cebolla cabezona, en trozos
4   zanahorias peladas, y cortadas en rodajas
2   dientes de ajo
$^1/_2$ taza de vino blanco (puede sustituirlo por vinagre de buena calidad)
1   cucharadita de pimentón en polvo
2   cucharadas de perejil
4   cucharadas de aceite vegetal
    Sal y pimienta al gusto

PREPARACIÓN

· **Limpie** de carne para que quede libre de grasa; córtela en cubos medianos. Dórela un poco en una sartén con algo de aceite.

· **En una olla** ligeramente aceitada ponga los trozos de carne, las cebollas y el pimentón cortado en cubos. Cocine lo suficiente como para que las verduras apenas se doren. Agregue las zanahorias y revuelva bien.

· **Aparte** vierta en el vaso de la licuadora el vino con el ajo, el perejil, el pimentón en polvo, la sal y pimienta. Procese para hacer una salsa homogénea.

· **Vierta** esta mezcla sobre la carne y, si lo considera necesario, añada un poco de agua o caldo. Cocine a fuego lento hasta que los ingredientes estén tiernos. Sirva caliente.

C O C I N A

Remolacha

Una verdura económica, sabrosa, fácil de preparar y de combinar con otros alimentos.

En ensaladas brinda alegría, energía y ejerce una acción rejuvenecedora.

lgunos textos señalan que el cultivo de la remolacha se remonta al siglo II a.C. y su zona de procedencia se ubica en algún país del Mediterráneo occidental. La variedad llamada "azucarera" se empezó a cultivar en el siglo XVIII. Fueron los ingleses los primeros en desarrollar la variedad roja, pero se demoró en ser aceptada en otros países europeos que estaban acostumbrados a la variedad amarilla, de sabor más dulce.

Aunque por problemas de espacio no incluimos este vegetal en las partes dedicadas a la belleza y la salud, la remolacha ofrece en esos campos muchos beneficios. Esta raíz es rica en carotenos, folatos y hierro, lo que la hace un alimento muy preciado para la mujer, especialmente indicada para aquellas que planean un embarazo. Su jugo es un poderoso tónico reconstituyente y purificador del organismo en general. También facilita la digestión y estimula el hígado.

NUTRIENTES
(por 100 g)

CALORÍAS	36
POTASIO (MG)	380
GRASAS (G)	0,1
CARBOHIDRATOS (G)	8
FIBRA (G)	2
FOLATOS (MCG)	150
HIERRO (MG)	1
CAROTENOS (MCG)	20
CALCIO (MG)	20
VITAMINA C (MG)	5

Ideas para conservar

Fresca, con hojas verdes, o cocida y sin pelar, la remolacha puede almacenarse de 3 a 4 días en el refrigerador. En el caso de guardarla cocida, tenga la precaución de colocarla en un recipiente plástico para evitar que sea impregnada con otros olores y sabores fuertes.

Para mantener tanto el sabor como sus nutrientes las remolachas deben cocinarse con su piel, que mantiene en la carne todos sus jugos y, con ellos, sus atractivas propiedades gastronómicas y curativas. Las remolachas pueden conservarse en vinagre lo que le brinda un carácter diferente porque tiende a perder su dulzura; sin embargo es una preparación diferente y que puede ofrecer una nueva experiencia al paladar.

Saber comprar

Lo más importante al seleccionar una remolacha es buscar raíces firmes y lisas. Prefiera aquellas de tamaño mediano porque las más grandes tienden a ser leñosas y de piel demasiado gruesa.

Unas hojas frescas, resistentes y llenas de vida, constituyen otra garantía de óptima calidad. Descarte las remolachas que luzcan una piel arrugada y fofa y cuyas hojas se vean amarillas. Para calcular la cantidad que necesita tenga en cuenta entre 80 y 100 g de remolacha cruda por persona; en el caso de estar cocinada la proporción es de 100 a 125 g.

PELAR REMOLACHAS

La forma más popular de emplear esta raíz es cocinándola en abundante agua, entera y sin pelar. Cuando se encuentra tierna tras la cocción la piel se desprende fácilmente por sí sola.

OTROS NOMBRES

BETERRAVE

BETAVEL

NOMBRE CIENTÍFICO

BETA VULGARIS

EN INGLÉS

BEET

BEETROOT

► Recetas culinarias

Remolacha con naranja

PORCIONES: **4 A 6**

Un plato con un sabor original que agrega un toque de color a las comidas.

INGREDIENTES

4	tazas de remolachas cocidas, sin piel y tajadas
$^1/_2$	taza del agua de la cocción de las remolachas
$^1/_2$	taza de jugo de naranja
2	cucharadas de jugo de limón
1 y $^1/_2$	cucharadas de fécula de maíz
1	cucharada de ralladura de cáscara de naranja (sólo si proviene de un cultivo biológico)
$^1/_4$	de cucharada de sal marina
1 y $^1/_2$	cucharaditas de miel de abejas

PREPARACIÓN

· **Cocine** las remolachas en suficiente agua hasta que estén tiernas.

· **En un recipiente** pequeño mezcle bien los restantes ingredientes para que los sabores se integren.

· **En una olla** aparte ponga 1/2 taza del agua de la cocción de las remolachas y añada la mezcla anterior. Cocine a fuego lento mientras revuelve constantemente. La salsa debe tomar cuerpo, es decir espesarse.

· **Las tajadas** de remolacha deben bañarse con esta salsa; conviene remover suavemente para que las remolachas se unten de la salsa por todas partes. Sirva inmediatamente.

►Recetas culinarias

*Esta receta está inspirada en un plato de origen ruso conocido como **borscht**. Es exquisita, nutritiva y saludable.*

INGREDIENTES

2	remolachas crudas
1	remolacha cocida
$^1/_2$	repollo o col blanco
2	cebollas puerro
2	tallos de apio
2	cebollas cabezonas
30 g	de mantequilla o margarina
2 y $^1/_2$	litros (10 tazas) de caldo de res
1	atado de hierbas (tomillo, laurel y perejil)
	Sal y pimienta al gusto
1	pizca de nuez moscada
2	cucharadas de vinagre (ojalá de vino tinto)
2	cucharaditas de azúcar
1	vaso de vino tinto
	Crema agria (baja en grasa)

PREPARACIÓN

- **Lave** y corte finamente todas las verduras con la excepción de la remolacha cocida.
- **En una olla** derrita la mantequilla y rehogue las verduras cortadas durante unos 10 minutos. Añada el caldo de res (sin grasa), el ramito de hierbas y condimente con la nuez moscada, la sal y la pimienta. Cocine todo a fuego bajo durante 1 hora.
- **Transcurrido** este tiempo agregue el vinagre, el azúcar y el vino tinto; vuelva a hervir (siempre a fuego bajo) durante 20 minutos más.
- **En el último** momento ralle la remolacha cocida o, si lo prefiere, córtela en tiras delgadas y agréguela a la sopa. Verifique la sazón.
- **Retire** el ramito de hierbas y sirva bien caliente. Antes de pasar a la mesa vierta un chorrito de crema agria en cada plato.

Ensalada colorida

Una preparación rica en vitaminas y proteínas, beneficiosa para personas anémicas, con decaimiento y dolores musculares.

INGREDIENTES

4	remolachas, cocidas
4	zanahorias
2	huevos duros
1	papa hervida

PREPARACIÓN

- **Corte** todos lo ingredientes en cubos (salvo los huevos), procurando conservar el mismo tamaño para que tenga mejor presentación.
- **Por último** añada los huevos picados o en rebanadas y aderece con una buena salsa. Una opción puede ser la mayonesa baja en grasa.

REMOLACHA ASADA

Recuerde asar la remolacha con su piel para preservar todos sus jugos. Retire las hojas, lave la verdura y séquela. Envuelva la remolacha en papel aluminio y llévela al horno en una fuente. Ásela de 150 a 180º C, entre una y una hora y media. Pasado este tiempo deje enfriar antes de pelar. Después puede cortarla y sazonarla a su gusto.

Repollo

Un alimento protector del organismo, rico en fibra, sales minerales y vitaminas.
Sus dos variedades más conocidas son la col verde y la morada o roja.

L a gran familia de las coles posee variedades con grandes diferencias entre sí; las hay de hojas lisas, rizadas, verdes, moradas, ovaladas, puntiagudas y algunas minúsculas como las famosas coles de Bruselas. El grupo de las coles que forman cabeza se suele clasificar en tres tipos principales que se distinguen por sus tonos verdes, rojos y blancos.

· *Repollo verde.* Una variedad común en nuestros mercados que se distingue por su color en diferentes gamas del verde, cabeza apretada y de corazón compacto. En esta clasificación se incluyen algunos tipos de coles más raras en nuestro medio como, por ejemplo, la col de Saboya (de hojas más sueltas y crespas).

· *Repollos blancos.* Muy escasos, por no decir inexistentes, en el mercado andino. Son de un verde tan pálido que se los conoce con este nombre.

· *Repollo morado.* También se conocen como coles coloradas o lombardas. Una verdura colorida, fácil de conseguir y de precio económico. Suelen perder su color con la cocción, para lo cual se recomienda agregar un poco de vinagre al agua.

Ideas para conservar

Para aprovechar todos los nutrientes que ofrecen los repollos conviene consumirlos frescos y en el menor tiempo posible después de la compra. Guárdelos refrigerados si tiene que esperar algunos días para cocinarlos.

Una de las preparaciones más famosas y que ofrece un gran sabor y un valor nutritivo muy destacado es el *chucrut*. Se trata de un plato tradicional de Alemania y de la región de Alsacia que se obtiene mediante la adición de sal al repollo cortado en tajadas o julianas y que se deja en reposo para que se fermente. Un plato que ayuda a conservar un poco más de tiempo esta verdura y que ofrece un delicioso sabor.

Trabajar con repollos verdes y morados

Los repollos verde y blanco se utilizan frescos en ensaladas, en conservas (como el *chucrut*), cocidos al vapor o como ingredientes de sopas y caldos a los que brinda un atractivo gusto. Sobre este tipo de coles podemos decir que deben lavarse bien, retirar las hojas exteriores si están marchitas o estropeadas y cortar al medio y en cuartos para facilitar la extracción del corazón que es muy duro. Después se cortan en tiras o se emplean trozos, según el tipo de receta. Después de cortar el repollo en cuartos o tiras, requiere entre 8 y 10 minutos de cocción; cuando lo haga tenga en cuenta que conviene cocerlo en una olla sin tapa.

El repollo morado o col lombarda, se cocina un poco diferente porque es una verdura que tiende a perder el color. Para mantener su atractivo tono, ensaye cortándola en tiras delgadas, humedeciéndola con vinagre de vino tinto caliente. Mezcle muy bien y déjela en reposo unos 10 minutos; por último, escurra el vinagre. También puede cocer este repollo y unos minutos antes de terminar su cocción, añadir un poco de remolacha cruda y rallada; logrará un tono brillante y morado.

Saber comprar

Cuando compre repollo (de la clase y color que sea) no sólo se debe fijar en las hojas (que deben estar sanas y sin manchas) sino también en el tronco cortado, que no debe lucir seco y partido, ni pegajoso y de consistencia leñosa. Evite aquellos que presenten marchitas las hojas exteriores o tengan un aspecto hinchado. Cuanto más firme sea el repollo, tanto más se conservará.

En cuanto a las coles de Bruselas, las parientes más pequeñas, recuerde que deben ser apenas más grandes que una avellana. No deje pasar mucho tiempo sin cocinarlas, porque se ponen amarillas. Prefiera aquellas de cabeza verde y compacta y de tamaño uniforme para que se cocinen parejas. Aunque puede cocerlas en un poco de agua, conservan mejor sus propiedades si se preparan al vapor.

¡BUENA IDEA!

Haga una bonita ensalada utilizando los tres tipos de colores que dominan el mundo de los repollos. Una ensaladera transparente será el recipiente ideal para lucir los colores de las hojas. Puede aderezarla con una vinagreta o añadirle mayonesa.

vegetales

▶Recetas culinarias

Crema de repollo y papa
PORCIONES: 4 A 6

¿Cansado, estresado y con el estómago revuelto? Ensaye esta sabrosa crema que posee ingredientes depurativos y que satisface a los paladares más exigentes.

INGREDIENTES

- $^1/_2$ repollo verde, cortado en tiras
- 3 papas medianas, cortadas en cubos
- 4 zanahorias grandes, cortadas en trozos pequeños
- $^1/_2$ cebolla picada
- 3 dientes de ajo, finamente picados
- 2 cucharadas de aceite de oliva
- 1 y $^1/_2$ litros (6 tazas) de agua (o caldo)
- Crema de leche baja en grasa (opcional)
- Sal y pimienta al gusto

PREPARACIÓN

- **Lave** las verduras, retire la piel que no sirva y píquelas.
- En una olla grande ponga todos los ingredientes con excepción de la sal y la pimienta.
- **Cocine** a fuego bajo de 20 a 30 minutos o hasta que las verduras estén tiernas.
- **Cuando** las hortalizas estén a punto llévelas a la licuadora con el caldo y procese. Debe quedar cremosa y homogénea. Sazone con sal y pimienta.
- **Antes** de llevar a la mesa agregue un chorrito de crema si lo desea y sirva.

Caldo básico de verdura

INGREDIENTES

- $^1/_2$ repollo
- 2 cebollas puerro
- 2 tallos de apio
- 3 zanahorias
- 1 cebolla cabezona
- 1 diente de ajo
- 1 ramillete de perejil
- 1 hoja de laurel
- Unos granos de pimienta
- 1 y $^1/_2$ litros (6 tazas) de agua

PREPARACIÓN

- **Lave** las verduras y, si lo considera necesario, pélelas. Corte en pedazos el repollo, la cebolla, la zanahoria y las puntas de las hojas del puerro.
- **Ponga** todo en una olla junto con el agua, las hierbas y condimentos. Lleve a punto de ebullición y cocine por unos 30 minutos a fuego lento. Cuele la sopa, presione las verduras contra el colador y deséchelas.

¿CRUDA O COCIDA?

Algunos se pueden sorprender pero los repollos cocidos en microondas tienden a conservar sus nutrientes y pierden poca clorofila, según el análisis del Departamento de Agricultura de Estados Unidos. Sin embargo, cuando son sometidos a un calor intenso, se pueden perder los carotenos. Esa es la razón por la cual la recomendamos cruda.

Ensalada de repollo morado
PORCIONES: 2

INGREDIENTES

- 2 tazas de repollo morado, rallado
- 2 manzanas rojas
- 1 cucharada de jugo de limón
- 1 cucharada de aceite de oliva
- Sal al gusto

PREPARACIÓN

- **Retire** las hojas exteriores del repollo y lávelo. Pele la manzana (si no es de cultivo biológico) y rállela.
- **Mezcle** ambos ingredientes y añada el limón, el aceite y la sal.

TRABAJAR CON COLES DE BRUSELAS

Para lograr que la cocción de esta verdura sea pareja haga con un cuchillo dos cortes en forma de cruz en la base de la repollita. Procure que los cortes no sean muy profundos para evitar que se rompa durante la cocción.

Repollo dulce, buen acompañamiento   PORCIONES: 6 A 8

Esta ensalada es muy valiosa por su contenido de minerales (como el potasio, calcio, magnesio, fósforo, hierro) y vitaminas (como la A, del grupo B y C).

INGREDIENTES

$^1/_2$ **repollo verde, en tiras gruesas**
$^1/_4$ **taza de zanahoria, rallada**
1   **cucharadita de azúcar moreno**
$^1/_4$ **de taza de uvas pasas**
$^1/_2$ **taza de yogur natural**
       Unas gotas de limón
       Sal al gusto

PREPARACIÓN

· **Recuerde** que es importante limpiar la verdura antes de cortarla. Divida a la mitad y luego en cuartos. Retire el corazón y corte en tajadas gruesas.

· **En una ensaladera** mezcle todos los ingredientes con la excepción del yogur y el limón. Revuelva para que se combinen los colores y sabores.

· **Aparte** mezcle el yogur con unas gotas de limón. La idea es hacer una especie de crema agria. Añada el yogur a la ensalada y mezcle.

C O C I N A

Tomate

Considerada por su uso y consumo como una verdura, el tomate es,
en términos botánicos, una fruta. Un ingrediente esencial en la cocina y amigo de la salud.

El tomate es uno de los más grandes tesoros con que cuenta cualquier cocinero. Su maravilloso y resplandeciente color, su textura jugosa y suave y su versátil sabor, lo hace indispensable en cualquier cocina. Desde la ensalada más sencilla, pasando por el universo de las sopas, cremas y salsas hasta los platos más elaborados y de larga cocción, este ingrediente aporta un valor nutritivo y gastronómico sin igual.

Es un fruto jugoso y, por tanto, con gran presencia de agua; tiene, además, pocas calorías. Sus beneficios para el organismo son muchísimos pero se destaca su efecto protector por el contenido de antioxidantes. Es un vegetal que se encuentra disponible durante todo el año y por lo tanto es de bajo costo.

PELAR TOMATES

Cuando requiera el tomate sin piel tenga en cuenta que la forma más sencilla de pelarlos es sumergiéndolos unos instantes en agua caliente y luego en agua fría. De esta manera la piel será fácil de retirar. Para quitarles las semillas es necesario cortarlos sobre una fuente para recoger el líquido que sueltan, apretarlos y sacudirlos un poco. El líquido que cae puede ser colado y utilizado como un ingrediente en sopas.

Saber comprar y conservar

Los mejores tomates son aquellos que se han dejado madurar en la misma planta. Si los va a usar de inmediato cómprelos de color rojo brillante; si los va a emplear pronto, prefiera los de color rosado pálido o pintones, que en un par de días y en un lugar fresco se volverán rojos. Por otra parte los tomates verdes se pondrán rojos si los conserva en un cajón o en una bolsa de papel marrón y madurarán más pronto si los guarda con un tomate rojo que exhale etileno, gas al cual se debe su cambio de color.

El tomate fresco y en su mejor estado de madurez debe ser firme al tacto, con la piel lisa y sin arrugas, manchas o magulladuras. Si encuentra algunos frutos con el tallo y se puede observar en él un corte reciente, entonces se puede comprobar su frescura. Lamentablemente esto es muy poco frecuente y, por tanto, debemos confiar en nuestro poder de observación y el sentido del tacto.

La mejor manera de conservarlos durante varios días es en la nevera. Si se trata de variedades que traen su tallo, conviene almacenarlos apoyando esta parte sobre la superficie sin que se toquen entre sí. La conserva de tomates es una preparación fácil de realizar, práctica porque los mantiene disponibles en cualquier momento y que retiene muchas de las maravillosas propiedades del fruto.

SELECCIONAR SEGÚN SU USO EN LA COCINA

Como existen diversas variedades de tomates es importante pensar en su uso culinario para sacarles el mejor provecho. Si, por ejemplo, deseamos emplearlos frescos en una colorida ensalada es recomendable que estén maduros y que provengan de variedades grandes, jugosas y de pocas semillas. Los pequeños tomates cerezos (del tamaño de una uva grande) se deben emplear enteros en ensaladas, mientras que los suculentos tomates en forma de pera (tomate chonto) son los más apropiados para salsas y purés.

Los emparedados ganan mucho en sabor y nutrición si se les agregan verduras como la lechuga y el tomate. Seleccione variedades de tomates de mucha carne y poco líquido para que éste no humedezca el pan. Se debe cortar el fruto transversalmente y no en el sentido longitudinal.

▶Recetas culinarias

Camarones en salsa roja   PORCIONES: 4

Los camarones son un ingrediente sabroso y lleno de proteínas. Un plato para disfrutar y saborear. Tenga en cuenta que se proponen de 4 a 6 camarones por persona.

INGREDIENTES

16 a 24	camarones grandes
$^1/_2$	taza de aceite de oliva
3	dientes de ajo, picados finamente
$^1/_2$	cebolla cabezona, finamente picada
4 a 6	tomates rojos, sin piel y picados
1	manojo de perejil
$^1/_2$	pimentón, picado
4	cucharadas de vino (opcional)
	Cebollina, para decorar
	Sal y pimienta al gusto

PREPARACIÓN

· **En una sartén** ponga a calentar a fuego medio el aceite y añada el ajo, la cebolla y los tomates. Mezcle bien y deje cocinar 2 minutos.

· **Añada** el pimentón, el perejil y el vino y revuelva. Baje el fuego y deje que esta salsa se cocine 5 minutos. Condimente con sal y pimienta.

· **Agregue** los camarones y continúe la cocción por unos 10 minutos más. Los mariscos deben cambiar de color y estarán en su punto cuando tengan un intenso color rosado. Retire el manojo de perejil.

· **Apague** el fuego y sirva. Sugerimos acompañar este plato con verduras crudas, arroz o papas al vapor.

►Recetas culinarias

De la cocina oriental proviene este plato con carne de res y tomates. Una receta con proteínas, vitaminas y minerales.

INGREDIENTES

$^1/_2$	kilo (500 g) de carne de res blanda y limpia
4	tomates maduros
1	cebolla cabezona, cortada en cubos
1	pimentón grande, cortado en tiras
$^1/_4$	de taza de agua
1	taza de raíces chinas o germinado de soya
	Salsa de soya
$^1/_4$	de taza de azúcar
	Sal y pimienta al gusto

PREPARACIÓN

· **Empiece** por preparar la carne que debe ser tierna y sin grasa. Córtela en tiras más bien delgadas y deje aparte.

· **En una olla** o en un *wok* cocine en el agua (que agregará en chorritos cortos) la carne de res junto con las cebollas, los tomates picados y el pimentón. Ponga uno a uno los ingredientes y a fuego medio cocine por unos 3 minutos.

· **Añada** la salsa de soya, el azúcar, la sal (poca porque la soya es salada) y la pimienta. Continúe la cocción por unos 10 minutos más a fuego lento.

· **Por último** añada las raíces chinas y permita que adquieran una textura tierna. Sirva caliente y acompañe con un poco de arroz blanco.

Trabajar con tomates

Son innumerables los platos donde este vegetal es el protagonista. Sin embargo, debemos mencionar los jugos, de gran valor nutritivo y buen sabor. Les siguen las ensaladas, donde el tomate se toma solo (condimentado con hierbas) o en compañía de otras verduras que exaltan su sabor. En cuanto a las sopas, un plato tradicional, pueden ser ligeras y delicadas o espesas y fuertes. Las salsas elaboradas a base de tomate son una de las preparaciones más apreciadas por su fácil combinación con pastas y carnes.

Los tomates rellenos son otra de las preparaciones más conocidas; se hacen en el horno y para el relleno se utilizan ingredientes como arroz, maíz tierno, carnes y otras verduras. Un tomate asado (puesto en el horno envuelto en papel de aluminio) es un gran acompañamiento; ni qué decir de recetas donde se corta en trozos, se adereza con hierbas y se unta sobre el pan.

Otra infaltable oportunidad que ofrecen los tomates es que pueden deshidratarse. En el comercio existen algunas marcas que ofrecen esta exquisitez, aunque por desgracia a un precio elevado. Si bien es posible realizar el secado de esta verdura en casa, el problema es que se necesita un secador especial para que queden duros, casi quebradizos. Después se deben envasan en aceite de buena calidad.

INGREDIENTES

2	tomates chontos maduros
1	ajo, picado
3	cucharadas de aceite de oliva
	Unas hojas de albahaca
	Sal al gusto.

PREPARACIÓN

· **En una sartén** ponga a calentar a fuego medio el aceite y añada primero el ajo y luego los tomates cortados en trozos pequeños. Deje cocinar unos pocos minutos.

· **Añada** las hojas de albaca cortadas en tiras y la sal al gusto. Tenga en cuenta que el tomate no debe cocerse por mucho tiempo sino, más bien, ablandarlo ligeramente.

· **Utilice** esta salsa para cubrir tajadas delgadas

COCINA

Zanahoria

De sabor delicado y armonioso, las zanahorias regalan sus virtudes a platos dulces y salados.
Son un excelente y saludable entremés para cualquier momento del día y muy bajo en calorías.

Este vegetal comúnmente anaranjado da un color alegre y vistoso a todas la preparaciones que lo incluyen. Pero además ofrece su sabor dulce, textura crujiente y unos maravillosos nutrientes. Los expertos recomiendan la zanahoria como una de las plantas más sanas y convenientes para toda la familia. Consumirla especialmente cruda ayuda a la salud en general, la piel, el cabello, las uñas.

Dulces y salados, salsas, jugos, sopas, cremas, ensaladas y guisos son algunos de las platos en donde la zanahoria resulta un ingrediente magnífico. Crudas y cortadas en palitos son un excelente y económico entremés que reporta muy pocas calorías. Cocidas y cortadas en rodajas o en tiras delgadas son las formas más comunes como las agregamos a guisos, escabeches, marinadas y en platos de sabor fuerte; son, además, una guarnición de muchos platos. El sabor dulce de la zanahoria la hace atractiva para ser utilizada en repostería para la elaboración de tortas, budines, tartas y galletas, entre otros.

Trabajar con zanahorias

La zanahoria es un vegetal de fácil y amable manejo. Se debe lavar bien, con un cepillo duro que ayude a eliminar las suciedades e impurezas de la corteza.

Las zanahorias frescas y tiernas se pueden cocinar con piel para que ésta proteja los valiosos nutrientes de la pulpa y luego frotar con una toalla; la piel se desprenderá fácilmente. Las variedades más pequeñas son delicadas y de sabor sutil. Deben cocinarse al vapor o en agua hirviendo, no más de ocho minutos. Después se escurren y condimentan al gusto.

COCER LAS ZANAHORIAS

Al igual que muchas otras verduras las zanahorias se pueden cocinar al vapor y conservar sus nutrientes. Se pueden emplear recipientes especiales (olla con cesta agujereada o cestas de bambú) o en una olla grande a la que se le puede introducir el escurridor de pasta. Recuerde que es el vapor el que cocina la hortaliza y, por tanto, la cantidad de agua debe ser mínima y no debe tocar la verdura. El tiempo de cocción es alrededor de 10 minutos.

Saber comprar

Las zanahorias pueden ser pequeñas y delgadas (no más grandes que un dedo meñique) o grandes, pesadas y robustas. Cuando las compre seleccione las que se sientan firmes al tacto y de piel reluciente; las fofas y arrugadas están demasiado viejas y, por tanto, han perdido muchos de sus atractivos.

Los mercados suelen ofrecer las zanahorias empacadas en bolsas plásticas y, según la marca del productor, ésta puede ser una buena opción. Fíjese que no existan signos de condensación en la bolsa lo cual puede afectarlas negativamente. En general es preferible adquirirlas sueltas y elegir las más provocativas.

Ideas para conservar

El primer paso para conservar las zanahorias en perfecto estado es secarlas con una toalla de papel. Libres de humedad se pueden almacenar en los cajones de las verduras de la nevera durante varios días (no más allá de dos semanas).

Quienes viven en lugares fríos y secos pueden almacenar esta verdura a temperatura ambiente; lo importante en este caso es contar con un lugar fresco, oscuro y ventilado para evitar que se marchiten.

►Recetas culinarias

Zanahorias rellenas PORCIONES: 4

Una opción para disfrutar del sabor de la zanahoria de manera diferente. Rica en vitaminas y minerales, armoniza bien con la carne y la papa.

INGREDIENTES

4	zanahorias grandes
$^1/_2$	libra (250 g) de carne molida, sin grasa
2	papas pequeñas, picadas en cubitos
	Salsa campesina
	(ver recuadro de esta página)
1	cucharada de aceite vegetal
	Leche baja en grasa
	Miga de pan
	Sal y pimienta al gusto

PREPARACIÓN

· **Cocine** a fuego bajo las zanahorias hasta que estén tiernas. Retíreles una tajada gruesa de la parte superior y con cuidado saque el corazón y algo de la pulpa hasta que queden huecas.

· **En una sartén** caliente el aceite y ponga la carne; de tanto en tanto revuelva para que la carne tome un color oscuro parejo. Añada las papas en cubos pequeños, la salsa campesina y condimente con sal y pimienta; este relleno debe quedar un poco líquido. Si lo considera necesario añada un poco de caldo o agua.

· **Rellene** las zanahorias con la salsa de carne y tape con la tajada gruesa que retiró al principio. Acomódelas en un molde, báñelas con un poco de leche (deje que ésta caiga en la fuente) y espolvoree por encima de las zanahorias miga de pan.

· **Lleve** al horno a 180° C de 10 a 15 minutos o hasta que la miga de pan tenga un color dorado. Sirva caliente.

FORMAS CAPRICHOSAS

La zanahoria se utiliza para decorar y dar vida a muchos platos. Los siguientes son algunos de los cortes más empleados.

· *Juliana.* Gracias a su pulpa compacta, la zanahoria es apropiada para cortarla en tiras largas. Para lograr cortes parejos, pélela, córtela en rodajas y luego en tiras finas.

· *En dados o cubos.* Los trozos uniformes hacen más estético cualquier plato. Retire la piel, corte a lo largo en tiras iguales y luego en sentido transversal.

· *En tajadas finas.* Requiere de un mondador que es una especie de cuchillo con una cuchilla en el centro. De esta manera logrará tajadas muy finas. Retire la piel y corte con el mondador a lo largo. Mantenga las tajadas en agua muy fría si no los va a utilizar inmediatamente.

Salsa campesina

INGREDIENTES

3	cucharadas de aceite vegetal
$^1/_2$	taza de cebolla larga, picada
3	tomates maduros, pelados y picados
	Sal y pimienta al gusto

PREPARACIÓN

· **Caliente** el aceite y sofría la cebolla hasta que esté transparente.

· **Añada** los tomates y cocine hasta que suelten sus jugos. Revuelva constantemente.

· **Agregue** los condimentos y mezcle bien.

Galletas de zanahoria PORCIONES: 15 A 20

Una gran idea dulce y sin colesterol.

INGREDIENTES

3	tazas de zanahoria, rallada
1 y $^1/_2$	tazas de cereal para el desayuno (*corn flakes*)
1	taza de nueces, picadas
1	taza de azúcar
5	claras de huevo

PREPARACIÓN

· **Bata** las claras de huevo hasta que tomen una consistencia dura.

· **En una fuente** mezcle los restantes ingredientes e incorpore las claras teniendo la precaución de hacerlo con suavidad para que no pierdan el aire.

· **En una lata** para hornear previamente engrasada y enharinada ponga la masa y déle el tamaño que desee.

· **Cocine** en horno precalentado a 180° C entre 15 y 20 minutos o hasta que estén doradas. Deje enfriar y guarde en un lugar seco y fresco.

Budín especial de zanahorias   PORCIONES: 4 a 6

Déjese tentar por este delicioso y saludable postre que combina los sabores de la manzana y las ciruelas con la zanahoria.

INGREDIENTES

3	zanahorias (1 y $^1/_2$ tazas), ralladas
6	manzanas (3 tazas), ralladas
$^1/_2$	taza de ciruelas pasas, cocidas y sin semilla
$^1/_2$	taza de mantequilla o margarina
$^1/_2$	taza de azúcar morena
$^1/_4$	cucharadita de canela en polvo
$^1/_2$	cucharadita de nuez moscada
$^1/_2$	cucharadita de sal
2	huevos batidos

PREPARACIÓN

- **Remueva** la mantequilla hasta que esté blanda y suave. Agregue poco a poco el azúcar moreno y continúe batiendo.
- **Añada** la canela, la nuez moscada y la sal y mezcle. Adicione poco a poco los huevos batidos e incorpore el resto de los ingredientes.
- **Vierta** la preparación en un molde engrasado y enharinado.
- **Llévela al horno** al baño de María, es decir en un recipiente en el que el molde quede rodeado de agua caliente.
- **Ase** a unos 180° C hasta que al introducir un cuchillo en la masa, éste salga limpio.

Albahaca

Esta planta nos recuerda los sabores del Mediterráneo.
Posee un inconfundible aroma y un gusto sutil y efímero.

Una de las hierbas más provocativas, aromáticas y deliciosas en la cocina es la albahaca. Esta hierba a renovado su interés culinario gracias a las magníficas recetas de origen provenzal, italiano y, más recientemente, tailandés que se han dado a conocer en muchas partes del mundo. Su sabor es inconfundible y hay quienes lo describen como una mezcla de clavo de olor, pimienta con algo de menta y regaliz. Sin embargo, su gusto es tan particular que recurrir a otras plantas para definirlo es, en realidad, una forma de limitar sus indescriptibles virtudes.

Esta hierba se cultiva en todo el mundo como una planta anual. Existen muchas variedades que difieren en el tamaño de sus hojas, color y sabor. Es una planta sensible a factores ambientales como las temperatura, humedad, localización geográfica y calidad del suelo. Algunos afortunados han logrado que esta planta de la buena suerte crezca en sus hogares lo que es una idea maravillosa para tenerla siempre a mano y disfrutar de sus virtudes.

Ideas para conservar

Cuando compre esta hierba trátela con cuidado y manténgala en un frasco con agua mientras la utiliza. Si está hidratada se prolonga su corta vida, que de todas formas no será mayor a 3 o 4 días.

La albahaca también se puede congelar aunque así sólo conserva su sabor y sus aceites naturales. La forma más sencilla de congelarla es picándola sobre una cubeta para hacer hielo. Llene cada orificio hasta la mitad y luego complete con agua. Lleve al congelador después de rotular con la fecha de elaboración.

CÓMO APROVECHAR SU SABOR

Para disfrutar plenamente de su sabor conviene consumir la albahaca fresca. En recetas donde se la usa cocida, conviene añadirla pocos minutos antes de terminar la preparación. El gusto de la albahaca se destaca más si se cortan las hojas a mano en lugar de picarlas con un cuchillo.

Saber comprar

La albahaca es una hierba delicada que se estropea con gran facilidad. Como no es fácil cultivarla en casa es necesario recurrir a la oferta de los supermercados. Prefiera los manojos que ofrecen hojas verdes y tiernas y exhalen una fragancia aromática y provocativa. Por tanto evite las plantas de hojas amarillas y sin olor.

El mercado también ofrece albahaca seca o deshidratada —para algunos una buena solución por su durabilidad—, pero este tipo de presentación no ofrece buenos resultados en la cocina. La albahaca seca pierde su perfume y valor nutricional y, por lo tanto, las preparaciones donde se la utiliza de esa manera pierden atractivo. Sin embargo, si tiene albahaca seca en casa guárdela en frascos de vidrio y en un lugar seco y oscuro.

EL QUESO PARMESANO

Es el queso más famoso de Italia y se caracteriza por un color amarillo claro, granos finos y consistencia escamosa. Su aroma es agradable y fuerte. Se clasifica como duro semi graso; se cocina y se cura lentamente y de forma natural en tambores grandes. Se puede conseguir en tajadas grandes que más tarde se rallan en casa según las necesidades o en bolsas con el queso previamente rallado que se ofrecen al público en distintos gramajes. El mejor, sin duda, es aquel que rallamos sólo cuando se necesita.

▶Recetas culinarias

Pasta al *pesto*   PORCIONES: 4

*El famoso **pesto** es una salsa de albahaca fácil de preparar, económica y muy sabrosa. Armoniza muy bien con pescados como el salmón, por ejemplo, y con otros ingredientes.*

INGREDIENTES

1	taza de albahaca fresca
6	cucharadas de aceite de oliva
3	dientes de ajo, machacados
1	taza de queso parmesano, rallado
1	paquete (500 g) de espaguetis o la pasta de su predilección

PREPARACIÓN

· **Lave** muy bien la hierba, escúrrala y séquela con una toalla de cocina.

· **En el vaso** de la licuadora ponga el aceite, las hojas de albahaca y el ajo. Procese un poco a velocidad baja. Con la ayuda de una cuchara larga de madera revuelva la mezcla porque las hojas de albahaca tienden a pegarse de las cuchillas (si lo desea puede triturar las hojas y el ajo en un mortero y luego mezclar con el aceite y los demás ingredientes).

· **Añada** un poco de queso parmesano y vuelva a procesar. Esta receta requiere de algo de paciencia porque hay que procesar y parar varias veces para ir triturando los ingredientes. Continúe con este procedimiento hasta acabar con el queso. Si en algún momento nota que la salsa está excesivamente seca, añada un poco más de aceite.

· **La salsa** final debe tener una consistencia homogénea, suave y un tanto líquida.

· **Cocine** la pasta siguiendo las instrucciones del fabricante. Escurra y lleve a una fuente grande. Vierta encima la salsa; es una buena idea retirar la parte de la base de la licuadora y pasar a través de ella un poco de pasta, de tal forma que se limpie el vaso y se utilice hasta la última gota del *pesto*. Espolvoree algo de queso por encima antes de pasar a la mesa.

► Recetas culinarias

Zanahorias con albahaca

PORCIONES: 4

Una receta que es digerida rápidamente por el organismo. Puede acompañar este plato con arroz blanco aderezado con soya o ensaladas verdes.

INGREDIENTES

12	zanahorias medianas, peladas
3	cucharadas de mantequilla o margarina
2	cucharadas de miel de abejas o jarabe de arce
2	cucharaditas de albahaca fresca, picada
$^1/_4$	de cucharadita de sal

PREPARACIÓN

· **Lave y pele** las zanahorias y córtelas en rodajas finas; cocínelas al vapor durante unos 10 minutos o hasta que estén blandas.

· **En una sartén** derrita la mantequilla y añada la miel o el jarabe, las zanahorias cocidas y escurridas, la albahaca y la sal.

· **Mezcle** la preparación para que los ingredientes se integren unos con otros y sirva.

Inspiración italiana

Esta receta es simple, deliciosa y útil como entrada o entremés.

INGREDIENTES

2	tomates maduros, pero firmes
	Tajadas de queso *mozzarella*
	Hojas de albahaca
	Aceite de oliva
	Sal y pimienta

PREPARACIÓN

· **Lave** los tomates y córtelos en rodajas más bien delgadas.

· **Corte** el queso en tajadas delgadas.

· **Lave** la albahaca y píquela con la mano.

· **Disponga** en una bandeja las tajadas de queso y encima las rodajas de tomate.

· **Espolvoree** la albahaca por encima y bañe todo con un chorro de aceite de oliva. Por último condimente.

USOS CULINARIOS

La receta más famosa con albahaca es la salsa *pesto* de la cual incluimos una versión sencilla. Esta hierba combina muy bien con el ajo, el aceite de oliva, el limón, tomates, pimentones, berenjenas y calabacines. Brinda un agradable sabor a las ensaladas de hojas verdes y a otros ingredientes como las papas, los fríjoles blancos y el arroz.

UTILÍCELA CON...

PESCADO BLANCO

TERNERA

POLLO

MARISCOS

ENSALADAS

HUEVOS

TOMATES

PESTO
Y OTRAS SALSAS
PARA PASTAS

Canela

Amada en Oriente y en países como Francia y Estados Unidos, la canela da un sabor dulce, agradable y delicado a todas las preparaciones que la incluyen.

Existen diferentes tipos de canela pero la más útil en la cocina y de mejor sabor es aquella que proviene de un árbol de Ceilán (el canelero). Después de plantado este árbol requiere de cuatro a cinco años para dar su primera cosecha y después debe esperar dos años más para la segunda. La extracción de esta especia es muy interesante y merece unas cuantas líneas. La corteza del canelero se corta en tiras con cuchillos de cobre, se dejan fermentar y se secan; es durante el proceso de secado donde se van enroscando y toman esa forma tan peculiar que conocemos como astillas. El proceso de secado continúa y más tarde, cuando están a punto, se arreglan en haces y se distribuyen por todo el mundo.

La canela llega a nosotros de países como Sri Lanka, Brasil, Birmania, India, Indonesia, Indias occidentales e islas del Océano Pacífico y, por esa razón, es relativamente costosa. La ventaja es que como usualmente empleamos pequeñas cantidades la compra se justifica porque los alimentos ganan en sabor y aroma. Presenta un olor a madera delicado e intenso, mientras que su sabor es bien definido, fragante y cálido.

Usos culinarios

La canela es uno de los ingredientes más famosos de la cocina oriental y se emplea en gran cantidad de platos dulces y salados. Es un elemento básico para la elaboración de la mayoría de curries, una mezcla de especias aromáticas que dan ese sabor peculiar a las comidas tradicionales de Oriente. También forma parte de muchas preparaciones de origen africano, antillano y angloamericano.

La canela en rama se emplea especialmente para aromatizar platos dulces como, por ejemplo, el arroz con leche, la natilla navideña y salsas de caramelo; también es usada para dar un sabor peculiar y diferente a ingredientes como el arroz, básico en la cocina oriental. De igual forma se recurre a ella para dar un aroma y gusto sutil al vino caliente, el chocolate, el café, los ponches y encurtidos dulces.

En cuanto a la canela molida o en polvo podemos decir que es una especia "clásica" cuando se hornean panes, tartas, tortas, bizcochos y galletas. También es útil para dar un atractivo gusto a las tostadas del desayuno. Como condimento se la emplea para adobar carnes de res, cerdo, cordero, aves y pescados.

Saber comprar

La canela suele encontrarse en frascos de vidrio, cuando su presentación es en polvo, o empacada en bolsas de papel transparente, cuando se ofrece en astillas. La mejor manera de adquirir este producto es confiando en nuestra experiencia; es decir, conocer una marca que nos brinde sabor y aroma, y serle fiel en tanto mantenga la calidad.

AZÚCAR DE CANELA

En algunos países existe la tradición de mezclar especias al azúcar en polvo. En el caso de la canela resulta muy atractiva especialmente para añadir a *crepes*, tostadas y bizcochos. Ponga una pizca de canela en polvo con una tacita de azúcar y revuelva. Si desea un sabor más intenso entonces aumente la cantidad de la especia.

Ideas para conservar

Como muchos otros condimentos y especias, la canela debe conservarse en un lugar fresco, oscuro y seco. Conviene conservar la canela (tanto en polvo como en astilla) en frascos de vidrio limpios con cerradura hermética. Compre pequeñas cantidades porque tiende a pasarse con facilidad.

UN TOQUE DE SABOR

Utilice la canela para darle un "toque" exótico a jugos, sorbetes, helados y bebidas calientes. Espolvorear la canela molida en la superficie brinda una bonita presentación y perfuma intensamente.

▶Recetas culinarias

Galletas de la abuela

PORCIONES: **6** A **8**

Las especias que se utilizan en esta receta le brindan originalidad a estas galletas. Un bocado rico en minerales que reporta energía y ayuda al crecimiento de los niños.

INGREDIENTES

1	huevo
250 g	(1 taza) de mantequilla
150 g	($^1/_2$ litro) de azúcar
$^1/_2$ kg	(4 tazas) de harina
1 y $^1/_2$	cucharadas de clavo, molido
2	cucharaditas de canela, en polvo
1 y $^1/_2$	cucharaditas de nuez moscada, en polvo

PREPARACIÓN

- **En un recipiente** grande ponga uno a uno los ingredientes y amase hasta obtener una pasta homogénea y suave.
- **Extienda** la masa sobre una superficie lisa y con la ayuda de un rodillo adelgácela; calcule que el espesor debe ser de 2 a 3 mm. Cubra la masa con un paño de cocina limpio y deje reposar unas 12 horas.
- **Pasado** este tiempo puede cortar la masa con moldes de galletas que ofrecen el atractivo de las formas.
- **Lleve** al horno precalentado a 180° C y ase entre 10 y 15 minutos.

¡BUENA IDEA!

Siempre que utilice la canela en astillas es mejor retirarlas después de la cocción o cuando termine la preparación. La receta se verá enriquecida con el sabor y aroma pero no molestará a sus comensales con su textura leñosa.

EL CURRY

El curry no es una planta específica sino una combinación de especias como la canela, el cardamomo, el cilantro, el comino, el jengibre, el macis, la pimienta y polvo amarillo de cúrcuma. Además de estos ingredientes, y según el grado de sabor picante que se desee, se añaden otras especias como la pimienta de cayena, la nuez moscada y el romero, entre otras.

LEVADURAS

En el mercado se encuentran levaduras frescas y secas. Cuando trabaje con ellas tenga en cuenta que 15 g de levadura fresca equivalen a 1 cucharada de gránulos de levadura seca. La primera se trabaja en una fuente aplastándola con un poco de agua. Se tapa y se deja reposar hasta que se vean burbujas en la superficie.

La levadura seca se vierte sobre el agua caliente indicada por cada receta y se deja humectar hasta que está espumosa. También se puede mezclar directamente en los ingredientes secos y añadir el líquido caliente.

Pan de canela   PORCIONES: 12

Renueve el sabor del pan y ensaye esta sencilla receta, de agradable textura y sin colesterol.

INGREDIENTES

2 y $^1/_2$	tazas de harina de trigo
$^1/_4$	de taza de azúcar
1 y $^1/_2$	cucharadas de levadura seca
2	cucharadas de leche descremada en polvo
$^3/_4$	de cucharadita de sal
$^3/_4$	de taza de agua tibia
$^3/_4$	de taza (6 onzas) de puré de pera
1 y $^1/_2$	tazas de harina integral
3	claras de huevo
2	cucharadas de miel de abeja
$^1/_3$	de taza de azúcar moreno
2	cucharadas de canela
$^3/_4$	de taza de uvas pasas

PREPARACIÓN

- **En un recipiente** grande mezcle 1 taza de harina blanca, el azúcar, la levadura, la leche en polvo y la sal. Cuando estos ingredientes estén revueltos agregue el agua, el puré de pera y la harina integral. Vuelva a mezclar.

- **Incorpore** las claras de huevo y añada la cantidad de harina que considere necesaria para hacer una masa suave y homogénea.

- **Sobre** una superficie enharinada trabaje la masa. Debe amasarla hasta obtener una textura elástica. Cuando esté a punto forme una bola, cúbrala con un paño de cocina y permita que crezca sobre la superficie enharinada; unos 10 o 12 minutos deben ser suficientes.

- **Extienda** la masa de nuevo y forme un rectángulo. Unte la superficie con la miel de abejas, rocíe con azúcar moreno, canela y uvas pasas. Enrolle la masa firmemente y selle los extremos. Córtela en doce pedazos de igual tamaño.

- **Organice** los pedazos de pan en una fuente previamente engrasada con un poco de mantequilla. Tenga la precaución de dejar espacio suficiente entre uno y otro trozo para que no se peguen. Cubra con un paño y deje en reposo para que siga creciendo la masa. Es importante ubicar la fuente en un lugar caliente. Los panes estarán listos para hornear cuando hayan duplicado su tamaño (entre 45 y 50 minutos).

- **Ase** en el horno a 190° C de 25 a 30 minutos o hasta que los trozos de pan estén cocidos. Remueva la bandeja de hornear, retire los panes y colóquelos sobre una rejilla para que se enfríen.

Cilantro

Una de las hierbas más usadas en todo el mundo
tanto por su valor como condimento como por sus propiedades curativas.

Esta planta ha sido utilizada en Asia, África septentrional y Europa durante miles de años. En el papiro de Ebers (de unos 3.500 años de antigüedad) se hace referencia al cilantro como una plata común entre los egipcios. Llegó a América con los conquistadores españoles, que la introdujeron especialmente en México y Perú. Desde allí se extendió su uso y se convirtió, con el tiempo, en la compañera indispensable de sopas y cocidos autóctonos.

El cilantro, culantro o coriandro es una planta aromática anual, de bonito aspecto por sus flores blancas, rosadas o malva claro, y sus hojas verde pálido, muy semejantes al perejil. Produce pequeñas semillas de forma redondeada, apreciadas en la cocina de todo el mundo por su sabor.

OTROS NOMBRES

CULANTRO

CORIANDRO

PEREJIL CHINO

NOMBRE CIENTÍFICO

CORIANDRUM SATIVUM

EN INGLÉS

CORIANDER

CILANTRO

CORIANDER SEED

Ideas para conservar

El cilantro es una planta delicada que se marchita rápidamente, por lo cual es conveniente comprar poca cantidad. Colocarla en un lugar fresco, ventilado y oscuro y en un recipiente con agua es una forma de mantenerla en buenas condiciones.

Esta planta no soporta la deshidratación y por esa razón no suele secarse. Pero, a diferencia de otras hierbas, resiste bastante bien la congelación. Lave muy bien la hierba y separe las hojas del tallo. Píquelas y colóquelas en recipientes para hacer hielo (cubeteras). Recuerde llenar sólo hasta la mitad de cada orificio y luego agregar agua. Cuando se congelen los cubos de agua puede pasarlos a una bolsa plástica. En el momento en que necesite el cilantro deje derretir el hielo y extraiga la planta.

AFINIDADES

Son muchísimos los platos que se condimentan con el sabor del cilantro. Sin embargo hay que destacar que tiene gran afinidad con:

AJO

ALBAHACA

MENTA

PEREJIL

LIMÓN

LIMA

PIMENTÓN

AJÍES

COCO

Saber comprar

Si las hierbas se compran en un establecimiento en donde se manejan bien estos productos los tendrán exhibidos en un bebedero, es decir, donde reciban agua de forma permanente.

Las hojas del cilantro deberán estar frescas, verdes y sin hojas marchitas. Las plantas que exhiban una mayoría de hojas con tonos amarillos son demasiado viejas y han perdido su atractivo gastronómico. Si no conoce bien esta hierba tenga en cuenta que sus hojas tienen aspecto de abanico y son más redondeadas que las del perejil de hoja lisa, con el que se suele confundir.

También se pueden encontrar en las tiendas las semillas de cilantro que son, en realidad, lo que se conoce como especia. Su aroma y sabor es más delicado que las hojas y se define como una mezcla de salvia y limón. Las semillas maduras (de color marrón) son las que se emplean en el curry y para sazonar vinagres y aceites; las verdes, muy raras en nuestro medio, se emplean especialmente para marinadas y salsas

►Recetas culinarias

Camarones en salsa verde   PORCIONES: 4 A 6

Proteínas, vitaminas del grupo B y minerales como el calcio y el yodo están presentes en este plato. Se calculan entre cuatro y seis camarones por persona.

INGREDIENTES

16 a 24	**camarones**
2	**cucharadas de aceite vegetal**

PARA LA SALSA

3	**tomates medianos, maduros**
4	**cucharadas de hojas de cilantro**
$^1/_2$	**cucharadita de comino, molido**
2	**hojas grandes de lechuga**
$^1/_2$	**cebolla cabezona pequeña, picada**
1	**diente de ajo, picado**
1	**taza de caldo de verduras o de pollo**
	Ají, molido (opcional)
	Sal al gusto

PREPARACIÓN

· **En una olla** con agua caliente ponga los tomates muy bien lavados y déjelos allí unos minutos. Páselos por agua fría y retire la piel. Corte en cuatro partes.

· **En el vaso** de la licuadora ponga los tomates y demás ingredientes para la salsa. Procese hasta obtener una mezcla homogénea.

· **En una sartén** caliente el aceite y añada la salsa; cocine entre 3 y 4 minutos revolviendo constantemente.

· **En una sartén** aparte ponga una mínima cantidad de aceite y añada los camarones. Cocine hasta que se pongan rosados; unos 5 minutos bastarán.

· **Disponga** los camarones en un plato y báñelos con la salsa caliente.

►Recetas culinarias

Pescado al horno con salsa aromática   PORCIONES: 4

Una receta de origen libanés plena de sabor y aroma. Además de ser un plato rico en minerales ayuda a mantener la figura.

INGREDIENTES

3 a 4	filetes de pescado (recomendamos los de carne blanca y firme como, por ejemplo, el róbalo o el pargo)
$^1/_2$	taza de nueces
	Jugo de 1 limón
$^1/_2$	cucharadita de ají o chile, molido
2	tazas de hojas de cilantro
3	dientes de ajo
1	cebolla cabezona, pequeña
2	cucharadas de aceite (ojalá de oliva)
	Sal al gusto

PREPARACIÓN

- **En un mortero** muela un poco las nueces y añada 6 cucharadas de agua, el jugo de limón, la sal y el ají. Mezcle brevemente.
- **Precaliente** el horno a 180° C.
- **En una tabla** pique juntos el cilantro, el ajo y la cebolla.
- **Caliente** el aceite y ponga la mezcla anterior por unos minutos; durante el proceso agregue las nueces y revuelva. Cocine a fuego lento entre 2 y 3 minutos. Verifique la sazón.
- **En una fuente** para hornear extienda un poco de la salsa y acomode encima los filetes en una sola capa. Cubra el pescado con la salsa restante.
- **Lleve** al horno de 25 a 30 minutos y sirva.

Salsa picante

INGREDIENTES

1	tomate maduro para salsa
1	rama de cebolla larga, fresca
2	cucharadas de cilantro fresco, picado
2	cucharadas de jugo de limón
2	cucharadas de vinagre
	Agua
	Ají al gusto
	Sal al gusto

PREPARACIÓN

- **Maje** en un mortero los granos y el ají según su gusto.
- **Pele** los tomates, retire la semilla y píquelos finamente. Lave y pique la cebolla incluyendo sus hojas verdes.
- **Mezcle** todos lo ingredientes en un frasco de vidrio, tape y agite suavemente. Refrigere por lo menos 24 horas antes de servir.

TRUCOS DE COCINERO

Para obtener un mejor sabor y aroma de sus recetas con cilantro, tenga en cuenta emplear la hierba al final de la cocción. También se puede picarlo finamente y espolvorearlo sobre los distintos platos; un clásico en la región andina es poner cilantro picado sobre las sopas antes de llevarlas a la mesa.

COCINA MUNDIAL

- *En México y en India* se emplea el cilantro combinándolo con ajíes y pimentones para aderezos y salsas.
- *En China* prefieren mezclarlo con cebolla larga y jengibre para preparar platos fritos y al vapor.
- *En Tailandia* se aprecian las raíces de esta hierba y la emplean como base para la elaboración de pasta de curry.
- *En Oriente* acompañan las nueces y especias con cilantro, mientras que en *Portugal* la combinan con papas, habichuelas y almejas.

Estragón

Un poco desconocido en nuestro medio,
el estragón es una hierba de aroma cálido y picante y sabor refinado y sutil.

S e cree que fueron los cruzados quienes llevaron este arbusto a Europa. Su nombre latino (*dracunculus*), que significa "drangoncillo", deriva de la creencia medieval que lo consideraba antídoto para las picaduras o mordeduras de animales como serpientes, insectos y perros rabiosos.

Se trata de un arbusto que crece en áreas secas y soleadas hasta alcanzar un metro de altura. Sus apreciadas hojas son de color verde brillante y están acompañadas por modestas flores. Es una plata nativa de Rusia, el oeste de Asia y los Himalayas.

Saber comprar

Aunque es una hierba más bien escasa en nuestro medio, existen lugares donde la ofrecen fresca. Sus hojas largas y delgadas deben ser de color verde oscuro y de textura rígida.

La variedad más atractiva desde el punto de vista gastronómico es aquella que se conoce como estragón francés porque su sabor es más aromático e interesante. Las variedades rusas son consideradas por los expertos como insípidas.

Sabor francés

Aunque los cocineros rusos utilizaban esta planta mucho antes, el estragón empezó a ser realmente apreciado durante el siglo XVII cuando la cocina francesa lo incluyó en sus recetas. Aún hoy sus usos más refinados y que brindan mejor armonía entre sabores provienen de recetas de la tradición francesa.

A nosotros nos llegó tardíamente porque su consumo estaba limitado a ciertos restaurantes que sabían manejar este maravilloso ingrediente; ahora se puede ver al estragón en las estanterías de algunos supermercados. Vale la pena utilizarlo para darle un sabor diferente a los platos que conforman nuestro menú semanal.

RAMITOS DE HIERBAS

Estas son algunas de las mezclas más exitosas. Las hierbas se atan con un hilo largo para que sean fáciles de retirar después de la cocción. Estas son algunas sugerencias con estragón.
· *Pescado*
Estragón, tomillo, perejil y cáscara de limón.
· *Aves*
Perejil, laurel, estragón, cebolla larga aplastada.

Ideas para conservar

Los mejores resultados en la cocina se obtienen cuando se utiliza al estragón fresco. Por esa razón conviene adquirir poca cantidad y emplearlo rápidamente. Sin embargo es una hierba que conserva bastante bien sus propiedades cuando se congela. Al igual que las demás plantas aromáticas lo mejor es almacenarlo en recipientes para hielo con un poco de agua.

COCINAR CON ESTRAGÓN

El aroma de esta hierba se desarrolla durante la cocción; sin embargo hay que medir la cantidad de estragón utilizado así como el tiempo en que está en la receta porque puede eliminar otros sabores. Usado con sensatez, en cambio, realza el gusto y aroma de otras hierbas.

USOS CULINARIOS

Es básico en la mezcla conocida como "finas hierbas" y clave en la elaboración de muchas salsas de origen francés. Es excelente para la preparación de vinagres aromatizados y enriquece la mostaza. Se emplea con huevos, pollo, conejo, crustáceos, pescados, espárragos, cebollas puerro, papas, aguacates, champiñones y en ensalada de tomates.

▶Recetas culinarias

Lomo de cerdo al horno   PORCIONES: **4**

Fuente de proteínas, vitaminas y minerales, las carnes son parte de nuestra cultura culinaria. Acompañe este plato con verduras frescas que ayudarán a una mejor absorción de los nutrientes.

INGREDIENTES

1	lomo de cerdo de 1 kg
1	taza de vino blanco
2	dientes de ajo machacados
1	cucharada de salvia
1	cucharada de estragón
2	cucharadas de mostaza
	Sal y pimienta al gusto

PREPARACIÓN

·   **Asegúrese** de comprar un lomo de cerdo que provenga de criaderos profesionales donde la limpieza y las condiciones son óptimas.

·   **Limpie** muy bien el lomo retirando sus tejidos grasos y colóquelo en una fuente para hornear.

·   **Precaliente** el horno a 220° C.

·   **Lleve** al vaso de la licuadora los demás ingredientes y procese hasta que estén bien integrados. Unte el lomo por todas partes con esta mezcla y vierta la sobrante encima de la carne.

·   **Hornee** entre 45 minutos y una hora teniendo en cuenta que en la mitad de la cocción hay que darle vuelta al lomo. Recuerde que esta carne debe quedar muy bien asada.

Mezcla francesa

Una combinación de sabores útiles para aderezar pescado, pollo, lentejas y champiñones.

INGREDIENTES

2	cucharadas de estragón
2	cucharadas de mejorana
2	cucharadas de tomillo
2	cucharadas de ajedrea

PREPARACIÓN

·   **Las hierbas** deben utilizarse secas.

·   **Muela** todos lo ingredientes juntos, tamice y guarde en un frasco hermético.

DIP DE QUESO

Como entremés el queso es una magnífica opción. Untado sobre galletas, pan o palitos de verduras como zanahoria y apio, siempre resulta tentador. Usted puede hacer un queso excepcional si utiliza uno bajo en grasas, suave y de textura cremosa al cual le incorpora el estragón picado. El paso final será darle una forma interesante o colocarlo en un recipiente atractivo.

Champiñones al estragón

PORCIONES: 4

Los champiñones —ingrediente relativamente económico y de fácil consecución— proveen proteínas, vitaminas y minerales, razón por la cual son muy apreciados por los vegetarianos.

INGREDIENTES

- $^1/_2$ libra de cebolla cabezona pequeña
- 1 cucharada de aceite de oliva
- $^1/_2$ libra (250 g) de champiñones, limpios y cortados a la mitad
- 1 cucharada de cáscara de limón
- 1 cucharadita de estragón
- Sal y pimienta al gusto

PREPARACIÓN

· **Cocine** las cebollas en agua hirviendo con un poco de sal de 10 a 12 minutos. Retire del fuego y escurra muy bien.

· **En una sartén** caliente el aceite a fuego medio, añada las cebollas y el resto de los ingredientes. Condimente con sal y pimienta. Tape y continúe la cocción unos 6 u 8 minutos a fuego lento. Sirva caliente.

Laurel

Esta planta de origen mediterráneo confiere a las comidas un agradable perfume.

Se utiliza tanto fresco como seco en un sinnúmero de platos.

Los griegos usaron el laurel para la adivinación en el oráculo de Delfos. Los romanos lo emplearon como ingrediente médico, como especia y como guirnalda en las festividades dedicadas al dios Saturno. Como símbolo de los máximos honores, se le confirió a los hombres destacados por su valor. Este árbol fue consagrado a Apolo y Esculapio, quienes vigilaban por la salud y la medicina. Dante y Petrarca, siglos después, la ciñeron en su cabeza como símbolo de fama. Hoy todavía se regala como buena fortuna en la famosa "cruz de mayo".

El laurel es un árbol pequeño y siempre verde, originario de la región mediterránea y de Asia Menor. Su corteza es verde, y sus famosas hojas son brillantes en la cara superior y opacas en el envés. Las flores, pequeñas, se encuentran en tonalidades desde el amarillo pálido hasta el amarillo verdoso. Los frutos son bayas grandes de color negro.

Cuando de cocinar se trata...

La sencilla hoja de laurel es un elemento básico en las cocinas de todo el mundo. Se emplea especialmente fresco para la elaboración de marinadas, pescados en vinagre, hortalizas en conserva de aceite y vinagre, ramitas de hierbas y caldos. Algunos expertos consideran que hervido en leche da un sabor estupendo para la salsa bechamel.

En las salsas se puede aprovechar muy bien el sabor del laurel. Es un magnífico perfume para la salsa de tomate y enriquece las que se elaboran para condimentar carnes. Funciona de forma armoniosa prácticamente con todos los platos de cocción lenta. Algunos son atrevidos en su uso y lo añaden, junto con un poco de limón, a las "peras al vino tinto".

Saber comprar

Por fortuna siempre es fácil encontrar hojas frescas de este extraordinario condimento en tiendas y supermercados.

El laurel suele ser ofrecido en manojos o empacado en bolsas plásticas transparentes. Como la mayoría de las hierbas, conviene seleccionar las que ofrecen un bonito color, una hoja sana aunque un poco dura y un agradable olor. Recuerde que aquellas que lucen demasiado secas y quebradizas suelen estar viejas y pasadas y no brindan todo su sabor a las comidas.

OTROS NOMBRES
LAUREL NOBLE
LAUREL DE APOLO
LAUREL FRANCO

NOMBRE CIENTÍFICO
LAURUS NOBILIS

EN INGLÉS
BAY
BAY LAUREL

Ideas para conservar

Las hojas frescas de laurel son las más útiles para marinar o para incluir en las conservas de verduras en vinagre (encurtidos). Recién cortadas tienen un gusto amargo que se suaviza con el correr de los días. Por esa razón recomendamos antes de utilizarlas dejarlas secar unos pocos días. El laurel fresco se conserva muy bien en lugares frescos y alejados de la luz o en la nevera.

Las hojas secas son las más utilizadas en la cocina aunque su aroma es menos fuerte que las hojas frescas. Conviene emplearlas enteras o en trozos grandes para poder retirarlas con facilidad antes de servir. Guarde las hojas secas en frascos de vidrio o en un lugar oscuro que preserve sus cualidades.

Cuando vaya a secar laurel ate el extremo de las ramas a una cuerda y cuélguelo en un lugar oscuro pero que tenga corrientes de aire.

►Recetas culinarias

Macarrones con salsa de laurel
PORCIONES: 4

Un plato fuerte de sabor atractivo para toda la familia. Con esta receta obtiene energía sin demasiadas calorías.

INGREDIENTES

1	paquete (500 g) de macarrones
6	tomates maduros, pelados, sin semilla y picados en cubitos
1	cebolla cabezona, finamente picada
2	cucharadas de aceite
8	hojas de laurel
$^1/_2$	cucharadita de pimienta
	Sal

PREPARACIÓN

- **En una sartén** antiadherente ponga los tomates picados, la cebolla y tres hojas de laurel. Deje cocinar a fuego lento unos 5 minutos. Añada la pimienta y continúe la cocción unos 5 o 7 minutos más. Por último, añada la cucharada de aceite. Cuando la salsa esté lista, retire las hojas de laurel.
- **En una olla** grande ponga a calentar abundante agua con sal y una hoja de laurel. Hierva los macarrones siguiendo las instrucciones del fabricante, escurra y mézclelos con la salsa caliente.

►Recetas culinarias

Verduras en vinagre
PORCIONES : 4 a 6

Renueve el gusto de sus verduras con esta receta de gran sabor.

INGREDIENTES

$^1/_2$ kg (500 g) de verduras (como coliflor, zanahorias, calabacines, pepinos, repollos)

VINAGRETA

2	vasos de agua
3	cucharadas de aceite (ojalá de oliva)
4	cucharadas de jugo de limón
1	cucharadita de sal
1	cucharadita de vinagre
3	cebollas largas
5	ramitas de perejil
1	hoja de laurel
4	granos de pimienta
2	dientes de ajo

PREPARACIÓN

· **Lave** y limpie las verduras, séquelas con una toalla de cocina. Si utiliza hortalizas como zanahorias, pimentones o calabacines, córtelas en tiras finas o juliana.

· **En una olla** grande cocine al vapor las verduras durante unos 10 minutos o hasta que estén tiernas. Retírelas con la ayuda de una espumadera y páselas a un recipiente.

· **En una olla** aparte mezcle todos los ingredientes de la vinagreta y cocine a fuego medio hasta que la salsa se reduzca un tercio. Utilice esta salsa para bañar las verduras.

· **Esta receta** es sabrosa fría o caliente y puede ser un buen acompañamiento de muchos otros platos.

Marinada de laurel y mostaza

INGREDIENTES

5	cucharadas de mostaza
5	cucharadas de aceite de oliva
5	cucharadas de agua
1	cucharada de tomillo seco
2	hojas de laurel
1	diente de ajo, machacado

PREPARACIÓN

· **En una fuente** mezcle la mostaza y el agua. Añada el ajo, el tomillo y las hojas de laurel.

· **Incorpore** poco a poco el aceite mientras mezcla.

· **Esta receta** sirve para marinar pollo, cerdo y ternera. Recuerde que la salsa se unta sobre la carne y se refrigera como mínimo durante 6 horas.

¿MARINAR?

Esta técnica se define como la introducción de ciertos alimentos en un líquido para que queden más sabrosos. Antiguamente se empleaba para ablandar ciertas carnes pero hoy se considera como un proceso para brindar mayor sabor a carnes un tanto insípidas.

HIERBAS DE LA PROVENZA

Una mezcla muy aromática que proviene de esta región francesa. Se mezclan frescas o secas con tomillo, romero, laurel, albahaca, ajedrea e, incluso, lavanda. Un condimento muy usual para carnes de cordero y cerdo.

HOJAS SALUDABLES

Como muchas de las hierbas culinarias, el laurel promueve la digestión, especialmente de platos muy enriquecidos o considerados "pesados". Es ideal para acompañar platos de cocción lenta.

C O C I N A

Menta

*De sabor y olor perfumado, la menta y la hierbabuena se han utilizado
para abrir el apetito, aromatizar salsas, en bebidas y platos dulces y salados.*

La familia de las mentas es bastante amplia y se le conocen muchas utilidades. Una de las más célebres es la hierbabuena que, como su nombre lo sugiere, ha sido muy apreciada por sus grandes virtudes. Todas ellas son aromáticas, poseen un perfume fuerte, dulce y que nos da la sensación de algo fresco. Son hierbas fáciles de reconocer precisamente por ese olor que nos atrae desde el primer instante.

Se calcula que existen más de 600 variedades de menta con diferentes aromas y sabores. Las más comunes son la hierbabuena y la menta piperita. La primera tiene hojas agudas, de color verde oscuro, con tallos también oscuros y flores purpúreas. La segunda tiene las hojas más oscuras, redondeadas, velludas y menos arrugadas que la primera. Su aroma es fresco y su sabor más fuerte.

USOS TRADICIONALES

Además de las mezclas de hierbas en aguas aromáticas o tisanas, esta planta se emplea para elaborar salsas (que armonizan con carnes como el cordero), mezclar con verduras (como el pepino con yogur), condimentar papas, pescados y mariscos. Un clásico de las mentas es añadirlas a las bebidas o trozos de frutas, helados, *mousses*, pudines y tortas.

Usos culinarios

En general utilizamos la menta y la hierbabuena frescas con ingredientes como zanahorias, papas, berenjenas y legumbres. Su sabor también complementa estupendamente con el pescado, el cordero y los mariscos. La salsa de menta que incluimos en la página siguiente es uno de los acompañamientos más apreciados en la cocina inglesa.

En Oriente Medio se emplea seca en algunas sopas, guisos y rellenos. Las hojas picadas y salteadas en aceite se añaden a ciertos platos para darles más fragancia. La cocina de la India, en cambio, aprovecha sus virtudes combinándola con otras especias y añadiéndola a platos de verduras y carnes. En Irán es muy popular la sopa fría de pepinos, menta y yogur.

Cualquiera que sea su predilección, esta hierba puede resultar sorprendente en gran cantidad de recetas. Pero si es usted un poco más conservador en los sabores, utilícela sobre frutas, yogures, postres helados y aguas aromáticas.

Saber comprar

Una planta que posee un color vivo, hojas erectas y aroma fresco e intenso, es porque tiene poco tiempo de cortada. Aquellas con hojas amarillentas y marchitas tienden a perder un poco de sabor y muchas de sus cualidades. Tanto la menta como la hierbabuena deben comprarse en ramilletes frescos y dejar en un recipiente con agua mientras se utilizan.

Los paquetes de hierbas deshidratadas también son una buena opción de compra. Fíjese que las hojas están en buen estado y que el paquete no muestre ningún signo de condensación porque la presencia de cualquier humedad las estropea definitivamente. De todas formas, como se trata de plantas fáciles de secar, es mejor hacerlo uno mismo.

Ideas para conservar

Cuando llegue a casa con una menta o hierbabuena fresca utilícela lo antes posible para aromatizar los platos que aprovechan sus cualidades refrescantes como por ejemplo, postres, batidos y helados. Cualquiera de ellos tendrá una presentación más "profesional" con un ramillete o unas cuantas hojas puestas al azar.

La familia de las mentas resiste muy bien el secado de manera que si se va a demorar en emplearlas puede colgar los ramilletes desde el tallo y dejarlos deshidratar en un lugar fresco, aireado y seco. Cuando adquieran una consistencia crujiente se deben guardar en frascos de vidrio, tapar y almacenar en un lugar oscuro y seco. Otra de las grandes virtudes de las mentas es que resisten la congelación.

▶Recetas culinarias

Salmón a la menta

El salmón es uno de los pescados más atractivos por su contenido de omega 3, que contribuye a la salud del corazón. Resulta un poco costoso en nuestro medio pero bien vale la pena darse un gusto de vez en cuando.

INGREDIENTES

1	**filete grande de salmón**
1	**puñado de menta fresca**
6	**tomates chontos maduros**
2	**cucharaditas de azúcar**
	Perejil picado
	Sal y pimienta

PREPARACIÓN

· **Utilice** el filete de salmón con su piel; antes de utilizarlo córtelo en cuatro porciones.

· **Lave** las hojas de menta y perejil y píquelas finamente. Limpie los tomates, pélelos, córtelos en cuartos y retire las semillas.

· **Caliente** en una sartén los tomates junto con la menta, el perejil, el azúcar y un poco de agua. Cocine unos 8 o 10 minutos. Rectifique la sazón y, si lo considera necesario, añada un poco más de condimentos.

· **Sazone** el pescado con sal y pimienta y póngalo sobre una plancha o sartén caliente. Coloque la parte de la piel sobre la plancha y permita que se cocine de 5 a 7 minutos; si el filete es demasiado grueso déjelo unos 10 minutos. Voltee los trozos de pescado y cocine unos 5 minutos más. Sirva el pescado bañado con la salsa.

Salsa de menta

Una receta clásica para acompañar el cordero frío o caliente.

INGREDIENTES

3	**cucharadas de menta fresca, finamente picada**
2	**cucharadas de agua hirviendo**
4	**cucharadas de vinagre**
1 o 2	**cucharaditas de azúcar**

PREPARACIÓN

· **Ponga** la menta picada en una fuente y añada agua hirviendo.

· **Deje** que se enfríe y agregue el vinagre y el azúcar. Deje reposar por lo menos una hora antes de servirla.

CERRAR CON BROCHE DE ORO

Una buena forma de concluir un almuerzo o cena es ofreciendo aguas aromáticas o té de hierbas. Recurrir a la menta o a la hierbabuena solas o mezcladas con otras plantas como limonaria, manzanilla o cidrón, es una idea maravillosa para el olfato, el gusto y la digestión.

EL SALMÓN

El salmón pertenece al grupo de los llamados pescados azules y son una fuente de ácidos grasos esenciales, sobre todo del grupo omega 3. Es, además, pobre en grasas saturadas y rico en proteínas, hierro, algunas vitaminas del grupo B y vitamina D. El yodo es abundante en este grupo de peces y contienen algo de calcio.

ENSALADA ORIGINAL

Haga que sus ensaladas verdes posean un ingrediente secreto que a todos va a encantar. Además de mezclar lechugas de distintas variedades y otras verduras de hojas verdes como la espinaca, ponga abundante cantidad de hojas de menta o hierbabuena.

Ensalada de camarones con salsa de hierbabuena   PORCIONES: 4

Una ensalada muy rápida de hacer, baja en calorías y rica en minerales y vitaminas. El sabor de la menta brinda calidez mientras que el aguacate acompaña con textura y suavidad.

INGREDIENTES

750 g (1 y ¹/₂ libras) de camarones
1   aguacate grande pelado, en rebanadas
1   toronja, en gajos

PARA LA SALSA

2   cucharadas de mayonesa
2   cucharadas de crema agria
1   cucharada de yogur natural
3   cucharadas de hojas de hierbabuena fresca, picada

PREPARACIÓN

· **Previamente** debe cocinar y retirar la cáscara de los camarones procurando dejar intactas sus colas que darán una bonita apariencia al plato.

· **En una fuente** acomode los camarones, el aguacate en rebanadas y la toronja. Procure que la presentación del plato sea armoniosa y provocativa.

· **En otra fuente** coloque la mayonesa, la crema agria, el yogur y la hierbabuena. Mezcle todo muy bien ayudándose de una batidora manual. Vierta sobre la ensalada y sirva inmediatamente.

Orégano

La palabra griega origanos *significa "alegría de las montañas",
un concepto que define muy bien las cualidades de esta aromática hierba.*

El orégano proviene de Europa pero se adaptó con facilidad en todo el mundo. Por esa razón se encuentra disponible en la mayoría de los países que ofrecen unas mínimas condiciones para que prospere. Quien se interesa por la crianza de las hierbas debe saber que el orégano necesita mucho sol y un suelo ligero. Cuando se adapta a un sitio es productivo durante varios años, aunque hay que ser pacientes pues su cultivo en semilla es muy lento.

En la antigüedad se creía que esta hierba tenía que acompañar a los muertos en su viaje al más allá; de esa tradición milenaria nació la costumbre de la magia natural de quemar orégano cuando alguien moría (física o figuradamente).

Está emparentada con la mejorana y posee un tallo erecto de 40 a 80 cm de altura. Sus hojas son ovaladas y pequeñas y sus flores, de un intenso aroma, son rojas y se desarrollan en ramilletes. El orégano contiene aceite esenciales, taninos, resinas, esteroides y flavonoides. Aunque estamos en el tema culinario no sobra decir que esta planta posee cualidades estimulantes y antiespasmódicas, ayuda a controlar la flatulencia y estimula el flujo de la bilis. Se usa como antiséptico, tónico general y para apaciguar ánimos intranquilos.

OTROS NOMBRES

MEJORANA BASTARDA

ORIÉGANO

NOMBRE CIENTÍFICO

ORIGANUM VULGARE

EN INGLÉS

WILD MARJORAM

El orégano en la cocina

El sabor aromático e intenso del orégano nos remonta a la cocina italiana donde tiene un papel protagónico en especial con la salsa de tomate, la pizza y la salsa *pizzaiola*. Sin embargo, el gusto por esta planta se ha extendido por todo el mundo y es una hierba que condimenta gran variedad de platos.

El orégano se emplea básicamente seco y puede hacer de un plato sencillo una verdadera delicia. Armoniza de manera excelente con pescados, carnes, salsas para pastas, caldos (por ejemplo de pollo y verduras), guisos y cocidos, pimentones, papas, tomates y quesos.

Mantener un poco de orégano en la cocina es una excelente idea porque puede agregar intensidad y aroma a las comidas. Las papas al vapor, por ejemplo, ganarán en gusto simplemente con una cucharadita de orégano espolvoreado. Una de las combinaciones más agradables es aquella que mezcla queso, tomate y orégano y que puede utilizarse como una entrada o acompañamiento de gran cantidad de recetas.

Saber comprar

Aunque existen lugares en donde se consigue el orégano fresco, la verdad es que es más común encontrarlo seco y envasado o empaquetado en bolsas de plástico o papel transparente. Es importante al momento de seleccionar una marca fijarse en que el recipiente provea la información básica como, por ejemplo, la fecha de vencimiento. Cuando el orégano viene en bolsas transparentes es más fácil observar ciertas características como el color y la textura. Prefiera las marcas en donde las hojas no están pulverizadas y donde pueda detectar algún olor.

Ideas para conservar

Guarde los frascos o bolsas que contienen el orégano en un lugar oscuro y seco. Tenga la precaución de cerrar herméticamente el frasco en donde viene para conservar al máximo sus cualidades. La hierba que se ofrece al público en bolsas de papel transparente conservan mejor su poder si se pasan a un frasco de vidrio limpio y que tenga una buena tapa. En óptimas condiciones el orégano retiene su fuerza durante un año.

►Recetas culinarias

Pollo con orégano
PORCIONES: 4 a 6

El sabor que adquiere el pollo durante la cocción lenta es riquísimo. Una receta que recomendamos a todos aquellos que tienen paciencia e inclinación por los platos aromáticos.

INGREDIENTES

1	pollo mediano
4	cebollas cabezonas, cortadas en cuartos
6	papas medianas, peladas
1	pimentón rojo, en trozos medianos
4	cucharadas de orégano
3	cucharadas de aceite de oliva
3	hojas de laurel
	Sal y pimienta al gusto

PREPARACIÓN

· **Lave** el pollo, retire la piel y despréselo.

· **En el fondo** de una olla grande y pesada disponga la mitad de las presas de pollo. Condimente con un poco de sal, pimienta, una cucharada de orégano, una hoja de laurel partida, una cucharada de aceite de oliva.

· **Ponga** encima una capa de papas, cebollas y pimentones, usando la mitad de la cantidad total. Nuevamente condimente con sal, pimienta, orégano, laurel y aceite de oliva.

· **La tercera** capa se hará con el resto del pollo al que se condimenta nuevamente con hierbas y especias.

· **La última** capa de papas, pimentones y cebolla también se aromatiza de la misma manera.

· **Tape** la olla (si la tapa no es lo suficientemente pesada utilice un paño de cocina para que la olla quede bien cerrada) y cocine a fuego muy lento durante por lo menos 3 horas. Es muy importante que la cocción no sea destapada durante este tiempo. Sirva muy caliente.

►Recetas culinarias

Tomates rellenos

PORCIONES: 4

El tomate posee cualidades excepcionales por su contenido de vitaminas. Incluirlo durante la semana ayuda a mantenernos fuertes, con energía y renovados.

INGREDIENTES

2	tajadas de pan, sin corteza
$^1/_3$	de taza de leche, baja en grasa
4	tomates medianos maduros
1	cucharada de aceite de oliva
2	cebollitas perla, picadas finamente
2	dientes de ajo machacados
20	champiñones limpios, picados
1	cucharadita de orégano
4	cucharadas de queso parmesano
	Sal y pimienta al gusto

PREPARACIÓN

- **En una fuente** ponga el pan, agregue la leche y deje en remojo por 15 minutos.
- **Precaliente** el horno a 180° C.
- **Con un cuchillo** retire el pedúnculo de los tomates, voltéelos y corte una tajada en la base. Con la ayuda de una cuchara quíteles la mayoría de la pulpa, teniendo cuidado de no dañar la cáscara. Pique la pulpa y condimente el interior de los tomates. Deje aparte.
- **Caliente** el aceite a fuego medio y agregue las cebollitas, los ajos y los champiñones. Sofría entre 4 y 6 minutos. Agregue la pulpa de los tomates y condimente con sal y pimienta. Añada el orégano, mezcle y cocine unos 4 minutos más.
- **Exprima** el pan para quitarle el exceso de leche y revuélvalo con la salsa anterior. Cocine 2 minutos revolviendo constantemente.
- **Rellene** los tomates y acomódelos en un molde; lleve al horno y ase durante unos 15 minutos. Por último espolvoree el queso parmesano y hornee 5 minutos más.

Tostadas con orégano

Acompañe sus comidas con este pan tostado que renueva el sabor de este tradicional acompañamiento.

INGREDIENTES

Rebanadas de pan
Ajo
Aceite de oliva
Orégano seco

PREPARACIÓN

- **Tome** rebanadas de pan y hornee o tueste.
- **Úntelas** primero con un diente de ajo partido y luego con el aceite de oliva. Por último espolvoree el orégano.

¡BUENA IDEA!

¿Desea renovar el sabor de sus legumbres? Ensaye preparar unas deliciosas ensaladas frías. Cocine los fríjoles negros o blancos o garbanzos y condimente con un poco de aceite de oliva, un chorrito de vinagre, uno poco de ajo picado finamente, todo espolvoreado con orégano.

EL POLLO

El pollo y otras aves son fuentes de proteínas y vitaminas B_2 y B_3; las grasas saturadas que posee pueden ser considerablemente reducidas si se elimina la piel. Deben cocinarse por completo y almacenar separado de los demás alimentos. Siempre que pueda consuma pollo criado a la manera campesina, es decir, alimentado con comida natural (y no concentrados) y sin el uso de hormonas (que aumentan artificialmente su tamaño).

USAR EL ORÉGANO

Si desea un sabor delicado y aromático utilice esta hierba seca al final de la cocciones o sobre platos fríos. Pero si su objetivo es un sabor más picante e intenso tenga en cuenta que el orégano desarrolla más aroma durante las cocciones prolongadas.

Perejil

*De hoja crespa y lisa, el perejil es una hierba que regala hermosura
a los platos y enriquece con su aroma fresco, un poco picante y sabor penetrante.*

Al parecer el perejil es originario del sudeste de Europa y el oeste de Asia y en la actualidad crece silvestre en muchos lugares del mundo. Fue conocido por pueblos tan antiguos como los griegos y los romanos; de estos últimos existen registros de que se alimentaban a los caballos de carroza con perejil para que fueran más veloces. Fue también en Roma donde se le asoció con Perséfone, la divinidad del mundo subterráneo, y fue utilizada en ritos funerarios.

El perejil es una planta herbácea de tallo erecto, que alcanza entre 15 y 80 cm de altura. Sus hojas, tan amadas en la cocina, son fuente de clorofila y vitaminas A y C, y minerales como el hierro, cobre y magnesio. Es considerada una planta rústica lo que nos indica que crece en casi cualquier terreno, aunque es en las zonas frescas y sombreadas donde se da mejor.

Conocer y utilizar

Existen dos tipos de perejil: uno de hoja lisa y otro con el follaje crespo. En general se considera que el primero posee un aroma más suave y sutil que el segundo, en tanto que su sabor es más intenso y persistente. El perejil de hoja crespa es muy apreciado como ingrediente en ensaladas y en la decoración de platos.

El sabor de los tallos, especialmente de la variedad lisa, es más intenso que las hojas y por esa razón debe ser aprovechado. Cuando se emplea en cocciones prolongadas es una buena idea atar en un manojo los tallos largos para que participen del sabor; cuando llegue el momento de servir puede retirar con facilidad el manojo y añadir las hojas picadas.

Saber comprar

El perejil de mejor calidad es aquel que luce en sus hojas un atractivo verde brillante y brinda algún aroma. Su olor no debe ser muy fuerte porque, en realidad, esta planta desprende sus encantos cuando es picada. De igual forma las hojas no deben tener tierra ni presentar una coloración amarillenta porque este es un síntoma de que está empezando a marchitarse.

OTROS NOMBRES

EXISTEN DIVERSOS TIPOS QUE SE CLASIFICAN EN DOS GRUPOS: DE HOJA LISA Y HOJA CRESPA.

NOMBRE CIENTÍFICO

PETROSELINUM CRISPUM

EN INGLÉS

PARSLEY

LISO Y CRESPO

Las variedades de hoja lisa son ricas en vitaminas, hierro y algo de calcio. Armoniza muy bien con el ajo y gracias a su sabor fino tienden a ser las preferidas en la cocina.

En cuanto al crespo es muy apreciado como elemento enriquecedor de las guarniciones y para dar un aspecto apetitoso y un bonito color verde a las salsas y mayonesas sin que les robe su sabor.

ALGUNOS DE LOS USOS MÁS COMUNES DEL PEREJIL:

SALSAS • MANTEQUILLAS • VINAGRETAS • ALIÑOS • RELLENOS
ENSALADAS • CARNES • PESCADOS • HUEVOS • VERDURAS

Ideas para conservar

Conviene guardar el perejil con sus ramas en un recipiente con agua para que esté con buena hidratación. Hay quienes prefieren ponerlo en bolsas plásticas en la nevera en los cajones de las verduras; este método resulta especialmente útil si se va a emplear la hierba en los dos días siguientes.

Aunque no es una planta que se pueda secar, sí se puede congelar. Para hacerlo basta con lavarlo bien, secarlo con una toalla de cocina y picarlo en cubetas de hielo. Se deben llenar hasta la mitad y luego completar con un poco de agua, igual que para las demás hierbas.

►Recetas culinarias

Lasaña de verduras

El perejil en este plato brinda un sabor delicado y aromático.
El plato en general es atractivo por su contenido de calcio, vitaminas
A y D, proteínas y minerales.

INGREDIENTES

250 g	de pasta para lasaña
500 g	(1 libra) de champiñones frescos
200 g	de requesón
2	dientes de ajo
1	taza de leche
	Queso parmesano
	Perejil, picado y machacado
	Aceite vegetal
	Sal y pimienta al gusto

PREPARACIÓN

· **Cocine** la pasta siguiendo las instrucciones del fabricante.
Deje aparte.

· **Limpie** los champiñones y córtelos en tajadas delgadas.
Pele los ajos y píquelos finamente.

· **En una sartén** ponga una mínima cantidad de aceite y
dore los ajos y champiñones. Cocine a fuego lento durante unos 8 o 10 minutos.

· **En una fuente** mezcle el requesón, la leche, el perejil triturado y un poco de queso parmesano. Revuelva para que
se integren los sabores y texturas hasta obtener una pasta
homogénea. Añada los champiñones y condimente con
sal y pimienta.

· **En una fuent**e para hornear ponga una capa de pasta y
encima una de salsa. Repita el procedimiento hasta obtener varias capas y acabar con los ingredientes. Por último
espolvoree queso parmesano.

· **Cubra** con papel de aluminio y lleve al horno precalentado a 180 o 200° C de 15 a 20 minutos. Retire el papel de
aluminio y deje dorar. Sirva caliente.

MUCHO USOS, MUCHAS NACIONES

**En América se destaca el
famoso "chimichurri" del
asado argentino. En la
cocina francesa su presencia es esencial en la mezcla
conocida como "finas
hierbas". Los italianos
ponen perejil además de
otros ingredientes a la
conocida "salsa verde". En
Turquía se utiliza la *ome-
lette* de perejil en primavera mientras que en Oriente
Medio es básico para el
tabbouleh.**

Salsa "chimichurri"

*Un clásico de la cocina argentina que acompaña estupendamente carnes,
verduras o, incluso, el pan.*

INGREDIENTES

1	ramito de perejil liso con sus tallos
5	dientes de ajo
	Aceite de oliva
	Ají, molido
	Vinagre
	Sal al gusto

PREPARACIÓN

· **Lave** la hierba y pele los dientes de ajo. En una tabla píquelos juntos tan finamente como pueda. Llévelos a una
fuente honda.

· **Agregue** suficiente aceite hasta que la preparación quede
totalmente cubierta. Vierta un chorrito de vinagre y condimente con la sal y el ají molido. Revuelva y pruebe para
ajustar la cantidad de los condimentos.

Trucha rellena

PORCIONES: **4**

La trucha es una buena fuente de ácidos grasos (omega 3) mientras que los cítricos nos ofrecen sus vitaminas.

INGREDIENTES

4	truchas de buen tamaño
1	diente de ajo, machacado
2	cebollitas perla o chalotes, picadas en dados pequeños
1 y $^1/_2$	cucharadas de perejil fresco, triturado
2	cucharadas de vino blanco
	Jugo de 2 limones

PARA EL RELLENO

1	taza de miga de pan
	Cáscara rallada de 1 limón (si es de cultivo biológico)
1	tallo de apio, cortado en cubos pequeños
$^1/_2$	manzana pelada, en cubos pequeños
$^1/_2$	cucharadita de romero
1	cucharada de yogur natural bajo en grasa

PREPARACIÓN

· **Limpie** los pescados bajo el chorro de agua del grifo y luego séquelos con papel de cocina.

· **En una fuente** aparte mezcle todos lo ingredientes del relleno y utilícelo para llenar la cavidad de los pescados limpios.

· **Disponga** los pescados en una fuente que pueda llevar al horno y viértales encima la siguiente salsa:

· **Mezcle** en un recipiente el jugo de limón, el vino blanco, las cebollitas, el perejil y el ajo. Revuelva para que todos los ingredientes se integren y bañe las truchas.

· **Tape** la fuente con papel aluminio y lleve al horno precalentado a 180° C de 25 a 30 minutos. Sugerimos acompañar este plato con arroz integral o verduras al vapor como brócoli o espinacas.

COCINA

Romero

Considerado en la antigüedad como símbolo de la fidelidad amorosa, este arbusto ha sido utilizado desde tiempos remotos. En la cocina es un condimento atractivo para diferentes tipos de carnes.

El romero es una hermosa planta aromática que decora y, según algunos, da buena suerte a muchos hogares. Se trata de un arbusto denso con pequeñas hojas en forma de aguja y flores de tonos azules y rosado pálido. Cuando se toma una rama de romero ésta expide una deliciosa fragancia que recuerda al pino, la nuez moscada y la lavanda. Originario del Mediterráneo, se adapta con facilidad a tierras no muy fértiles y crece con esplendor cerca al mar.

Por tratarse de una hierba de intenso olor ha sido empleada para perfumar las casas; se elabora un agua o infusión y se aplica con un rociador. También se coloca encima de los radiadores para que al irse deshidratando esparza su aroma y purifique el ambiente. Como se trata de un aroma penetrante no se debe abusar de su aplicación, de manera que las preparaciones deben realizarse con poca cantidad de la hierba. Otro uso curioso es aquel que emplea la hierba en los armarios y cajones para combatir las polillas y otros bichos. También puede utilizarse para perfumar la ropa, desinfectar los pisos y, plantado en el jardín, para combatir las plagas.

Usos culinarios

El romero es empleado en la cocina italiana y le confiere a los platos un sabor que recuerda al alcanfor y al pino, una nota de nuez moscada y de lavanda. Combina de manera excelente con hierbas como el tomillo y el laurel e ingredientes como el ajo y el vino.

Se emplea principalmente para condimentar platos de carne de res, de cerdo y el cordero. También es muy apreciado en la elaboración de marinadas que enriquecen el sabor del conejo y, en los países donde es usual, las carnes de caza. Acompaña a los pescados grasos como, por ejemplo, el salmón y algunas verduras donde se destacan las berenjenas, los fríjoles, el repollo, calabacín, papas y tomates.

Ideas para conservar

Idealmente deberíamos poder cortar los tallitos de romero y utilizarlo fresco y fragante. Sin embargo lo más común es emplearlo seco.

El romero se puede secar en casa de manera que si consigue ejemplares frescos cuélguelos de su rama central y permita que el viento lo libere de la humedad. Si lo desea puede separar las hojas del tallo, machacarlo y guardarlo en frascos de vidrio en un lugar apropiado.

ENSALADA ORIGINAL

Aunque pueden ser difíciles de conseguir, las flores del romero permiten hacer ensaladas originales. Las atractivas flores rosadas de este arbusto sirven también como guarnición.

Saber comprar

Cada vez es más sencillo conseguir romero fresco porque su gusto ha ido ganando adeptos en nuestros países. En algunos solares citadinos, incluso, se ha sembrado este arbusto que ofrece sus hojas aromáticas durante todo el año.

El romero se ofrece en los mercados fresco y empacado en bolsas de plástico transparente. También es usual hallarlo seco en pequeñas bolsas de polietileno que conservan su aroma y sabor. Sobre esta presentación sólo podemos decir que hay que recurrir a la marca que nos dé mejor resultado culinario.

GRANDES AFINIDADES

El romero armoniza especialmente con las carnes de
Ternera
Cordero
Res
Cerdo
Conejo
Utilícelo para adobar y condimentar las salsas de la cocción o marinar. Recuerde que es más práctico emplearlo en rama para poderla retirar fácilmente después.

►Recetas culinarias

Lomo al romero

PORCIONES: 4 a 6

Una receta de inspiración italiana que tiene varios atractivos: deliciosa, fácil y rápida de hacer y nutritiva.

INGREDIENTES

1	lomo de tamaño mediano
	Romero en rama
	Pimienta en grano
	Aceite de oliva
	Sal al gusto

PREPARACIÓN

- **Retire** cualquier rastro de grasa del lomo y córtelo en tajadas muy delgadas.
- **Forre** una fuente que pueda ir al horno con las tajadas de carne.
- **Condimente** con un poco de sal y añada un chorrito de aceite de oliva. Agregue el romero en rama y los granos de pimienta.
- **Lleve** al horno precalentado a 180° C durante unos 8 o 10 minutos. Retire las tajadas de la fuente y sirva.

▶Recetas culinarias

Lomo de cerdo aromático
PORCIONES: 6

Recurra al cerdo en una ocasión especial y prepare este plato aromático y sabroso. Acompañe con una ensalada verde sencilla para realzar los sabores.

INGREDIENTES

1	lomo de cerdo magro
	Ramitas de romero
2	dientes de ajo, finamente picados
	Sal y pimienta negra
2	cucharadas de aceite de oliva
1	vaso de vino blanco seco o agua

PREPARACIÓN

· **Precaliente** el horno a 180° C.

· **Limpie** del lomo de cualquier rastro de grasa y haga un corte profundo a lo largo, procurando no traspasarlo.

· **Separe** las hojas de romero de sus tallos y píquelas muy fino; agregue el ajo. Utilice esta mezcla para rellenar el corte del lomo y esparza el resto por encima de la carne. Condimente con sal y pimienta.

· **Cierre** la carne con la ayuda de un hilo y dispóngala en una fuente para hornear previamente engrasada con una cucharada de aceite. Vierta el resto del aceite sobre el lomo.

· **Lleve** al horno y dore recordando dar vuelta al cerdo dos veces. Agregue el vino o el agua y continúe la cocción durante una hora. De tanto en tanto bañe la carne con su propio jugo hasta que se haya reducido la mayor parte del líquido y la carne esté completamente cocida.

· **Deje** reposar alrededor de 10 minutos antes de cortar en tajadas delgadas. Este plato se puede comer frío o caliente.

CURIOSIDADES

El romero le da mucho sabor y le confiere sus propiedades curativas al vinagre, al aceite y también a los vinos. Cuando nos enfrentamos a un vino de mala calidad una ramita de romero metida en la botella mejora su sabor. Hay quienes aromatizan el azúcar con esta planta para perfumar y darle un nuevo sabor.

Vinagreta de romero

Acompañe sus platos fríos y ensaladas con un nuevo sabor.

INGREDIENTES

$^1/_2$	taza de aceite de oliva
$^1/_4$	de taza de vinagre (ojalá de vino tinto)
1	ramita de romero o 1 cucharadita de sus hojas
	Miel de naranja (a continuación)
1	diente de ajo
	Sal y pimienta al gusto

PREPARACIÓN

· **Para elaborar** la miel de naranja necesita 3 cucharadas de azúcar y una naranja. Disuelva el azúcar y caliente a fuego medio permitiendo que la preparación se reduzca y tome una consistencia espesa.

· **Mezcle** los restantes ingredientes y deje reposar. Si lo desea, al momento de servir retire la ramita de romero.

Tomillo

Una hierba esencial en la cocina occidental y del Medio Oriente.

Existen diferentes variedades que se emplean tanto en platos salados como dulces.

Los libros especializados en los temas de hierbas mencionan que el rastro más antiguo que tenemos del tomillo se sitúa en el Egipto de los faraones, donde fue usado para embalsamar a los muertos. Griegos y romanos también lo conocieron e hicieron de él tema de sus cantos. Los poetas griegos explicaban que el tomillo nació de las lágrimas derramadas por la bella Helena y lo asociaban como un símbolo de la actividad. Cuentan que durante la Edad Media las damas bordaban la figura de esta hierba en las ropas de sus caballeros para protegerlos y desearles suerte en sus campañas guerreras.

Parece que existen alrededor de cien especies de tomillo y cada una difiere de alguna manera en sus cualidades aromáticas. Es una planta fragante que alcanza en su madurez unos 30 cm de alto. Su tallo es leñoso y ramificado, sus ramas finas y, por ello, delicadas. Las hojas son pequeñas y de color ceniciento en la cara superior. Las flores, que se agrupan en haces para crecer en las axilas de las ramas, son de color purpúreo, rojo y a veces blancas. El tomillo es una planta que necesita mucho sol.

GRAN AROMA

Cuando tenemos un tomillo entre las manos y lo frotamos, emana un perfume fragante, cálido y picante. Se le asocia con el clavo, el alcanfor y la menta. Cuando se seca retiene la mayor parte de su aroma y sabor sin la desventaja de tornarse rígido.

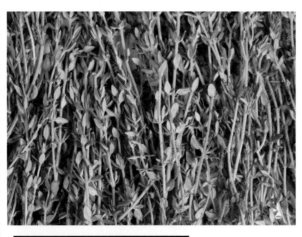

Posibilidades culinarias

Gracias a su naturaleza, el tomillo es una hierba que se puede utilizar en la elaboración de platos de cocción prolongada y lenta; resulta especialmente adecuado mezclar el tomillo con cebolla, ajo, albahaca, laurel, mejorana, perejil y vino tinto.

Quizás la cocina francesa es la que más ofrece esta planta. Aparece en gran cantidad de guisos, salsas, sopas, patés, entre otros platos. Un toque de tomillo en una salsa de tomate y vino brinda una sensación diferente al paladar, también se recomienda para marinar carnes como el cerdo. Es un buen compañero de champiñones, cebollas, tomates, puerros, berenjenas, maíz y muchas legumbres.

Algunas variedades de tomillo como el llamado cítrico (T. Pallasianus), de gusto parecido a la naranja, se emplean para condimentar salsas para postres. Sin embargo, la verdad es que utilizamos esta planta con mayor frecuencia para condimentar platos salados.

Ideas para conservar

La forma más sencilla de secar el tomillo es colgándolo en un lugar tibio pero ventilado y dejando que el aire y el medio ambiente lo deshidraten; más tarde sólo hay que guardarlo en un frasco limpio y en un lugar fresco y oscuro. Esta hierba también es susceptible de congelar para lo cual basta con seguir los consejos que hemos dado en las páginas precedentes. El sabor y fragancia de las hierbas secas o congeladas en casa es incomparablemente mejor que el tomillo seco y pulverizado que ofrecen el comercio.

Saber comprar

Prefiera siempre el tomillo fresco. Compruebe que las hojas estén coloridas, y que despida un agradable perfume. Aunque se consigue el tomillo seco y pulverizado, éste no ofrece el atractivo de la hierba fresca. En todo caso siempre será mejor idea secar el tomillo en casa antes que adquirirlo seco, marchito y con escaso sabor.

OTROS NOMBRES
SERPOL
SERPILLO
HIERBA LUNA
TOMILLO DE LIMÓN
NOMBRE CIENTÍFICO
THYMUS VULGARIS
EN INGLÉS
THYME
GARDEN THYME

►Recetas culinarias

Arroz con champiñones y tomillo PORCIONES: 4 A 6

Un acompañamiento ideal para pescados y carnes de res. Es apropiado para aquellos que vigilan las calorías, están controlando el colesterol o sufren de problemas estomacales.

INGREDIENTES

2	tazas de agua o caldo
4	cucharadas de aceite
1	pizca de azafrán o achiote
	Sal al gusto
1	taza de arroz
1	zanahoria, en rodajas
$^1/_2$	cebolla, picada
1	taza de champiñones, en láminas
1	diente de ajo, machacado
$^1/_2$	cucharadita de tomillo

PREPARACIÓN

- **En una olla** grande ponga las 2 tazas de agua, el aceite, el azafrán o achiote y la sal. Caliente el agua y cuando llegue a punto de ebullición agregue el arroz y los vegetales. Permita que cocinen a fuego bajo.
- **Unos 10** minutos antes de terminar la cocción añada los champiñones y condimente con el tomillo. Mantenga el fuego muy bajo hasta que el arroz esté inflado y los champiñones cocidos. Sirva caliente.

Vinagreta especial de tomillo

INGREDIENTES

$^1/_2$	taza de aceite de oliva
$^1/_4$	de taza de vinagre (ojalá de vino blanco)
1	cucharada de mostaza (ojalá con semilla)
1	cucharada de hojitas de tomillo
1	cucharadita de pimienta
1	cucharadita de azúcar

PREPARACIÓN

- **Ponga** todos los ingredientes en un frasco y bata con intensidad. Deje reposar un buen rato antes de servir.

CURIOSIDADES

Además de brindar un gran sabor a quesos, sopas, guisos, rellenos, carnes, pescados, condimentos y salsas, la planta del tomillo es especialmente atractiva para las abejas. Por esa razón la miel que producen estos insectos cuando viven cerca de esta hierba se considera un verdadero manjar.

PURIFICAR EL AGUA

Algunas hierbas como el tomillo, la menta, el romero y la salvia son utilizadas para purificar el agua. Quienes acuden a esta práctica recomiendan calcular un puñado de tomillo por cada litro de agua. Se tapa y hierve, reduciendo luego el calor y dejando en ebullición tapado unos 20 minutos. Luego se filtra y listo.

Ternera especial

PORCIONES: 4 A 6

Un plato sencillo y con una buena proporción de proteínas que estimulan la actividad mental y mantienen arriba la energía.

INGREDIENTES

1	**kilo de filetes o escalopes de ternera**
	Harina
4	**cucharadas de mantequilla**
$^3/_4$	**de taza de caldo de pollo o vegetales**
2	**cucharadas de jugo de limón**
2	**cucharadas de alcaparras**
1	**rama de tomillo fresco en rama**
	Sal y pimienta

PREPARACIÓN

· **Ponga** los filetes de ternera entre dos hojas de papel parafinado y aplástelos hasta dejarlos de $^1/_2$ cm de grueso, aproximadamente.

· **Pase** los filetes por la harina condimentada con sal y pimienta (y extendida en un plato) y úntelos por ambas caras.

· **En una sartén** caliente un poco de mantequilla y dore los filetes por ambas caras. Guarde en el horno para que se conserven calientes.

· En una sartén caliente el caldo y el jugo de limón; añada las alcaparras, la rama de tomillo, sal y la pimienta y mezcle bien.

· **Ponga** los filetes en la salsa y caliéntelos a fuego lento entre 3 y 5 minutos. Recomendamos acompañar este plato con brócoli al vapor.

Medidas y equivalencias culinarias

Las medidas exactas son vitales para lograr una preparación exitosa; el problema es que suelen variar entre una región y otra. Estas páginas le ofrecen una serie de equivalencias, indispensables para obtener buenos resultados en la cocina.

Cuestión de altura

A la hora de cocinar, es muy importante tener en cuenta las diferencias que existen en cuanto a la cantidad de oxígeno entre lugares como el nivel del mar y la montaña, que afecta el resultado final de un plato. Tenga en cuenta que los valores de la tabla que presentamos en seguida son aproximados y pueden variar ligeramente debido al clima de cada región.

TIEMPOS DE COCCIÓN SEGÚN LA ALTITUD

Altitud (metros sobre el nivel del mar)	Temperatura de ebullición del agua	Corrección por hora de cocción
0	100° C	——
500	99° C	+ 1 minuto
1000	98° C	+ 2 minutos
1500	97° C	+ 3 minutos
2000	96° C	+ 4 minutos
2500	95° C	+ 5 minutos
3000	94° C	+ 7 minutos

Temperaturas del horno

Las temperaturas de los hornos varían entre uno y otro y aunque en ocasiones algunas personas son capaces de calcular la intensidad de calor "a ojo", es importante conocer las equivalencias más comunes como son los grados centígrados o celsius y su correspondencia en grados Fahrenheit. De igual forma es muy útil tener cierta orientación en los hornos de gas.

Centígrados	Fahrenheit	Gas
110° C	225° F	$^1/_4$
120° C	250° F	$^1/_2$
140° C	275° F	1
150° C	300° F	2
160° C	325° F	3
170° C	335° F	3
180° C	350° F	4
190° C	375° F	5
200° C	400° F	6
220° C	425° F	7
230° C	450° F	8

Equivalencias comunes

Otro problema cuando nos enfrentamos a ciertas recetas es que la información en medidas puede resultar un tanto extraña. Las siguientes tablas resumen algunas de ellas.

MEDIDAS MÁS FRECUENTES

PIZCAS Y CUCHARADAS	CUCHARADAS, GRAMOS Y TAZAS
1 pizca	Poco menos de $^1/_4$ de cucharadita
3 cucharaditas	1 cucharada
2 cucharadas	30 gramos ó 1 onza
4 cucharadas	$^1/_4$ de taza
8 cucharadas	$^1/_2$ taza
12 cucharadas	$^3/_4$ de taza
16 cucharadas	1 taza

MEDIDAS LÍQUIDAS

CUCHARADAS Y TAZAS	OTRAS EQUIVALENCIAS
8 cucharadas	$^1/_2$ taza
1 taza	16 cucharadas u 8 onzas
1 taza	$^1/_4$ de litro
2 tazas	$^1/_2$ litro
3 tazas	1 botella ó 750 c.c.
4 tazas	1 litro ó 1.000 c.c.

Equivalencias para ingredientes secos

AZÚCAR CORRIENTE

	GRAMOS	ONZAS	TAZAS	LIBRAS
1 cucharadita	2	$^1/_6$	—	—
1 cucharada	15	$^1/_2$	—	—
4 cucharadas	60	1 y $^3/_4$	$^1/_4$	—
5 cucharadas	75	2 y $^1/_4$	$^1/_3$	—
$^1/_2$ taza	125	—	—	$^1/_4$
1 taza	250	—	—	$^1/_2$
2 tazas	500	—	—	1

HARINA DE TRIGO

	GRAMOS	ONZAS	TAZAS	LIBRAS
4 cucharadas	35	—	$^1/_4$	—
5 cucharadas	42	—	$^1/_3$	—
8 cucharadas	70	—	$^1/_2$	—
16 cucharadas	125	4	1	$^1/_4$
2 tazas	250	8	—	$^1/_2$
4 tazas	500	16	—	1

Más equivalencias útiles

INGREDIENTE	OTRAS EQUIVALENCIAS
1 taza de fríjoles, lentejas y otras leguminosas	$^1/_2$ libra
2 tazas de fríjoles, lentejas y otras leguminosas	1 libra
1 cucharadita de hierbas en polvo	1,5 gramos
1 cucharada sopera de flores u hojas secas	3 a 5 gramos
1 cucharada sopera de raíces secas	6 a 10 gramos
1 cucharada sopera de semillas	5 a 10 gramos

Glosario salud y belleza

Absorción

Proceso mediante el cual el cuerpo toma los nutrientes del tracto intestinal y los lleva al torrente sanguíneo para su uso.

Aceite esencial

Se trata de un aceite volátil disponible comercialmente, extraído de las plantas por destilación al vapor. Contiene una mezcla de constituyentes o elementos activos y es muy aromático.

Ácido nucleico

Químico presente tanto en los virus y las células de las plantas como en los de los animales. Son dos los principales: el ARN (Ácido Ribonucleico) y el ADN (Ácido Desoxirribonucleico).

Ácidos

Compuestos presentes en los tejidos de las plantas (particularmente en las frutas) que impiden la secreción de los líquidos y evitan la contracción de los tejidos. Los ácidos más importantes son: acético, ascórbico, cítrico, hialurónico, clorhídrico, láctico, retinoico, sórbico y sulfúrico.

Ácidos grasos esenciales

Sustancias que el organismo no puede producir y debe obtener de la dieta.

Acorazonadas

Hojas en forma de corazón.

Adaptógeno

Compuesto de las plantas que trabaja sobre las glándulas endocrinas y contribuye a restaurar el equilibrio corporal.

ADN

Ácido Desoxirribonucleico. Es la principal molécula portadora de información genética en casi todos los organismos vivos.

Aeróbico, ejercicio

Aumenta la absorción del oxígeno, especialmente cuando se trata de un ejercicio físico intenso.

Afta

Úlcera pequeña que se forma en la boca, en el tubo digestivo o en la mucosa genital.

Alternas

Hojas dispuestas de manera alternada a una y otra parte del eje.

Amargas

Se trata de plantas que estimulan la digestión, la absorción de alimentos, la secreción de jugos digestivos y el apetito.

Aminoácido

Sustancia orgánica necesaria para la formación de proteínas. Los aminoácidos esenciales son aquellos que el organismo no puede producir por sí mismo y debe obtener por medio de los alimentos.

Anaeróbico, ejercicio

Principalmente utilizado para fortalecer la masa muscular mediante estiramientos y levantamiento de pesas.

Analgésico

Sustancia que alivia el dolor.

Anemia

Trastorno que aparece cuando hay una cantidad inusualmente baja de glóbulos rojos o porque en ellos existe deficiencia de hemoglobina.

Antiácido

Sustancia que neutraliza el ácido del estómago, del esófago, o de la primera porción del duodeno.

Antibiótico

Sustancia que destruye los microorganismos o inhibe su crecimiento.

Anticoagulante

Dificulta la coagulación de la sangre.

Anticuerpo

Sustancia defensiva creada por el organismo como reacción a microbios o productos microbianos de células o humores que provienen de un sujeto de especie diferente.

Antiespasmódico

Sustancia que evita o mitiga espasmos y calambres musculares.

Antiinflamatorio

Sustancia que reduce la inflamación y calma el dolor.

Antioxidante

Sustancia que reduce los daños producidos por los radicales libres.

Antiséptico

Medicamento que desinfecta, detiene o previene las infecciones.

Ápice

Extremo superior o punta de la fruta opuesta a su base.

Arilo

Envoltura comestible de algunas semillas.

Arteriosclerosis

Trastorno ocasionado por unas placas amarillentas, lípidos y desechos celulares que se depositan en las capas interiores de las paredes de las arterias grandes y medianas, endureciéndolas.

Astringente

Las plantas que poseen esta cualidad disminuyen la secreción del cuerpo en la zona donde se aplica. Son utilizadas como cicatrizante externo. Contrario de laxante.

Axila

Es el fondo del ángulo que forma el peciolo de la hoja cuando está unido a la rama.

Bacteria

Germen microscópico que puede ser tanto dañino y producir enfermedades, como benigno y proteger al cuerpo contra organismos invasores.

Baya

Fruto con partes externa e interna (exocarpio y endocarpio) membranosas y parte mediana (mesocarpio) carnosa o jugosa y provista de semillas en abundancia.

Béquica

Planta apropiada para tratar la tos.

Betacaroteno

Nombre que se le da a la vitamina A cuando proviene de fuentes vegetales.

Bilis

Sustancia liberada por el hígado en los intestinos para la digestión de las grasas.

Bioflavonoide

Grupo de flavonoides biológicamente activos. Son básicos para la estabilidad y absorción de la vitamina C. Aunque técnicamente no son vitaminas, se les conoce como vitamina P.

Bulbo

Tallo subterráneo muy corto y cónico, circundado por hojas transformadas en escamas ricas en productos de reserva.

Cáliz

Envoltura más externa de la flor, casi siempre verde y de la misma naturaleza de las hojas.

Calorías

Cantidad de calor necesario para aumentar un grado la temperatura de un gramo de agua. A veces, el valor de un alimento es tan pequeño que en dietética se toma como medida la kilocaloría (1 kcal = 1.000 calorías). Así se mencione que un alimento contiene 100 calorías (con C mayúscula), en realidad se quiere decir que dicho alimento tiene 100 kilocalorías por cada 100 gramos de peso.

Cardiotónico

Medicamento indicado para disfunciones ocasionadas por insuficiencia cardíaca.

Carminativo

Medicamento que favorece la expulsión de gases aliviando los cólicos.

Caroteno

Sustancia que el organismo convierte en vitamina A, a partir de un pigmento amarillo de diversas formas (como alfa, beta y gamacaroteno).

Cataplasma

Especie de pasta medicinal que se aplica sobre cualquier parte del cuerpo.

Catártico

Medicamento que posee una acción purgante.

Celulosa

Cuerpo sólido, blanco, insoluble en el agua, que forma la membrana envolvente de las células vegetales.

Ciática

Dolor violento y crónico del nervio ciático (en la cadera).

Cistitis

Inflamación aguda o crónica de la vejiga urinaria.

Clorofila

Pigmento que le da al tejido vegetal el color verde. Por su aporte de magnesio y microminerales se recomienda como suplemento.

Coenzima

Molécula de calor estable necesaria para que ciertas enzimas desarrollen su función. Gracias a las coenzimas el cuerpo pueda utilizar las vitaminas y los minerales.

Colagogo

Sustancia que provoca la secreción de la bilis y los conductos biliares por parte del hígado.

Colesterol

Sustancia que existe en la sangre, en la bilis, en el cerebro, ovarios, cápsulas suprarrenales y tejido adiposo. Su acumulación puede producir arteriosclerosis y cálculos biliares.

Cólico

Dolor abdominal agudo causado por espasmo u obstrucción de algún órgano o estructura, especialmente el útero, el intestino o los conductos biliares.

Colitis
Inflamación del colon.

Compuesta
Hoja subdividida en hojitas independientes.

Contusión
Magulladura o lesión en la cual la piel no se rompe.

Corola
Envoltura interna de la flor, que presenta colores llamativos y de textura más fina que el cáliz.

Criptógamas
Plantas que carecen de flores

Cumarina
Constituyente activo de las plantas —con aroma a heno recién segado— que favorece la coagulación de la sangre.

Demulcente
Lo mismo que *emoliente.*

Depurativo
Que ayuda a desechar los residuos.

Dermatitis
Inflamación de la piel.

Desintoxicación
Proceso que permite purgar de toxinas al cuerpo.

Diaforético
Sustancia que estimula a la sangre a circular hacia la superficie del cuerpo, provoca sudor y disminuye la presión arterial.

Dispepsia
Digestión difícil y dolorosa.

Diurético
Sustancia que es capaz de aumentar rápidamente la secreción y excreción de orina.

Drupa
Fruto indehiscente (el pericarpio del fruto no se abre naturalmente para que salga la semilla) con parte externa membranosa, parte mediana carnosa y suculenta y parte interna leñosa, formando el hueso de la fruta, que contiene una semilla (cereza, melocotón) o varias (níspero).

Eccema
Enfermedad de la superficie cutánea que puede presentarse seca, húmeda o pruriginosa.

Elíptica
Hoja cuya parte más ancha está cerca al pedúnculo.

Emenagogo
Que provoca la menstruación.

Emético
Que provoca vómito.

Emoliente
Sustancia utilizada para aliviar la irritación de los tejidos, disminuir la inflamación, reducir la picazón, el enrojecimiento y las inflamaciones.

Emplasto
Tópico que se extiende sobre un lienzo y se aplica sobre la parte enferma.

Endorfina
Sustancia similar a la morfina que el cuerpo produce en forma natural para aliviar el dolor, llamada narcótico natural del cuerpo.

Envés
Parte de la hoja opuesta a la cara más visible.

Enzima
Proteína producida por las células del organismo que actúa como catalizador para acelerar la reacción biológica. Las enzimas son químicos esenciales que constituyen la base de las funciones orgánicas humanas.

Escaldar
Bañar algo con agua hirviendo. También se refiere a escocerse la piel.

Espasmolítico
Que relaja las contracciones musculares.

Estambre
Órgano masculino de la flor.

Estigma
Ensanchamiento terminal del pistilo, sobre el cual se deposita el polen.

Estilo
Parte intermedia del pistilo, que sostiene el estigma.

Estimulante
Plantas que favorecen la secreción de jugos gástricos.

Estomáquico
Que estimula la mucosa gástrica.

Estrógeno
Una de las dos hormonas sexuales femeninas.

Expectorante
Que favorece la secreción bronquial y vuelve más líquidas las flemas.

Fécula
Sustancia blanca, en forma de polvo, que se extrae de semillas y raíces de ciertas plantas.

Fitonutrientes
Sustancias químicas esenciales de las plantas.

Flavonoide
Grupo de compuestos cristalinos que se encuentran en las plantas.

Fructosa
Azúcar (monosacárido) de las frutas.

Galactógeno
Que favorece la secreción láctea.

Galactosa
Azúcar (monosacárido) obtenida por la hidrólisis de la lactosa.

Gastritis
Inflamación del revestimiento mucoso del estómago.

Gastrointestinal
Perteneciente al estómago, el intestino grueso, el intestino delgado, el colon, el recto, el hígado, el páncreas y la vesícula biliar, o relacionado con estos órganos.

Genética
Ciencia que estudia la variabilidad y la herencia de los seres vivos.

Gingivitis
Inflamación de las encías en la región adyacente a la dentadura.

Glucógeno
Hidrato de carbono que se encuentra en el hígado, en los músculos y en varios tejidos, así como en los hongos y otras plantas criptógamas.

Glucosa
Azúcar (monosacárido) que se halla disuelto en muchas frutas, en el plasma sanguíneo normal y en la orina de los diabéticos.

Glucósido
Constituyente activo de las plantas que contiene uno o varios grupos de azúcares.

Gluten
Sustancia pegajosa que se encuentra en las harinas.

Grasa insaturada (y poliinsaturada)
Grasa que contiene ácidos grasos pero no colesterol.

Grasa saturada
Grasa muy concentrada que contiene ácidos grasos y colesterol. Suele ser de origen animal.

Hematíes
Glóbulos rojos de la sangre coloreados por la hemoglobina. En un milímetro cúbico de sangre humana hay más de cinco millones.

Hemoglobina
Molécula cuyo componente principal es el hierro. Es necesaria para que los glóbulos rojos puedan transportar el oxígeno.

Hepáticas
Plantas criptógamas compuestas de tejidos celulares, con tallo muy corto o sin él, y que viven en sitios muy húmedos y sombríos, adheridas a las paredes o a los árboles. También plantas que previenen daños al hígado.

Herbáceas
Plantas que tienen la misma naturaleza de la hierba.

Hidropesía
Acumulación anómala de líquidos cerosos en el cuerpo.

Hipertensión
Tensión arterial anormalmente alta.

Hipotensión
Presión sanguínea baja.

Homeopatía
Método curativo basado en la noción de que las enfermedades se pueden curar tomando pequeñas dosis de sustancias que, en mayor cantidad, producirían en una persona sana los mismos síntomas que se pretende combatir. Utiliza gran variedad de sustancias y dosis ínfimas para estimular los poderes curativos naturales del organismo y restaurar su equilibrio.

Hormona
Producto de secreción interna de ciertos órganos que excitan, inhiben o regulan la actividad de los órganos.

Infección
Invasión de los tejidos del cuerpo por organismos causantes de enfermedad como virus, hongos, bacterias y protozoarios.

Inflamación
Reacción del organismo a algunas enfermedades o lesiones, que se caracteriza por hinchazón, sensación de calor o enrojecimiento.

Inflorescencia
Conjunto de flores no aisladas, sino agrupadas sobre las ramificaciones de una planta.

Insulina
Hormona vital que es producida por el páncreas. Su función es la de regular el metabolismo del azúcar en el cuerpo.

Lactosa
Azúcar contenido en la leche que puede desdoblarse en glucosa y galactosa.

LAD
Lipoproteínas de Alta Densidad.

Lanceoladas
Hojas cuya forma asemeja una lanza.

Látex
Líquido lechoso que mana de algunas plantas.

Laxante
Que promueve la evacuación suave del intestino.

LBD
Lipoproteínas de Baja Densidad, conocidas como colesterol "malo".

Lecitina
Mezcla de fosfolípidos compuesta de ácidos grasos, glicerol, fósforo y colina o inositol. El cuerpo puede producirla. Todas las membranas vivientes se componen de gran parte de lecitina.

Leucocitos
Glóbulos blancos de la sangre y de la linfa que aseguran la defensa contra los microbios. Cada milímetro cúbico de la sangre contiene 7.000.

Libido
Energía o impulso por obtener placer, especialmente sexual.

Lípido
Sustancia grasa o grasosa.

Lipoproteína
Proteína conjugada que junto con los lípidos es parte integral de las moléculas. Las lipoproteínas transportan los lípidos de la linfa y en la sangre.

Lisina
Aminoácido que no puede ser sintetizado por el cuerpo, si bien resulta imprescindible para la nutrición humana.

Marchitar
Término con el cual se indica que un fruto o flor tiene un principio de descomposición que hace que cambie de color.

Membranas mucosas
Membranas como las de la boca, nariz, ano y vagina, que recubren las cavidades y canales del cuerpo expuestos al aire.

Menopausia
Cesación de la menstruación a causa de un descenso en la producción de las hormonas sexuales estrógeno y progesterona.

Metabolismo
Término colectivo de procesos químicos que tienen lugar en el organismo. Durante este proceso de las células vivientes se produce energía para reemplazar y reparar los tejidos y mantener saludable el organismo. Es el responsable de la producción de energía, biosíntesis de ciertas sustancias y degradación de diferentes compuestos.

Microelemento
Mineral que el organismo requiere sólo en cantidades ínfimas.

Microgramo
1/1.000 de miligramo.

Miligramo
1/1.000 de gramo.

Molécula
La parte más pequeña que puede existir de un cuerpo en estado libre.

Mucílago
Sustancia viscosa que se halla en ciertos vegetales y que tiene la propiedad de hincharse en contacto con el agua.

Nervaduras
Conjunto y disposición de los nervios en la hoja.

Nérvico
Que apoya y fortalece el sistema corporal.

Neurotransmisor
Cualquier sustancia química que transmita los impulsos nerviosos entre las neuronas del cerebro y los nervios.

Nutrientes
Sustancias necesarias para que las células se mantengan vivas.

Nutrimento
Componente nutritivo o alimenticio.

Oblongas
Hojas en cuya forma se destaca que son más largas que anchas.

Opuestas
Hojas que se encuentran de dos en dos en cada nudo, una frente de la otra.

Osteoporosis
Enfermedad que produce pérdida de minerales en los huesos, lo que disminuye su densidad y los hace más frágiles.

Ovaladas u ovales
Hojas en forma de cuchara, es decir que tienen la parte más ancha, próxima a la "punta" de la hoja (aunque curiosamente no tienen punta).

Palpitaciones
Anomalía del ritmo cardíaco.

Pasteurizar
Calentar la leche, el vino, la cerveza, etcétera, según los procedimientos de Luis Pasteur para eliminar los gérmenes y fermentos que contienen.

Pecíolo
Pezón o rabillo de la hoja.

Pectina
Componente de la membrana celular de muchas plantas, junto con la celulosa.

Pectoral
Tratamiento apropiado para aliviar afecciones pulmonares.

Pelagra
Enfermedad que se produce por deficiencia de tiamina (B_1) y que afecta especialmente a los alcohólicos o a personas con problemas de absorción.

Perenne
Árbol que mantiene las hojas todo el año.

Pericarpio
Parte exterior de la fruta.

pH
Escala para medir la acidez y alcalinidad de las sustancias. La escala va de 0 a 14; se considera un pH de 7 como neutral. Cuanto menor de 7 es el pH, mayor la acidez; cuanto mayor de 7, su alcalinidad.

Pistilo
Aparato femenino de la flor.

Plasma
Parte líquida que se encuentra en la sangre y en la linfa.

Polen
Pequeños cuerpos, generalmente amarillentos, que están dentro de las anteras (parte superior de las plantas con flores) y fecundan los óvulos.

Polisacáridos
Hidratos de carbono formados por la unión de varias moléculas de azúcar, como el almidón, la celulosa, etcétera.

Radicales libres
Moléculas de corta vida que pueden dañar las células del cuerpo. Los aceites calientes y rancios activan los radicales libres así como la radiación atmosférica.

Receptáculo
Extremo engrosado de un pedúnculo que sostiene los elementos de una inflorescencia.

Rizoma
Fruto subterráneo alargado, horizontal u oblicuo, que contiene las sustancias de reserva.

Rubefaciente
Que enrojece la piel.

Sacarosa
Sustancia análoga al azúcar.

Sedante
Calmante especialmente nervioso.

Sépalos
Elementos que constituyen el cáliz de una flor.

Soluble
Que se disuelve, especialmente en el agua.

Tanino
Sustancia *astringente* que se encuentra en ciertas plantas y que se combinan con las proteínas.

Terminal
En Botánica, órgano que se encuentra en el ápice o extremo superior de otro.

Tónico
Sustancia apropiada para vigorizar el cuerpo.

Toxinas
Venenos ambientales y productos de desecho producidos por el organismo.

Trombosis
Obstrucción de un vaso sanguíneo a causa de la formación de coágulos de sangre.

Tubérculo
Órgano subterráneo en el cual se acumulan sustancias de reserva.

Tubuloso, a
Se aplica al cáliz, corola o cualquier otro órgano con forma cilíndrica.

U. I.
Unidades Internacionales.

Vasodilatador
Droga que provoca el ensanchamiento de los vasos sanguíneos y el consiguiente aumento del flujo de la sangre; suele usarse para bajar la tensión.

Vermífugo
Que mata las lombrices.

Verticilado
Conjunto de 3 o más hojas, flores u otros órganos, que se presentan en un mismo plano alrededor de un tallo.

Vesicante
Sustancias que producen ampollas en la piel.

Virus
El agente infeccioso más pequeño que se conoce, sólo capaz de reproducirse en células vivas.

Vulnerario
Cicatrizante de heridas y llagas.

Glosario términos culinarios

Aderezo

Preparación que consiste en mezclar ciertos condimentos.

Adobar

Condimentar un alimento y dejar en adobo o en reposo. El adobo es una mezcla líquida que sirve para ablandar y sazonar.

Al *dente*

Dente es una palabra de origen italiano que se emplea para describir las pastas o las hortalizas que ofrecen una ligera resistencia cuando se muerden. Significa literalmente "al diente".

Aliñar

Condimentar con especias y otros productos un alimento; un ejemplo claro es el de aliñar con vinagreta una ensalada.

Amasar

Método que permite estirar el gluten de la harina. Se amasa doblando y estirando una pasta para lograr que se compacte y tenga una consistencia homogénea.

Arepa

Especie de tortilla o pan delgado que se elabora con maíz.

Aromática

Palabra empleada para designar el aroma que ofrecen alimentos como hierbas y especias.

Baño María

Método que consiste en poner a hervir agua en un recipiente grande en el cual se coloca otro recipiente que contiene los alimentos a cocer o calentar.

Batido

Bebida que se hace usualmente con fruta, leche, huevo, helado y, en ocasiones, algo de licor.

Batir a punto de nieve

Batir claras de huevo hasta obtener una consistencia firme.

Blanquear

Sumergir los alimentos (por ejemplo las verduras) por poco tiempo en agua hirviendo para retirar la piel o precocerlos.

Cernir o tamizar

Pasar un elemento seco (por ejemplo la harina) a través de un tamiz, colador o cedazo con el fin de deshacer grumos y airearlo.

Ceviche

Preparación que consiste en sumergir trozos de pescado o de mariscos en jugos de cítricos como, por ejemplo, el limón; la acidez de la fruta "cuece" los alimentos sin necesidad de utilizar calor.

Cocinar a fuego lento

Mantener el nivel de ebullición en el fuego bajo para cocinar los alimentos.

Cocinar al vapor

Método que emplea un recipiente perforado en el que se colocan los alimentos y después se cocinan sobre otra fuente con agua hirviendo.

Compota

Fruta cocinada en almíbar y que puede ser enriquecida con otros sabores especiados como, por ejemplo, el clavo y la canela.

Cortar en julianas

Cortar en tiras largas y delgadas las frutas y verduras.

Crepes o panqueques

Especie de torta muy fina que se rellena o baña con ingredientes dulces o salados.

Chutney

Salsa de origen indio elaborada con frutas y hortalizas que se emplea para acompañar platos con curry y carnes frías.

Escalfar

Pasar un alimento por agua muy caliente para retirarle la piel o darle una consistencia crujiente.

Espolvorear

Salpicar con un producto seco como harina, azúcar, pimienta o sal, un alimento o preparación.

Espumar

Quitar o escurrir con una espumadera (cucharón con agujeros) o cuchara la espuma, grasa y otras sustancias de la superficie de los líquidos.

Fécula de maíz

Polvo que se extrae de este cereal (conocido también como maicena).

Freír

Cocinar los alimentos en aceite o grasa hirviendo.

Gluten

Proteína que se encuentra en la harina y que aporta elasticidad. Se considera que la harina con alto contenido de gluten es mejor para amasar. La harina de bajo contenido de esta sustancia es más blanda y menos elástica pero atractiva para personas con ciertas intolerancias.

Gratinar

Llevar al horno un plato cubierto con queso o pan rallados para que la superficie se torne crujiente.

Guarnición

Preparación o ingrediente que se emplea para decorar o complementar un plato.

Hervir

Calentar un líquido hasta que haga burbujas en su superficie (100° C). También es sinónimo de cocer los alimentos en un líquido hirviente.

Hornear

Método que utiliza el horno para cocer los alimentos. Las temperaturas de los hornos varían y su registro dependerá de si es eléctrico o a gas.

Incorporar

Mezclar una preparación ligera a una más densa. La forma correcta de hacerlo es con suaves movimientos en forma de ocho.

Infusión

Preparación líquida que resulta de introducir en agua hirviendo (o en alcohol) una planta en agua caliente para extraer su sabor, aroma y demás principios activos.

Levadura

Hongo unicelular que produce la fermentación alcohólica de las soluciones azucaradas de las masas harinosas como, por ejemplo, el pan. Se encuentra en el mercado tanto fresca como seca o en gránulos.

Macerar

Poner los alimentos en un líquido (por ejemplo agua u alcohol) para extraer su sabor, aroma y propiedades.

Marinar

Forma de ablandar y condimentar los alimentos que consiste en introducirlos en un líquido generalmente con hierbas, especias, aceite, vino y vinagre.

Moler

Triturar un alimento con la ayuda de un mortero, molino o algún procesador de cocina hasta que queda reducido a polvo o trozos pequeños.

Mousse

Palabra que designa una preparación dulce o salada de consistencia ligera y etérea.

Muesli o musli

Copos de avena y de otros cereales que se complementan con miel y frutas y que se utilizan por lo general en el desayuno.

Paté

Preparación que combina carne o vísceras picadas, hortalizas o pescado, sazonada, trabajada hasta formar una pasta y puesta en un molde. Esta preparación se sirve fría.

Puré

Frutas y verduras cocinadas, trituradas y pasadas por un colador o tamiz.

Ralladura

Finas tajadas que se obtienen de la corteza exterior de las frutas cítricas (como el limón y la naranja).

Reducir

Hacer más concentrada y espesa una preparación líquida mediante una rápida ebullición.

Requesón

Masa blanca que se obtiene cuajando la leche y quitando el suero.

Salmuera

Solución de agua salada utilizada por lo general para conservar carne, pescado y vegetales.

Saltear

Cocinar en poca grasa o aceite los alimentos, imprimiéndoles un movimiento de vaivén para que doren de manera uniforme. Según las preferencias pueden dorarse ligeramente o cocerse totalmente.

Soasar

Dorar las carnes (de res, aves o pescados) rápidamente y a fuego alto dejando el centro ligeramente crudo.

Sofreír

Saltear un alimento a fuego bajo.

Tocineta

Conocida también como *bacon* o panceta. Se trata de un producto que se obtiene del cerdo curado que se sala con salmuera o sal para brindarle una textura firme y seca.

Bibliografía

Adams, Rex. *Milagrosos alimentos curativos*, Prentice Hall, 1999.

Albright, Peter. *A Marshall health guide complementary therapies*, London, Quarto publishing, 1997.

Arboleda de Vega, Soffy; Nazle Galat de León. *Especias. Historia, usos, cultivos y sus mejores recetas*, Bogotá, Editorial Voluntad, 1993.

Arias Alzate, Eugenio. *Medicina Homeopática para el hogar*, Bogotá, Editorial Oveja Negra Ltda., 1992.

Balch, James F.; Phyllis A. Balch. *Recetas nutritivas que curan*, New York, Avery Publishing Group, 1999.

Barton, Maritza. *La cocina saludable*, Buenos Aires, Javier Vergara Editor; Grupo Zeta, 1998.

Blauer, Stephen. *The Juicing Book*, New York, Avery Publishing Group Inc., 1989.

Bremness, Lesley. *Guarda & Scopri Erbe*. Bologna, Fabbri Editori, 1994.

Briffa, Jonh. *Alimentación para la salud*. Bogotá, Editorial Planeta Colombiana, 2001.

Brown, Deni. *Herbal. The essential Guide to Herbs for Living*, London, Pavilion Books Limited, 2001.

Busch, Felicia. *The new nutrition. From antioxidants to Zucchini*, John Wiley & Sons, Inc., 2000.

Buslau, Sven-Jörg; Corinna Hembd. *La papaya. Fuente de salud digestiva*, Madrid, EDAF, 2001.

Cameron, Myra. *Lifetime Encyclopedia of Natural Remedies*, New York, Parker Publishing Company, 1993.

Carper, Jean. *Los alimentos: medicina milagrosa*, Bogotá, Grupo Editorial Planeta, 1994.

Carper, Jean. *Una farmacia en tu despensa*, Barcelona, Ediciones B, S. A., 1997.

Carreño de Linares, Elisa. *Plantas aromáticas*, Bogotá, Editorial Planeta Colombiana, 2000.

Carreño de Linares, Elisa. *Plantas aromáticas en la cocina*, Bogotá, Editorial Planeta Colombiana, 2000.

Carreño de Linares, Elisa. *Plantas aromáticas en la belleza*, Bogotá, Editorial Planeta Colombiana, 2000.

Carreño de Linares, Elisa. *Plantas aromáticas en la salud 1*, Bogotá, Editorial Planeta Colombiana, 2000.

Carreño de Linares, Elisa. *Plantas aromáticas en la salud 2*, Bogotá, Planeta Colombiana Editorial S. A., 1996.

Cecchini, Tina. *Enciclopedia de las hierbas medicinales*, Barcelona, Editorial de Vecchi, S. A., 1995.

Círculo de lectores. *El menú diario colombiano*, Bogotá, Circulo de Lectores, 1991.

Coleman, Vernon. *Coma verde. Pierda peso en forma natural*, Bogotá, Grupo Editorial Norma S. A., 1993.

Collins, Gemas. *Comida vegetariana*, Madrid, Editorial EDAF, S. A., 1996.

Conran, Terence y Caroline. *Libro de cocina*, Barcelona, Círculo de Lectores, 1980.

Charmine, Susan E. *Terapia completa con zumos de frutas y verduras*, Madrid, Editorial EDAF S. A., 1997.

Chevallier, Andrew. *The Encyclopedia of Medicinal Plants*, London, Dorling Kindersley Book, 1996.

Dalla Via, Gudrun. *El arte de la cocina cruda*, Editorial Ibis, 1995.

Dehin, Robert (dir.). *El poder energético de los alimentos*, Barcelona, Ediciones Robin Book S. L., 1996.

De la Rua, Adelaida. *El poder curativo de las frutas*, Bogotá, Intermedio Editores, 1999.

El poder curativo de las hierbas, Bogotá, Intermedio Editores, 1999.

El poder curativo de las verduras, Bogotá, Intermedio Editores, 1999.

El poder curativo de las vitaminas, Bogotá, Intermedio Editores, 2000.

El poder curativo de los cereales y los condimentos, Bogotá, Intermedio Editores, 2000.

El poder curativo de los jugos, Bogotá, Intermedio Editores, 2000.

Earle, Liz. *New Natural Beauty*, United Kingdom, Ebury Press, 1996.

Edgson, Vicki; Ian Marber. *El poder curativo de los alimentos*, Barcelona, Círculo de Lectores, 1999.

Eisenberg, Arlene; Heidi E. Murkoff; Sandee E. Hathaway. *What to expect when you´re expecting*, New York, Workman Publishing, 1991.

Equipo de la Revista CuerpoMente. *Curarse con plantas medicinales. Guía práctica y recetas para las dolencias más comunes*, Barcelona, Oasis, Producciones Generales de Comunicación S. L., 1997.

Equipo Revista Integral. *Cómo cura la miel*. Barcelona, Oasis, S. L., 1997.

Fairley, Josephine. *Belleza orgánica*, Dorling Kindersley Book, Editorial Planeta Mexicana, S. A. de C. V, 2001.

Fernández Magdalena, Ana. *La farmacia natural de la abuela*, Madrid, EDAF S. A. 1999.

García Valdecantos, Esther. *Infusiones y tisanas para sentirse bien*, Madrid, Editorial LIBSA, 2000.

Gascoigne, Stephen. *La medicina china*, Barcelona, Integral, 1998.

Gómez Villa, Jimena. *Los secretos de la abuela: salud y belleza*, Bogotá, Intermedio Editores, 2000.

Guyton, Anita. *Bella a cualquier edad en forma natural. Plan de salud y belleza*. Bogotá, Grupo Editorial Norma, 1995.

Heinerman, John. *Milagrosas hierbas curativas*, Prentice Hall, Inc., 1999.

Hellmiss, Margot. *Belleza natural. Una guía práctica para ganar atractivo personal*, RBA práctica.

Heredia, Miguel R. *Aprenda a preparar té y tisanas*, Buenos Aires, Imaginador, 1996.

Izzo, Marilede. *Té y tisanas. Curan y sanan*, Barcelona, Editorial De Vecchi S. A., 1996.

Jensen, Bernard. *Alimentos que curan*, Bogotá, Intermedio Editores, 1994.

Karmel, Annabel. *La nueva cocina para niños*, Argentina, Javier Vergara Editor, 1998.

Kossmann, Ingrid; Carlos Vicente. *Salud y plantas medicinales*, Grupo Editorial Planeta Colombia, 1992.

Lambert, Mary (direc.). *El gran libro de la medicina alternativa*, Tres Torres/Edunsa, 1997.

Lansard, Monique. *La cocina en microondas, paso a paso*, Bogotá, Ediciones Gamma, 1993.

March, Lourdes. *Manual de los alimentos*, Madrid, Alianza Editorial, 2000.

Martin, Pol. *La sabrosa cocina de Pol Martin*, Montreal, Brimar Publishing Inc., 1994.

Möhring, Wolfgang. *El libro práctico de las tisanas*, Barcelona, Robin Book, 1998.

La farmacia natural, Barcelona, Ediciones Robin Book, 2001.

Montaña, Antonio. *La dicha de cocinar*, Bogotá, Ediciones Gamma, 1992.

Neri, Franca. *Herboristería casera*, Barcelona, Editorial De Vecchi, S. A., 1994.

Norman, Jill. *La cocina clásica con hierbas aromáticas*, Javier Vergara, 1998.

Oberbeil, Klaus; Christiane Lentz. *Alimentos con propiedades curativas y preventivas*, Barcelona, Blume, 1999.

Ody, Penélope; *Hierbas medicinales en casa*, Javier Vergara Editor, Buenos Aires, 1996.

Ody, Penélope; *Las plantas medicinales*, Javier Vergara Editor, Buenos Aires,1996.

Pérez Arbeláez, Enrique. *Plantas útiles de Colombia*. Madrid, Sucesores de Rivadeneyra, S. A., 1956.

Peters, David. *Manual de enfermedades comunes, medicina complementaria y alimentación sana*, Barcelona, Blume, 1999.

Pierrat, María. *Jugos que curan*, Buenos Aires, Latinoamericana Editora S. A., 1999.

Reinhard, Jürg. *Medicinas del alma*, Barcelona, mtm editores, 2000.

RBA Realizaciones Editoriales. *La botica de la abuela. Cocina sana para cada día*, RBA Producciones, S. L., 1998.

La botica de la abuela. Remedios naturales y consejos tradicionales para la salud, RBA Producciones, S. L., 1998.

La botica de la abuela. Remedios naturales 2. Nuevas recetas para prevenir, curar y conservar la salud, RBA Producciones, S. L., 2000.

La botica de la abuela. Plantas para la salud, RBA Producciones, S. L., 1999.

Trucos de belleza, RBA Libros, S. A., 2001.

Rojas, Carlos. *Hierbas y plantas medicinales*, Edimat Libros, 1999.

Romm, Aviva Jill. *Remedios naturales para la salud del bebé y el niño*, Barcelona, Ediciones Oniro, S. A., 1998.

Rueff, Dominique. *La Biblia de las vitaminas y los suplementos nutricionales*, Barcelona, Círculo de Lectores, 1996.

Ruiz, Josan (ed.). *Plantas que curan. La nueva guía de las plantas medicinales*, Barcelona, RBA Libros S. A., 2000.

Salas, Emilio. *Plantas para superarse*. Robin Kook, S. L. Barcelona, 1996.

Sarmiento Gómez, Eduardo. *Frutas en Colombia*, Bogotá, Ediciones Cultural Colombiana Ltda., 1986.

Stacey, Sarah; Josephine Fairley. *The Beauty Bible*, Great Britain, Kyle Cathie Limited, 1996.

Stoppard, Miriam. *Embarazo y nacimiento*, Bogotá, Grupo Editorial Norma S. A., 1993.

La mujer y su cuerpo, Barcelona, Grupo Editorial Planeta, 1994.

Time-Life Books. *Eating Right. Nutrition*, Ámsterdam, Quadrille Publishing, 1997.

The Alternative Advisor, Alexandria (Virginia), 1997.

Time Life Inc. *The Drug & Natural Medicine Advisor*, Alexandria (Virginia), 1997.

The Medical Advisor. The complete guide to alternative & Conventional Treatments, Alexandria (Virginia), 1997.

Tola, José; Eva Infiesta. *Las principales plantas medicinales de Europa y América*, Barcelona, Robin Book, 2000.

Ursell, Amanda. *The complete guide healing foods*, London, Dorling Kindersley, 2000.

Waniorek, Linda. *Cosmética natural para todos*, Bogotá, Círculo de Lectores, 1992.

Whiteman, Kate; Maggi Mayhew. *La gran enciclopedia de la fruta*, Barcelona, Ediciones Hymsa, 1998.

Woodham, Anne; David Peters. *Enciclopedia de medicina alternativa*, Madrid, Acento Editorial, 1998.

Wright, Jeni; Eric Treuillé. *Guía completa de las técnicas culinarias*, Le Cordon Bleu, Barcelona, Blume, 1996.